MANUAL PRÁTICO
de SEGUROS no
DIREITO BRASILEIRO

Luciano Dalvi Norbim
Formado em Direito pela UVV/ES, Advogado, Especialista em Direito Público e Processual Público pela CONSULTIME. Ex-professor de cursinho para concurso público no CPC. Palestrante de Direito. Aprovado em terceiro lugar no concurso da Agência Reguladora de Saneamento e Insfraestrutura Viária. Escritor das seguintes obras: Código Tributário comentado e descomplicado, Previdência Social Comentada, Direito Civil Aplicado ao processo, Desaposentação. Escritor da célebre obra: Convivendo bem, conquistando vitórias.

Fernando Dalvi Norbim
Formado na faculdade MULTIVIX/ES em Contabilidade. Contador. Aprovado em 1º Lugar no Concurso na CESAN. Escritor da Obra: Raciocínio Lógico Descomplicado, Administração de Condomínios e da Obra "Cálculos Trabalhistas". Escritor do célebre livro: Convivendo bem, Conquistando Vitórias.

MANUAL PRÁTICO
de SEGUROS no
DIREITO BRASILEIRO

Freitas Bastos Editora

Copyright © 2014 by Luciano Dalvi Norbim e Fernando Dalvi Norbim

Todos os direitos reservados e protegidos pela Lei 9.610, de 19.2.1998.
É proibida a reprodução total ou parcial, por quaisquer meios,
bem como a produção de apostilas, sem autorização prévia,
por escrito, da Editora.
Direitos exclusivos da edição e distribuição em língua portuguesa:

Maria Augusta Delgado Livraria, Distribuidora e Editora

Editor: *Isaac D. Abulafia*
Capa/Diagramação: *Neilton Lima*
Revisão de Texto: *Cláudia Ajuz*

DADOS INTERNACIONAIS PARA CATALOGAÇÃO
NA PUBLICAÇÃO (CIP)

N824m

Norbim, Luciano Dalvi, 1980-
   Manual prático de seguros no direito brasileiro / Luciano Dalvi Norbim, Fernando Dalvi Norbim. – Rio de Janeiro : Freitas Bastos, 2014.

   410p. ; 23cm.

   ISBN 978-85-7987-180-1

   1. Seguros – Legislação - Brasil. I. Norbim, Fernando Dalvi II. Título.

                                                        CDD- 346.81086

Freitas Bastos Editora

Tel./Fax: (21) 2276-4500
freitasbastos@freitasbastos.com
vendas@freitasbastos.com
www.freitasbastos.com

Dedicamos esta obra à Jesus Cristo!

Agradecemos a Deus pela graça de poder escrever este livro. Também agradecemos aos nossos pais, irmãos e familiares. Nossa estima à Editora Freitas Bastos por confiar neste projeto!

Prefácio

A área de seguros estava carente de uma obra que disponibilizasse de forma prática os principais temas securitários. Haviam muitos artigos e teses na área de seguros, mas poucas foram as obras que resolveram abarcar o conteúdo securitário para além do seguro DPVAT. Neste sentido, resolvemos com simplicidade e cuidado técnico abranger outras áreas do direito securitário para aprofundar, conforme a legislação atual, outros seguros e ainda fazer uma ligação sistemática entre eles. Esperamos que o leitor possa adentrar nesta obra com um olhar otimista de quem enxerga o campo securitário como um ramo que já teve muitas conquistas, mas que muito tem por realizar. Que esta obra inspire novos artigos e novas monografias sobre o direito securitário. A simplicidade e a praticidade foram as características escolhidas para este livro. Esperamos que a cada capítulo o leitor possa se encantar pelo estudo da área de seguros e possa compreender a importância desta área para a estruturação de um país. O seguro já ajudou empresas a recuperarem o prejuízo devido à um dano. O seguro também ajuda todos os anos muitos motoristas a verem o seu veículo resguardado. O seguro tem assegurado inclusive o crédito financeiro. Diante de todas estas realidades a presente obra traz a novidade que faltava no campo jurídico.

Ótima leitura!

Os autores

Apresentação

A regulação dos seguros no Brasil ainda carece de um regulamento geral e prático. O direito securitário precisa de uma legislação nova que possa conferir sustentabilidade às relações de seguro. Desta forma, as obras da doutrina sobre o tema ainda estão em quantidade menor do que a dos outros temas do direito. Neste sentido, procuramos enfrentar este problema e buscar reunir as principais informações sobre o seguro no Brasil num único Manual. Não foi tarefa fácil concluir esta obra, pois o tema tem aplicações em diversas áreas do direito, inclusive no direito internacional. No entanto, diante da busca pelo conhecimento prático resolvemos realizar um trabalho técnico e facilitado.

A presente obra irá tratar sobre a questão dos seguros com a reunião dos principais aspectos jurídicos sobre o tema. Entre eles destacamos: Seguros, Resseguros, princípios, pulverização de riscos etc. Também abordamos uma série de tipos de seguros com bastante aplicação no direito brasileiro: DPVAT, PGBL, VGBL, títulos de capitalização etc.

Por fim, devemos destacar o capítulo especial sobre as regras aplicadas ao seguro. Nele abordaremos as explicações sobre algumas regras especiais no direito securitário e comentários à jurisprudência de seguros. Desta forma, esperamos contribuir um pouco com a doutrina para elevar este ramo do direito à uma melhor estrutura doutrinal em nosso país.

Os autores

Sumário

Prefácio IX
Apresentação XI

Capítulo 1 | Análise Histórica do Direito Securitário
1. Considerações iniciais 1
2. Organização do sistema securitário brasileiro 5
   2.1. Considerações iniciais 5
   2.2. Conselho Nacional de Seguros Privados 5
   2.3. Superintendência de Seguros Privados 7
   2.4. IRB-BrasilRe 8
   2.5. Sociedades seguradoras 9
   2.6. Corretores de seguros 12
3. Regras civilistas sobre o seguro 13
4. Aspectos conceituais de integração do direito securitário 13

Capítulo 2 | Princípios do Direito Securitário
1. Princípio do '*no claims bônus*' 15
2. Princípio da boa-fé 15
3. Princípio do *follow the fortune* 17
4. Princípio da prestação ética dos serviços de seguro 18
5. Princípio da natureza indenizatória 18
6. Princípio da rapidez e precisão no atendimento 18
7. Princípio da comunhão de interesses 18

Capítulo 3 | Características do Direito Securitário
1. Conceitos iniciais 20

2. Características dos seguros 20
3. Regime especial de fiscalização 21
4. Aspectos principais do PL nº 3555/04 22

Capítulo 4 | O Contrato de Seguro

1. Considerações iniciais 27
2. Regras civilistas do contrato securitário 27
3. Características do contrato de seguro 29
4. Aplicação do CDC aos contratos de seguro 30
5. Formação dos contratos de seguro 32
6. O contrato de seguros e o PL 3555/04 33

Capítulo 5 | Resseguro

1. Considerações iniciais 37
2. *Follow the fortune* no resseguro 38
3. História do resseguro 39
4. Aplicações jurídicas relativas ao resseguro: 45
5. Cláusulas do contrato de resseguro: 47
6. Regras especiais: 50

Capítulo 6 | Cosseguro

1. Considerações iniciais 51
2. Competência para disciplinar as operações de cosseguro 51
3. Seguradora líder 51
4. Responsabilidade necessária no cosseguro 52
5. O cosseguro e o PL 3555/04 52

Capítulo 7 | Retrocessão 54

1. Considerações iniciais 54
2. *Follow the fortune* na retrocessão 54
3. Transferência de riscos na retrocessão 54
4. Comentários especiais 56

Capítulo 8 | Seguro de Saúde e Plano de Saúde

1. Considerações iniciais 57

2. O direito a saúde 58
3. Planos de saúde 64
   3.1. Considerações iniciais 64
   3.2. Vedações especiais 67
   3.3. Tipos de planos de saúde 68
   3.4. Carência 69
   3.5. Precificação do plano de seguros 69
   3.6. Regras especiais dos planos de saúde 69
   3.7. Portabilidade nos planos de saúde 71
   3.8. Os planos de saúde e o STJ 75
4. Seguro de saúde 76
5. Modelos de contratos de seguros 78
   5.1. Contrato de Plano de Saúde 78
   5.2. Contrato de Seguro-Saúde 82
6. Modelos de petições na área securitária 85
   6.1. Ação de obrigação de fazer com tutela antecipada 85
   6.2. Ação sumária com pedido de tutela antecipada *inaudita altera pars* 89
   6.3. Ação sumária com pedido de tutela antecipada *inaudita altera pars* cumulada com danos morais 93
   6.4. Réplica-Inversão do ônus da prova (seguro saúde): 97
   6.5. Agravo de instrumento com pedido de tutela antecipada recursal 99
   6.6. Recurso de apelação (Danos morais) 102
7. Jurisprudência aplicada 104
   7.1. *Plano de saúde custeado pelo empregador* 104
   7.2. *Cirurgia bariátrica* 104
   7.3. *Manutenção de aposentadoria* 105
   7.4. *Rede conveniada* 105
   7.5. *Cláusula abusiva* 106
   7.6. *Reembolso das despesas por radioterapia* 107
   7.7. *Reembolso por descumprimento do contrato* 107
   7.8. *Prazo prescricional* 107
   7.9. *Revisão do contrato de plano de saúde* 108
   7.10. Estatuto do idoso e reajuste 108
   7.11. Cláusula abusiva 108

7.12. Período de carência 108
7.13. Medicamentos recomendados 108
7.14. Boa-fé objetiva 108
7.15. Poder de decisão e contrato de plano de saúde 109
7.16. Mutualidade do seguro de saúde 109
7.17. Apólice de seguro 110

Capítulo 9 | O Seguro de Pessoa

1. Seguro de vida 111
2. Glossário básico 116
3. VGBL 118
4. PGBL 121
5. Seguro de acidentes pessoais 122
5. Modelos de contratos de seguros 126
    5.1. Contrato de seguro de vida individual 126
    5.2. Contrato de seguro de vida em grupo 130
    5.3. Contrato de seguro por acidentes pessoais – individual 134
6. Modelos de petições na área securitária 142
    6.1. Ação de cobrança de seguro de vida (individual) 142
    6.2. Ação de cobrança de seguro de vida (grupo) 145
7. Jurisprudência aplicada 148
    7.1. PGBL *148*
    7.2. VGBL *148*
    7.3. Seguro de vida – ação regressiva *149*
    7.4. Seguro de vida – negativa de contratar *149*
    7.5. Seguro de vida – diferença de indenização *150*
    7.6. Seguro de vida – complementação securitária *150*

Capítulo 10 | O Seguro de Dano

1. Considerações iniciais 152
2. Regras especiais 154
3. O Código Civil e o seguro de dano 154
4. Regras especiais 156
5. Seguro de Danos pessoais causados por embarcações (DPEM) . 156
6. Seguro Residencial 159
7. Seguro incêndio 161

8. Seguro de automóvel comum 162
9. Modelos de petições na área securitária 169
   9.1. Contrato de seguro de automóvel usado (conforme SUSEP) 169
   9.2. Contrato de Seguro Incêndio 184
10. Modelos de petições na área securitária 188
   10.1. Ação de cobrança de seguro incêndio 188
   10.2. Recurso de apelação – seguro incêndio 192
   10.3. Ação de cobrança de seguro residencial 195
11. Jurisprudência aplicada 199
   11.1. *Seguro veicular* 199
   11.2. *Seguro Incêndio - registro* 200
   11.3. *Seguro incêndio – imóvel locado* 200
   11.4. *Seguro de automóvel – responsabilidade por serviços prestados* 200
   11.5. *Seguro de automóvel – Táxi* 201
   11.6. *Seguro de automóvel – Cláusula limitativa* 201
   11.7. *Seguro de automóvel – Rescisão do contrato* 202
   11.8. *Seguro de automóvel – estrangeiro* 203
   11.9. *Seguro de automóvel – baixa do veículo no cadastro do DETRAN* 203
   11.10. *Seguro de automóvel – blindagem* 204

Capítulo 11 || O Seguro DPVAT

1. Considerações iniciais 205
2. Histórico do DPVAT 206
3. Valor do DPVAT 209
4. Ausência de prova de culpa 212
5. Documentos necessários 212
6. Regras Especiais de indenização 213
7. Normas que regem o DPVAT 215
8. Informações essenciais sobre o seguro DPVAT 215
9. Passo a passo para receber o DPVAT 219
10. Fato gerador do DPVAT 224
11. Regras especiais para o seguro DPVAT 224

12. O DPVAT e a Declaração do Imposto de Renda: 229
13. O consórcio de seguradoras 229
14. O STJ e o DPVAT 232
15. O CNSP e o DPVAT 233
16. O CNT e o DPVAT 233
17. Perguntas e respostas sobre o seguro DPVAT 234
18. Formulários do seguro DPVAT 245
    18.1. Restituição de pagamento do seguro DPVAT - Bancos:... 245
    18.2. Restituição de pagamento do prêmio do DPVAT -
          proprietário: 246
    18.3. Aviso de Sinistro do DPVAT: 249
    18.4. Declaração de Ausência de Laudo do IML: 251
    18.5. Declaração sobre a prevenção à lavagem de dinheiro: 253
    18.6. Declaração de Residência: 255
19. Modelo de petições da área securitária: 256
    19.1. Ação de cobrança de seguro DPVAT: 256
    19.2. Ação de Cobrança do seguro DPVAT (diferença da
          indenização): 259
    19.3. Ação de Cobrança do seguro DPVAT (reembolso
          do DAMS): 263
20. Jurisprudência aplicada 267
    20.1. Impenhorabilidade dos valores do DPVAT 267
    20.2. Responsabilidade Civil Objetiva – DPVAT 268
    20.3. Nexo de causalidade – DPVAT 268
    20.4. Dedução dos valores – DPVAT 269
    20.5. Omissão na conservação de rodovia – DPVAT 269
    20.6. Invalidez permanente parcial - DPVAT 270
    20.7. Reembolso de despesas hospitalares – DPVAT 270
    20.8. Solidariedade - DPVAT 271
    20.9. Prescrição - DPVAT 271
    20.10. Legitimidade Passiva - DPVAT 272

Capítulo 12 | Seguros Especiais

1. Seguro Rural 273
2. Seguro Compreensivo 277

3. Seguro de transportes 279
4. Seguro de Crédito 280
5. Modelos de contratos de seguros padronizados da SUSEP: 289
    5.1. Contrato de seguro agrícola 289
    5.2. Contrato de seguro de penhor rural 298
    5.3. Contrato de Seguro Compreensivo 315
    5.4. Contrato de Seguro Fiança Locatícia 334
6. Modelos de petições na área securitária 349
    6.1. Ação de cobrança de seguro agrícola 349
    6.2. Ação de cobrança de seguro compreensivo 353
7. Jurisprudência aplicada 356
    7.1. Seguro rural: 356
    7.2. Cédulas de crédito rural: 356
    7.3. Seguro de transportes: 357
    7.4. Seguro de fiança locatícia: 358

Capítulo 13 | Seguro Garantia Estendida
1. Fases específicas para solução de defeitos encontrados no produto comprado 359
    1.1. Primeira fase: Arrependimento da compra do produto 359
    1.2. Segunda fase: Utilização do prazo legal de garantia 360
    1.3. Terceira fase: Utilização do prazo contratual de garantia ... 362
    1.4. Quarta fase: Utilização do prazo estendido de garantia 362
2. O problema do vicio oculto nos produtos 364
3. Tipos de Garantia Estendida: 365
    3.1. Extensão de Garantia 365
    3.2. Complementação de Garantia 366
4. Tipos de indenizações referentes à garantia estendida 367
    4.1. Pagamento em dinheiro 368
    4.2. Reposição do bem adquirido 368
    4.3. Reparo do bem adquirido 368
5. Passo a passo da Garantia Estendida 368
    5.1 O consumidor decide fazer um de seguro de garantia estendida 368
    5.2 Ocorrência do sinistro do bem que estava coberto

pela apólice de garantia estendida 368
5.3 Apresentação de documentação 370
5.4 Espera da resolução da situação 370
6. Utilização do termo "seguro de garantia estendida" 371
7. Proteção da Seguradora 371
8. Características essenciais da garantia estendida 371
9. Fornecimento do Seguro de Garantia Estendida 372
10. Considerações especiais 372
11. Perguntas e respostas 373
12. Modelo de contrato de seguro 383
    12.1. Contrato de Seguro de Garantia Estendida: 383
    13.1. Ação de cobrança de seguro garantia estendida 387
    14.1. Garantia estendida 389

Bibliografia **390**

Capítulo 1
Análise Histórica do Direito Securitário

1. Considerações iniciais. 2. Organização do sistema securitário brasileiro. 2.1. Considerações iniciais: 2.2. Conselho Nacional de Seguros Privados. 2.3. Superintendência de Seguros Privados. 2.4. IRB-BrasilRe. 2.5. Sociedades seguradoras. 2.6. Corretores de seguros. 3. Regras civilistas sobre o seguro. 4. Aspectos conceituais de integração do direito securitário.

1. Considerações iniciais

A história dos seguros no Brasil se inicia com a abertura dos Portos. O seguro marítimo foi a modalidade desenvolvida nos primórdios da seguridade em nosso país. A primeira sociedade de seguros no Brasil foi a Companhia de Seguros Boa-Fé, em 24 de fevereiro de 1808. A SUSEP[1] traça alguns conceitos interessantes sobre a evolução do direito securitário nacional. Vejamos:

a) Início das atividades no Brasil: "A atividade seguradora no Brasil teve início com a abertura dos portos ao comércio internacional, em 1808...Neste período, a atividade seguradora era regulada pelas leis portuguesas. Somente em 1850, com a promulgação do "Código Comercial Brasileiro" (Lei n° 556, de 25 de junho de 1850) é que o seguro marítimo foi pela primeira vez estudado e regulado em todos os seus aspectos."

b) Inovações legislativas: "O advento do "Código Comercial Brasileiro" foi de fundamental importância para o desenvolvimento do seguro no Brasil, incentivando o aparecimento de inúmeras seguradoras, que passaram a operar não só com o seguro marítimo, expressamente previsto na legislação, mas, também, com o seguro

---
1 http://www.susep.gov.br/menu/a-susep/historia-do-seguro

terrestre. Até mesmo a exploração do seguro de vida, proibido expressamente pelo Código Comercial, foi autorizada em 1855, sob o fundamento de que o Código Comercial só proibia o seguro de vida quando feito juntamente com o seguro marítimo. Com a expansão do setor, as empresas de seguros estrangeiras começaram a se interessar pelo mercado brasileiro, surgindo, por volta de 1862, as primeiras sucursais de seguradoras sediadas no exterior. Estas sucursais transferiam para suas matrizes os recursos financeiros obtidos pelos prêmios cobrados, provocando uma significativa evasão de divisas. Assim, visando proteger os interesses econômicos do País, foi promulgada, em 5 de setembro de 1895, a Lei nº 294, dispondo exclusivamente sobre as companhias estrangeiras de seguros de vida, determinando que suas reservas técnicas fossem constituídas e tivessem seus recursos aplicados no Brasil, para fazer frente aos riscos aqui assumidos. Algumas empresas estrangeiras mostraram-se discordantes das disposições contidas no referido diploma legal e fecharam suas sucursais.

c) Surgimento da Previdência Privada: O século XIX também foi marcado pelo surgimento da "previdência privada" brasileira, pode-se dizer que inaugurada em 10 de janeiro de 1835, com a criação do MONGERAL – Montepio Geral de Economia dos Servidores do Estado – proposto pelo então ministro da Justiça, barão de Sepetiba, que, pela primeira vez, oferecia planos com características de facultatividade e mutualismo. A Previdência Social só viria a ser instituída através da Lei nº 4.682 (Lei Elói Chaves), de 24/01/1923.

d) Criação da Superintendência Geral de Seguros: "O Decreto nº 4.270, de 10/12/1901, e seu regulamento anexo, conhecido como 'Regulamento Murtinho', regulamentaram o funcionamento das companhias de seguros de vida, marítimos e terrestres, nacionais e estrangeiras, já existentes ou que viessem a se organizar no território nacional. Além de estender as normas de fiscalização a todas as seguradoras que operavam no País, o Regulamento Murtinho criou a 'Superintendência Geral de Seguros', subordinada diretamente ao Ministério da Fazenda. Com a criação da Superintendência, foram concentradas, numa única repartição especializada, todas as questões atinentes à fiscalização de seguros, antes distribuídas entre diferentes órgãos. Sua jurisdição alcançava todo o território nacional e, de sua competência, constavam as fiscalizações preventiva, exercida por ocasião do exame da documentação da sociedade que requeria autorização para funcionar, e repressiva, sob a forma de inspeção direta, periódica, das sociedades. Posteriormente, em 12 de dezembro de 1906, através do Decreto n° 5.072, a Superintendência Geral de Seguros foi substituída por uma Inspetoria de Seguros, também subordinada ao Ministério da Fazenda."

e) O contrato de seguro no Código Civil Brasileiro: "Foi em 1º de janeiro de 1916 que se deu o maior avanço de ordem jurídica no campo do contrato de seguro, ao ser sancionada a Lei n° 3.071, que promulgou o "Código Civil Brasileiro", com um capítulo específico dedicado ao "contrato de seguro". Os preceitos formulados pelo Código Civil e pelo Código Comercial passaram a compor, em conjunto, o que se chama Direito Privado do Seguro. Esses preceitos fixaram os princípios essenciais do contrato e disciplinaram os direitos e obrigações das partes, de modo a evitar e dirimir conflitos entre os interessados. Foram esses princípios fundamentais que garantiram o desenvolvimento da instituição do seguro."

f) Surgimento da primeira empresa de capitalização: "A primeira empresa de capitalização do Brasil foi fundada em 1929, chamada de "Sul América Capitalização S.A". Entretanto, somente três anos mais tarde, em 10 de março de 1932, é que foi oficializada a autorização para funcionamento das sociedades de capitalização através do Decreto n° 21.143, posteriormente regulamentado pelo Decreto n° 22.456, de 10 de fevereiro de 1933, também sob o controle da Inspetoria de Seguros. O parágrafo único do artigo 1 o do referido Decreto definia: "As únicas sociedades que poderão usar o nome de "capitalização" serão as que, autorizadas pelo Governo, tiverem por objetivo oferecer ao público, de acordo com planos aprovados pela Inspetoria de Seguros, a constituição de um capital mínimo perfeitamente determinado em cada plano e pago em moeda corrente, em um prazo máximo indicado no dito plano, à pessoa que subscrever ou possuir um título, segundo cláusulas e regras aprovadas e mencionadas no mesmo título".

g) Princípio da nacionalização do seguro: "Com a promulgação da Constituição de 1937 (Estado Novo), foi estabelecido o "Princípio de Nacionalização do Seguro", já preconizado na Constituição de 1934. Em consequência, foi promulgado o Decreto n° 5.901, de 20 de junho de 1940, criando os seguros obrigatórios para comerciantes, industriais e concessionários de serviços públicos, pessoas físicas ou jurídicas, contra os riscos de incêndios e transportes (ferroviário, rodoviário, aéreo, marítimo, fluvial ou lacustre), nas condições estabelecidas no mencionado regulamento."

h) Criação do Instituto de Resseguros do Brasil(IRB): "Nesse mesmo período foi criado, em 1939, o Instituto de Resseguros do Brasil (IRB), através do Decreto-lei n° 1.186, de 3 de abril de 1939. As sociedades seguradoras ficaram obrigadas, desde então, a ressegurar no IRB as responsabilidades que excedessem sua capacidade de retenção própria, que, através da retrocessão, passou a compartilhar o risco com as sociedades seguradoras em operação no Brasil. Com esta medida, o Governo Federal procurou evitar que grande parte das divisas fosse consumida com a remessa, para o exterior, de importâncias vultosas relativas a prêmios de resseguros em companhias estrangeiras... O IRB adotou, desde o início de suas operações, duas providências eficazes visando criar condições de competitividade para o aparecimento e o desenvolvimento de seguradoras de capital brasileiro: o estabelecimento de baixos limites de retenção e a criação do chamado excedente único. Através da adoção de baixos limites de retenção e do mecanismo do excedente único, empresas pouco capitalizadas e menos instrumentadas tecnicamente – como era o caso das empresas de capital nacional – passaram a ter condições de concorrer com as seguradoras estrangeiras, uma vez que tinham assegurada a automaticidade da cobertura de resseguro."

i) Criação da Susep: "Em 1966, através do Decreto-lei n° 73, de 21 de novembro de 1966, foram reguladas todas as operações de seguros e resseguros e instituído o Sistema Nacional de Seguros Privados, constituído pelo Conselho Nacional de Seguros Privados (CNSP); Superintendência de Seguros Privados (SUSEP); Instituto de Resseguros do Brasil (IRB); sociedades autorizadas a operar em seguros privados; e corretores habilitados. O Departamento Nacional de Seguros Privados e Capitalização – DNSPC – foi substituído pela Superintendência de Seguros Privados – SUSEP – entidade autárquica, dotada de personalidade jurídica de Direito Público, com autonomia administrativa e financeira, jurisdicionada ao Ministério da Indústria e do Comércio até 1979, quando passou a estar vinculada ao Ministério da Fazenda. Em

28 de fevereiro de 1967, o Decreto n° 22.456/33, que regulamentava as operações das sociedades de capitalização, foi revogado pelo Decreto-lei n° 261, passando a atividade de capitalização a subordinar-se, também, a numerosos dispositivos do Decreto-lei n° 73/66. Adicionalmente, foi instituído o Sistema Nacional de Capitalização, constituído pelo CNSP, SUSEP e pelas sociedades autorizadas a operar em capitalização."

2. Organização do sistema securitário brasileiro

2.1. Considerações iniciais

O Decreto 73/66 traça os principais conceitos do seguro no Brasil. Vale destacar que o sistema de seguros está formado pelo CNSP (Conselho Nacional de Seguros Privados), pela SUSEP (Superintendência de Seguros Privados), pelo IRB-BrasilRe, pelos resseguradores, pelas sociedades autorizadas a operar em seguros privados e pelos corretores habilitados.

2.2. Conselho Nacional de Seguros Privados

É parte integrante da estrutura organizacional do Ministério da Fazenda. É um dos órgãos colegiados deste ministério de acordo com o artigo 2°, III, d do Decreto n° 7.482/11. A competência privativa do CNSP está consignada no artigo 32 do Decreto 73/66:

> Art 32. É criado o Conselho Nacional de Seguros Privados – CNSP, ao qual compete privativamente:
>
> I - Fixar as diretrizes e normas da política de seguros privados;
>
> II - Regular a constituição, organização, funcionamento e fiscalização dos que exercerem atividades subordinadas a este Decreto-lei, bem como a aplicação das penalidades previstas;
>
> III - Estipular índices e demais condições técnicas sobre tarifas, investimentos e outras relações patrimoniais a serem observadas pelas sociedades seguradoras;
>
> IV - Fixar as características gerais dos contratos de seguros;
>
> V - Fixar normas gerais de contabilidade e estatística a serem observadas pelas Sociedades Seguradoras;
>
> VI - Delimitar o capital das sociedades seguradoras e dos resseguradores;
>
> VII - Estabelecer as diretrizes gerais das operações de resseguro;
>
> VIII - disciplinar as operações de cosseguro;
>
> X - Aplicar às sociedades seguradoras estrangeiras autorizadas a funcionar no País as mesmas vedações ou restrições equivalentes às que vigorarem

nos países da matriz, em relação às sociedades seguradoras brasileiras ali instaladas ou que neles desejem estabelecer-se;

XI - Prescrever os critérios de constituição das sociedades seguradoras, com fixação dos limites legais e técnicos das operações de seguro;

XII - Disciplinar a corretagem de seguros e a profissão de corretor;

XIV - Decidir sobre sua própria organização, elaborando o respectivo Regimento Interno;

XV - Regular a organização, a composição e o funcionamento de suas Comissões Consultivas;

XVI - Regular a instalação e o funcionamento das Bolsas de Seguro;

XVII - Fixar as condições de constituição e extinção de entidades autorreguladoras do mercado de corretagem, sua forma jurídica, seus órgãos de administração e a forma de preenchimento de cargos administrativos;

XVIII - Regular o exercício do poder disciplinar das entidades autorreguladoras do mercado de corretagem sobre seus membros, inclusive do poder de impor penalidades e de excluir membros;

XIX - Disciplinar a administração das entidades autorreguladoras do mercado de corretagem e a fixação de emolumentos, comissões e quaisquer outras despesas cobradas por tais entidades, quando for o caso.

O CNSP é composto das seguintes autoridades: a) ministro de Estado da Fazenda, ou seu representante; b) representante do Ministério da Justiça; c) representante do Ministério da Previdência e Assistência Social; d) Superintendente da Superintendência de Seguros Privados – SUSEP; e) representante do Banco Central do Brasil; f) representante da Comissão de Valores Mobiliários – CVM.

Notadamente, é importante destacar que o CNSP será presidido pelo ministro de Estado da Fazenda e, na sua ausência, pelo superintendente da SUSEP. Na formação organizacional do CNSP terão lugar as seguintes Comissões Consultivas:

a) Saúde;

b) Trabalho;

c) Aeronáutica;

d) Crédito;

e) Transporte;

f) Mobiliária e de Habitação;

g) Rural;

h) Corretores.

O CNSP poderá criar outras Comissões Consultivas, desde que ocorra justificada necessidade. A organização, a composição e o funcionamento das Comissões Consultivas serão regulados pelo CNSP, cabendo ao seu presidente designar os representantes que as integrarão, mediante indicação das entidades participantes delas.

2.3. Superintendência de Seguros Privados

O Decreto-lei nº 73/66 criou a Superintendência de Seguros Privados (SUSEP), entidade autárquica, dotada de personalidade jurídica de Direito Público, com autonomia administrativa e financeira.

A SUSEP tem qualidade de executora da política traçada pelo CNSP, como órgão fiscalizador da constituição, organização, funcionamento e operações das Sociedades Seguradoras. A ela estão delegadas as seguintes competências:

a) processamento do funcionamento das Sociedades Seguradoras: a SUSEP compete processar os pedidos de autorização para constituição, organização, funcionamento, fusão, encampação, agrupamento e transferência de controle acionário. Também cabe a este órgão a reforma dos Estatutos das Sociedades Seguradoras e, ainda, opinar sobre os mesmos e encaminhá-los ao CNSP;

b) baixar instruções e expedir circulares relativas à regulamentação das operações de seguro, de acordo com as diretrizes do CNSP;

c) fixar condições de apólices, planos de operações e tarifas a serem utilizadas obrigatoriamente pelo mercado segurador nacional;

d) aprovar os limites de operações das Sociedades Seguradoras, de conformidade com o critério fixado pelo CNSP;

e) examinar e aprovar as condições de coberturas especiais, bem como fixar as taxas aplicáveis;

f) autorizar a movimentação e liberação dos bens e valores obrigatoriamente inscritos em garantia das reservas técnicas e do capital vinculado;

g) fiscalizar a execução das normas gerais de contabilidade e estatística fixadas pelo CNSP para as Sociedades Seguradoras;

h) fiscalizar as operações das Sociedades Seguradoras, disposições regulamentares em geral, resoluções do CNSP e aplicar as penalidades cabíveis;

i) proceder à liquidação das Sociedades Seguradoras que tiverem cassada a autorização para funcionar no País;
j) organizar seus serviços, elaborar e executar seu orçamento.
k) fiscalizar as operações das entidades autorreguladoras do mercado de corretagem, inclusive o exato cumprimento deste Decreto-lei, de outras leis pertinentes, de disposições regulamentares em geral e de resoluções do Conselho Nacional de Seguros Privados (CNSP), e aplicar as penalidades cabíveis;
l) celebrar convênios para a execução dos serviços de sua competência em qualquer parte do território nacional, observadas as normas da legislação em vigor.

A administração da SUSEP está prevista no artigo 37 e seguintes do Decreto-lei nº 73/66. Inicialmente cumpre ressaltar que a administração da SUSEP será exercida por um superintendente, nomeado pelo presidente da República, mediante indicação do ministro da Indústria e do Comércio, que terá as suas atribuições definidas no Regulamento deste Decreto-lei e seus vencimentos fixados em Portaria do mesmo ministro.

Importante esclarecer que o Regimento da SUSEP será aprovado pelo CNSP. É bom deixar claro que a SUSEP terá os seus cargos preenchidos por meio de concurso público de provas, ou de provas e títulos, exceto os da direção e os casos de contratação, por prazo determinado, de prestação de serviços técnicos ou de natureza especializada.

De acordo com o artigo 39 do Decreto-lei nº 73/66, parte do IOF arrecadado vai para o custeio da SUSEP.

2.4. IRB-BrasilRe

O IRB (Instituto de Resseguros do Brasil) é uma sociedade de economia mista, dotada de personalidade jurídica própria de Direito Privado e gozando de autonomia administrativa e financeira. São órgãos de administração do IRB o Conselho de Administração e a Diretoria.

Os serviços do IRB serão executados por pessoal admitido mediante concurso público de provas ou de provas e títulos, cabendo aos Estatutos regular suas condições de realização, bem como os direitos, vantagens e deveres dos servidores, inclusive as punições aplicáveis.

O capital social do IRB é representado por ações escriturais, ordinárias e preferenciais, todas sem valor nominal. As ações ordinárias, com direito a voto, representam, no mínimo, 50% do capital social. O IRB pode celebrar contrato de gestão.

Vejamos duas jurisprudências relativas ao IRB:

... A seguradora e o agente financeiro compõem o polo passivo de demanda indenizatória que visa ao pagamento de cobertura de seguro habitacional de contratação obrigatória. Desnecessária a presença do Instituto de Resseguros do Brasil – IRB no polo passivo (Precedentes). A seguradora responde por risco expressamente assumido nas cláusulas contratuais, devendo cumprir as obrigações livremente firmadas. A apólice do seguro prevê cobertura para o sinistro de invalidez permanente, sendo devida a quitação do contrato, a partir da data em que comprovada a invalidez do mutuário, com a devolução dos valores pagos após esta data de moléstia incapacitante contar da data da aposentadoria da parte beneficiária. Devido o pagamento de indenização por danos morais, causados pela negativa de cobertura e pela falta de resposta ao segundo requerimento, quando presentes os elementos comprobatórios inequívocos da moléstia incapacitante do mutuário, ensejadora da quitação do financiamento habitacional (STJ, REsp. 1003372). Sucumbência integral das rés (TRF4, AC 5007852-95.2011.404.7100, Quarta Turma, Relator p/ Acórdão Décio José da Silva, D. E. 23/01/2013).

Descabia a denunciação à lide do Instituto de Resseguros do Brasil, uma vez que, de acordo com o disposto no parágrafo único do art. 8º da Lei nº 9.932/99, os estabelecimentos de resseguros não responderão diretamente perante o segurado pelo montante assumido no resseguro. 2. Comprovada a invalidez total e permanente, o autor faz jus à cobertura securitária (TRF4, AC 5000920-03.2011.404.7000, Terceira Turma, Relatora p/ Acórdão Maria Lúcia Luz Leiria, D.E. 22/06/2011).

2.5. Sociedades seguradoras

As Sociedades Seguradoras não poderão explorar qualquer outro ramo de comércio ou indústria. A resolução CNSP nº 166 de 2007 dispõe sobre os requisitos e procedimentos para constituição e autorização de funcionamento das sociedades seguradoras.

O artigo 2º desta resolução destaca que os pedidos de autorização de que trata o regulamento anexo serão objeto de estudos pela Superintendência de Seguros Privados com vistas à sua aceitação ou recusa. Neste sentido, fica a Superintendência de Seguros Privados autorizada a baixar as normas e a adotar as medidas julgadas necessárias à execução desta função reguladora. Registra-se que a constituição e o funcionamento das sociedades seguradoras, de capitalização e entidades abertas de previdência complementar dependem de prévia e expressa autorização da Superintendência de Seguros Privados.

No processo de constituição deve ser indicado o responsável, tecnicamente capacitado, pela condução do projeto na Superintendência de

Seguros Privados, bem como identificado o grupo organizador da nova sociedade, do qual devem participar representantes do futuro grupo de controle e dos futuros detentores de <u>participação qualificada</u> (a participação, direta ou indireta, por pessoas físicas ou jurídicas, equivalente a 5% ou mais de ações representativas do capital total das sociedades).

A constituição das sociedades seguradoras será submetida às seguintes regras:

a) publicação de declaração de propósito, por parte de pessoas físicas ou jurídicas que ainda não integrem grupo de controle das sociedades seguradoras, nos termos e condições estabelecidos pela SUSEP e também divulgá-la, utilizando, para tanto, o meio que julgar mais adequado;

b) apresentação de plano de negócios, de nota técnica atuarial da carteira e de definição dos padrões de governança corporativa a serem observados, na forma definida na legislação e regulamentação vigentes;

c) indicação da composição do grupo de controle da sociedade;

d) demonstração de capacidade econômico-financeira compatível com o porte, a natureza e objetivo do empreendimento, a ser atendida, a critério da Superintendência de Seguros Privados, individualmente por acionista controlador ou pelo grupo de controle;

e) autorização expressa, por todos os integrantes do grupo de controle e por todos os detentores de participação qualificada: 1. à Receita Federal do Brasil, para fornecimento à Superintendência de Seguros Privados de cópia da declaração de rendimentos, de bens e direitos e de dívidas e ônus reais, relativa aos dois últimos exercícios, para uso exclusivo no respectivo processo de autorização; 2. à Superintendência de Seguros Privados, para acesso a informações a seu respeito constantes de qualquer sistema público ou privado de cadastro e informações. 3. inexistência de restrições que possam, a juízo da Superintendência de Seguros Privados, afetar a reputação dos controladores e detentores de participação qualificada, aplicando-se, no que couber, as demais normas legais e regulamentares referentes às condições para o exercício de cargos de administração nas sociedades seguradoras. 4. comprovação, por todos os integrantes do grupo de controle e por todos os detentores de participação qualificada, da origem dos recursos que serão utilizados no empreendimento.

A Superintendência de Seguros Privados, nos casos que julgar necessário, poderá exigir publicação da declaração de propósito das pessoas físicas ou jurídicas que já integrem o grupo de controle ou que detenham participação qualificada nas sociedades seguradoras.

A Superintendência de Seguros Privados, na avaliação do cumprimento das condições estabelecidas levará em consideração a natureza e o porte da sociedade envolvida.

Importante consignar que, a prática de atos que acarretem a extinção das sociedades seguradoras ou a mudança de objeto que resulte na sua descaracterização como integrante do Sistema Nacional de Seguros Privados implica o cancelamento da respectiva autorização para funcionamento e depende de prévia e expressa autorização da Superintendência de Seguros Privados.

São requisitos indispensáveis para o cancelamento da autorização para funcionamento das sociedades e entidades seguradoras:

a) publicação de declaração de propósito, nos termos e condições estabelecidos pela SUSEP, que também poderá divulgá-la, utilizando, para tanto, o meio que julgar mais adequado;
b) deliberação em assembleia geral;
c) instrução do respectivo processo na Superintendência de Seguros Privados, nos termos e condições por ela estabelecidos.

Destaca-se que, adicionalmente aos requisitos estabelecidos neste artigo, a Superintendência de Seguros Privados condicionará o cancelamento à liquidação de operações passivas privativas das sociedades e entidades seguradoras. No entanto, estes requisitos não se aplicam à extinção da sociedade decorrente de fusão, cisão total ou incorporação, desde que a sociedade resultante ou sucessora seja autorizada a funcionar pela Superintendência de Seguros Privados.

A Superintendência de Seguros Privados, esgotadas as demais medidas cabíveis na esfera de sua atribuição e sem prejuízo da eventual decretação de direção fiscal ou liquidação extrajudicial compulsória, suspenderá a autorização para funcionamento das sociedades e entidades seguradoras, quando constatada, a qualquer tempo, uma ou mais das seguintes situações:

a) inatividade operacional, sem justificativa aceitável;
b) sociedade ou entidade não localizada no endereço informado à Superintendência de Seguros Privados;

c) interrupção, por mais de três meses, sem justificativa aceitável, do envio do Formulário de Informações Periódicas exigido pela regulamentação em vigor, àquela Autarquia.
d) não observância do prazo para início de atividades.
e) falta de capacidade econômica do controlador.

A suspensão será decretada pelo prazo de 90 dias, após ouvida a sociedade ou entidade que poderá ser intimada por edital, quando não localizada em sua sede informada à Superintendência de Seguros Privados. Cessada a causa para a suspensão durante seu prazo de 90 dias, a sociedade ou entidade retornará às condições de funcionamento anteriores à imposição da medida. Se até o último dia do prazo de suspensão, a sociedade ou entidade não fizer cessar a sua causa, a medida se convolará em cancelamento.

2.6. Corretores de seguros

O corretor de seguros, pessoa física ou jurídica, é o intermediário legalmente autorizado a angariar e promover contratos de seguro entre as Sociedades Seguradoras e as pessoas físicas ou jurídicas de Direito Privado. O exercício da profissão, de corretor de seguros depende de prévia habilitação e registro.

A habilitação será feita perante a SUSEP, mediante prova de capacidade técnico-profissional, na forma das instruções baixadas pelo CNSP. O corretor de seguros poderá ter prepostos de sua livre escolha e designará, dentre eles, o que o substituirá. Os corretores e prepostos serão registrados na SUSEP, com obediência aos requisitos estabelecidos pelo CNSP.

As comissões de corretagem só poderão ser pagas a corretor de seguros devidamente habilitado. É vedado aos corretores e seus prepostos:

a) aceitar ou exercer emprego de pessoa jurídica de Direito Público;
b) manter relação de emprego ou de direção com Sociedade Seguradora.

O corretor de seguros responderá civilmente perante os segurados e as Sociedades Seguradoras pelos prejuízos que causar, por omissão, imperícia ou negligência no exercício da profissão.

Registra-se que, caberá responsabilidade profissional, perante a SUSEP, ao corretor que deixar de cumprir as leis, regulamentos e resoluções em vigor, ou que der causa dolosa ou culposa a prejuízos às Sociedades

Seguradoras ou aos segurados. As entidades autorreguladoras do mercado de corretagem terão autonomia administrativa, financeira e patrimonial, operando sob a supervisão da Superintendência de Seguros Privados (SUSEP).

O corretor de seguros estará sujeito às penalidades seguintes:

a) multa;
b) suspensão temporária do exercício da profissão;
c) cancelamento do registro.

3. Regras civilistas sobre o seguro

O seguro é realizado por meio de contrato em que o segurador se obriga, mediante o pagamento do prêmio, a garantir interesse legítimo do segurado, relativo a pessoa ou a coisa, contra riscos predeterminados. Neste sentido, somente pode ser parte (no contrato de seguro) como segurador, entidade para tal fim legalmente autorizada.

O artigo 758 do Código Civil trata sobre a prova do contrato de seguro ao dizer que "o contrato de seguro prova-se com a exibição da apólice ou do bilhete do seguro, e, na falta deles, por documento comprobatório do pagamento do respectivo prêmio."

A emissão da apólice deverá ser precedida de proposta escrita com a declaração dos elementos essenciais do interesse a ser garantido e do risco.

Ressalta-se que, a apólice ou o bilhete de seguro serão nominativos, à ordem ou ao portador, e mencionarão os riscos assumidos, o início e o fim de sua validade, o limite da garantia e o prêmio devido, e, quando for o caso, o nome do segurado e o do beneficiário. Estes são os requisitos essenciais da apólice de seguro. Vale destacar que, no seguro de pessoas, a apólice ou o bilhete não podem ser ao portador.

Notadamente, existem ainda outras regras dispostas no Código Civil, mas estas serão estudadas apropriadamente no capítulo relativo ao contrato de seguro.

4. Aspectos conceituais de integração do direito securitário

O primeiro conceito a ser destacado é a declaração de propósito que é a exigência da publicação das pessoas eleitas para os cargos da administração. O artigo 8º da Resolução 136/05 descreve:

> Art. 8º Os eleitos ou indicados para cargos de conselheiro de administração, conselheiro deliberativo ou diretor deverão publicar a declaração de

propósito, anterior a data do ato societário, com vistas à homologação pretendida, em duas datas, em jornal de grande circulação nas localidades da sede da instituição e de domicílio dos eleitos, na forma determinada pela SUSEP.

A declaração de propósito, deverá ser publicada, em duas datas, em jornal de grande circulação nas localidades da sede da instituição e da sede ou domicílio dos controladores. No caso de constituição de empresas, a publicação deverá ocorrer no local da sede da nova instituição e no local da sede ou domicílio dos controladores. No caso de transferência de controle, a publicação deverá ocorrer no domicílio da sede da empresa cujo controle está sendo transferido e no local da sede ou domicílio dos novos e dos antigos controladores (Ver artigo 3º da Circular nº 240/04 da SUSEP).

Os eleitos ou indicados para cargos de conselheiro de administração, conselheiro deliberativo ou diretor deverão publicar a declaração de propósito, anterior a data do ato societário, com vistas à homologação pretendida, em duas datas, em jornal de grande circulação nas localidades da sede da instituição e de domicílio dos eleitos, na forma determinada pela SUSEP. Em caso de reeleição ou recondução não será necessária a publicação de declaração de propósito.

Capítulo 2

Princípios do Direito Securitário

1. Princípio do 'no claims bônus'. 2. Princípio da boa-fé. 3. Princípio do *follow the fortune*. 4. Princípio da prestação ética dos serviços de seguro. 5. Princípio da natureza indenizatória. 6. Princípio da rapidez e precisão no atendimento. 7. Princípio da comunhão de interesses.

1. Princípio do 'no claims bônus'

Segundo este princípio, as seguradoras devem promover ações de benefícios para os segurados que adotem práticas de proteção ao bem segurado. Esta norma principiológica faz parte do sustentáculo dos seguros no mundo. Ângelo Colombo[2] discorre sobre o tema:

> "No exterior, sua aplicação é muito usual nos contratos de transferência de riscos de seguradoras para resseguradores, principalmente em casos de inovações de produtos ou, então, quando não se tem comprovado e documentado o histórico de experiência da seguradora com absorção de riscos específicos. O nome em inglês *no claims bônus* faz referência explícita ao benefício resultante da não ocorrência de sinistros ao longo do período de transferência de riscos. Em situações complexas – sobretudo quando existem divergências quanto ao prêmio a ser cobrado pela apólice –, a inserção dessa cláusula pode ser uma importante estratégia de negociação, mostrando a disposição de ambas as partes convergirem para um acordo."

2. Princípio da boa-fé

O princípio da boa-fé determina que em toda atividade securitária deverão ser observadas a ética e a honestidade. Desta forma, as cláusulas do contrato de seguro devem ser elaboradas com vistas a prever a rescisão ou multa pela má-fé do segurado no momento de passar as informações requeridas para o seguro. É bom afirmar que, as cláusulas securitárias feitas pela seguradora que sejam eivadas de má-fé podem ser anuladas judicialmente.

---
2   COLOMBO, Angelo. Seguros e Resseguros. Editora Saraiva. 2010. P. 40.

Vejamos uma jurisprudência sobre o tema:

> Inexiste garantia acessória da dívida, nem pessoal nem real ao encargo do devedor. A CEF, na qualidade de operadora dos contratos de crédito é a responsável pela cobrança das parcelas do seguro, em seu favor, respondendo pela atualização dos prêmios e seu repasse à seguradora, mantendo vínculo contratual com essa. O mutuário não contrata diretamente o seguro, cuja parcela mensal já vem embutida no contrato de mútuo que firmou com o agente financeiro. Garantida a Caixa Econômica Federal, estipulante e beneficiária do seguro, contra as perdas líquidas definitivas que ela própria pudesse sofrer em consequência da inadimplência de seus devedores, com os quais tenha contratado operações de crédito de acordo com a modalidade de crédito consignado. O seguro tem como seu maior objetivo, exatamente, a cobertura do sinistro na hipótese de insolvência ou falecimento do mutuário responsável pela renda comprometida com o pagamento das prestações. Se assim não for, o seguro obrigatório terá perdido toda sua utilidade. No caso concreto, o seguro ficaria garantindo parcialmente um risco para o qual deveria dar total cobertura. As partes obrigam-se ao cumprimento de deveres anexos ou secundários, derivados da boa-fé objetiva que deve nortear as relações contratuais. A Caixa Econômica Federal não ostenta interesse legítimo porque não possui título executivo contra o embargante, porquanto, o valor da dívida, possui garantia securitária específica, cobrada mensalmente do mutuário. Mantida a sentença (TRF4, AC 5004228-86.2012.404.7202, Terceira Turma, Relator p/ Acórdão Carlos Eduardo Thompson Flores Lenz, D. E. 31/05/2013).

Os contratos de seguro são regidos pelo princípio da boa-fé objetiva previsto no artigo 422 do Código Civil. Vejamos:

> Art. 422. Os contratantes são obrigados a guardar, assim na conclusão do contrato, como em sua execução, os princípios de probidade e boa-fé.

Outra decorrência deste princípio pode ser encontrada no artigo 765 do Código Civil. Vejamos:

> Art. 765. O segurado e o segurador são obrigados a guardar na conclusão e na execução do contrato, a mais estrita boa-fé e veracidade, tanto a respeito do objeto como das circunstâncias e declarações a ele concernentes.

A boa-fé objetiva analisa os fatos em si e não apenas a intenção. No entanto, é bem claro que nos dias atuais sempre será necessário buscar uma forma conciliatória de resolução dos conflitos e, neste sentido, a intenção terá o seu valor na relação segurado-seguradora.

Carlos Augusto Velloso[3] nos ensina:

"O princípio da extrema boa-fé ou *Uberrimaefidei* tem sido descrito pela doutrina inglesa como 'um dever mútuo que cada parte tem para com a outra'. Nesse diapasão, a boa-fé existe em relação a qualquer ação necessária ou desejável, a fim de colocar e manter ambas as partes dentro de uma negociação justa e equitativa.... *Uberrima Fides* – a mais abundante boa-fé, absoluta e perfeita franqueza e abertura e honestidade; ausência de qualquer dissimulação ou engano. As práticas mais atuais de resseguro, principalmente no mercado internacional, tendem a considerar a boa-fé objetiva, e principalmente o dever de informação tempestiva na hora de liquidar um sinistro, interpretando--a ao pé da letra, segundo esse conceito acima exposto."

3. Princípio do *follow the fortune*

Este princípio está diretamente ligado ao contrato de resseguro. Neste sentido, para compreender o tema teremos que iniciar conceituando o instituto do resseguro.

Conceito de resseguro: é a forma de contrato entre a seguradora e a resseguradora para dividir a responsabilidade do risco do contrato de seguro entre a seguradora e o segurado. A seguradora se responsabilizará pelo contrato com o segurado e depois recorrerá à resseguradora para partilhar o prejuízo do risco assumido.

Voltando ao nosso estudo principiológico devemos afirmar que de acordo com o *follow the fortune* (seguir a sorte), o ressegurador deverá ganhar se o ressegurado ganhar e perder se o mesmo perder. Notadamente, para que esta regra ocorra as hipóteses de ganhos e perdas devem estar expressos no contrato de resseguro.

Carlos Augusto Velloso[4] destaca:

"O segurador deve acompanhar 'a sorte' da sua cedente na liquidação e na indenização de sinistros, desde que esses pagamentos estejam em conformidade e acolhidos pela apólice de seguro ressegurada, salvo existência de disposição contratual em contrário. Em boa parte da doutrina o *follow the fortune* não tem limites para proteger o ressegurador de pagamentos excessivos. Entretanto, o ressegurador não está obrigado a acompanhar os pagamentos efetuados pela ressegurada quando claramente fora da apólice ou do contrato de Resseguro (limites contratuais). Os tribunais... têm entendido que o ressegurador geralmente partilha a mesma sorte do ressegurado e, portanto, deve aceitar os mesmos infortúnios que dão origem aos créditos sob o risco

---

3   VELLOSO, Carlos Augusto. Seguros e Resseguros. Editora Saraiva. 2010. P. 112.
4   VELLOSO, Carlos Augusto. Seguros e Resseguros. Editora Saraiva. 2010. P. 110.

original. Entretanto, é pacífico o entendimento de que o *follow the fortune* não é aplicável quando o pagamento pelo cedente ocorreu de forma clara e inequivocadamente fora do âmbito da sua apólice. Esse é considerado um pagamento *ex-gratia* e, portanto, não vincula a resseguradora."

4. Princípio da prestação ética dos serviços de seguro

Este princípio discorre que toda a prestação de serviços de seguro deve ser feita obedecendo a ética e ao princípio da boa-fé objetiva. O segurador deve fazer uma previsão daquilo que o segurado precisará no momento de um sinistro para oferecer a ele no momento da contratação. Por isso, a conduta da seguradora que deixa de oferecer um benefício (disponível no mercado) no momento da contratação não se ajusta à obediência a este princípio.

5. Princípio da natureza indenizatória

Este princípio revela que a apólice de seguro confere direito à indenização pelas perdas e danos e, por isso, não pode ser instrumento de lucro. Quer dizer: o segurado será restabelecido naquilo que houver sofrido e de acordo com o contrato de seguro. Notadamente, as atualizações monetárias serão sempre necessárias para averiguação do valor final da indenização.

6. Princípio da rapidez e precisão no atendimento

Este princípio discorre que todo serviço de seguro deve primar pela rapidez e pela precisão no atendimento do segurado. Por isso, a empresa seguradora deve realizar todas as atividades possíveis para salvaguardar a vida do segurado e a incolumidade do seu patrimônio.

7. Princípio da comunhão de interesses

O contrato de seguro não pode ser apenas unilateral, isto é, com regras predeterminadas pela seguradora que impõem ao segurado a necessidade de aceitá-las. É preciso haver cessão por parte da seguradora para atender aos interesses do segurado. O consumidor precisa estar satisfeito.

Carlos Roberto de Zoppa[5] explica alguns conceitos interessantes:

> "O seguro tem como princípio básico o mutualismo, isto é, um conjunto de riscos com características semelhantes... contribui na forma de pagamento de um prêmio para um fundo, administrado pela seguradora, para que alguns, quando da ocorrência de um evento, possam utilizar esse fundo. Durante o processo de regulação de sinistros, o interesse de todos os

---

5   ZOPPA, Carlos Roberto. Seguros e Resseguros. Editora Saraiva. 2010. P. 333.

participantes desse fundo deve ser considerado, a fim de que as apurações da regulação reflitam exatamente as condições previstas no seguro contratado. Qualquer alteração nas apurações, para mais ou para menos, poderá alterar as condições do equilíbrio técnico-financeiro desse fundo... todas as boas práticas de administração devem ser adotadas para que o segurado possa ficar satisfeito, e a regulação de sinistros é parte integrante e fundamental dessa estratégia."

Capítulo 3

Características do Direito Securitário

1. Considerações iniciais. 2. Características dos seguros. 3. Regime especial de fiscalização. 4. Aspectos principais do PL nº 3555/04.

1. Conceitos iniciais

Inicialmente, vamos estabelecer algumas definições para fortalecer o nosso estudo sobre os seguros. Vejamos:

a) **Regulação do sinistro:** é o procedimento através do qual se apura a existência e se identificam as causas e os efeitos do fato avisado pelo interessado (conceito determinado pelo artigo 85 do PL 3555/04).

b) **Liquidação do sinistro:** é o procedimento através do qual se quantifica em dinheiro, salvo quando convencionada reposição em espécie, os efeitos do fato avisado pelo interessado (conceito determinado pelo artigo 86 do PL 3555/04).

c) **Sinistro:** é o fato gerador da hipótese garantida no contrato de seguro.

d) **Prêmio:** é o pagamento à seguradora de valor acertado para que o segurado tenha garantido o direito convencionado na apólice de seguros.

e) **Pulverização de riscos:** é a prática adotada pelas seguradoras para diluir o risco assumido na assunção das responsabilidades do contrato de seguro. Como exemplo podemos citar: o resseguro e o cosseguro.

2. Características dos seguros

Entre as características do seguro podemos destacar a sua mutualidade, isto é, a seguradora e o segurado devem ter comunhão de interesses.

Notadamente, esta unidade deve ser ética e baseada na boa-fé. Outra característica do seguros é a unidade entre a conduta do segurado e a resolução do contrato de seguro. O nexo de causalidade entre a ação do agente e o resultado final do contrato de seguro é inseparável. Por isso, é comum a seguradora fornecer benefícios ('*no claims bônus*') para os segurados que adotarem ações para evitar a ocorrência do sinistro. Um exemplo claro é o seguro de carro que no segundo ano fornece um desconto ou um aditivo de cobertura para o caso do segurado que não teve nenhum sinistro no ano de cobertura securitária anterior.

Carlos Roberto de Zoppa[6] ainda elenca outras características:

> "**Variabilidade**... os serviços são altamente variáveis, uma vez que dependem de quem os executa e de onde são prestados. A padronização dos serviços de regulação e liquidação de sinistros os mantêm com um mínimo de variabilidade, para garantir a satisfação do segurado... **Perecibilidade**... os serviços não podem ser estocados. Quando a demanda é flutuante, as empresas enfrentam dificuldades. As seguradoras devem ter à disposição equipes de regulação de sinistros para acompanhar as demandas de serviços por regiões. Situações especiais, como as de alagamento no estado de Santa Catarina, exigem um plano de contingência para atendimento dos segurados atingidos. **Intangibilidade**... a tarefa das seguradoras é administrar a evidência para tornar tangível o intangível. O serviço de seguros é para um evento futuro e incerto."

3. Regime especial de fiscalização

Em caso de insuficiência de cobertura das reservas técnicas ou de má situação econômico-financeira da Sociedade Seguradora, a critério da SUSEP, poderá esta, além de outras providências cabíveis, inclusive fiscalização especial, nomear, por tempo indeterminado, às expensas da Sociedade Seguradora, um diretor fiscal com as atribuições e vantagens que lhe forem indicadas pelo CNSP.

A SUSEP, por conveniência poderá verificar, nas indenizações, o fiel cumprimento do contrato, inclusive a exatidão do cálculo da reserva técnica e se as causas protelatórias do pagamento, porventura existentes, decorrem de dificuldades econômico-financeira da empresa. Não surtindo efeito as medidas especiais ou a intervenção, a SUSEP encaminhará ao CNSP proposta de cassação da autorização para funcionamento da Sociedade Seguradora.

---

6 ZOPPA, Carlos Augusto. Seguros e Resseguros. Editora Saraiva. 2010. P. 341.

Ressalta-se que, o descumprimento de qualquer determinação do Diretor Fiscal por Diretores, administradores, gerentes, fiscais ou funcionários da Sociedade Seguradora em regime especial de fiscalização acarretará o afastamento do infrator, sem prejuízo das sanções penais cabíveis. Os administradores das Sociedades Seguradoras ficarão suspensos do exercício de suas funções desde que instaurado processo crime por atos ou fatos relativos à respectiva gestão, perdendo imediatamente seu mandato na hipótese de condenação.

Destaca-se que a sociedade seguradora que for cassada não poderá alienar os seus bens sem autorização da SUSEP.

4. Aspectos principais do PL nº 3555/04

O Projeto de Lei nº 3555/04 visa estabelecer normas gerais nos contratos de seguro privado e, ao mesmo tempo revogar alguns dispositivos do Código Civil. Neste sentido vamos expor as regras principais desta futura lei que será um marco na regulação do direito securitário brasileiro.

a) **Conceito de seguro pelo PL nº 3555/04:** pelo contrato de seguro, a seguradora se obriga, mediante o recebimento do prêmio, a garantir interesse legítimo do segurado ou do beneficiário contra riscos predeterminados. As partes, os beneficiários e os intervenientes devem conduzir-se segundo o exigido pelo princípio da boa-fé, desde os atos pré-contratuais até a fase pós-contratual (artigo 1º).

b) **Sujeitos do seguro pelo PL nº 3555/04:** só podem pactuar contratos de seguro companhias autorizadas na forma da lei e que tenham depositado junto à Superintendência de Seguros Privados as condições contratuais e as respectivas notas técnicas e atuariais. Havendo determinação pela Superintendência de Seguros Privados de modificações das condições contratuais ou das respectivas notas técnicas e atuariais, essas modificações somente serão aplicadas aos contratos em curso na parte em que forem favoráveis aos segurados e beneficiários. Quando proibida a comercialização de determinado seguro, esta vedação não prejudicará os direitos e garantias dos segurados e beneficiários dos contratos já celebrados (artigo 2º).

c) **Responsabilidade contratual no PL nº 3555/04:** será solidariamente responsável com a cessionária a seguradora que, sem anuência do segurado ou beneficiário, ceder a qualquer título, no todo ou em parte, sua posição contratual (artigo 3º).

d) **Legitimidade do interesse no PL nº 3555/04:** não existindo interesse legítimo o contrato é ineficaz. Se parcial o interesse, a ineficácia não atingirá a parte útil. Se impossível a existência do interesse, o contrato é nulo. A superveniência de legítimo interesse torna eficaz o contrato, desde então (artigo 5º). Extinto o interesse resolve-se o contrato com a redução proporcional do prêmio, ressalvado o direito da seguradora às despesas incorridas. Não caberá a redução se o interesse desapareceu em virtude da ocorrência de sinistro (artigo 6º).

e) **Proteção da boa-fé no PL 3555/04:** quando o contrato de seguro for nulo ou ineficaz, o segurado que tiver agido de boa-fé terá direito à devolução do prêmio, deduzidas as despesas incorridas (artigo 7º).

f) **Diretriz da regra mais favorável ao segurado:** delimitados os riscos, por outros não responderá a seguradora. A delimitação deve ser feita de forma clara e inequívoca. Havendo divergência entre os riscos expressos no contrato e os previstos no modelo de contrato ou nas notas técnicas e atuariais apresentados à Superintendência de Seguros Privados, prevalecerá o que for mais favorável ao segurado (artigo 10).

g) **Seguros contratados em modalidades diferentes:** quando conjuntamente contratados seguros de ramos e modalidades diversos, deve a contratação preencher os requisitos exigidos para cada um dos ramos e modalidades abrangidos pelo contrato. O risco pode se encontrar em curso ou ter passado, desde que o desfecho não seja conhecido dos contratantes. O contrato garante todos os riscos pertinentes à espécie de seguro contratada, salvo disposição legal ou contratual em contrário (artigo 10).

h) **Seguros de transportes de coisas:** a garantia dos riscos, nos seguros de transporte de coisas e da responsabilidade civil pelos danos relacionados com essa atividade, começa no momento em que são pelo transportador recebidas as mercadorias, e cessa com a sua entrega ao destinatário.(artigo 10).

i) **Forma de pagamento do prêmio:** o prêmio deve ser pago no tempo, forma e lugar convencionados, cumprindo à seguradora cobrá-lo. Na falta de convenção em contrário, entende-se ser o prêmio à vista e pagável no domicilio do segurado. É vedado o recebimento de adiantamento do valor do prêmio antes de formado o contrato (artigo 17). A seguradora não pode recusar o pagamento do prêmio por terceiro, salvo se a isso se opuser o segurado (artigo 18).

j) **Intervenientes do contrato:** os intervenientes são obrigados a agir com lealdade e a máxima boa-fé, prestando informações completas e verídicas sobre todas as questões envolvendo a formação e execução do contrato, sob pena de responsabilidade pessoal (artigo 38). Os agentes autorizados de seguro são, para todos os efeitos, prepostos da seguradora, vinculando-a por seus atos e omissões (artigo 39).

k) **Representantes e prepostos da seguradora:** os representantes e prepostos da seguradora, ainda que temporários ou a título precário, vinculam aquela para todos os fins, quanto a seus atos e omissões (artigo 40).

l) **Corretor de seguro:** o corretor de seguro é intermediário do contrato, respondendo civil, penal e administrativamente por seus atos e omissões. São atribuições dos corretores de seguro: I) o exame do risco e do interesse que se pretende garantir; II) a recomendação de providências que permitam a obtenção da garantia de seguro; III) a identificação e recomendação da modalidade de seguro que melhor atenda às necessidades do segurado e beneficiário, a identificação e recomendação da seguradora; IV) assistir ao segurado durante a execução do contrato, bem como a esse e ao beneficiário, quando da regulação e liquidação do sinistro; V) assistir ao segurado na renovação e preservação da garantia de seu interesse. O corretor de seguro não pode participar dos resultados obtidos pela seguradora (artigo 41).

m) **Responsabilidade do corretor de seguros:** o corretor de seguro será responsável pela efetiva entrega ao destinatário dos documentos e correspondências que lhe forem confiados, no prazo máximo de cinco dias, independentemente do suporte. Sempre que for conhecido o iminente perecimento de direito, a entrega deve ser feita em prazo hábil (artigo 42). O corretor de seguro somente será considerado representante dos segurados e beneficiários quando lhe for outorgado mandato (artigo 43).

n) **Comissões de corretagem:** pelo exercício de sua atividade o corretor de seguro fará jus a comissões de corretagem, salvo estipulação contratual diversa (artigo 44).

o) **Ocorrência de sinistros:** o segurado que tiver conhecimento da ocorrência do sinistro antes de formular a proposta e, não obstante isto contratar, não terá direito à garantia e continuará obrigado ao pagamento do prêmio (artigo 76). A seguradora que tiver conhecimento da ocorrência do sinistro antes da recepção da proposta e não obstante contratar, pagará em dobro o prêmio pactuado (artigo 77).

p) **Providências necessárias na ocorrência de sinistros:** conhecendo o sinistro, o segurado é obrigado a: I) tomar todas as providências necessárias e úteis para evitar ou minorar seus efeitos; II) avisar prontamente a seguradora por qualquer meio e prestar todas as informações que disponha sobre o sinistro, suas causas e consequências, sempre que questionado a respeito pela seguradora. O descumprimento culposo implica perda do direito à indenização do valor dos danos decorrentes da omissão. O descumprimento doloso exonera a seguradora, quando o interessado provar que a seguradora tomou ciência oportuna do sinistro e das informações por outros meios (artigo 78). Registra-se que o artigo 79 do PL 3555/04 deixa bem claro que as providências que possam colocar em risco interesses relevantes do segurado, beneficiários ou terceiros não são exigíveis.

p) **Proibição da provocação dolosa do sinistro pelo segurado:** a provocação dolosa de sinistro pelo segurado ou beneficiário, tentada ou consumada, implica resolução do contrato, sem direito à indenização e sem prejuízo da dívida de prêmio e da obrigação de ressarcir as despesas. A mesma sanção será aplicada quando o segurado ou beneficiário tiver prévia ciência da prática delituosa e não tentar evitá-la ou quando comunicar dolosamente sinistro não ocorrido. A fraude cometida quando da reclamação de sinistro, ainda que para exagerar o valor reclamado, implicará a perda pelo segurado ou beneficiário do direito à indenização, inclusive com relação aos prejuízos regularmente demonstráveis (artigo 80).

q) **Prazo para execução e liquidação de sinistros:** a seguradora terá o prazo máximo de 90 dias, contados da apresentação da reclamação pelo interessado, para executar os procedimentos de regulação e liquidação de sinistro. O objeto da regulação e liquidação a cargo da seguradora será restrito ao da reclamação apresentada pelo interessado. O prazo será suspenso até que o interessado apresente as informações, documentos e demais elementos necessários para a execução da regulação e liquidação de que disponha, desde que expressamente solicitados pela seguradora. Quando a regulação e a liquidação dependerem de fato superveniente, o prazo somente terá início após ciência pela seguradora de sua ocorrência. O Conselho Nacional de Seguros Privados estabelecerá prazos inferiores e ritos simplificados para a regulação e liquidação dos seguros obrigatórios, seguros relacionados a veículos automotores, seguros sobre a vida e a integridade física próprias, e para todos os demais seguros cujos valores não excedam a quinhentas vezes o do maior salário mínimo vigente (artigo 99).

r) **Prioridade do pagamento em dinheiro:** os pagamentos devidos pela seguradora devem ser efetuados em dinheiro, salvo previsão contratual de reposição em Espécie (artigo 100). O valor segurado será corrigido monetariamente desde a data da contratação pelo índice previsto em contrato (artigo 101). O valor da prestação a cargo da seguradora será corrigido pelo índice previsto em contrato desde a data da sua determinação até a do pagamento (artigo 102).

Capítulo 4

O Contrato de Seguro

1. Considerações iniciais. 2. Regras civilistas do contrato securitário. 3. Características do contrato de seguro. 4. Aplicação do CDC aos contratos de seguro. 5. Formação dos contratos de seguro. 6. O contrato de seguros e o PL 3555/04.

1. Considerações iniciais

O contrato de seguro tem suas próprias características que merecem o nosso estudo neste capítulo. Por isso, nos itens subsequentes traremos das regras civilistas do contrato securitário, das cláusulas dos contrato de seguro, das características essenciais do contrato, da influência do direito internacional e das regras trazidas pelo PL 3555/04.

2. Regras civilistas do contrato securitário

Iniciamos explicando que "contrato securitário" é o contrato de seguros. Feitos os devidos esclarecimentos seria de bom-tom que passássemos a iniciar o estudo das normas de direito civil no contrato de seguros.

O artigo 762 do Código Civil trata da questão da nulidade no contrato de seguro ao afirmar que: "nulo será o contrato para garantia de risco proveniente de ato doloso do segurado, do beneficiário, ou de representante de um ou de outro." Este artigo está em consonância com o princípio da boa-fé objetiva. O artigo 763 traz uma regra bastante impositiva, qual seja: "não terá direito a indenização o segurado que estiver em mora no pagamento do prêmio, se ocorrer o sinistro antes de sua purgação." O Código Civil impõe ao segurado a condição de pagamento do prêmio para o recebimento da indenização.

Salienta-se que a imprevisibilidade do risco não exime o segurado de pagar o prêmio do seguro. A exceção é uma disposição especial em nova lei ou no contrato. Nós entendemos que o contrato de seguro tem como característica a mutualidade e, por conseguinte, pode ser convencionada uma cláusula que resolva o contrato por ocasião de risco imprevisível e, assim, desobrigue o segurado do pagamento do prêmio.

O artigo 765 do Código Civil consigna o princípio da boa-fé ao dissertar: "o segurado e o segurador são obrigados a guardar na conclusão e na execução do contrato, a mais estrita boa-fé e veracidade, tanto a respeito do objeto como das circunstâncias e declarações a ele concernentes."

O artigo 766 do Código Civil também visa resguardar a boa-fé objetiva ao afirmar que: "Se o segurado, por si ou por seu representante, fizer declarações inexatas ou omitir circunstâncias que possam influir na aceitação da proposta ou na taxa do prêmio, perderá o direito à garantia, além de ficar obrigado ao prêmio vencido." Notadamente se a inexatidão ou omissão nas declarações não resultar de má-fé do segurado, o segurador terá direito a resolver o contrato, ou a cobrar, mesmo após o sinistro, a diferença do prêmio.

Registra-se que, o segurado perderá o direito à garantia se agravar intencionalmente o risco objeto do contrato. Por isso, o artigo 769 afirma que, "o segurado é obrigado a comunicar ao segurador, logo que saiba, todo incidente suscetível de agravar consideravelmente o risco coberto, sob pena de perder o direito à garantia, se provar que silenciou de má-fé." Neste caso, é bem claro que o segurador poderá dar ciência, por escrito de sua decisão de resolver o contrato. No entanto, deve fazê-lo nos 15 dias seguintes ao recebimento do aviso da agravação do risco sem culpa do segurado. O § 2º do artigo 769 do Código Civil descreve que: "a resolução só será eficaz 30 dias após a notificação, devendo ser restituída pelo segurador a diferença do prêmio."

Outro assunto tratado no Código Civil é a redução do risco no curso do contrato. O artigo 770 prevê que a diminuição do risco não acarreta a redução do prêmio estipulado, mas se a redução for considerável, o segurado poderá exigir a revisão do prêmio ou a resolução do contrato. No entanto, se lei ou cláusula contratual convencionada dispuser o contrário haverá a redução do prêmio.

O artigo 771 do Código Civil também traz uma regra específica sobre a boa-fé: "Sob pena de perder o direito à indenização, o segurado participará o sinistro ao segurador, logo que o saiba, e tomará as providências imediatas para minorar-lhe as consequências."

Registra-se que, correm à conta do segurador, até o limite fixado no contrato, as despesas de salvamento consequente ao sinistro.

A mora do segurador em pagar o sinistro obriga à atualização monetária da indenização devida segundo índices oficiais regularmente estabelecidos, sem prejuízo dos juros moratórios. O artigo 773 do Código Civil discorre sobre a responsabilidade do emitente de apólice ao dizer que: "o segurador que, ao tempo do contrato, sabe estar passado o risco de que o segurado se pretende cobrir, e, não obstante, expede a apólice, pagará em dobro o prêmio estipulado."

O contrato pode ser reconduzido tacitamente pelo mesmo prazo se for inclusa cláusula expressa no contrato de seguro. No entanto, o artigo 774 do Código Civil adverte que isto não poderá se operar mais de uma vez.

Importante consignar que os agentes autorizados do segurador presumem-se seus representantes para todos os atos relativos aos contratos que agenciarem. O artigo 776 trata da responsabilidade do segurado em pagar o prejuízo resultante do risco assumido ou a reposição da coisa se assim for convencionado.

3. Características do contrato de seguro

O ramo de seguros carece de uma legislação específica sobre o tema e, por isso, registrar a sua natureza não é tarefa fácil. Inicialmente, temos que dizer que se trata de negócio jurídico bilateral essencialmente consensual. É contrato formal, aleatório e oneroso. Exige a mutualidade, isto é vantagens para as duas partes. O seguro é característico pela sua tipicidade e boa-fé. É um contrato de adesão especial, pois tendo em vista a concorrência no mercado de seguros não é impositivo escolher apenas uma seguradora. A interpretação do contrato de seguro será mais favorável ao segurado se as cláusulas forem ambíguas ou contraditórias. Registra-se que será nula de pleno direito a cláusula que estipular renúncia antecipada do segurado a direito resultante do negócio de seguros (cf. art. 424 do Código Civil).

Roland Veras Saldanha Jr[7] discorre:

> "A onerosidade característica desses contratos se traduz, em visão econômica, na necessidade da existência de vantagens mútuas quando da realização de uma troca. Ao segurado o benefício vem da proteção contra o risco que lhe interessa, mas que ocorrerá às expensas da seguradora quando ocorrer a álea contratada. À seguradora aproveitam os proventos pagos pelo segurado

---

7 SALDANHA JUNIOR, Roland Veras. Seguros e Resseguros. Editora Saraiva. 2010. P. 149-150.

a título de prêmio. É interessante notar que a fixação dos ônus envolvidos na negociação baliza o equilíbrio do contrato em termos econômicos e a própria viabilidade do mercado de seguros... Quando os seguradores têm dificuldades em discriminar os segurados que implicarão maiores ônus dos que representam riscos menores, emerge uma situação grave conhecida em economia como 'seleção adversa' (*adverse selection*)... A aplicação do raciocínio da 'seleção adversa' para os mercados de seguros é imediata. Como os seguradores dispõem de menos informações a respeito dos interesses de seus potenciais segurados do que esses últimos, e sabendo que os segurados que representarão maiores ônus, por serem mais arriscados ou menos cuidadosos serão aqueles mais ávidos a contratar seguros, os preços das apólices tendem a aumentar."

O contrato de seguros é um ajuste de efeitos comerciais no qual o segurado se compromete a pagar o prêmio para que a seguradora possa protegê-lo de determinado risco previamente estipulado. Notadamente, o tipo de contrato denominado securitário também deve obedecer a princípio da função social do contrato estipulado no artigo 421 do Código Civil. O artigo 422 do Código Civil também destaca que todo contrato deve primar pela boa-fé e pela probidade.

O artigo 767 traz uma regra especial sobre o seguro à conta de outrem:

> No seguro à conta de outrem, o segurador pode opor ao segurado quaisquer defesas que tenha contra o estipulante, por descumprimento das normas de conclusão do contrato, ou de pagamento do prêmio.

4. Aplicação do CDC aos contratos de seguro

O segurado é consumidor nos termos do artigo 2º do Código de Defesa do Consumidor, que versa:

> Art. 2º Consumidor é toda pessoa física ou jurídica que adquire ou utiliza produto ou serviço como destinatário final.

O artigo 3º do mesmo Código prescreve:

> Art. 3º Fornecedor é toda pessoa física ou jurídica, pública ou privada, nacional ou estrangeira, bem como os entes despersonalizados, que desenvolvem atividade de produção, montagem, criação, construção, transformação, importação, exportação, distribuição ou comercialização de produtos ou prestação de serviços.

A seguradora é fornecedora na medida em que comercializa produto ou presta serviço. Neste caso, o CDC e as outras normas sobre o seguro que estão em pleno ajuste e poderão ser utilizadas. Em caso de divergência será utilizada a norma mais favorável ao segurado e em consonância com o princípio da ética securitária. Esta diretriz prevê que todo seguro deve ter a ética em todas as suas fases procedimentais.

Importante consignar que a empresa de seguros responderá pelos vícios de qualidade no que concerne à incongruência entre a mensagem publicitária ofertada e o serviço realizado. Um exemplo é o seguro de automóveis em que a seguradora oferece carro reserva de quatro portas (para o caso de sinistro) e no momento de realizar o serviço cede apenas o modelo de duas portas. Este é um vício do serviço. O segurado poderá exigir que o carro de quatro portas seja disponibilizado e caso já tenha utilizado o serviço com o carro de duas portas poderá exigir da empresa uma bonificação face a esta diferença. O artigo 20 do CDC registra:

> Art. 20. O fornecedor de serviços responde pelos vícios de qualidade que os tornem impróprios ao consumo ou lhes diminuam o valor, assim como por aqueles decorrentes da disparidade com as indicações constantes da oferta ou mensagem publicitária, podendo o consumidor exigir, alternativamente e à sua escolha:
>
> I - a reexecução dos serviços, sem custo adicional e quando cabível;
>
> II - a restituição imediata da quantia paga, monetariamente atualizada, sem prejuízo de eventuais perdas e danos;
>
> III - o abatimento proporcional do preço.
>
> § 1° A reexecução dos serviços poderá ser confiada a terceiros devidamente capacitados, por conta e risco do fornecedor.
>
> § 2° São impróprios os serviços que se mostrem inadequados para os fins que razoavelmente deles se esperam, bem como aqueles que não atendam as normas regulamentares de prestabilidade.

Vejamos algumas jurisprudências:

> ... As cláusulas limitativas previstas no Código Civil são harmônicas com as disposições do Código do Consumidor, que, aliás, expressamente, admite a sua existência no art. 54, parágrafo. 4°, desde que "redigidas com destaque, permitindo sua imediata e fácil compreensão. Assim, a cláusula que limita a cobertura do seguro, como *in casu*, não é abusiva (art. 51, IV, do CDC). Sentença retocada (TJRJ – AC 6285/2000 – (13092000) – 14ª C. Cív. – Rel. Des. Mauro Nogueira – J. 08.08.2000)
>
> ... Na linha da jurisprudência desta Corte, em caso de recusa da empresa seguradora ao pagamento da indenização contratada, o prazo prescricional da

ação que a reclama é de um ano, nos termos do art. 178, § 6º, II, do Código Civil/1916 (STJ – RESP 492821 – SP – 4ª T. – Rel. Min. Sálvio de Figueiredo Teixeira – DJU 23.06.2003 – p. 00386)

5. Formação dos contratos de seguro

O início da formação do processo securitário se dá com o contato entre a seguradora e a resseguradora para partilhar o risco do contrato de seguro com o segurado. Esta parceria antecede a própria contratação do seguro. O momento seguinte é a oferta do seguro no mercado e a recepção do cliente para fazer-lhe uma proposta de contrato securitário.

O artigo 427 do Código Civil destaca que "a proposta de contrato obriga o proponente, se o contrário não resultar dos termos dela, da natureza do negócio, ou das circunstâncias do caso." Sendo assim, se a seguradora tiver anunciado um serviço de seguro com ampla cobertura por certo preço não poderá no momento do contrato diminuir garantia ou aumentar valor em relação ao anunciado.

O artigo 428 do Código Civil registra:

Art. 428. Deixa de ser obrigatória a proposta:

I - se, feita sem prazo a pessoa presente, não foi imediatamente aceita. Considera-se também presente a pessoa que contrata por telefone ou por meio de comunicação semelhante;

II - se, feita sem prazo a pessoa ausente, tiver decorrido tempo suficiente para chegar a resposta ao conhecimento do proponente;

III - se, feita a pessoa ausente, não tiver sido expedida a resposta dentro do prazo dado;

IV - se, antes dela, ou simultaneamente, chegar ao conhecimento da outra parte a retratação do proponente.

Importante ressaltar que, a oferta ao público equivale a proposta quando encerra os requisitos essenciais ao contrato, exceto se o contrário resultar das circunstâncias ou dos usos. Pode revogar-se a oferta pela mesma via de sua divulgação, desde que ressalvada esta faculdade na oferta realizada.

Se a aceitação, por circunstância imprevista, chegar tarde ao conhecimento do proponente, este comunicará imediatamente ao aceitante, sob pena de responder por perdas e danos. Muito importante ressalvar que a aceitação fora do prazo, com adições, restrições, ou modificações, importará em nova proposta. Será considerado celebrado o contrato de seguro no lugar em que foi proposto.

Uma regra especial no contrato de seguro é a seguinte: na estipulação em favor de terceiro o estipulador pode exigir o cumprimento da obrigação. O artigo 436 do Código Civil versa:

> Art. 436. O que estipula em favor de terceiro pode exigir o cumprimento da obrigação.
>
> Parágrafo único. Ao terceiro, em favor de quem se estipulou a obrigação, também é permitido exigi-la, ficando, todavia, sujeito às condições e normas do contrato, se a ele anuir, e o estipulante não o inovar nos termos do art. 438.

Vale destacar que, se ao terceiro, em favor de quem se fez o contrato, se deixar o direito de reclamar-lhe a execução, não poderá o estipulante exonerar o devedor. O artigo 438 do Código Civil dispõe que:

> Art. 438. O estipulante pode reservar-se o direito de substituir o terceiro designado no contrato, independentemente da sua anuência e da do outro contratante.
>
> Parágrafo único. A substituição pode ser feita por ato entre vivos ou por disposição de última vontade.

6. O contrato de seguros e o PL 3555/04

O projeto de lei 3555/04 traz algumas novidades em relação ao contrato de seguros. Vejamos:

a) **Celebração do contrato:** O contrato pode ser celebrado para toda classe de risco, salvo vedação legal. (artigo 11)

b) **Nulidade de certas garantias:** São nulas as garantias: a) de interesses patrimoniais relativos a autuações aplicadas pelas autoridades administrativas no exercício do poder de polícia e multas judiciais; b) contra risco proveniente de ato doloso do segurado, do beneficiário ou de representante de um ou de outro, salvo o dolo do representante em prejuízo do segurado ou do beneficiário; ec) de outros interesses ou contra outros riscos vedados em lei. (artigo 11, parágrafo único)

c) **Nulidade do contrato:** O contrato é nulo quando qualquer das partes souber que, desde o momento de sua conclusão, o risco é impossível. A seguradora que tiver conhecimento da impossibilidade do risco e, não obstante isto contratar, pagará ao segurado o dobro do prêmio. O segurado que tiver conhecimento da impossibilidade do risco e, não obstante isto contratar, perderá o prêmio pago. (artigo 12)

d) **Resolução do contrato:** Desaparecido o risco resolve-se o contrato com a devolução proporcional do prêmio, ressalvado o direito da seguradora às despesas incorridas. Não caberá a redução se o risco desapareceu em virtude da ocorrência de sinistro. (artigo 13)
e) **Comunicação do agravamento do risco:** O segurado é obrigado a comunicar ao segurador, tão logo saiba, o relevante agravamento do risco, inclusive o derivado de motivo alheio à sua vontade. Será relevante o agravamento que contrariar o conteúdo das informações prestadas à seguradora nas respostas ao questionário formulado quando da formação do contrato, com o aumento substancial da probabilidade de realização do risco ou da severidade de seus efeitos. Depois de notificada, a seguradora terá o prazo máximo de 20 dias para cobrar a diferença de prêmio ou resolver o contrato. Nos seguros sobre a vida e a integridade física próprias não configura agravamento a doença contraída ou a lesão sofrida durante a vigência do contrato. A resolução deve ser feita por carta registrada com aviso de recebimento ou meio idôneo equivalente, devendo a seguradora restituir a diferença de prêmio ou a reserva matemática constituída se o seguro for sobre a vida ou integridade física próprias e pressupuser sua constituição. No agravamento voluntário a resolução por parte da seguradora produzirá efeitos desde o momento em que os riscos foram agravados. Prosseguindo o contrato, será devida diferença de prêmio, salvo pacto em contrário. A seguradora em nenhuma hipótese responderá pelas consequências do ato praticado com a intenção de aumentar a probabilidade ou tornar mais severos os efeitos do sinistro. (artigo 14)
f) **Perda da garantia:** Perde a garantia o segurado que não cumprir dolosamente a obrigação de comunicar o agravamento do risco. Se o descumprimento for culposo, a prestação decorrente do sinistro se reduzirá em proporção à diferença entre o prêmio pago e o que seria devido caso comunicado o agravamento (artigo 15). Havendo relevante redução do risco, o valor do prêmio será proporcionalmente reduzido, ressalvado o direito da seguradora às despesas incorridas. (artigo 16)
g) **A proposta de seguro:** A proposta de seguro pode ser efetuada pelo segurado, pelo estipulante ou pela seguradora (artigo 45).

A proposta feita pela seguradora não poderá ser condicional e deverá conter todos os requisitos necessários para a contratação, o conteúdo integral do contrato e o prazo máximo para sua aceitação. A seguradora não poderá invocar omissões de sua proposta. A aceitação da proposta feita pela seguradora somente se dará pela manifestação expressa de vontade ou ato inequívoco do destinatário (artigo 46). A proposta feita pelo segurado não exige forma escrita. O simples pedido de cotação à seguradora não equivale à proposta, mas as informações prestadas pelas partes e terceiros intervenientes integram o contrato que vier a ser celebrado (artigo 47). Efetuada a proposta, a seguradora terá o prazo máximo de quinze (15) dias para cientificar sua recusa ao proponente, findo o qual se considerará aceita a proposta. O Conselho Nacional de Seguros Privados poderá fixar prazos inferiores. Considera-se igualmente aceita a proposta pela prática de atos inequívocos reveladores do ajuste, como o recebimento total ou parcial do prêmio ou sua cobrança pela seguradora. O contrato celebrado mediante aceitação tácita se regerá, naquilo que não contrariar a proposta, pelas condições contratuais previstas nos modelos depositados pela seguradora junto à Superintendência de Seguros Privados para o ramo e modalidade de garantia constantes da proposta, prevalecendo, caso haja mais de um clausulado depositado, o que for mais favorável ao interesse do segurado. Durante o prazo para sua manifestação a seguradora poderá cientificar o proponente, uma única vez, de que o exame da proposta está subordinado à apresentação de informações ou documentos complementares, ou exame pericial. O prazo para aceitação terá novo início a partir do atendimento da solicitação ou da conclusão do exame pericial. (artigo 48)

h) **Prova do contrato:** O contrato de seguro prova-se por todos os meios em direito admitidos, vedada a prova exclusivamente testemunhal (artigo 58). A sociedade seguradora é obrigada a entregar ao contratante, no prazo de vinte (20) dias contados da aceitação, documento probatório do contrato de que constarão, no mínimo, os seguintes elementos: I. a denominação, qualificação completa e o número de registro na Superintendência de Seguros Privados da seguradora única; II. o número de registro na Superintendência de Seguros Privados do procedimento administrativo em que se encontram o modelo do contrato e as notas técnicas e atuariais correspondentes; III. o nome do segurado e, sendo distinto, o do beneficiário; IV. o nome do estipulante, se houver; V. o dia e horário precisos do início e fim de vigência ou, se for o caso, o modo preciso para sua determinação; VI. o valor do seguro e a demonstração da regra de atualização monetária, ou da regra através da qual se possa precisar aquele valor; VII. os interesses e os riscos garantidos; VIII. os locais de risco compreendidos pela garantia; IX. os riscos excluídos e os interesses vinculados ao mesmo bem não compreendidos pela garantia, ou em relação aos quais a garantia seja de valor inferior ou submetida a condições ou a termos específicos; X. o nome, a qualificação e o domicílio de todos os intermediários do negócio, com a identificação, em existindo, daquele que receberá e transmitirá as comunicações entre os contratantes; XI. em caso de cosseguro, a denominação, qualificação completa, número de registro na Superintendência de Seguros Privados e a cota de garantia de cada cosseguradora, bem assim a identificação da seguradora líder, de forma especialmente precisa e destacada e XII. o valor do prêmio e, se for o caso, as parcelas que o compõem.

i) **Interpretação do contrato:** O contrato de seguro não pode ser interpretado ou executado em prejuízo da coletividade de segurados, ainda que em benefício de um ou mais segurados ou beneficiários, nem promover o enriquecimento injustificado de qualquer das partes ou de terceiros. O contrato de seguro deve ser executado e interpretado segundo a boa-fé e sempre com o objetivo de atender sua função social. Se da interpretação de quaisquer documentos elaborados pela seguradora, tais como peças publicitárias, impressos, instrumentos contratuais ou pré-contratuais, resultarem dúvidas, contradições, obscuridades ou equivocidades, estas serão resolvidas no sentido mais favorável ao segurado ou ao beneficiário. É vedada a interpretação ampliativa que desequilibre a estrutura técnica e atuarial do ramo ou modalidade da operação de seguro. As condições particulares prevalecem sobre as especiais e estas sobre as gerais do seguro. As cláusulas referentes à exclusão de riscos e prejuízos ou que impliquem restrição ou perda de direitos e garantias são de interpretação restritiva quanto à sua incidência e abrangência. É nula a inclusão de compromissos e cláusulas de arbitragem nas condições gerais, especiais e particulares.

Capítulo 5

Resseguro

1. Considerações iniciais. 2. *Follow the fortune* no resseguro. 3. História do resseguro. 4. Aplicações jurídicas relativas ao resseguro. 5. Cláusulas do contrato de resseguro. 6. Regras especiais.

1. Considerações iniciais

O resseguro é a relação entre a resseguradora (garantidora) e o segurador mediante o recebimento de prêmio para proteção contra os riscos da própria atividade. É bem claro que o contrato original se dá entre a seguradora e o segurado. A resseguradora é apenas a empresa que faz o seguro para uma garantia da obrigação assumida pela seguradora. No caso de processo judicial a resseguradora poderá intervir por meio de assistência simples.

O resseguro terá abrangência sobre total das prestações devidas pela seguradora aos segurados e também quaisquer despesas efetuadas em virtude da regulação e liquidação de sinistro.

Os resseguros podem ser proporcionais à sua capacidade de retenção ou não proporcionais no sentido de garantir uma parcela fixa do objeto passível de seguro.

Carlos Augusto Velloso[8] nos ensina:

"Quanto à sua estrutura, os contratos de resseguro podem ser proporcionais e/ou não proporcionais. Nos primeiros, ressegurador e ressegurado suportam os prejuízos decorrentes de sinistros de forma proporcional às suas capacidades retentivas. O mesmo ocorre com os prêmios de seguro, que são rateados entre seguradora e resseguradora nessa mesma proporção. No resseguro não proporcional, a cedente (aquela que cede parte do risco em resseguro) opta por ressegurar o que exceder uma parcela fixa da Importância Segurada (IS), denominada prioridade, assumindo o ressegurador a diferença até o limite do

---

8   VELLOSO, Carlos Augusto. Seguros e Resseguros. Editora Saraiva. 2010. P. 108.

programa de excesso de danos... Na época do monopólio, o IRB-Brasil Re era obrigado a aceitar quase a totalidade de riscos e pulverizar o excedente de sua retenção no mercado externo ou por autorizar a colocação de risco diretamente, pela cedente, no mercado externo. No novo cenário de resseguro, cada ressegurador – que segundo a Lei Complementar nº 126/2007 é classificado em 'local', 'eventual' ou 'admitido' – aceita ou não participar do risco, de forma total ou parcial, de acordo com suas políticas retentivas e de análise de risco."

Em relação ao resseguro nós ainda precisamos falar sobre o corretor de resseguro (*broker*). Este ficará responsável por intermediar o contrato entre a seguradora e a resseguradora.

Carlos Augusto Velloso[9] nos ensina um exemplo sobre a possibilidade da resseguradora aceitar ou não a cobertura do risco:

"Assim, como exemplo prático e de forma bem resumida, para uma apólice vultosa de riscos operacionais, o segurado buscará seguro com uma seguradora, que, por sua vez, solicitará cotação de resseguro a diversos Resseguradores (Resseguro Facultativo) e estes, então, responderão se querem ou não participar do risco, informando quanto do risco irão reter e suas condições de aceitação. Dessa forma, teremos o risco pulverizado em vários resseguradores, pois cada um assume uma parcela do risco total. Não há dúvida de que cada ressegurador também possui contratos de retrocessão com outros resseguradores no Brasil e no exterior, de forma em caso de sinistro, a repartir o prejuízo com seus parceiros e a perder o mínimo possível. Notamos... que o risco de crédito, antes um ônus apenas do IRB-Brasil-Re, agora foi transferido para a cedente, que deve escolher seus parceiros no mercado de resseguro, criando políticas próprias de colocação de risco de forma a minimizar as chances de ter de assumir eventuais parcelas cedidas em resseguro e, eventualmente, não honradas por qualquer de seus parceiros resseguradores, seja por qual motivo for."

2. *Follow the fortune* no resseguro

A resseguradora acompanhará a sorte da seguradora (*follow the fortune*). Se esta ganhar todo mundo ganha, mas se tiver prejuízo será repartido.

A resseguradora precisa atuar cumprindo o limite de retenção que é um índice determinado pela SUSEP com base no balanço da resseguradora. Não poderá assumir riscos superiores a este limite sem cobertura de uma empresa de retrocessão.

---

9   VELLOSO, Carlos Augusto. Seguros e Resseguros. Editora Saraiva. 2010. P. 108.

Carlos Augusto Velloso[10] nos ensina:

> "Os resseguradores também estabelecem seus próprios limites de retenção – considerando as expectativas de prêmios e de sinistralidade, o custo de capital, dentre outros fatores –, pois assim o atuário se preocupa com a possibilidade de ocorrência de um evento (não só com os riscos isolados) e com a probabilidade de ruína (probabilidade de não ter capital para honrar suas obrigações, ou seja, pagar indenizações). A título de exemplificação, para a escolha da retenção de resseguro nos contratos, temos de considerar os seguintes fatores: o valor máximo que o segurador pode reter; e o valor da retenção desejada pelo ressegurador – lembrando que o custo de um contrato de resseguro aumenta à medida que a retenção do segurador diminui."

Uma grande diferença entre o cosseguro e o resseguro é que no primeiro ocorre a partilha dos riscos entre as seguradoras e não há solidariedade entre as partes. Já no segundo existe a reserva de proteção em que a seguradora firma com a resseguradora para seguir a sorte do negócio. Neste caso há solidariedade entre as partes.

Ainda sobre o aspecto da retenção temos novamente as lições de Carlos Augusto Velloso[11]:

> "Nos contratos de resseguro, a seguradora não pode reter parcela superior ao definido pela SUSEP, como limite de retenção (em regra, correspondente a três por cento de seu Patrimônio Líquido), sendo que o contrato de resseguro lhe assegura um limite de automaticidade, ou seja, a seguradora possui autonomia para emitir apólices até atingir o teto por ela ressegurado. No resseguro facultativo, cada risco é analisado individualmente pelo ressegurador, que estuda seu ingresso, ou não, naquele determinado risco. O risco facultativo é individualizado e envolve os grandes segurados, as grandes plantas industriais, as grandes obras públicas, dentre outros. Normalmente, nesses casos, o valor em rico supera o Limite de Retenção das sociedades seguradoras, que são obrigadas a pulverizar o risco, via cosseguro e/ou resseguro."

3. História do resseguro

A história dos resseguros no Brasil está diretamente ligada ao IRB--Re. Neste sentido, vamos adicionar a seguir a linha histórica deste instituto que se encontra disponível em seu site[12] na internet:

a) **Década de 30:** Para se entender a trajetória do ressegurador é preciso, antes, compreender os rumos que o País tomou a partir

---
10 VELLOSO, Carlos Augusto. Seguros e Resseguros. Editora Saraiva. 2010. P. 106.
11 VELLOSO, Carlos Augusto. Seguros e Resseguros. Editora Saraiva. 2010. P. 106.
12 http://www.irb-brasilre.com.br/conheca-o-irb/nossa-historia/

da segunda metade da década de 30. Naquela ocasião, o Brasil vivia em ebulição política, a reboque do Estado Novo e da onda nacionalista, que teve reflexos no mercado de seguros. Esse cenário resultou na aprovação do "Princípio de Nacionalização do Seguro", previsto na Constituição de 1934 e incluído na Carta Magna sancionada em 1937. Em razão desse cenário, em 3 de abril de 1939, foi promulgado o Decreto-lei nº 1.186, que criou o Instituto de Resseguros do Brasil (IRB), denominação que prevaleceu até 1997. Foi um marco importante e decisivo na história do mercado de seguros brasileiro que era, até então, embrionário. Foi também um divisor de águas. Naquela época, a atividade de seguros era controlada por empresas estrangeiras, as quais, na maioria dos casos, atuavam como agências de captação de seguros para as suas matrizes.

b) **Década de 40:** Na prática, o IRB começou a operar apenas no primeiro semestre de 1940. Inicialmente, o foco foi direcionado para o seguro de incêndio, maior carteira do País, então, responsável por algo em torno de 75% da receita total do mercado. O sucesso foi imediato. Em apenas nove meses, o IRB conseguiu atingir a marca de 90% de retenção no País dos prêmios de resseguros no ramo incêndio. Assim, o ressegurador iniciava a sua missão de colaborar para o desenvolvimento do mercado de seguros e, indiretamente, para o incremento da economia nacional... Outro instrumento criado na época e que contribuiu para o fortalecimento do mercado interno foi o "excedente único", pelo qual as seguradoras nacionais menores, pouco capitalizadas e sem muitos recursos técnicos, puderam ter condições de concorrer com as seguradoras estrangeiras, respaldadas pela cobertura automática do resseguro. Em 20 de junho de 1940, o Decreto nº 5.901 criou os seguros obrigatórios contra os riscos de incêndio e transportes, mais um passo importante no sentido de fortalecer o mercado interno e propagar a cultura do seguro no Brasil. Aos poucos, novos ramos foram sendo incorporados aos negócios do IRB. Foi o caso do seguro aeronáutico, que chegou ao Brasil no começo de 1944. Na época, a comercialização desse tipo de seguro era rara em todo o mundo.

c) **Década de 50:** A eleição presidencial de 1950 trouxe Getúlio Vargas de volta ao Palácio do Catete. Com apoio popular, o presidente intensificou a intervenção governamental para direcionar o crescimento econômico brasileiro. Foi assim que surgiu o Banco Nacional de Desenvolvimento Econômico (BNDE, mais tarde BNDES, com a inclusão do "S", de Social), criado pela Lei nº 1.628, de 20 de junho de 1952. A partir da década de 50, o IRB passou a aceitar solicitações de resseguro sobre riscos para os ramos de transportes, acidentes pessoais, aeronáuticos, vida, cascos marítimos, automóveis e lucros cessantes, e também instituiu a cobertura de seguro agrário. O bom relacionamento do IRB com as seguradoras teve também momentos de eventuais rusgas. Foi assim em 1953, quando as seguradoras, decididas a ter uma atuação mais independente em relação ao IRB, decidiram adotar o cosseguro. Era uma forma de fugir do resseguro. Dois anos antes, essa sinergia corporativista já havia resultado na criação da Federação Nacional das Empresas de Seguros Privados e Capitalização (Fenaseg), inicialmente com apenas cinco sindicatos filiados: Rio de Janeiro, Bahia, Minas Gerais, São Paulo e Rio Grande do Sul.

d) **Década de 60:** Um marco na história do setor ocorreu em setembro de 1966, quando foi permitido às seguradoras efetuarem cobrança bancária dos seguros, o que trouxe mais liquidez ao mercado, pois as empresas puderam, a partir de então, vincular a vigência dos contratos de seguros ao comprovante de pagamento bancário. Dois meses depois, em 21 de novembro, foi sancionado o Decreto-lei nº 73, que criou todo o Sistema Nacional de Seguros Privados, conforme o conhecemos hoje. Esse decreto deu ao IRB poderes regulatórios sobre o setor de resseguros.

e) **Década de 70:** Em meados da década de 70, a adoção da política de reciprocidade de negócios, que promoveu o intercâmbio internacional do seguro brasileiro, gerou um resultado expressivo ao reverter a tendência tradicional para déficits cambiais sistemáticos. Em 1975, o Brasil registrou o superávit de US$ 3,5 milhões na conta de Seguros do Balanço de Pagamentos... O mercado brasileiro passou, então, a aceitar negócios do exterior, limitados a 60% dos resseguros cedidos. O IRB, através do escritório de Londres, registrou, em 1975, faturamento de US$ 50 milhões. Esse valor foi 262% maior que o montante apurado cinco anos antes. No ano seguinte, o mercado brasileiro ganhou dimensão ainda maior, em consequência de medidas tais como a criação de uma empresa especializada em segurança de crédito e a regulamentação do seguro saúde e da expansão do seguro rural.

f) **Década de 80:** Em 1986, foi editado o Plano Cruzado, programa heterodoxo de combate à inflação, baseado no congelamento de preços e na troca da moeda. A inflação cessou da noite para o dia e a população viu o poder de compra crescer subitamente. Esse fato coincidiu com as mudanças no mercado de seguros, que se favoreceu por algum tempo do novo cenário. Mas, em pouco tempo, a pressão era tanta que o congelamento de preços foi suspenso e o plano, logo depois, naufragou. Nesta época, surgiu o modelo brasileiro de privatização, do qual, alguns anos depois, o IRB quase fez parte. Em 1987, foram editados mais dois planos (Cruzado II, em junho; e Bresser, em novembro). Contudo, os resultados também se mostraram insatisfatórios. No fim desse ano, o governo brasileiro decretou moratória. O resultado foi o crescimento expressivo do custo do financiamento no Brasil, bem como do prêmio de seguros e dos juros externos. Em 1988, promulgou-se a nova Constituição, cujo artigo 192 estabelecia novas regras para os mercados financeiro, de valores mobiliários e de seguros e resseguros*. No ano seguinte, Fernando Collor de Mello seria eleito presidente do Brasil.

g) **Década de 90:** Em 1993, é aprovada a Lei das Licitações, que acabou com o sorteio dos seguros de empresas públicas. Em 1996, o Congresso Nacional aprovou a Emenda Constitucional 13/96, que suprimiu a expressão "órgão oficial ressegurador", do artigo 192 da Constituição. Foi o primeiro passo efetivo rumo à abertura no resseguro. Logo depois, o IRB foi incluído no programa de privatizações. A Medida Provisória nº 1.578/97 determinou, então, a transformação do IRB em uma sociedade de economia mista, sob controle da União. A denominação da empresa foi alterada, passando de "Instituto de Resseguros do Brasil" para "IRB-Brasil Resseguros S.A.". O leilão do IRB foi marcado para o dia 14 de outubro de 1999, mas logo cancelado, pois não havia consenso sobre as regras para o funcionamento do mercado de resseguros, no momento seguinte ao da privatização do ressegurador. Em novembro de 1999, o Congresso Nacional aprovou a Lei Ordinária nº 9.932/99, que transferia as atribuições de regulador do mercado de resseguros do IRB para a SUSEP. Uma nova data para o leilão do IRB foi definida pelo governo... Contudo, o Supremo

Tribunal Federal (STF) acatou pedido de liminar em ação direta de inconstitucionalidade (ADIN 2.223-7) e o Conselho Nacional de Desestatização (CND) suspendeu o leilão.

h) **Década de 2000:** Em outubro de 2002, a ADIN foi confirmada pelo STF, que julgou inconstitucionais os dispositivos que transferiam a competência regulatória e de fiscalização do IRB para a SUSEP. Assim, a Lei nº 9.932/99 foi inviabilizada e o fim do monopólio do IRB, estabelecido pela Emenda Constitucional 13/96, também perdeu o seu efeito prático. Prevaleceu, então, a tese de que a regulamentação da abertura e a transferência das funções regulatórias e de fiscalização do IRB para a SUSEP somente poderiam ser implementadas por lei complementar. Em dezembro de 2006, o Senado aprovou o Projeto de Lei Complementar 127/06, que estabeleceu as diretrizes para a abertura do mercado de resseguros. O projeto, que já havia passado pela Câmara, seguiu, então, para a sanção presidencial. A lei foi sancionada em janeiro de 2007, pelo presidente da República em exercício, José Alencar. A nova lei garantiu preferência de mercado de 60% para as chamadas resseguradoras locais (empresas com sede no Brasil), nos três primeiros anos após a abertura do mercado de resseguros e de 40% nos três anos seguintes. Outros dois tipos de resseguradores foram mencionados na lei: os admitidos (obrigados a manter um escritório de representação no Brasil), e os eventuais (para as quais, basta ter um procurador no País). Entre os cinco artigos vetados pelo Palácio do Planalto estava o que retirava o IRB-Brasil Re do programa de desestatização, o que causou surpresa no mercado. Contudo, o Ministério da Fazenda explicou que não havia qualquer intenção de privatizar o Ressegurador e que o objetivo do governo era manter o IRB atuando da mesma forma que o Banco do Brasil e a Caixa Econômica Federal, ou seja, concorrendo com empresas privadas em igualdade de condições. O novo modelo para operações de resseguro começou a vigorar em 17 de abril de 2007, uma histórica quinta-feira, que encerrou um ciclo de 69 anos de monopólio. No primeiro dia de vigência do novo modelo, três empresas estavam autorizadas, pela SUSEP, a atuar no mercado brasileiro. Além do IRB-Brasil Re, que deixava de ser monopolista para passar a operar como "ressegurador local", estavam aptos a atuar o Lloyd's de Londres (como ressegurador admitido) e a Munich Re (ressegurador eventual).

i) **Década de 2010:** Em maio de 2010, Paixão – que é servidor público federal com graduação e doutorado pela Universidade de São Paulo (USP) – assumiu a presidência do IRB-Brasil Re, dando continuidade a várias iniciativas que têm como objetivo a modernização da resseguradora e o aprimoramento dos processos de gestão. A ampliação da presença internacional também entrou definitivamente na agenda da empresa. Visitamos e recebemos em nossa sede novos parceiros de negócios de diferentes países da América Latina, África e Ásia, dando início a relacionamentos que serão pautados por sentimentos recíprocos de respeito, confiança e admiração. 2011, por sua vez, foi marcado pela chegada de grandes resseguradores globais ao Brasil, bem como a criação de novas empresas de resseguro de capital nacional, trazendo maior competitividade e capacidade para o mercado. O ano em questão também foi de grandes mudanças para o IRB.

j) **Expansão do IRB:** Em setembro de 2011, o IRB também abriu um escritório em Buenos Aires, na Argentina, como parte de sua estratégia de expansão internacional... Em abril de 2012, o IRB também adquiriu 4,8% do capital da African Reinsurance Corporation – Africa Re, uma empresa com status de organismo internacional pertencente a 38 países africanos, aos bancos de desenvolvimento da África, da Alemanha, da França e da Holanda, ao IFC/Banco Mundial e a mais de cem empresas africanas de seguros e resseguros. Com isso, passamos a ser a primeira resseguradora não africana a ter participação acionária na empresa, que é líder de mercado no continente, com 10% de *marketshare*.

Vale consignar o resumo do processo de crescimento do ramo de seguros no Brasil.

até 2007	2010	2011
Monopólio do IRB-Brasil	Quebra do monopólio	Mercado local	Mercado local
Seguros de saúde	Oferta preferencial de 60%	Oferta preferencial de 40%	Oferta preferencial de 40%
	(LC nº 126 de 15/01/07)	(Res. CNSP nº 168/07)	(Res. CNSP nº 225/10)

4. Aplicações jurídicas relativas ao resseguro:

Em relação ao resseguro precisamos analisar alguns conceitos interessantes. O primeiro é a definição de resseguro. Neste sentido, podemos defini-lo como a operação de transferência de riscos de uma cedente para um ressegurador. O cedente é a sociedade seguradora que contrata operação de resseguro ou o ressegurador que contrata operação de retrocessão.

Os resseguradores podem ser locais, admitidos ou eventuais. Os primeiros são aqueles resseguradores sediados no País constituídos sob a forma de sociedade anônima, tendo por objeto exclusivo a realização de operações de resseguro e retrocessão. Armando Vergílio dos Santos Junior[13] nos ensina:

> "Ressegurador local – ressegurador profissional sediado no Brasil e supervisionado pela SUSEP, devendo cumprir as exigências para autorização: ser sediado no País, constituído sob a forma de sociedade anônima, tendo por objeto a realização de operações de resseguro e retrocessão;

Já o ressegurador admitido pode ser conceituado como aquele que é sediado no exterior, com escritório de representação no País, que, atendendo às exigências previstas na lei e nas normas aplicáveis à atividade de resseguro e retrocessão, tenha sido cadastrado como tal no órgão fiscalizador de seguros para realizar operações de resseguro e retrocessão; Armando Vergílio dos Santos Junior[14] conceitua:

> "Ressegurador admitido: – ressegurador estrangeiro, desde que reconhecido pelo supervisor local (ressegurador profissional ou não), com escritório de representação no Brasil, registrado na SUSEP e que atenda a requisitos como solidez financeira, *rating* de crédito e garantias financeiras, devendo cumprir as exigências para cadastramento: a declaração do órgão supervisor, do país de origem, de que o ressegurador está solvente, autorizado a subscrever resseguros nos ramos em que pretenda operar no Brasil e que tenha dado início a tais operações há mais de cinco anos;"

O mesmo autor ainda destaca a definição do ressegurador eventual:

> "Ressegurador eventual – ressegurador estrangeiro, desde que reconhecido pelo supervisor local, registrado na Susep, e que atenda a requisitos como solidez financeira e *rating* de crédito, devendo cumprir as exigências para

---

[13] JÚNIOR, Armando Vergílio dos Santos. Seguros e Resseguros. Editora Saraiva. 2010. P. 266.
[14] JUNIOR, Armando Vergílio dos Santos. Seguros e Resseguros. Editora Saraiva. 2010. P. 266.

cadastramento: a. declaração do supervisor do país de origem quanto à autorização para subscrever resseguros nos ramos requeridos e experiência de cinco anos e solvência. b. declaração de auditor independente certificando patrimônio líquido superior a US$ 150 milhões; provisões, ativos e garantias devem seguir as regras do país de sua origem."

O ressegurador admitido ou eventual deverá atender aos seguintes requisitos mínimos:

a) **estar constituído,** segundo as leis de seu país de origem, para subscrever resseguros locais e internacionais nos ramos em que pretenda operar no Brasil e que tenha dado **início a tais operações no país de origem, há mais de cinco anos;**

b) **dispor de capacidade econômica e financeira** não inferior à mínima estabelecida pelo órgão regulador de seguros brasileiro;

c) **ser portador de avaliação de solvência por agência classificadora reconhecida pelo órgão fiscalizador de seguros brasileiro,** com classificação igual ou superior ao mínimo estabelecido pelo órgão regulador de seguros brasileiro;

d) **designar procurador, domiciliado no Brasil,** com poderes especiais para receber citações, intimações, notificações e outras comunicações; e

e) **outros requisitos** que venham a ser fixados pelo órgão regulador de seguros brasileiro.

Constituem-se ainda requisitos para os resseguradores admitidos:

I) **manutenção de conta em moeda estrangeira vinculada ao órgão fiscalizador de seguros brasileiro,** na forma e montante definido pelo órgão regulador de seguros brasileiro para garantia de suas operações no País;

II) **apresentação periódica de demonstrações financeiras,** na forma definida pelo órgão regulador de seguros brasileiro.

A contratação de resseguro e retrocessão no País ou no exterior será feita mediante negociação direta entre a cedente e o ressegurador ou por meio de intermediário legalmente autorizado (*broker*). Registra-se que o limite máximo que poderá ser cedido anualmente a resseguradores eventuais será fixado pelo Poder Executivo.

Importante consignar que a transferência de risco somente será realizada em operações:

a) de resseguro com resseguradores locais, admitidos ou eventuais;

b) de retrocessão com resseguradores locais, admitidos ou eventuais, ou sociedades seguradoras locais.

As operações de resseguro relativas a seguro de vida por sobrevivência e previdência complementar são exclusivas de resseguradores locais.

A SUSEP terá acesso a todos os contratos de resseguro e de retrocessão, inclusive os celebrados no exterior, sob pena de ser desconsiderada, para todos os efeitos, a existência do contrato de resseguro e de retrocessão (esta será estudada em capítulo posterior).

Vale ressaltar que a cedente contratará ou ofertará preferencialmente a resseguradores locais para, pelo menos, 40% de sua cessão de resseguro.

O órgão regulador de seguros poderá estabelecer:

a) cláusulas obrigatórias de instrumentos contratuais relativos às operações de resseguro e retrocessão;

b) prazos para formalização contratual;

c) restrições quanto à realização de determinadas operações de cessão de risco;

d) requisitos para limites, acompanhamento e monitoramento de operações intragrupo;

e) requisitos adicionais.

5. Cláusulas do contrato de resseguro:

Os contratos de resseguro deverão incluir cláusula dispondo que, em caso de liquidação da cedente, subsistem as responsabilidades do ressegurador perante a massa liquidanda, independentemente de os pagamentos de indenizações ou benefícios aos segurados, participantes, beneficiários ou assistidos haverem ou não sido realizados pela cedente.

Os resseguradores e os seus retrocessionários não responderão diretamente perante o segurado, participante, beneficiário ou assistido pelo montante assumido em resseguro e em retrocessão, ficando as cedentes que emitiram o contrato integralmente responsáveis por indenizá-los.

Os contratos de resseguro devem observar os limites técnicos previstos pela SUSEP e também devem observar os riscos técnicos do resseguro. Walter A. Polido[15] discorre que:

> "Os riscos técnicos podem ser caracterizados pelas mudanças que o bem segurado sofre durante o período de vigência do contrato de seguro, pelo agravamento de risco também sofrido pelo bem e notadamente sem a intervenção do segurado, pela alteração da cobertura predeterminada contratualmente e em razão da mudança da lei ou ainda por obrigações originárias de sentenças judiciais, além da ocorrência em si do evento predeterminado no contrato de seguro, de forma natural."

O princípio do *follow the fortune* (a resseguradora segue a sorte da ressegurada) é implícito a todo contrato de seguro. Walter A. Polido[16] relata que:

> "É recomendável a inserção da cláusula *follow the fortune* em todos os contratos de resseguro celebrados... há por exemplo, a cláusula denominada *follow the settlements* (seguir a liquidação) e ainda *follow the actions* (seguir as ações), ambas voltadas basicamente àquelas situações intrínsecas ao desempenho da seguradora durante o processo de regulação e liquidação do sinistro, diferenciado, na essência da cláusula do seguir a sorte, a qual sempre se vincula a situações extrínsecas à própria vontade ou intervenção direta do cedente."

Nos contratos com a intermediação de corretoras de resseguro, não poderão ser incluídas cláusulas que limitem ou restrinjam a relação direta entre as cedentes e os resseguradores nem se poderão conferir poderes ou faculdades a tais corretoras além daqueles necessários e próprios ao desempenho de suas atribuições como intermediários independentes na contratação do resseguro.

Em relação aos preços dos seguros temos as lições de Walter A. Polido:[17]

> "O preço dos seguros... deve expressar o nível adequado do risco, o preço técnico e justo do risco. Em razão da soma de todos esses fatores poderá haver ou não a oferta de resseguro, nesta ou naquela condição, expondo mais ou menos a seguradora... O tipo de resseguro também poderá estar diretamente relacionado a tal oferta: proporcionais (maior parceria, com maior cessão de responsabilidades)

---

15 POLIDO, A. Walter. Seguros e Resseguros. Editora Saraiva. 2010. P. 229.
16 POLIDO, A. Walter. Seguros e Resseguros. Editora Saraiva. 2010. P. 231.
17 POLIDO, A. Walter. Seguros e Resseguros. Editora Saraiva. 2010. P. 233.

Sempre é bom destacar que o resseguro tem sua condição própria de aplicabilidade e em nenhum momento pode ser considerado um contrato entre o segurado e a empresa resseguradora por mais que indiretamente este seguro seja garantido através do resseguro feito com a seguradora.

Nos contratos de resseguro é obrigatória a inclusão de cláusula de intermediação, definindo se a corretora está ou não autorizada a receber os prêmios de resseguro ou a coletar o valor correspondente às recuperações de indenizações ou benefícios. Estando a corretora autorizada ao recebimento ou à coleta, os seguintes procedimentos serão observados:

a) o pagamento do prêmio à corretora libera a cedente de qualquer responsabilidade pelo pagamento efetuado ao ressegurador;
b) o pagamento de indenização ou benefício à corretora só libera o ressegurador quando efetivamente recebido pela cedente.

A aplicação dos recursos das provisões técnicas e dos fundos dos resseguradores locais e dos recursos exigidos no País para garantia das obrigações dos resseguradores admitidos será efetuada de acordo com as diretrizes do Conselho Monetário Nacional – CMN.

Serão exclusivamente celebrados no País os seguros obrigatório e os seguros não obrigatórios contratados por pessoas naturais residentes no País ou por pessoas jurídicas domiciliadas no território nacional, independentemente da forma jurídica, para garantia de riscos no País.

Destacamos que o resseguro é atípico e deve estar pautado no princípio da boa-fé. Walter A. Polido[18] ensina algumas características deste contrato:

> "O contrato de resseguro é atípico e difere do contrato de seguro; o contrato de resseguro é atípico, mas nem por isso está apartado, no que couber, da nova ordem ético-social conducente das relações contratuais que hoje imantam o Direito em prol da sociedade consumidora; o Estado tem o dever-poder de regulamentar e fiscalizar de forma eficaz... a atividade resseguradora do país... as seguradoras devem aprimorar a técnica empregada no desempenho de suas atividades várias... a transparência nos serviços prestados aos consumidores e nas informações que são oferecidas aos resseguradores. O ressegurador não deve ter espaço para pretender exercer poder de domínio sobre as atividades seguradoras do Brasil... nenhum princípio internacional, pertinente ao resseguro e ao relacionamento existente entre seguradora e o ressegurador, deve coibir o exato cumprimento da obrigação securitária em

---

18 POLIDO, A. Walter. Seguros e Resseguros. Editora Saraiva. 2010. P. 258.

prol do interesse dos consumidores-segurados, por mero apego ao formalismo ou tipologia contratual convencional... as cláusulas contratuais de resseguro são estipuladas livremente entre as partes celebrantes... a cláusula *follow the fortune* constitui princípio fundamental do contrato de resseguro."

De acordo com o artigo 1º do Decreto 6.499/08, a sociedade seguradora ou a sociedade cooperativa poderá ceder a resseguradores eventuais até 10% do valor total dos prêmios cedidos em resseguro, considerando-se a globalidade de suas operações em cada ano civil. O artigo 2º da mesma lei declara que, o limite máximo que o ressegurador local poderá ceder a resseguradores eventuais é de 50% do valor total dos prêmios emitidos relativos aos riscos que houver subscrito, considerando-se a globalidade de suas operações em cada ano civil.

6. Regras especiais:

A contratação de seguros no exterior por pessoas naturais residentes no País ou por pessoas jurídicas domiciliadas no território nacional é restrita às seguintes situações:

a) cobertura de riscos para os quais não exista oferta de seguro no País, desde que sua contratação não represente infração à legislação vigente;

b) cobertura de riscos no exterior em que o segurado seja pessoa natural residente no País, para o qual a vigência do seguro contratado se restrinja, exclusivamente, ao período em que o segurado se encontrar no exterior;

c) seguros que sejam objeto de acordos internacionais referendados pelo Congresso Nacional;

d) seguros que, pela legislação em vigor, na data de publicação desta Lei Complementar, tiverem sido contratados no exterior.

Registra-se que, as pessoas jurídicas poderão contratar seguro no exterior para cobertura de riscos no exterior, informando essa contratação ao órgão fiscalizador de seguros brasileiro no prazo e nas condições determinadas pelo órgão regulador de seguros brasileiro.

Capítulo 6

Cosseguro

1. Considerações iniciais. 2. Competência para disciplinar as operações de cosseguro. 3. Seguradora líder. 4. Responsabilidade necessária no cosseguro. 5. O cosseguro e a PL 3555/04.

1. Considerações iniciais

O cosseguro é a operação de seguro em que duas ou mais sociedades seguradoras, com anuência do segurado, distribuem entre si, percentualmente, os riscos de determinada apólice, sem solidariedade entre elas. A falta de uma responsabilidade solidária entre as coseguradas é o principal traço distintivo neste instituto securitário. O cosseguro esta pautado na divisão de riscos de um segurado entre várias seguradoras, cada uma das quais se responsabiliza por uma quota-parte determinada do valor do seguro.

2. Competência para disciplinar as operações de cosseguro

Cabe ao CNSP disciplinar as operações de cosseguro. Desta forma, este órgãos expedirá regramentos para a regulação dos principais aspectos relativos ao cosseguro. Atualmente esta normatização é abrangente devido ao fato de não haver uma reguladora especificamente do cosseguro. No entanto, na medida em que criarem uma lei ampla de regulação a atividade reguladora no país teremos as competências normativas mais definidas e os limites de normatização do CNSP mais estabelecidos.

3. Seguradora líder

Funciona assim: uma das seguradoras é indicada na apólice como líder, isto é, será desta a responsabilidade de administrar o contrato e representar todas as demais no relacionamento com o segurado, inclusive em caso de sinistro. O artigo 761 do Código Civil destaca:

Art. 761. Quando o risco for assumido em cosseguro, a apólice indicará o segurador que administrará o contrato e representará os demais, para todos os seus efeitos.

4. Responsabilidade necessária no cosseguro

Importante destacar que, **não é permitida a participação de seguradora em operação de cosseguro sem assunção de responsabilidade.** Também não podem as sociedades seguradoras reter as responsabilidades cujo valor ultrapasse os limites técnicos, fixados pela SUSEP. No cosseguro deve ter a responsabilidade definida para cada seguradora participante.

5. O cosseguro e o PL 3555/04

O artigo 33 do PL 3555/04 destaca que ocorre cosseguro quando duas ou mais seguradoras, por acordo expresso entre elas e o segurado ou o estipulante, garantem um determinado interesse contra o mesmo risco e ao mesmo tempo, cada uma delas assumindo uma cota de garantia. Já o parágrafo único destaca que, ocorre seguro cumulativo quando a distribuição entre várias seguradoras for feita pelo segurado ou estipulante por força de contratações separadas. Neste caso, se o seguro for de dano, o segurado deverá comunicar a cada uma das seguradoras sobre a existência dos contratos com as demais e, quando a soma das importâncias seguradas superar o valor do interesse, será reduzida proporcionalmente a importância segurada de cada contrato.

Já o artigo 34 do PL 3555/04 descreve que o cosseguro poderá ser documentado em uma ou em várias apólices com conteúdo idêntico. Se o contrato não especifica qual das cosseguradoras é a líder, o segurado pode considerar líder qualquer uma delas, devendo dirigir-se sempre à mesma. A cosseguradora líder substitui as demais cosseguradoras do mesmo contrato, em todas as relações com o estipulante, segurado, beneficiário e intervenientes do contrato, inclusive na regulação do sinistro, e judicialmente, de forma ativa e passiva.

O artigo 34 do PL 3555/04 destaca que quando a ação for proposta apenas contra a líder, esta deverá, no prazo da resposta, comunicar a existência do cosseguro e requerer a notificação judicial ou extrajudicial das cosseguradoras para que, querendo, intervenham na causa como assistentes.

A sentença proferida contra a líder fará coisa julgada em relação às demais cosseguradoras que serão executadas nos mesmos autos. Não há solidariedade entre as cosseguradoras, arcando cada uma exclusivamente com a sua cota de garantia, salvo previsão contratual diversa.

Os documentos probatórios do contrato deverão destacar a existência do cosseguro, suas participantes e as cotas assumidas individualmente. O artigo 36 do PL 3555/04 destaca: "é vedada a remuneração da seguradora em virtude de cessão de cosseguro a outra. Para a administração do contrato, a líder poderá cobrar das demais, na proporção das cotas assumidas, o equivalente a no máximo 2% do valor do prêmio pago, tendo o direito ao reembolso das despesas efetuadas. O artigo 37 do PL 3555/04 trata sobre a necessidade de delimitação das responsabilidades com a respectiva prova de conhecimento do segurado ou estipulante.

Capítulo 7

Retrocessão

1. Considerações iniciais. 2. *Follow the fortune* na retrocessão. 3. Transferência de riscos na retrocessão. 4. Comentários especiais.

1. Considerações iniciais

A retrocessão é a operação contratual feita pelo ressegurador para transferir os riscos de resseguro de resseguradores ou de resseguradores para sociedades locais. Os segurados não fazem parte da relação de retrocessão, pois esta se dá apenas com os resseguradores.

2. *Follow the fortune* na retrocessão

Este princípio se aplica no resseguro em relação a seguradora e também na retrocessão em relação a resseguradora. Desta forma, podemos dizer que o *follow the fortune* é a regra segundo o qual a garantidora segue a sorte da empresa garantida. No caso da retrocessão a garantidora é a retrocedente e a empresa recepcionada é a resseguradora. Quando esta ganhar todo mundo ganha, mas se perder participa dos riscos e ônus.

3. Transferência de riscos na retrocessão

A Resolução nº 241/11 traz algumas regras específicas sobre a transferência de riscos em **operações de resseguro e retrocessão. Primeiro diz que a retrocessão deve se dar quando ficar comprovada a insuficiência de oferta de capacidade** dos resseguradores locais, admitidos e eventuais, independentemente dos preços e condições oferecidos por todos esses resseguradores. Considera-se caracterizada a situação de insuficiência de oferta de capacidade quando, consultados todos os resseguradores locais, admitidos e eventuais, tenham esses, em seu conjunto, recusado total ou parcialmente o risco objeto de cessão. Note que, havendo aceitação parcial do risco por quaisquer dos resseguradores locais, admitidos ou eventuais, somente a parcela do risco que não encontrar cobertura poderá ser cedida a retrocedentes.

As cedentes só poderão realizar operações com pessoas que atendam aos seguintes requisitos mínimos:

a) autorização, segundo as leis do país de origem, para subscrever resseguro ou retrocessão nos ramos em que pretenda atuar;
b) classificação de solvência, emitida por agência classificadora de risco, com pelo menos um dos seguintes níveis mínimos:

Agência classificadora de risco	Nível Mínimo Exigido
Standart&Poors	BBB-
Fitch	BBB-
Moody's	Baa3
AM Best	B+

c) não ser empresa estrangeira sediada em paraísos fiscais, assim considerados países ou dependências que não tributam renda ou que a tributam a alíquota inferior a 20% (vinte por cento) ou, ainda, cuja legislação interna oponha sigilo relativo à composição societária de pessoas jurídicas ou à sua titularidade.
d) que a legislação vigente no seu país de origem permita a movimentação de moedas de livre conversibilidade, para cumprimento de compromissos no exterior.

A comprovação da situação de insuficiência de oferta de capacidade dos resseguradores locais, admitidos e eventuais, a que preços e condições forem, dar-se-á pela negativa para a cobertura do risco, obtida mediante consulta formal efetuada a todos os resseguradores locais, admitidos e eventuais que operem no ramo ao qual pertence o risco a ser cedido. A consulta de que trata o *caput* deverá conter os termos, condições e informações necessárias para a análise do risco, devendo ser disponibilizada, de forma equânime, a todos os resseguradores consultados.

Os resseguradores disporão de prazo de cinco dias úteis, no caso dos contratos facultativos, e de dez dias úteis, no caso dos contratos automáticos, para formalizar a aceitação total ou parcial do risco. A ausência de manifestação dos resseguradores será considerada como recusa.

Na hipótese de aceitação do risco, o ressegurador deverá definir, claramente, os termos, condições e a parcela do risco aceita.

4. Comentários especiais

A SUSEP está autorizada a expedir normas complementares dispondo sobre as realidades da retrocessão que não sejam incompatíveis com as normas do CNSP. Sempre lembrando que a retrocessão é a divisão de riscos entre a resseguradora e a retrocedente. É a denominada pulverização dos riscos que vale tanto para a retrocessão quanto para o resseguro. Dely Dias das Neves[19] nos ensina:

> "A retrocessão advém do resseguro e ela ocorre no momento em que o órgão ressegurador não tem lastro financeiro para suportar a operação de resseguro que lhe é solicitada, oportunidade em que a pulverização deste risco é distribuída ou repassada a outra resseguradora ou seguradora, obedecendo-se os limites técnicos que cada uma poderá suportar."

---

19 http://www.dominiopublico.gov.br/download/teste/arqs/cp060135.pdf

Capítulo 8

Seguro de Saúde e Plano de Saúde

1. Considerações iniciais. 2. O direito a saúde. 3. Planos de saúde. 3.1. Considerações iniciais. 3.2. Vedações especiais. 3.3. Tipos de planos de saúde. 3.4. Carência. 3.5. Precificação do plano de seguros. 3.6. Regras especiais dos planos de saúde. 3.7. Portabilidade nos planos de saúde. 3.8. Os planos de saúde e o STJ. 4. Seguro de saúde. 5. Modelos de contratos de seguros. 5.1. Contrato de Plano de Saúde. 5.2. Contrato de Seguro-Saúde. 6. Modelos de petições na área securitária. 6.1. Ação de Obrigação de fazer com tutela antecipada. 6.2. Ação Sumária com pedido de tutela antecipada inaudita *altera pars*. 6.3. Ação Sumária com pedido de tutela antecipada inaudita *altera pars* cumulada com danos morais. 6.4. Réplica-Inversão do ônus da prova. 6.5. Agravo de Instrumento com pedido de tutela antecipada recursal. 6.6. Recurso de apelação. 7. Jurisprudência aplicada. 7.1. Plano de saúde custeado pelo empregador. 7.2. Cirurgia bariátrica. 7.3. Manutenção de aposentadoria. 7.4. Rede conveniada. 7.5. Cláusula abusiva. 7.6. Reembolso das despesas por radioterapia. 7.7 Reembolso por descumprimento do contrato. 7.8. Prazo prescricional. 7.9. Revisão do contrato de plano de saúde. 7.10. Estatuto do idoso e reajuste. 7.11. Cláusula abusiva. 7.12. Período de carência. 7.13. Medicamentos recomendados. 7.14. Boa-fé objetiva. 7.15. Poder de decisão e contrato de plano de saúde. 7.16. Mutualidade do seguro de saúde. 7.17. Apólice de seguro.

1. Considerações iniciais

A saúde é um direito de todos, pois cada cidadão necessita do cuidado médico na medida da sua enfermidade. É bem claro que o governo deveria ser responsável por disponibilizar um serviço de saúde correto. No entanto, ainda hoje não temos um sistema público de saúde efetivo e digno. Desta forma, o plano de saúde e do seguro de saúde surgem como formas supletivas da falta de assistência pública consistente.

A diferença essencial entre o plano de saúde e o seguro de saúde é que o primeiro dá a possibilidade de escolher a rede hospitalar na hora do atendimento, pois tudo é previamente acordado. Já o seguro saúde tem a possibilidade da escolha de outros atendimento hospitalar não conveniado.

2. O direito a saúde

A saúde é direito essencial do ser humano e um dever do Estado. O artigo 196 da Constituição Federal prescreve:

> Art. 196 da CF: "A saúde é direito de todos e dever do Estado, garantido mediante políticas sociais e econômicas que visem à redução do risco de doença e de outros agravos e ao acesso universal e igualitário às ações e serviços para sua promoção, proteção e recuperação."

O Estado tem que assegurar a todos o acesso à saúde. A população de baixa renda tem que ser tratada com carinho pelo Poder Público para que possa receber um tratamento digno e eficaz nos hospitais públicos e postos de saúde. Temos que pensar em cuidar dos mais necessitados como se fôssemos cuidar de nossos filhos.

O governo deve valorizar os profissionais da saúde concedendo a eles um salário justo e disponibilizando todo o material necessário para realização dos procedimentos administrativos, medicinais e laboratoriais necessários. A construção e modernização dos hospitais deve ser uma questão prioritária. Faz parte do princípio da dignidade da pessoa humana que toda pessoa possa ser atendida em tempo reduzido e, que, cada paciente possa ter seu leito no hospital. Os funcionários do atendimento, devem ser tratados com cordialidade e respeito pelos pacientes e pelos familiares. Da mesma forma, os servidores responsáveis pelo atendimento devem tratar com acolhida e prontidão a todos os que chegarem à sua presença.

O serviços prestados pelos profissionais da saúde são de relevância pública. Vejamos o artigo 197 da Constituição Federal:

> Art. 197 da CF: "São de relevância pública as ações e serviços de saúde, cabendo ao Poder Público dispor, nos termos da lei, sobre sua regulamentação, fiscalização e controle, devendo sua execução ser feita diretamente ou através de terceiros e, também, por pessoa física ou jurídica de direito privado."

A saúde deve ser tratada com respeito e carinho pelos poderes públicos. O SUS merece uma atenção especial para que possa atender dignamente os que mais precisam. O artigo 4º da Lei 8080/90 nos dá uma noção conceitual do Sistema Único de Saúde:

Art. 4º. da Lei 8080/90: "O conjunto de ações e serviços de saúde, prestados por órgãos e instituições públicas federais, estaduais e municipais, da Administração direta e indireta e das fundações mantidas pelo Poder Público, constitui o Sistema Único de Saúde (SUS)."

Ressalta-se que, a iniciativa privada poderá participar do Sistema Único de Saúde (SUS), em caráter complementar. Todas as ações particulares que visem ao aperfeiçoamento da saúde pública são salutares para a construção de uma sociedade mais justa. A saúde é um direito fundamental do ser humano, devendo o Estado prover as condições indispensáveis ao seu pleno exercício. O dever do Estado de garantir a saúde consiste na formulação e execução de políticas econômicas e sociais que visem à redução de riscos de doenças e de outros agravos e no estabelecimento de condições que assegurem acesso universal e igualitário às ações e aos serviços para a sua promoção, proteção e recuperação. Ressalta-se que o dever do Estado não exclui o das pessoas, da família, das empresas e da sociedade.

A saúde tem como fatores determinantes e condicionantes, entre outros, a alimentação, a moradia, o saneamento básico, o meio ambiente, o trabalho, a renda, a educação, o transporte, o lazer e o acesso aos bens e serviços essenciais; os níveis de saúde da população expressam a organização social e econômica do País. Dizem respeito também à saúde as ações que, por força do disposto no artigo anterior, se destinam a garantir às pessoas e à coletividade condições de bem-estar físico, mental e social.

O Sistema Único de Saúde funciona de forma descentralizada seguindo as diretrizes gerais estipuladas no artigo 198 da Constituição:

Art. 198 da CF: As ações e serviços públicos de saúde integram uma rede regionalizada e hierarquizada e constituem um sistema único, organizado de acordo com as seguintes diretrizes:
I - descentralização, com direção única em cada esfera de governo;
II - atendimento integral, com prioridade para as atividades preventivas, sem prejuízo dos serviços assistenciais;
III - participação da comunidade.

Vejamos algumas orientações do STF sobre a temática da saúde:

"Para efeito de suspensão de antecipação de tutela, não constitui decisão genérica a que determina fornecimento de medicamentos a pacientes usuários do SUS, residentes nos Municípios da comarca ou da seção judiciária, mediante prescrição expedida por médico vinculado ao SUS." (STA 328-AgR, Rel. Min. Presidente Cezar Peluso, julgamento em 24-6-2010, Plenário, DJE de 13-8-2010.)

"Para obtenção de medicamento pelo SUS, não basta ao paciente comprovar ser portador de doença que o justifique, exigindo-se prescrição formulada por médico do Sistema." (STA 334-AgR, Rel. Min. Presidente Cezar Peluso, julgamento em 24-6-2010, Plenário, DJE de 13-8-2010.)

"O serviço público de saúde é essencial, jamais pode-se caracterizar como temporário, razão pela qual não assiste razão à administração estadual (...) ao contratar temporariamente servidores para exercer tais funções." (ADI 3.430, Rel. Min. Ricardo Lewandowski, julgamento em 12-8-2009, Plenário, DJE de 23-10-2009.

Em relação à saúde temos alguns princípios diretivos com base na Lei 8080/90. São eles:

- universalidade de acesso aos serviços de saúde em todos os níveis de assistência;
- integralidade de assistência, entendida como conjunto articulado e contínuo das ações e serviços preventivos e curativos, individuais e coletivos, exigidos para cada caso em todos os níveis de complexidade do sistema;
- preservação da autonomia das pessoas na defesa de sua integridade física e moral;
- igualdade da assistência à saúde, sem preconceitos ou privilégios de qualquer espécie;
- direito à informação, às pessoas assistidas, sobre sua saúde;
- divulgação de informações quanto ao potencial dos serviços de saúde e a sua utilização pelo usuário;
- utilização da epidemiologia para o estabelecimento de prioridades, a alocação de recursos e a orientação programática;
- participação da comunidade;
- descentralização político-administrativa, com direção única em cada esfera de governo: a) ênfase na descentralização dos serviços para os municípios; b) regionalização e hierarquização da rede de serviços de saúde;
- integração em nível executivo das ações de saúde, meio ambiente e saneamento básico;

- conjugação dos recursos financeiros, tecnológicos, materiais e humanos da União, dos Estados, do Distrito Federal e dos Municípios na prestação de serviços de assistência à saúde da população;
- capacidade de resolução dos serviços em todos os níveis de assistência;
- organização dos serviços públicos de modo a evitar duplicidade de meios para fins idênticos.

Importante consignar que os serviços privados de assistência à saúde: caracterizam-se pela atuação, por iniciativa própria, de profissionais liberais, legalmente habilitados, e de pessoas jurídicas de direito privado na promoção, proteção e recuperação da saúde. A Lei 11.108/05 trouxe uma novidade: "Os serviços de saúde do Sistema Único de Saúde – SUS, da rede própria ou conveniada, ficam obrigados a permitir a presença, junto à parturiente, de um acompanhante durante todo o período de trabalho de parto, parto e pós-parto imediato. O acompanhante de que trata o *caput* deste artigo será indicado pela parturiente."

A Lei 8.142/90 traz algumas regras interessantes sobre o Sistema Único de Saúde. Vejamos:

Instâncias do SUS: "O Sistema Único de Saúde, contará em cada esfera de governo, sem prejuízo das funções do Poder Legislativo, com as seguintes instâncias colegiadas: I)a Conferência de Saúde; e II)o Conselho de Saúde. A Conferência de Saúde se reunirá a cada quatro anos com a representação dos vários segmentos sociais, para avaliar a situação de saúde e propor as diretrizes para a formulação da política de saúde nos níveis correspondentes, convocada pelo Poder Executivo ou, extraordinariamente, por esta ou pelo Conselho de Saúde. O Conselho de Saúde, em caráter permanente e deliberativo, órgão colegiado composto por representantes do governo, prestadores de serviço, profissionais de saúde e usuários, atua na formulação de estratégias e no controle da execução da política de saúde na instância correspondente, inclusive nos aspectos econômicos e financeiros, cujas decisões serão homologadas pelo chefe do poder legalmente constituído em cada esfera do governo."

Importante consignar que os Recursos do Fundo Nacional de Saúde serão alocados essencialmente como:
a. despesas de custeio e de capital do Ministério da Saúde, seus órgãos e entidades, da administração direta e indireta;

b. investimentos previstos em lei orçamentária, de iniciativa do Poder Legislativo e aprovados pelo Congresso Nacional;

c. investimentos previstos no Plano Quinquenal do Ministério da Saúde;

d. cobertura das ações e serviços de saúde a serem implementados pelos Municípios, Estados e Distrito Federal. Ressalta-se que, para receberem estes recursos, os Municípios, os Estados e o Distrito Federal deverão contar com o Fundo de Saúde, o Conselho de Saúde, o plano de saúde, os relatórios de gestão, a contrapartida de recursos para a saúde no respectivo orçamento e a Comissão de elaboração do Plano de Carreira, Cargos e Salários (PCCS).

A assistência à saúde é livre à iniciativa privada. Neste sentido, o § 1º do artigo 199 da Constituição Federal nos assegura:

> § 1º. As instituições privadas poderão participar de forma complementar do sistema único de saúde, segundo diretrizes deste, mediante contrato de direito público ou convênio, tendo preferência as entidades filantrópicas e as sem fins lucrativos.

Notavelmente o § 2º do mesmo artigo faz uma vedação expressa ao repasse de recursos públicos para instituições privadas com fins lucrativos. Esta norma visa favorecer a boa-fé administrativa. A ausência de fins lucrativos é essencial para o favorecimento da saúde pública. A lucratividade não pode ser financiada pelo Estado. A filantropia é o fundamento da cidadania. Registra-se que, é vedada a participação direta ou indireta de empresas ou capitais estrangeiros na assistência à saúde no País, salvo nos casos previstos em lei. Esta regra está inscrita no §3º do artigo 199 da Constituição. A Lei 8080/90 no seu artigo 23 aprofunda este tema:

> Art. 23 da Lei 8080/90: É vedada a participação direta ou indireta de empresas ou de capitais estrangeiros na assistência à saúde, salvo através de doações de organismos internacionais vinculados à Organização das Nações Unidas, de entidades de cooperação técnica e de financiamento e empréstimos.
>
> § 1º Em qualquer caso é obrigatória a autorização do órgão de direção nacional do Sistema Único de Saúde (SUS), submetendo-se a seu controle as atividades que forem desenvolvidas e os instrumentos que forem firmados.

§ 2° Excetuam-se do disposto neste artigo os serviços de saúde mantidos, sem finalidade lucrativa, por empresas, para atendimento de seus empregados e dependentes, sem qualquer ônus para a seguridade social.

Note que, a referida lei permite que, as empresas estrangeiras possam participar da assistência à saúde nos casos relacionados no artigo 23, contudo, é necessário a autorização do órgão de direção nacional do SUS.

O § 4° do artigo 199 nos assegura que, "a lei disporá sobre as condições e os requisitos que facilitem a remoção de órgãos, tecidos e substâncias humanas para fins de transplante, pesquisa e tratamento, bem como a coleta, processamento e transfusão de sangue e seus derivados, sendo vedado todo tipo de comercialização."

Vejamos jurisprudência do STF sobre o tema:

"Lei 7.737/2004, do Estado do Espírito Santo. Garantia de meia entrada aos doadores regulares de sangue. Acesso a locais públicos de cultura esporte e lazer (...) A Constituição do Brasil em seu art. 199, § 4º, veda todo tipo de comercialização de sangue, entretanto estabelece que a lei infraconstitucional disporá sobre as condições e requisitos que facilitem a coleta de sangue. O ato normativo estadual não determina recompensa financeira à doação ou estimula a comercialização de sangue. Na composição entre o princípio da livre-iniciativa e o direito à vida há de ser preservado o interesse da coletividade, interesse público primário." (ADI 3.512, Rel. Min. Eros Grau, julgamento em 15-2-2006, Plenário, DJ de 23-6-2006.)

O artigo 200 da Constituição Federal trata da Competência do SUS:

Art. 200 da CF: Ao Sistema Único De Saúde compete, além de outras atribuições, nos termos da lei:

I - controlar e fiscalizar procedimentos, produtos e substâncias de interesse para a saúde e participar da produção de medicamentos, equipamentos, imunobiológicos, hemoderivados e outros insumos;

II - executar as ações de vigilância sanitária e epidemiológica, bem como as de saúde do trabalhador;

III - ordenar a formação de recursos humanos na área de saúde;

IV - participar da formulação da política e da execução das ações de saneamento básico;

V - incrementar em sua área de atuação o desenvolvimento científico e tecnológico;

VI - fiscalizar e inspecionar alimentos, compreendido o controle de seu teor nutricional, bem como bebidas e águas para consumo humano;

VII - participar do controle e fiscalização da produção, transporte, guarda e utilização de substâncias e produtos psicoativos, tóxicos e radioativos;

VIII - colaborar na proteção do meio ambiente, nele compreendido o do trabalho.

O SUS deve pautar-se pelo princípio da dignidade humana e na garantia do direito à vida. Neste sentido, todas as orientações e procedimentos adotados devem favorecer o atendimento às gestantes para que possam ter uma gravidez tranquila. O SUS deve promover campanhas contra o aborto.

3. Planos de saúde

3.1. Considerações iniciais

As sociedades seguradoras poderão operar o seguro desde que estejam constituídas como seguradoras especializadas nesse seguro, devendo seu estatuto social vedar a atuação em quaisquer outros ramos ou modalidades. A Lei nº 9.656/98 discorre sobre os planos e seguros privados de assistência à saúde.

O plano privado de assistência à saúde é a prestação continuada de serviços ou cobertura de custos assistenciais a preço pré ou pós-estabelecido, por prazo indeterminado, com a finalidade de garantir, sem limite financeiro, a assistência à saúde, pela faculdade de acesso e atendimento por profissionais ou serviços de saúde, livremente escolhidos, integrantes ou não de rede credenciada, contratada ou referenciada, visando à assistência médica, hospitalar e odontológica, a ser paga integral ou parcialmente às expensas da operadora contratada, mediante reembolso ou pagamento direto ao prestador, por conta e ordem do consumidor.

A operadora de Plano de Assistência à Saúde é a pessoa jurídica constituída sob a modalidade de sociedade civil ou comercial, cooperativa, ou entidade de autogestão, que opere produto, serviço ou contrato.

Importante denominarmos o conceito de "carteira de seguro". Esta pode ser definida como o conjunto de contratos de cobertura de custos assistenciais ou de serviços de assistência à saúde. Está subordinada às normas e à fiscalização da Agência Nacional de Saúde Suplementar – ANS qualquer modalidade de produto, serviço e contrato que apresente, além da garantia de cobertura financeira de riscos de assistência médica, hospitalar e odontológica, outras características que o diferencie de atividade exclusivamente financeira, tais como:

a) custeio de despesas;
b) oferecimento de rede credenciada ou referenciada;

c) reembolso de despesas;
d) mecanismos de regulação;
e) qualquer restrição contratual, técnica ou operacional para a cobertura de procedimentos solicitados por prestador escolhido pelo consumidor;
f) vinculação de cobertura financeira à aplicação de conceitos ou critérios médico-assistenciais.

As pessoas físicas ou jurídicas residentes ou domiciliadas no exterior podem constituir ou participar do capital, ou do aumento do capital, de pessoas jurídicas de direito privado constituídas sob as leis brasileiras para operar planos privados de assistência à saúde.

Para obter a autorização de funcionamento, as operadoras de planos privados de assistência à saúde devem satisfazer os seguintes requisitos, independentemente de outros que venham a ser determinados pela ANS:

a) registro nos Conselhos Regionais de Medicina e Odontologia, conforme o caso.
b) descrição pormenorizada dos serviços de saúde próprios oferecidos e daqueles a serem prestados por terceiros.
c) descrição de suas instalações e equipamentos destinados a prestação de serviços.
d) especificação dos recursos humanos qualificados e habilitados, com responsabilidade técnica de acordo com as leis que regem a matéria;
e) demonstração da capacidade de atendimento em razão dos serviços a serem prestados.
f) demonstração da viabilidade econômico-financeira dos planos privados de assistência à saúde oferecidos, respeitadas as peculiaridades operacionais de cada uma das respectivas operadoras;
g) especificação da área geográfica coberta pelo plano privado de assistência à saúde.

As entidades ou empresas que mantêm sistemas de assistência privada à saúde na modalidade de autogestão são dispensadas do cumprimento das condições estabelecidas.

A ANS poderá solicitar informações, determinar alterações e promover a suspensão do todo ou de parte das condições dos planos apresentados. É bem claro que os contratos de plano de saúde não podem lograr lucro em face do risco de vida do paciente. Primeiro atende-se o paciente e depois verifica-se o pagamento correto da parcelas. A vida está em primeiro lugar. Não se pode usar do perigo de morte de um paciente para forçá-lo a pagar as parcelas vincendas do plano ou o gasto extraoperatório. Qualquer risco de vida ou de complicação definitiva na saúde deve ter atendimento prioritário independente do pagamento.

Nos planos de saúde não podem haver cláusulas que excluam às doenças e lesões preexistentes à data de contratação. Os planos de seguro terão vigência mínima de um ano, sendo vedadas:

a) a recontagem de carências;
b) a suspensão ou a rescisão unilateral do contrato, salvo por fraude ou não pagamento da mensalidade por período superior a 60 dias, consecutivos ou não, nos últimos 12 meses de vigência do contrato, desde que o consumidor seja comprovadamente notificado até o quinquagésimo dia de inadimplência;
c) a suspensão ou a rescisão unilateral do contrato, em qualquer hipótese, durante a ocorrência de internação do titular.

Em razão da idade do consumidor, ou da condição de pessoa portadora de deficiência, ninguém pode ser impedido de participar de planos privados de assistência à saúde.

No contrato de seguro devem constar as seguintes cláusulas:

a) as condições de admissão;
b) o início da vigência;
c) os períodos de carência para consultas, internações, procedimentos e exames;
d) as faixas etárias e os percentuais de cada seguro;
e) as condições de perda da qualidade de beneficiário;
f) os eventos cobertos e excluídos;
g) o regime, ou tipo de contratação;
h) a franquia, os limites financeiros ou o percentual de coparticipação do consumidor ou beneficiário, contratualmente previstos nas despesas com assistência médica, hospitalar e odontológica;
i) os bônus, os descontos ou os agravamentos da contraprestação pecuniária;

j) a área geográfica de abrangência;
k) os critérios de reajuste e revisão das contraprestações pecuniárias.
l) número de registro na ANS.

Registra-se que, a todo consumidor titular de plano individual ou familiar, será obrigatoriamente entregue, quando de sua inscrição, cópia do contrato, do regulamento ou das condições gerais dos produtos ofertados, além de material explicativo que descreva, em linguagem simples e precisa, todas as suas características, direitos e obrigações.

Nos contratos de plano de saúde podem ser substituídas as entidades hospitalares por outro equivalente desde que seja feito mediante comunicação aos consumidores e à ANS com 30 dias de antecedência, ressalvados desse prazo mínimo os casos decorrentes de rescisão por fraude ou infração das normas sanitárias e fiscais em vigor. Excetuam-se os casos de substituição do estabelecimento hospitalar por infração às normas sanitárias em vigor, durante período de internação, quando a operadora arcará com a responsabilidade pela transferência imediata para outro estabelecimento equivalente, garantindo a continuação da assistência, sem ônus adicional para o consumidor.

3.2. Vedações especiais

O artigo 21 da Lei nº 9.656/98 trata sobre algumas vedações concernentes as operadoras de plano de saúde:

Art. 21. É vedado às operadoras de planos privados de assistência à saúde realizar quaisquer operações financeiras:

I - com seus diretores e membros dos conselhos administrativos, consultivos, fiscais ou assemelhados, bem como com os respectivos cônjuges e parentes até o segundo grau, inclusive;

II - com empresa de que participem as pessoas a que se refere o inciso I, desde que estas sejam, em conjunto ou isoladamente, consideradas como controladoras da empresa. (Redação dada pela Medida Provisória nº 2.177-44, de 2001)

As operadoras com número de beneficiários inferior a vinte mil usuários ficam dispensadas da publicação do parecer do auditor e das demonstrações financeiras, devendo, a ANS, dar-lhes publicidade.

O artigo 33 da Lei nº 9.656/98 destaca que havendo indisponibilidade de leito hospitalar nos estabelecimentos próprios ou credenciados pelo plano, é garantido ao consumidor o acesso à acomodação, em nível superior, sem ônus adicional.

3.3. Tipos de planos de saúde

Os planos de saúde podem ser de referência, ambulatorial, hospitalar sem obstetrícia, hospitalar com obstetrícia e ainda as combinações de planos. Vejamos as descrições desta tipologia de acordo com a Agência Nacional de Saúde:[20]

a) **Plano referência** – Garante atendimento integral para urgência e emergência após 24 horas da contratação, além de assistência ambulatorial, hospitalar e obstétrica no território brasileiro, com padrão de acomodação enfermaria.

b) **Plano ambulatorial** – Inclui os atendimentos de consultas, em número ilimitado, e os procedimentos diagnósticos e terapêuticos para os quais não seja necessária a internação hospitalar e que estejam incluídos na lista das coberturas mínimas obrigatórias estabelecidas pela ANS.

c) **Plano hospitalar sem obstetrícia** – Inclui os atendimentos e procedimentos realizados durante a internação hospitalar, inclusive as cirurgias odontológicas bucomaxilares. Este plano não tem cobertura ambulatorial.

d) **Plano hospitalar com obstetrícia** – Além do que está incluído no plano sem obstetrícia, o plano com obstetrícia inclui os procedimentos relacionados ao parto. São garantidos os procedimentos relacionados ao pré-natal, à assistência ao parto e à cobertura ao recém-nascido, por 30 dias, sem custos extras, assim como sua inscrição como dependente sem o cumprimento de carências.

e) **Combinações de planos** – As operadoras podem oferecer combinações diferentes de planos, como, por exemplo, plano ambulatorial + hospitalar com obstetrícia; plano ambulatorial + odontológico; ou, ainda, plano hospitalar + odontológico. Cabe a você escolher aquele que lhe é mais adequado e que ofereça mais vantagens para o seu caso.

Em relação aos planos de saúde é bom ficar claro que a cobertura feita hoje é dita de "âmbito nacional" ou "regional". Desta forma, dependendo

---

20 http://www.ans.gov.br/leiaseucontrato/perguntas/index.htm

do valor deverá ter a amplitude de cobertura. Nós compreendemos que o direito à saúde não comporta apenas uma particularidade de ação em determinado território, mas deve abranger todas as entidades ligadas a seguradora no Brasil e também facilitar o atendimento nas outras empresas vinculadas no mundo. O que deve ser feito é apenas um aditivo de adesão para cumprir o valor diferencial. No entanto, quem não tenha esta possibilidade não poderá deixar de ser atendido se tiver sob risco de vida ou de irreversibilidade da enfermidade.

Importante verificar no contrato se a rede que presta os serviços médicos é adequada para a realidade que se quer ver assegurada.

3.4. Carência

A carência é o período em que o consumidor não tem direito a cobertura de respectiva doença. No entanto, no nosso entendimento este período só pode ser contado em doenças que não levem ao risco de vida, pois quando o não atendimento imediato gerar perigo a vida do segurado o plano deve abrir uma exceção e fornecer atendimento prioritário mesmo sem o cumprimento da carência.

3.5. Precificação do plano de seguros

Os preços do plano de seguros são calculados fundamentalmente em relação a idade, abrangência e histórico de enfermidades. O ajuste de preço deverá ser avaliado antes da assinatura do contrato para que não fique sem a devida anuência do segurado.

3.6. Regras especiais dos planos de saúde

Os planos de saúde precisam de um contrato assinado entre o segurado e o segurador. Neste ajuste deverá ser assinada a declaração de saúde pelo segurado com as respectivas lesões e históricos de doenças. A boa-fé é muito importante para a validade do contrato, pois qualquer mentira do segurado na feição do contrato poderá ser enxergada como má-fé e ocasionará a falta de cobertura da doença não indicada no contrato. No entanto, nós entendemos que em caso de risco de vida e da possibilidade de irreversibilidade da enfermidade, poderá ser atendido o segurado. Neste caso, a cobrança do valor extra do contrato deverá ser feita em momento posterior. A vida deve ser preservada sempre.

A ANS[21] tem afirmado que se a mensalidade (do plano de saúde) ficar atrasada por período superior a 60 dias nos últimos 12 meses o contrato poderá ser rescindido desde que haja comunicação com dez dias de antecedência. Contudo, nós compreendemos que a empresa de plano de saúde só pode rescindir o contrato após estar assegurado que o ato não levará o segurado a correr um risco de vida. Pelo princípio da estabilidade não pode haver rompimento de contrato de plano de saúde no momento do tratamento da doença cuja ausência levaria a morte do enfermo.

Cabe a ANS[22] regular e fiscalizar os planos de saúde e aplicar as penas pelo descumprimento das normas feitas por ela e de outras que atingem direta ou indiretamente a boa-fé. A agência publica o rol de procedimentos e eventos em saúde para listar os procedimentos, exames e tratamentos com cobertura obrigatória de saúde. Esta lista é realizada desde 01/01/99 e revista a cada dois anos de acordo com normas da ANS. Esta agência[23] discorre que:

> "Em 01/01/2012 entrou em vigor a nova versão do Rol de Procedimentos e Eventos em Saúde. A partir dessa data, todos os planos regulados pela ANS deverão obedecer a Resolução Normativa RN nº 262/2011, que amplia a lista de procedimentos, exames, consultas e tratamentos de cumprimento obrigatório pelas operadoras de planos de saúde. Nessa atualização foi incluída a cobertura para cerca de 60 novos procedimentos."

A ANS[24] também trata da responsabilidade de controlar os aumentos da mensalidade de plano de saúde ao dizer que:

> "A Lei nº 9.961/2000 atribuiu à ANS a responsabilidade de controlar os aumentos de mensalidade dos planos de saúde e este controle varia de acordo com o tipo de contrato de prestação de serviços de saúde (pessoa física ou jurídica) e com o motivo do aumento. Para entender como a mensalidade do seu plano pode ser reajustada, primeiro você tem que responder a duas questões:1) Seu plano foi contratado antes do dia 2 de janeiro de 1999? Se seu plano foi contratado antes do dia 2 de janeiro de 1999 e não foi adaptado à Lei nº 9.656/98, que regulamenta o setor de planos de saúde, isso quer dizer que ele é do grupo dos chamados "planos antigos". Nesses casos os reajustes devem seguir o que estiver escrito no contrato, ou seja, as regras previstas pela lei não podem ser aplicadas. 2) Seu plano foi contratado pelo

---

21 http://www.ans.gov.br/leiaseucontrato/perguntas/index.htm
22 http://www.ans.gov.br/leiaseucontrato/perguntas/index.htm
23 http://www.ans.gov.br/leiaseucontrato/perguntas/index.htm
24 http://www.ans.gov.br/leiaseucontrato/perguntas/index.htm

seu empregador, sindicato ou associação? Se seu plano for do tipo "coletivo", ou seja, se ele tiver sido contratado por intermédio de uma pessoa jurídica (ex: a empresa que você trabalha), os reajustes não são definidos pela ANS. Nesses casos, a Agência apenas acompanha os aumentos de preços. A ANS define anualmente o índice autorizado para reajuste dos planos médico-hospitalares com ou sem cobertura odontológica contratados posteriormente à Lei nº 9656/98. Mesmo após essa definição, as operadoras só podem aplicar esse reajuste após avaliação e autorização expressa da Agência. Desde maio de 2005 a ANS não autoriza reajustes por variação de custo para os planos exclusivamente odontológicos devendo ser aplicado o índice de preços previsto em contrato ou firmado através de Termo Aditivo."

3.7. Portabilidade nos planos de saúde

Inicialmente cumpre destacar que os planos de saúde feitos antes de 1º de janeiro de 1999 precisam de se adaptar a Lei 9.656/98 para serem transferidos sem precisar cumprir nova carência. É preciso estar em dia com as prestações da outra seguradora de saúde. O plano de destino deve ter a mesma abrangência e a mesma cobertura de serviços para a portabilidade ser efetuada. Também deverá estar legalmente autorizada pela ANS. Após 01/01/99 a portabilidade ocorre sem o cumprimento da carência e de acordo com a Lei 9.656/98. A ANS destaca sobre a portabilidade especial:

> **Portabilidade especial:** "Troque de plano de saúde sem cumprir nova carência se você está saindo de um plano de ex-empregados, se a operadora terá suas atividades encerradas ou o se o titular do plano faleceu... Independentemente do tipo de plano de saúde e da data da assinatura do contrato, se você está em uma das hipóteses abaixo, tem direito à portabilidade especial: É beneficiário de um plano de saúde comercializado por uma empresa cujo registro na ANS será cancelado compulsoriamente, desde que troque de plano no prazo de 60 (sessenta dias) a contar de Resolução Operacional específica publicada pela ANS; É beneficiário de um plano de saúde comercializado por uma empresa cuja liquidação será decretada, desde que troque de plano no prazo de 60 (sessenta dias) a contar de Resolução Operacional específica publicada pela ANS; É beneficiário de um plano de saúde comercializado por uma empresa para a qual foi determinada a transferência compulsória dos clientes para outra operadora de planos de saúde por intervenção da ANS e não houve outra empresa interessada em assumir os clientes dessa empresa, desde que troque de plano no prazo de 60 (sessenta dias) a contar de Resolução Operacional específica publicada pela ANS; É dependente em um plano de saúde cujo titular faleceu, desde que troque de plano de saúde no prazo de 60 (sessenta) dias contados do falecimento; ou É beneficiário que teve seu vínculo, com o beneficiário

titular do plano privado de assistência à saúde extinto em decorrência da perda de sua condição de dependente, desde que exerça a portabilidade especial de carências, no prazo de 60 (sessenta) dias a contar do término do vínculo de dependência, na forma prevista na Resolução 186/09 em seu artigo 7-D; ou É ex-empregado demitido ou exonerado sem justa causa ou aposentado, ou seu dependente vinculado ao plano, no período de manutenção da condição de beneficiário garantida pelos artigos 30 e 31 da Lei 9.656, de 1998, observados os seguintes prazos: (a) no período compreendido entre o primeiro dia do mês de aniversário do contrato e o último dia útil do terceiro mês subsequente; ou (b) no prazo de 60 (sessenta) dias antes do término do período de manutenção da condição de beneficiário garantida pelos artigos 30 e 31 da Lei nº 9.656, de 1998."

A Resolução Normativa RN nº 252/11 traça algumas regras sobre a portabilidade e a portabilidade especial de carências. Inicialmente cumpre dizer que a carência é o período ininterrupto, contado a partir da data de início da vigência do contrato do plano privado de assistência à saúde, durante o qual o contratante paga as mensalidades, mas ainda não tem acesso a determinadas coberturas previstas no contrato. O tipo é a classificação de um plano privado de assistência à saúde com base na segmentação assistencial. Neste sentido, o tipo compatível será o tipo de plano de saúde que permite ao beneficiário o exercício da portabilidade para um outro tipo por preencher os requisitos de segmentação assistencial, tipo de contratação individual ou familiar, coletivo por adesão ou coletivo empresarial e faixa de preço.

E o que seria a portabilidade de carências? A resposta é simples: é a contratação de um plano privado de assistência à saúde individual ou familiar ou coletivo por adesão, com registro de produto na ANS, em operadoras, concomitantemente à rescisão do contrato referente a um plano privado de assistência à saúde, individual ou familiar ou coletivo por adesão,contratado após 1º de janeiro de 1999 ou adaptado à Lei nº 9656, de 1998, em tipo compatível, observado o prazo de permanência, na qual o beneficiário está dispensado do cumprimento de novos períodos de carência ou cobertura parcial temporária.

Importante consignar que a Resolução Normativa RN nº 252/11 trouxe a seguinte regra sobre a questão da carência: "O beneficiário de plano de contratação individual ou familiar ou coletiva por adesão, contratado após 1º de janeiro de 1999 ou adaptado à Lei nº 9656, de 1998, fica dispensado do cumprimento de novos períodos de carência e de cobertura parcial temporária na contratação de novo plano de contratação individual ou familiar ou coletivo por adesão, na mesma ou em outra operadora de plano de assistência à saúde. No entanto, foi prevista singularmente a necessidade de permanência de um ano no plano de origem.

A portabilidade de carências deve ser requerida pelo beneficiário no período compreendido entre o primeiro dia do mês de aniversário do contrato e o último dia útil do terceiro mês subsequente. Destaca-se que este tipo de portabilidade pode ser exercido individualmente por cada beneficiário ou por todo o grupo familiar.

A portabilidade especial de carências pode ser exercida por todos os beneficiários da operadora a ter o seu registro cancelado pela ANS ou a ser decretada a sua liquidação, independentemente do tipo de contratação e da data de assinatura dos contratos. O beneficiário que esteja cumprido carência ou cobertura parcial temporária no plano de origem, pode exercer a portabilidade especial de carências tratada nesse artigo, sujeitando-se aos respectivos períodos remanescentes.

Importante consignar que o beneficiário que esteja pagando agravo e que tenha menos de 24 meses de contrato no plano de origem pode exercer a portabilidade especial de carências tratada nesse artigo, podendo optar pelo cumprimento de cobertura parcial temporária referente ao tempo remanescente para completar o referido período de 24 meses, ou pelo pagamento de agravo a ser negociado com a operadora do plano de destino. O beneficiário que tenha 24 meses ou mais de contrato no plano de origem pode exercer a portabilidade especial de carências sem o cumprimento de cobertura parcial temporária e sem o pagamento de agravo.

A ANS[25] traz ainda algumas regras especiais:

> "**Migração:** Se você é beneficiário de um plano de saúde individual ou familiar ou coletivo por adesão (contratado por entidade de classe profissional ou cooperativa para pessoas a ela vinculados, com ou sem seus respectivos grupos familiares) contratado até 1º de janeiro de 1999 e gostaria de trocá-lo por outro plano de saúde, vendido pela mesma empresa, que já esteja de acordo com Lei nº 9.656 de 1998, a migração é o que você deseja. Adaptação: Se você é beneficiário de um plano de saúde individual ou familiar ou coletivo por adesão contratado até 1º de janeiro de 1999 e deseja alterar apenas algumas características do seu plano de saúde, continuando no mesmo plano, para que ele seja adaptado à Lei nº 9.656 de 1998 e você possa contar com as garantias dessa lei, a adaptação é a solução para o que você procura – nesse caso, é possível que você passe a pagar um pouco mais pelo plano de saúde (até 20,59% a mais). Nesse caso, basta que o responsável pelo contrato (beneficiário titular

---

25 http://www.ans.gov.br/leiaseucontrato/perguntas/index.htm

de um plano individual/familiar ou a pessoa jurídica contratante) negocie diretamente com a operadora que vende e administra o seu plano de saúde. O mesmo contrato será mantido, apenas com as alterações necessárias. Ingresso em plano coletivo empresarial: Se você pedir para ingressar em um plano coletivo empresarial, contratado por uma empresa ou instituição para seus funcionários, com ou sem seus respectivos grupos familiares, com mais de 30 beneficiários em até 30 dias da celebração do contrato coletivo ou de sua vinculação à pessoa jurídica contratante, não poderá ser exigido o cumprimento de carência. Ingresso em plano coletivo por adesão: Se você ingressar em um plano coletivo por adesão, contratado por entidade de classe profissional ou cooperativa para pessoas a ela vinculados, com ou sem seus respectivos grupos familiares, em até 30 dias da assinatura do contrato pela entidade ou cooperativa, não poderá ser exigido o cumprimento de prazos de carência. Além disso, você também ficará isento de carência se ingressar no aniversário do contrato, desde que você tenha se vinculado à entidade ou cooperativa após o aniversário e a proposta de adesão seja formalizada até 30 dias da data de aniversário do contrato."

É bom revisarmos alguns conceitos para gravarmos bem esta matéria:

a) plano de origem: é o plano privado de assistência à saúde contratado pelo beneficiário no período imediatamente anterior à portabilidade de carências;

b) plano de destino: é o plano privado de assistência à saúde a ser contratado pelo beneficiário por ocasião da portabilidade de carências;

c) carência: é o período ininterrupto, contado a partir da data de início da vigência do contrato do plano privado de assistência à saúde, durante o qual o contratante paga as mensalidades, mas ainda não tem acesso a determinadas coberturas previstas no contrato, conforme previsto no inciso V do artigo 12 da Lei nº 9656, de 1998, nos termos desta Resolução;

d) prazo de permanência: é o período ininterrupto em que o beneficiário deve manter o contrato de plano de origem em vigor para se tornar elegível para portabilidade de carências com base na regra de portabilidade de carências prevista no art. 3º;

e) portabilidade de carências: é a contratação de um plano privado de assistência à saúde individual ou familiar ou coletivo por adesão, com registro de produto na ANS, em operadoras, concomitantemente à rescisão do contrato referente a um plano privado de assistência à saúde, individual ou familiar ou coletivo por adesão, contratado após 1º de janeiro de 1999 ou adaptado à Lei nº 9656, de 1998, em tipo compatível, observado o prazo de permanência, na qual o beneficiário está dispensado do cumprimento de novos períodos de carência ou cobertura parcial temporária; e (Redação dada pela RN nº 252, de 29/04/2011)

f) portabilidade especial de carências: é a contratação de um plano privado de assistência à saúde, individual ou familiar ou coletivo por adesão, com registro de produto na ANS na mesma ou em outra operadora, em tipo compatível, nas situações especiais tratadas no Capítulo II - A desta Resolução, na qual o beneficiário está dispensado do cumprimento de novos períodos de carência ou cobertura parcial temporária exigíveis e já cumpridos no plano de origem.

3.8. Os planos de saúde e o STJ

A Súmula 469 do STJ consolida o entendimento, há tempos pacificado no Tribunal, de que "a operadora de serviços de assistência à saúde que presta serviços remunerados à população tem sua atividade regida pelo CDC, pouco importando o nome ou a natureza jurídica que adota" (Ver Resp 267.530).

O STJ[26] entende que o CDC é aplicado aos planos de saúde mesmo em contratos firmados anteriormente à vigência do código, mas que são renovados após sua vigência. De acordo com o voto da ministra Nancy Andrighi "dada a natureza de trato sucessivo do contrato de seguro-saúde, o CDC rege as renovações que se deram sob sua vigência, não havendo que se falar aí em retroação da lei nova".

O STJ segundo o entendimento do Resp 361.415, compreende ser nula a cláusula contratual dos planos de saúde que limita o tempo de internação em UTI. No Resp 326.147, a Quarta Turma decidiu que os planos de saúde não podem limitar o valor do tratamento e de internações de seus associados.

O STJ, ao julgar o Resp 989.380, vedou os reajustes nas mensalidades dos planos de saúde de uma seguradora conhecida a partir de janeiro de 2004, em razão da mudança de faixa etária daqueles que completassem 60 anos ou mais, independentemente da época em que foi celebrado o

---

26 http://www.stj.gov.br/portal_stj/publicacao/engine.wsp?tmp.area=398&tmp.texto=100499

contrato, permanecendo os consumidores idosos submetidos aos demais reajustes definidos em lei e no contrato.

4. Seguro de saúde

Primeiramente, é bom deixar claro que o plano de saúde é um contrato pelo qual o consumidor tem o direito a usufruir de assistência médica de rede hospitalar por agência própria ou credenciada da operadora de seguro. Um plano de seguro será feito com pagamento antecipado onde o segurado efetua o pagamento para a posterior utilização dos serviços. Cada contrato terá uma cobertura e abrangência. Notadamente, alguns planos podem oferecer um reembolso para que a pessoa faça a opção por determinada rede hospitalar, no entanto, esta realidade deve ser consignada no contrato do plano de saúde. Neste caso seria um plano de saúde atípico, pois sua natureza jurídica se assemelharia a do seguro saúde.

O seguro de saúde é aquele contratado junto a seguradoras com uma obrigação de reembolso das despesas convencionadas no contrato ou ainda a pagar em nome deste as empresas hospitalares utilizadas. Sua característica é a flexibilidade. Uma das diferenças entre os planos de saúde e as seguradoras é que estas não podem administrar hospitais nem ter em seus quadros médicos para prestação de assistência aos segurados. De acordo com o quadro de relatório da FENASEG:

> "Diferentemente das empresas que operam os Planos de Saúde, as seguradoras não podem manter ou administrar estabelecimentos de saúde nem ter em seus quadros médicos para prestação de assistência a seus segurados. As seguradoras de saúde oferecem aos segurados a livre escolha dos prestadores de serviços – médicos, dentistas, clínicas especializadas, laboratórios e hospitais – e colocam a sua disposição uma Rede Referenciada. As despesas contratualmente cobertas, realizadas junto a esses prestadores de serviços, são reembolsadas ao segurado, mediante a apresentação de nota fiscal ou recibo, ou diretamente à rede referenciada, em nome e por conta do segurado. Esta diferença é reconhecida pela Lei nº 10.185/01 e pela ANS, na medida em que regulamenta especificamente as seguradoras de saúde. Cada seguradora constitui uma lista de prestadores de serviços, integrada por profissionais e instituições que apresentem características de abrangência que favoreçam o segurado. Esse procedimento coloca à disposição do segurado uma rede de prestadores de serviços como opção de escolha sem que este tenha de requerer posteriormente o reembolso das despesas mediante a apresentação de recibos ou notas fiscais. Isto não exclui possibilidade de livre escolha do prestador de serviços, fora da Rede Referenciada e seu reembolso, dentro

dos limites estabelecidos no contrato. Convém lembrar que as apólices com cobertura regional limitam o reembolso à região contratada."

O relatório da FNASEG ainda diz que a

"carência, que se constitui numa forma de garantia à viabilidade do Seguro Saúde, contribui para amenizar a ocorrência da chamada 'seleção adversa', isto é, aquela situação em que uma pessoa contrata uma apólice já tendo em vista um risco certo e conhecido, a cancela tão logo tenha realizado o procedimento. É evidente que situações dessa natureza, além de desvirtuarem a essência do contrato (proteção contra risco futuro e incerto), inviabilizam a operação do Seguro-Saúde. A Lei nº 9656/98 reduziu os prazos de carência praticados pelas seguradoras antes de sua promulgação, criando novos padrões. Em situações de emergência e urgência, a lei determina carência de 24 horas, ressalvadas as disposições da regulamentação do CONSU e da ANS. No caso de parto a termo, 300 (trezentos) dias. Para os demais procedimentos, 180 (cento e oitenta) dias. Para consultas e exames, as seguradoras normalmente por liberalidade estabelecem carências menores que 180 dias."

A jurisprudência (REsp 1.133.338-SP) tem entendido que no caso do seguro-saúde ter sido contratado **em momento anterior ao início da vigência da Lei 9.656/1998, caso não tenha sido garantido à titular segurada o direito de optar pela adaptação do contrato ao sistema da nova lei (art. 35, *caput*, da Lei 9.656/1998), é possível a inclusão, na qualidade de dependente, de neto, filho de uma de suas filhas originariamente indicada como dependente no referido** seguro. Isso porque, nesse contexto, não se admite impor ao contratante a restrição estabelecida no § 5º do art. 35 da Lei 9.656/1998, segundo o qual a "manutenção dos contratos originais pelos consumidores não optantes tem caráter personalíssimo, devendo ser garantida somente ao titular e a seus dependentes já inscritos, permitida inclusão apenas de novo cônjuge e filhos, e vedada a transferência da sua titularidade, sob qualquer pretexto, a terceiros". De fato, se não houve opção, por imperativo lógico, não se pode considerar a titular segurada como não optante, sendo, nesse caso, inaplicável a restrição (O relator do processo é o ministro Paulo de Tarso Sanseverino do STJ e foi julgado em 2/4/2013).

5. Modelos de contratos de seguros

5.1. Contrato de Plano de Saúde

Contrato de Plano de Saúde

Apólice nº_____

_____(Qualificação: nome do contratante, nacionalidade, estado civil, profissão, RG, CPF) residente e domiciliado à rua_____, neste instrumento particular denominado CONTRATANTE e _____ (Razão Social da Empresa Contratada), inscrita no CNPJ nº_____

Devidamente inscrita na ANS sob o nº_____ com sede na rua _____ (endereço completo) representada por seu Diretor Administrativo e financeiro, o Sr. _____ (qualificação completa) na forma do estatuto da empresa, neste instrumento denominada CONTRATADA tem em comum este acerto contratual com o objetivo firmar um CONTRATO DE PRESTAÇÃO DE SERVIÇOS MÉDICO E HOSPITALAR de acordo com as seguintes disposições:

I. Objeto do contrato:

O objeto do presente contrato é a assistência médica e hospitalar ampla com acesso à rede de hospitais descritas na lista em anexo de convênios e com as atualizações que vierem a ser feitas posteriormente sem perda de qualidade e quantidade para o ora contratado. Este contrato é regido pelo Código Civil e tem como característica a mutualidade e a bilateralidade.

II. Do plano de saúde:

1. A CONTRATADA se obriga a disponibilizar todos os descritivos previstos no Plano de Saúde contratado em condições normais e ainda os que se acharem necessários para um atendimento emergencial que possa preservar a vida do segurado.

2. A CONTRATADA se obriga a fazer a garantia plena da cobertura _____ (adicionar o plano de cobertura contratada) com as seguintes descrições:

(Adicionar a lista de cobertura e os serviços médicos contratados)

3. A CONTRATADA poderá substituir os médicos e serviços credenciados desde que não reduza o campo de atuação e a qualidade do serviço prestado. Também não poderá extinguir uma área de atuação sem que dê ao segurado o prévio aviso e a restituição em dinheiro juntamente com a possibilidade de encerramento do vínculo contratual ou da respectiva portabilidade do plano de saúde.

III. Do beneficiário:

O beneficiário é aquele que faz parte do contrato como adquirente dos serviços de prestação médica e hospitalar pelo período contratado e com as devidas obrigações de pagamento do respectivo plano de saúde. Será denominado TITULAR, o beneficiário que assinar a proposta contratual e se comprometer diretamente com as obrigações do contrato. Será denominado dependente aquele que for inserido pelo TITULAR neste acerto contratual para ter benefício a assistência usufruída na rede conveniada da empresa CONTRATADA.

IV. Das condições básicas de admissão:

1. O titular deve assinar ao final do contrato juntamente com os seus dependentes a proposta contratual firmando o compromisso de atuar conforme a ética e os bons costumes em toda relação com a CONTRATADA.

2. O CONTRATANTE deve fornecer os documentos pedidos na proposta inicial e a CONTRATADA se obriga a agir com transparência e boa-fé em todo o relacionamento contratual. A assinatura do contrato só se dará com a livre concordância das partes em firmar o contrato.

3. A CONTRATADA fornecerá ao CONTRATANTE o respectivo cartão de identificação para o titular e os beneficiários do plano.

V. Pagamento do plano:

A proposta contratual preenchida e assinada pelos contratantes obriga o CONTRATANTE a pagar o valor de _____ por mês durante o período de _____ até _____ e também obriga a CONTRATADA a operacionalizar e garantir o pleno atendimento médico e hospitalar.

VI. Das carências:

(Adicionar o prazo de carência para as respectivas enfermidades)

VII. Da vigência e rescisão do contrato

(Adicionar o prazo de vigência e as formas de rescisão do contrato)

VIII. Das disposições finais:

(...)

(adicionar outros itens que forem próprios do contrato e que o plano de saúde tenha como justos e equitativos).

Os contratantes elegem o foro de _____ para qualquer litígio que possa a vir ocorrer em face do presente contrato.

Os contratantes por estarem de acordo com todo o contrato assinam em duas vias este contrato com a presença das seguintes testemunhas_____ (nome).

Local, data

_____

Contratante Titular

_____

Dependente

_____

Dependente

_____

Contratada

Testemunhas:

_____

_____

5.2. Contrato de Seguro-Saúde

Seguro de Reembolso de Despesas de Assistência Médico-hospitalar do _____
(nome da empresa seguradora).

Apólice nº_____
SEGURADORA:_____(Qualificação)
SEGURADO:_____(Qualificação)

I. Objeto do seguro:

O objeto do presente é reembolsar as despesas médicas ou hospitalares descritas na cláusula 4 efetuadas para o tratamento do segurado e seus dependentes incluídos na apólice decorrentes de problemas de saúde, doença ou acidente pessoal, com livre escolha nos estabelecimentos médicos do Brasil e do exterior.

II. Do seguro de saúde:

A apólice de seguro efetiva a contratação do seguro com base nas informações deste contrato. A apólice compreende o Certificado Contratual, estas Condições Gerais, as Condições Particulares e a Tabela de Serviços Hospitalares em anexo. Deverá ser disponibilizado pela Seguradora o Cartão de Identificação do segurado para que possa identificá-lo junto às instituições médicas com a respectiva dispensa do pagamento imediato das despesas hospitalares quando o evento caracterizado fizer parte do fundamento deste contrato constante no item 4. O prêmio de seguro a ser pago pelo segurado está fixado no valor de R$_____ devido à escolha da cobertura total descrita no item 4 desta apólice.

III. Franquia:

A franquia é o valor que o segurado tem responsabilidade de desembolsar para a cobertura das internações hospitalares. As regras para utilização da franquia estão no item 4. O valor da franquia será descrito conforme a forma abaixo:

(Descrever a franquia e a forma de cálculo conforme a amplitude do objeto segurado).

IV. Cobertura do seguro:

(adicionar todos os itens que fazem parte da cobertura acordada para o seguro) Este item será a referência para a verificação do cumprimento dos acertos feitos entre a seguradora e o segurado.

V. Reembolso:

(neste quesito é bom adicionar os limites de reembolso das despesas hospitalares e também das despesas com honorários e serviços médicos).

VI. Dependentes:

(Adicionar os dependentes e os benefícios que terão em relação ao segurado titular)

VII. Alteração de contrato:

(Adicionar as regras constantes de alteração contratual)

Geralmente as alterações contratuais são solicitadas pelo estipulante e ratificadas pela seguradora.

VIII. Cancelamento do contrato de seguro:

A apólice de seguro está sujeita ao cancelamento e a devolução dos valores pagos nos seguintes casos:

(Adicionar outras condições de cancelamento que sejam convencionadas entre o segurador e o segurado).

IX. Tabela de reembolso de serviços hospitalares:

(adicionar as diárias e taxas cobradas por cada serviço hospitalar ao segurado).

X. Disposições finais:

Fica eleito o foro de_____ para resolução de todo litígio envolvendo as disposições deste contrato.

(adicionar regras específicas e informações necessárias para o segurado ter conhecimento).

_____

Assinatura do Diretor

_____

Assinatura do Estipulante

_____

Assinatura do Dependente

_____

Assinatura do Dependente

Testemunhas:

_____

_____

6. Modelos de petições na área securitária

6.1. Ação de obrigação de fazer com tutela antecipada

Excelentíssimo Senhor Doutor Juiz de Direito da _____Vara Cível da Comarca de _____

_____(nome), _____(nacionalidade) _____ (emprego) _____, RG nº_____, CPF nº_____, residente e domiciliado à rua_____, vem por meio de seu advogado infra-assinado com fundamento nos artigos 186, 247, 248, 249, 404 e 927 do Código Civil e no Código de Defesa do Consumidor, propor a presente:

AÇÃO DE OBRIGAÇÃO DE FAZER COM PEDIDO DE TUTELA ANTECIPADA c/c COM PEDIDO INAUDITA ALTERA PARS

Em face de _____(nome da empresa), CNPJ nº_____, pessoa jurídica de direito privado com sede à rua_____, pelos motivos e fundamentos que passamos a expor:

DOS FATOS

O autor trabalha na empresa_____ e se filiou ao plano de saúde_____ na data de _____ conforme apólice em anexo. Destaca-se que o requerente está quite com o pagamento das parcelas estipuladas para o seu plano de saúde.

Ocorre que no dia _____ ficou acometido da seguinte enfermidade:_____. Esta tem as seguintes consequências:_____. No entanto, ao procurar o hospital filiado ao convênio para realizar os exames necessários não obteve aprovação do plano de saúde para tal exame. No entanto, este tipo de procedimento consta no contrato de adesão ao plano de saúde na cláusula nº_____. Desta forma, tendo em vista a necessidade dos exames face à urgência do procedimento operatório, conforme laudo em anexo, fica constatada a conformidade do direito aos exames de_____ (relacionar os tipos de exames).

(adicionar outros dados que possam completar os fatos da ação)

DO DIREITO

É presente o direito à realização dos exames, pois a observação da boa-fé contratual está assegurada pelo direito. Neste sentido temos alguns artigos do Código Civil que fundamentam o nosso pedido:

Art. 421. A liberdade de contratar será exercida em razão e nos limites da função social do contrato.

Art. 422. Os contratantes são obrigados a guardar, assim na conclusão do contrato, como em sua execução, os princípios de probidade e boa-fé. Desta forma percebe-se que quando o plano de saúde não permite a realização dos exames previstos no contrato está agindo de má-fé, pois nega-se aquilo que está confirmado na relação contratual. Desta forma, é presente o interesse para que seja imputado a empresa requerida a obrigação de fazer o que está estatuído no contrato, isto é, conceder a autorização para a realização dos exames e também, se comprovada por eles a enfermidade crônica, seja determinada a expedição de autorização para início do procedimento operatório. O artigo 247 do Código Civil descreve:

Art. 247. Incorre na obrigação de indenizar perdas e danos o devedor que recusar a prestação a ele só imposta, ou só por ele exequível.

Desta forma, é cabível a indenização por perdas e danos por causa da recusa no cumprimento de obrigação estatuída no contrato a ser arbitrado pelo juiz.

(adicionar outros fundamentos e jurisprudências pertinentes a ação)

ANTECIPAÇÃO DE TUTELA

Diante da necessidade urgente da realização dos exames e também face ao risco de vida iminente se não realizar o processo operatório em tempo hábil desejamos que seja concedida a tutela antecipada e a respectiva aprovação dos exames face a certeza do direito pleiteado e o perigo de ser irreparável o dano caso não seja concedida a tempo a autorização. A vida vem em primeiro lugar. O artigo 273 do CPC discorre:

Art. 273. O juiz poderá, a requerimento da parte, antecipar, total ou parcialmente, os efeitos da tutela pretendida no pedido inicial, desde que, existindo prova inequívoca, se convença da verossimilhança da alegação e:

I - haja fundado receio de dano irreparável ou de difícil reparação; ou

II - fique caracterizado o abuso de direito de defesa ou o manifesto propósito protelatório do réu.

(adicionar outros argumentos para a ação)

PEDIDOS:

Por todo o exposto requer seja:

a) Concedida a tutela antecipada *inaudita altera pars* para determinar que seja concedida a autorização para a realização dos exames e também a consequente realização da cirurgia caso comprovada a necessidade do processo operatório através de laudo médico avaliativo dos exames.

b) Caso o douto juízo não entenda pela concessão da tutela antecipada que seja citada a empresa-ré para responder ao processo e comparecer a respectiva audiência de conciliação a ser designada por este juízo.

c) a confirmação no mérito da ação da concessão dos exames pleiteados, de acordo com o laudo médico em anexo.

d) a produção de todas as provas admitidas em direito.

e) Seja condenada a empresa-ré no pagamento das custas e emolumentos judiciais.

Dá-se a causa o valor de R$_____.

Nestes termos

Pede deferimento

_____

Advogado OAB nº

6.2. Ação sumária com pedido de tutela antecipada *inaudita altera pars*

Excelentíssimo Senhor Doutor Juiz de Direito do _____Juizado Especial da comarca de_____.

_____(nome), _____(nacionalidade)_____ (emprego)_____, RG nº_____, CPF nº_____, residente e domiciliado à rua_____, vem por meio de seu advogado infra assinado com fundamento nos artigos 186, 247, 248, 249, 404 e 927 do Código Civil e no Código de Defesa do Consumidor, propor a presente:

AÇÃO SUMÁRIA COM PEDIDO DE TUTELA ANTECIPADA *INAUDITA ALTERA PARS*

Em face de _____(nome da empresa), CNPJ nº_____, pessoa jurídica de direito privado com sede à rua_____, pelos motivos e fundamentos que passamos a expor:

DOS FATOS

O autor trabalha na empresa_____ e se filiou ao plano de saúde_____ na data de _____ conforme apólice em anexo. Destaca-se que o requerente está quite com o pagamento das parcelas estipuladas para o seu plano de saúde.

Ocorre que no dia _____ ficou acometido da seguinte enfermidade:_____. Esta tem as seguintes consequências:_____. O laudo médico previu que sua doença necessitava de 17 semanas do seguinte tratamento médico abaixo:

(adicionar o detalhamento do tratamento médico receitado)

No entanto, o plano de saúde negou autorização para a realização do respectivo tratamento sem dar nenhuma justificativa para a negativa. Desta feita, a requerida coloca em risco a saúde do requerente tendo em vista que, ao negar o atendimento ambulatorial requerido prejudica o processo de cura da sua enfermidade.

É bom afirmar que a cláusula ___ do contrato do plano de saúde consigna o direito ao tratamento médico descrito anteriormente pelo período de 30 semanas. Portanto, é condizente com o bom direito que a requerida conceda ao requerente a possibilidade de realização do tratamento pelas 17 semanas previstas pelo médico. Ressalta-se que, ainda lhe são de direito mais 13 semanas se precisar para a cura da doença.

(adicionar outros dados que possam completar os fatos da ação)

DO DIREITO

É presente o direito à realização dos exames, pois a observação da boa-fé contratual está assegurada pelo direito. Neste sentido temos alguns artigos do Código Civil que fundamentam o nosso pedido:

Art. 421. A liberdade de contratar será exercida em razão e nos limites da função social do contrato.

Art. 247. Incorre na obrigação de indenizar perdas e danos o devedor que recusar a prestação a ele só imposta, ou só por ele exequível.

Art. 422. Os contratantes são obrigados a guardar, assim na conclusão do contrato, como em sua execução, os princípios de probidade e boa-fé.

Desta forma percebe-se que quando o plano de saúde não permite a realização do tratamento previsto no contrato está agindo de má-fé, pois nega-se aquilo que está confirmado na relação contratual. O artigo 247 do Código Civil descreve:

Desta forma, é cabível a indenização por perdas e danos por causa da recusa no cumprimento de obrigação estatuída no contrato a ser arbitrado pelo juiz.

(adicionar outros fundamentos e jurisprudências pertinentes a ação)

ANTECIPAÇÃO DE TUTELA

A tutela antecipada é cabível face a urgência no tratamento indicado pelo médico (17 semanas) e ao risco de prejuízo à saúde caso não seja feito o procedimento corretamente e em tempo hábil. Sem a autorização para o tratamento de saúde temos como certo que o dano será irreparável para a saúde do requerente. É certo que tem o direito garantido devido ao seu pleito estar perfeitamente descrito no contrato de plano de saúde no item _____. A vida vem em primeiro lugar. O artigo 273 do CPC discorre:

Art. 273. O juiz poderá, a requerimento da parte, antecipar, total ou parcialmente, os efeitos da tutela pretendida no pedido inicial, desde que, existindo prova inequívoca, se convença da verossimilhança da alegação e:

I - haja fundado receio de dano irreparável ou de difícil reparação; ou

II - fique caracterizado o abuso de direito de defesa ou o manifesto propósito protelatório do réu.

(adicionar outros argumentos para a ação)

Pedidos

Por todo o exposto requer seja:

a) Concedida a tutela antecipada *inaudita altera pars* para determinar que a empresa requerida seja obrigada a cumprir o item____ do contrato e assim realizar o procedimento médico previsto no período de 17 meses, conforme o laudo médico em anexo.

b) Caso o douto juízo não entenda pela concessão da tutela antecipada que seja citada a empresa-ré para responder ao processo e comparecer a respectiva audiência de conciliação a ser designada por este juízo.

c) a confirmação no mérito da ação da concessão do tratamento pelos 17 meses, de acordo com o laudo médico em anexo.

d) a produção de todas as provas admitidas em direito.

e) Seja condenada a requerida no pagamento das custas e emolumentos judiciais.

Dá-se a causa o valor de R$_____.

Nestes termos

Pede deferimento

_____
Advogado OAB nº

6.3. Ação sumária com pedido de tutela antecipada *inaudita altera pars* cumulada com danos morais

Excelentíssimo Senhor Doutor Juiz de Direito do _____ Juizado Especial da comarca de_____.

_____(nome), _____(nacionalidade)_____ (emprego)_____, RG n°_____, CPF n°_____, residente e domiciliado à rua_____, vem por meio de seu advogado infra-assinado com fundamento nos artigos 186, 247, 248, 249, 404 e 927 do Código Civil e no Código de Defesa do Consumidor, propor a presente:

AÇÃO SUMÁRIA COM PEDIDO DE TUTELA
ANTECIPADA *INAUDITA ALTERA PARS* c/c DANOS MORAIS

Em face de _____(nome da empresa), CNPJ n°_____, pessoa jurídica de direito privado com sede à rua_____, pelos motivos e fundamentos que passamos a expor:

DOS FATOS

O autor trabalha na empresa_____ e se filiou ao plano de saúde_____ na data de _____ conforme apólice em anexo. Destaca-se que o requerente está quite com o pagamento das parcelas estipuladas para o seu plano de saúde.

Ocorre que no dia _____ ficou acometido da seguinte enfermidade:_____. Esta tem as seguintes consequências:_____. O laudo médico previu que sua doença necessitava do seguinte procedimento operatório:

(adicionar o detalhamento do procedimento operatório)

Importante consignar que o Sr._____, médico conveniado do plano de saúde contratado junto à empresa requerida, ressaltou no laudo médico a urgência da operação acima descrita sob pena de risco de vida. Vejamos o que ele diz:

Ocorre que, o plano de saúde negou autorização para a realização da cirurgia de _____ no dia _____ conforme, documento em anexo. No entanto, de acordo com a cláusula_____ do contrato de plano de saúde, temos o procedimento acima descrito incluso dentro do plano feito pelo requerente. Sendo assim, tem-se claro o direito à respectiva operação em caráter de urgência.

(adicionar outros dados que possam completar os fatos da ação)

DO DIREITO

É presente o direito à realização da cirurgia, pois a observação da boa-fé contratual está assegurada pelo direito. Neste sentido temos alguns artigos do Código Civil que fundamentam o nosso pedido:

> Art. 421. A liberdade de contratar será exercida em razão e nos limites da função social do contrato.
>
> Art. 422. Os contratantes são obrigados a guardar, assim na conclusão do contrato, como em sua execução, os princípios de probidade e boa-fé.

Desta forma percebe-se que quando o plano de saúde não permite a realização do procedimento operatório previsto no contrato está agindo de má-fé, pois nega-se aquilo que está confirmado na relação contratual. O artigo 247 do Código Civil descreve:

> Art. 247. Incorre na obrigação de indenizar perdas e danos o devedor que recusar a prestação a ele só imposta, ou só por ele exequível.

Desta forma, é cabível a indenização por perdas e danos por causa da recusa no cumprimento de obrigação estatuída no contrato a ser arbitrado pelo juiz. Vejamos duas jurisprudências neste sentido:

"É pacífica a jurisprudência da Segunda Seção no sentido de reconhecer a existência do dano moral nas hipóteses de recusa pela operadora de plano de saúde, em autorizar tratamento a que estivesse legal ou contratualmente obrigada, sem que, para tanto, seja necessário o reexame de provas."AgRg nos EDcl nos EDcl no AREsp 269274 / GO - STJ - 14/05/2013

"Embora geralmente o mero inadimplemento contratual não seja causa para ocorrência de danos morais, é reconhecido o direito à compensação dos danos morais advindos da injusta recusa de cobertura de seguro saúde, pois tal fato agrava a situação de aflição psicológica e de angústia no espírito do segurado, uma vez que, ao pedir a autorização da seguradora, já se encontra em condição de dor, de abalo psicológico e com a saúde debilitada." REsp 1289998 / AL - STJ - 23/04/2013

A vida vem em primeiro lugar e, portanto, o dano moral deve ser impetrado não apenas como meio de ressarcir o sofrimento moral do requerente, mas também para ser uma sanção à conduta da empresa de negar-se a cumprir o acordado no contrato colocando em risco a vida do requerente.

(adicionar outros fundamentos e jurisprudências pertinentes a ação)

ANTECIPAÇÃO DE TUTELA

A tutela antecipada é cabível face a urgência na realização da cirurgia tendo em vista o risco de vida iminente se não for realizada em tempo hábil. Sem a autorização para a cirurgia temos como certo que o dano será irreparável para a saúde do requerente. É certo que tem o direito garantido devido ao seu pleito estar perfeitamente descrito no contrato de plano de saúde na cláusula_____.

A vida vem em primeiro lugar. O artigo 273 do CPC discorre:

Art. 273. O juiz poderá, a requerimento da parte, antecipar, total ou parcialmente, os efeitos da tutela pretendida no pedido inicial, desde que, existindo prova inequívoca, se convença da verossimilhança da alegação e:
I - haja fundado receio de dano irreparável ou de difícil reparação; ou
II - fique caracterizado o abuso de direito de defesa ou o manifesto propósito protelatório do réu.

(adicionar outros argumentos para a ação)

Pedidos

Por todo o exposto requer seja:

a) Concedida a tutela antecipada *inaudita altera pars* para determinar que a empresa requerida seja obrigada a cumprir a cláusula____ do contrato e assim realizar o procedimento cirúrgico com urgência e também a garantia do pós-operatório segundo a cláusula _____ do contrato de plano de saúde.

b) Caso o douto juízo não entenda pela concessão da tutela antecipada que seja citada a empresa-ré para responder ao processo e comparecer a respectiva audiência de conciliação a ser designada por este juízo.

c) A confirmação no mérito da ação e a respectiva concessão do procedimento cirúrgico de _____, de forma imediata, caso não tenha sido dado deferência à tutela antecipada, e também a garantia do pós-operatório segundo a cláusula _____ do contrato de plano de saúde (tipo da cirurgia a ser realizada).

d) a produção de todas as provas admitidas em direito.

e) Seja condenada a requerida no pagamento das custas e emolumentos judiciais.

Dá-se a causa o valor de R$_____.

Nestes termos

Pede deferimento

_____

Advogado OAB nº

6.4. Réplica-Inversão do ônus da prova (seguro saúde):

Excelentíssimo Senhor Doutor Juiz de Direito da _____ Vara Cível da Comarca de _____.

Processo nº _____.

_____(Nome), já qualificado nos autos da ação de obrigação de fazer que move em face da empresa _____, vem impetrar a presente réplica e expor o que se segue:

A requerida contestou a presente ação de forma protelatória, pois não há argumentos para o fato de que o contrato acertadamente garante o direito ao seguinte procedimento operatório _____ (descrever por completo) conforme a cláusula _____ do seguro saúde. Destaca-se que a requerida não teve sustentabilidade na impugnação da inicial até porque é tão claro o direito pleiteado que a contestação figura apenas como meio de adiar o que deve ser dado por direito. A requerida alegou que a cirurgia não poderia ser feita devido a falta de clausula específica no contrato de seguro. No entanto, de acordo com a apólice em anexo, a cláusula _____ prevê a garantia da cirurgia pleiteada. A empresa requerida também alegou que não fazia parte da cirurgia a realização dos exames de _____ para o ato cirúrgico. É bem verdade que o contrato não disse expressamente sobre os exames, no entanto, se estão previstos os procedimentos cirúrgicos (objeto principal) com toda certeza os exames (acessórios) também devem ser feitos à custa da empresa requerida, pois a obrigação acessória segue a principal. D'outra sorte cabe a parte ré provar que a apólice de seguro não cobriria os exames, pois a simples ausência de menção a eles não confere esta interpretação. O consumidor tem o direito a inversão do ônus da prova de acordo com o artigo 6º, VIII do Código de Defesa do Consumidor.

Desta forma, refutamos toda tentativa de imputar ao requerente as despesas com exames médicos e pedimos que seja declarada a inversão do ônus da prova para obrigar a empresa-ré a sustentar o fundamento que lhe diz serem cobrados os exames e em que tabela estas cobranças podem ser feitas. Notando que o ora requerente não assinou nenhuma tabela de valores para a realização dos exames médicos no que se refere a cirurgia.

Termos em que

Pede Deferimento

Local, Data

_____

Advogado OAB nº

6.5. Agravo de instrumento com pedido de tutela antecipada recursal

Excelentíssimo Senhor Doutor Desembargador Presidente do Egrégio Tribunal Federal da _____ Região.

Processo nº _____

_____(Nome do Agravante), qualificação completa, vem a presença de vossa excelência inconformado com a decisão proferida que indeferiu a liminar na ação de obrigação de fazer em trâmite na _____ Vara Cível do _____, autos n.º _____, impetrado em face de _____, impetrar, nos termos do artigo 522 do Código de Processo Civil,

Recurso de Agravo de Instrumento com pedido de tutela antecipada recursal

Da Decisão Agravada:

(adicionar os fatos da decisão que pretende-se a tutela recursal)

O impetrante impetrou o agravo de instrumento no juízo da _____ Vara Cível_____ com o intuito de ter garantida a cirurgia de _____ constante na cláusula_____ do plano de saúde. No entanto, o juiz indeferiu a liminar pelas seguintes razões:

(Colacionar um resumo das razões do indeferimento)

Do Cabimento do Agravo de Instrumento:

O agravo tem sentido, na medida que causará verdadeiro impacto nas finanças do impetrante caso a liminar indeferida continue a retirar o direito certo e líquido da concessão da aposentadoria por_____. O artigo 522 do CPC discorre:

Art. 522. Das decisões interlocutórias caberá agravo, no prazo de 10 (dez) dias, na forma retida, salvo quando se tratar de decisão suscetível de causar à parte lesão grave e de difícil reparação, bem como nos casos de inadmissão da apelação e nos relativos aos efeitos em que a apelação é recebida, quando será admitida a sua interposição por instrumento.

Neste sentido temos alguns artigos do Código Civil que fundamentam o nosso pedido:

> Art. 421. A liberdade de contratar será exercida em razão e nos limites da função social do contrato.
> Art. 422. Os contratantes são obrigados a guardar, assim na conclusão do contrato, como em sua execução, os princípios de probidade e boa-fé.
> (expor os argumentos para interposição do agravo)

Das Razões da Reforma:

É bem nítida a necessidade de reforma da decisão na medida que a liminar impetrada no processo_____ tem foro de procedência, isto é, decorre diretamente da veracidade e fundamentação legal no sentido de propiciar a verossimilhança da alegação por ocasião do direito líquido e certo de ver-se garantido o direito à cirurgia. A vida vem em primeiro lugar. Caso não seja realizado o procedimento cirúrgico em tempo hábil agravará a enfermidade do requerente e gerará um aumento no risco de vida.

(expor os argumentos específicos da ação e a comprovação legal da aposentadoria. Também deve expor a necessidade de urgência no implemento do direito)

Do Cabimento da Tutela Antecipada Recursal:

A tutela antecipada recursal está prevista no artigo 527, III do CPC. Vejamos a dicção desta norma:

> Art. 527. Recebido o agravo de instrumento no tribunal, e distribuído incontinenti, o relator:

III – poderá atribuir efeito suspensivo ao recurso (art. 558), ou deferir, em antecipação de tutela, total ou parcialmente, a pretensão recursal, comunicando ao juiz sua decisão.

(adicionar as razões para a tutela recursal)

Das Informações:

Informamos que o recurso está sendo interposto com as cópias da decisão agravada, a certidão de intimação da decisão agravada, procurações. (informar outras cópias que se fizerem necessárias).

Informamos a constituição dos seguintes advogados:

(Nome e endereço)

Registra-se que, está consignada em anexo a guia de preparo recursal.

Do Requerimento:

Diante da fundamentação do artigo 527, III do CPC, requer-se:

a) seja conhecido o recurso de agravo e provido para reformar a decisão agravada com a finalidade de conceder a liminar na ação de obrigação de fazer no processo nº_____.

Termos em que,

pede deferimento.

Local, data

Advogado-OAB nº

6.6. Recurso de apelação (Danos morais)

Excelentíssimo Senhor Doutor Juiz Federal da _____ Vara Previdenciária da Subseção Judiciária de_____.

Processo nº:

_____ já qualificado nos autos do processo em epígrafe que move em face do INSS, por seu advogado infrafirmado, inconformado com a sentença, vem, a presença de Vossa Excelência, impetrar:

Recurso de Apelação

Com fundamento no artigo 513 e 508 do CPC, esperando, após exercido o juízo de admissibilidade, sejam os autos remetidos ao Egrégio Tribunal de Justiça de_____.

Informa o recolhimento da guia de preparo e das demais custas em anexo.

Termos em que,

Pede deferimento.

(Local, Data)

RAZÕES DE RECURSO

Processo nº _____

Recorrente: _____

Recorrido: _____

Egrégio Tribunal de Justiça

Eméritos Julgadores

Relato dos fatos e fundamentos

O apelante ajuizou a presente Ação Ordinária de Danos morais em face do erro médico decorrente da cirurgia de _____ que ocasionou as seguintes sequelas:_____. Como já demonstrada no processo originário.

A sentença de fls., julgou improcedente o pedido pelas seguintes razões_____
(expor razões do indeferimento)

Apesar de merecer o nosso respeito e urbanidade, a decisão relatada na sentença não tem foro de procedência conforme será demonstrado a seguir:

(Pode-se falar que do estado de incapacidade e das gravidades da lesões decorrentes da cirurgia e também utilizar os argumentos plausíveis que demonstrem a discrepância da decisão de primeira instância em relação a situação fática e de direito).

(expor os fatos e fundamentos que colaboram para a sua tese)
Dos pedidos

Diante de todo arcabouço jurídico, o Apelante, requer:

a) A reforma total da sentença para condenar a empresa _____ a conceder os danos morais resultantes do erro médico no valor de R$_____ com correções e juros monetários desde o momento do ingresso da inicial.

b) A condenação nos honorários advocatícios e custas judiciais no valor de 20%.

Termos em que,

Pede Deferimento
Local, Data

Advogado OAB nº

7. Jurisprudência aplicada

7.1. Plano de saúde custeado pelo empregador

Compete à Justiça do Trabalho processar e julgar a causa em que ex-empregado aposentado objetive ser mantido em plano de assistência médica e odontológica que, além de ser gerido por fundação instituída e mantida pelo ex-empregador, seja prestado aos empregados sem contratação específica e sem qualquer contraprestação. Inicialmente, deve-se considerar que há precedente do TST no qual se afirma que, na hipótese em que o plano de saúde seja integralmente custeado por fundação patrocinada pelo antigo empregador, o benefício agrega-se ao contrato de trabalho. A propósito, o STF pacificou o entendimento de que a competência para o julgamento de matéria concernente ao contrato de trabalho é da Justiça do Trabalho. Ademais, a jurisprudência do STJ também tem entendido que, se a assistência médica, hospitalar e odontológica era fornecida gratuitamente aos empregados da instituidora da fundação, consistindo em benefício acessório ao contrato de trabalho, cabe à Justiça do Trabalho, em razão da matéria, solucionar a lide. REsp 1.045.753-RS, Rel. Min. Luis Felipe Salomão, julgado em 4/4/2013.

7.2. Cirurgia bariátrica

É abusiva a negativa do plano de saúde em cobrir as despesas de intervenção cirúrgica de gastroplastia necessária à garantia da sobrevivência do segurado. A gastroplastia, indicada para o tratamento da obesidade mórbida, bem como de outras doenças dela derivadas, constitui cirurgia essencial à preservação da vida e da saúde do paciente segurado, não se confundindo com simples tratamento para emagrecimento. Os contratos de seguro-saúde são contratos de consumo submetidos a cláusulas contratuais gerais, ocorrendo a sua aceitação por simples adesão pelo segurado. Nesses contratos, as cláusulas seguem as regras de interpretação dos negócios jurídicos estandardizados, ou seja, existindo cláusulas ambíguas ou contraditórias, deve ser aplicada a interpretação mais favorável ao aderente, conforme o art. 47 do CDC. Assim, a cláusula contratual de exclusão da cobertura securitária para casos de tratamento estético de emagrecimento prevista no contrato de seguro-saúde não abrange a cirurgia para tratamento de obesidade mórbida. Precedentes citados: REsp 1.175.616-MT, DJe 4/3/2011; AgRg no AREsp 52.420-MG, DJe 12/12/2011; REsp 311.509-SP, DJ 25/6/2001, e REsp 735.750-SP, DJe 16/2/2012.REsp 1.249.701-SC, Rel. Min. Paulo deTarso Sanseverino, julgado em 4/12/2012.

7.3. Manutenção de aposentadoria

O trabalhador que participou de plano de saúde coletivo, decorrente do vínculo empregatício, por mais de dez anos, tem direito à manutenção do benefício com a mesma cobertura, sem nenhuma carência, desde que assuma o pagamento integral da contribuição à operadora do plano de saúde. No caso, o trabalhador aposentou-se em 1994, mas continuou como beneficiário do plano de saúde coletivo custeado pela empregadora, por liberalidade desta, por mais cinco anos após a aposentadoria. Assim, o trabalhador aposentado ainda era beneficiário de plano de saúde coletivo mantido em razão de vínculo empregatício quando do início da vigência da Lei n. 9.656/1998, o que atraiu a aplicação do disposto no art. 31 dessa lei, segundo o qual o aposentado tem direito à manutenção do benefício nas mesmas condições dos beneficiários da ativa. De acordo com a jurisprudência do STJ, o disposto no art. 31 da Lei n. 9.656/1998 é autoaplicável, ou seja, contém todos os elementos necessários ao exercício dos direitos que assegura. Dessa forma, a Res. n. 21/1999 do Conselho de Saúde Suplementar – CONSU, que limitou a aplicação do disposto no art. 31 a aposentadorias ocorridas após 2 de janeiro de 1999, extrapolou o poder regulamentar e fez restrição não existente na mencionada lei. Quanto à aplicabilidade da norma no tempo, o Min. Relator afirmou ser certo que a Lei n. 9.656/1998 aplica-se a fatos ocorridos a partir de sua vigência, mas o diploma deve atingir também as relações de trato sucessivo, mesmo que constituídas anteriormente, tal como no caso examinado. Ademais, o art. 31 determina que o beneficiário deve assumir integralmente a mensalidade do plano de saúde, o que não gera desequilíbrio econômico-financeiro do contrato da apólice coletiva. Precedentes citados: REsp 650.400-SP, DJe de 5/8/2010; REsp 925.313-DF, DJe 26/3/2012; REsp 1.078.991-DF, DJe de 16/6/2009, e REsp 820.379-DF, DJ 6/8/2007. REsp 531.370-SP, Rel. Min. Raul Araújo, julgado em 7/8/2012.

7.4. Rede conveniada

Tendo em vista a importância que a rede conveniada assume para a continuidade do contrato, a operadora de plano de saúde somente cumprirá o dever de informar se comunicar individualmente a cada associado o descredenciamento de médicos e hospitais. Isso porque o direito à informação visa assegurar ao consumidor uma escolha consciente, permitindo que suas expectativas em relação ao produto ou serviço sejam de fato atingidas, manifestando o que vem sendo denominado de consentimento informado ou vontade qualificada. Diante disso, o comando do art. 6°, III, do CDC somente será efetivamente cumprido quando a informação for prestada ao consumidor de forma adequada, assim entendida como aquela que se apresenta simultaneamente completa, gratuita e útil, vedada, no último caso, a diluição da comunicação efetivamente relevante pelo uso de informações soltas, redundantes ou destituídas de qualquer serventia para o consumidor. Precedentes citados: REsp 418.572-SP, DJe 30/3/2009, e REsp 586.316-MG, DJe 19/3/2009. REsp 1.144.840-SP, Rel. Min. Nancy Andrighi, julgado em 20/3/2012.

7.5. Cláusula abusiva

O cerne da questão cinge-se à análise da existência de abuso na cláusula do contrato de plano de saúde que prevê limite de valor para cobertura de tratamento médico-hospitalar. *In casu*, a beneficiária de plano de saúde foi internada em hospital conveniado, em razão de moléstia grave e permaneceu em UTI. Todavia, quando atingido o limite financeiro (R$ 6.500,00) do custo de tratamento previsto no contrato celebrado entre as partes, a recorrida (mantenedora do plano de saúde) negou-se a cobrir as despesas médico-hospitalares excedentes. De fato, o sistema normativo vigente permite às seguradoras fazer constar da apólice de plano de saúde privado cláusulas limitativas de riscos adicionais relacionados com o objeto da contratação, de modo a responder pelos riscos somente na extensão contratada. No entanto, tais cláusulas limitativas não se confundem com as cláusulas que visam afastar a responsabilidade da seguradora pelo próprio objeto nuclear da contratação. Na espécie, a seguradora de plano de saúde assumiu o risco de cobrir o tratamento da moléstia que acometeu a segurada. Porém, por meio de cláusula limitativa e abusiva, reduziu os efeitos jurídicos dessa cobertura ao estabelecer um valor máximo para as despesas hospitalares, tornando, assim, inócuo o próprio objeto do contrato. É que tal cláusula não é meramente limitativa de extensão de risco porque excludente da própria essência do risco assumido. O min. Relator ressaltou que não se pode equiparar o seguro-saúde a um seguro patrimonial, no qual é possível e fácil aferir o valor do bem segurado, criando limites de reembolso/indenização. Pois, quem segura a saúde de outrem está garantindo o custeio de tratamento de doenças que, por sua própria natureza, são imprevisíveis, sendo essa uma das razões que leva a pessoa a contratar seguro de saúde. Assim, seja por violação das normas do CDC (arts. 4°, 6°, 51) ou do disposto na Lei n°. 9.656/1998 e no DL n°. 73/1966, deve ser considerada abusiva a cláusula contratual de seguro-saúde que crie limitação de valor para o custeio de tratamento de saúde ou de internação hospitalar de segurado ou beneficiário. Com efeito, em observância à função social dos contratos, à boa-fé objetiva e à proteção à dignidade humana, deve ser reconhecida a nulidade de tal cláusula. Com essas e outras considerações, a Turma deu provimento ao recurso para, julgando procedente a ação e improcedente a reconvenção, condenar a seguradora ao pagamento das despesas médico-hospitalares (deduzindo-se as já suportadas pela recorrida) a título de danos materiais e dos danos morais decorrentes da cláusula abusiva e da injusta recusa da cobertura securitária pela operadora do plano de saúde, o que causou aflição à segurada (acometida de moléstia grave que levaria a estado terminal) que necessitava dar continuidade à sua internação em UTI e ao tratamento médico-hospitalar adequado. Precedente citado: REsp 326.147-SP, DJe 8/6/2009.REsp 735.750-SP, Rel. Min. Raul Araújo, julgado em 14/2/2012.

7.6. Reembolso das despesas por radioterapia

Ação de Cobrança. Recusa de reembolso por despesas com sessões de radioterapia. Cláusula contratual de limitação do número de sessões cobertas pelo plano de saúde. Cláusula abusiva. Custeamento com número total de sessões necessárias ao tratamento médico. Conforme entendimento jurisprudêncial o plano de saúde pode estabelecer quais doenças estão sendo cobertas, mas não que tipo de tratamento está alcançado para a respectiva cura. Entendimento pacífico do STJ. Reembolso devido. Sentença mantida. Recurso conhecido e improvido. Decisão: diante do exposto, resolve esta Turma Recursal, por unanimidade de votos, conhecer do recurso e, no mérito, negar provimento, nos exatos termos do voto (Processo nº 20130000788-0. 2ª Câmara Cível. TJPR. 10/06/2013).

7.7. Reembolso por descumprimento do contrato

Ação de ressarcimento por despesas que só foram realizadas em razão de suposto descumprimento do contrato de prestação de serviços de saúde, hipótese sem previsão legal específica, atrai a incidência do prazo de prescrição geral de dez anos, previsto no art. 205 do Código Civil, e não o de três anos, arrolado no art. 206, §3º, V, cujo prazo começa a fluir a partir da data de sua vigência (11.1.2003), respeitada a regra de transição prevista no art. 2.028." AgRg no AREsp 300337 / ES - STJ - 28/05/2013

7.8. Prazo prescricional

"Reconhecimento pelo Acórdão embargado de que o prazo prescricional para a ação de ressarcimento de despesas realizadas com cirurgia cardíaca é de 10 (dez) anos, uma vez que a relação controvertida é de natureza contratual." EDcl no REsp 1176320 / RS - STJ - 14/05/2013

7.9. Revisão do contrato de plano de saúde

"A jurisprudência da Terceira Turma, firmou o entendimento no sentido de que é permitida a revisão ou o reajuste de contrato de plano de saúde que causa prejuízo estrutural (artigos 478 e 479 do Código Civil – condições excessivamente onerosas), sendo devida a complementação das mensalidades depositadas em juízo." 1012924-7 (Acórdão) TJPR - 8ª CC - 09/05/2013

7.10. Estatuto do idoso e reajuste

"O consumidor que atingiu a idade de 60 anos, quer seja antes da vigência do Estatuto do Idoso, quer seja a partir de sua vigência (1º de janeiro de 2004), está sempre amparado contra a abusividade de reajustes das mensalidades dos planos de saúde com base exclusivamente na mudança de faixa etária." REsp 1228904 / SP - 08/03/2013 - STJ

7.11. Cláusula abusiva

"Abusiva a cláusula de contrato de plano de saúde que exclui de sua cobertura o tratamento e doenças infectocontagiosas, tais como a meningite." AgRg no REsp 1299069 / SP - STJ - 26/02/2013

7.12. Período de carência

O período de carência contratualmente estipulado pelos planos de saúde não prevalece diante de situações emergenciais graves nas quais a recusa de cobertura possa frustrar o próprio sentido e a razão de ser do negócio jurídico firmado (956262-7 - 8ª CC - TJPR - 07/02/2013

7.13. Medicamentos recomendados

Não pode a operadora do plano de saúde intervir ou impor restrições em recomendação médica e negar-se fornecer os medicamentos recomendados para o tratamento necessário ao paciente. 882995-2 - 8ª CC - TJPR - 21/06/2012.

7.14. Boa-fé objetiva

É ilegal a modificação das regras de cobrança da contribuição de plano de saúde que traz um aumento próximo a 400%, pois afronta a boa-fé objetiva que deve ser observada nas relações contratuais (8718443 PR 871844-3- 9ª CC - TJPR - 24/05/2012).

7.15. Poder de decisão e contrato de plano de saúde

Cláusula de contrato de plano de saúde que preveja poder de decisão sobre o procedimento médico mais adequado a propiciar sobrevida do usuário é abusiva e gera dano moral (800182-3-Acórdão-TJ-PR 02/02/2012).

7.16. Mutualidade do seguro de saúde

Trata a hipótese de saber se as recorrentes, operadoras de plano de saúde, têm a obrigação legal de oferecer à recorrida a contratação de plano de saúde individual nas mesmas condições que lhe eram oferecidas pelo plano de saúde coletivo do qual era beneficiária. O referido contrato coletivo foi celebrado entre as partes em razão do vínculo empregatício da recorrida com determinado órgão público, o qual firmou e posteriormente rescindiu o convênio que mantinha com as recorrentes. A Turma entendeu, entre outras questões, aceitar a continuidade da vinculação da recorrida a seguro-saúde coletivo que nem existe mais, mediante o recolhimento de verba simbólica, é providência que visivelmente impede a preservação do necessário equilíbrio contratual. Assim, embora, em algumas situações, o princípio da autonomia da vontade ceda lugar às disposições cogentes do CDC, não há como obrigar as recorrentes a manter um vínculo contratual que satisfaça somente os interesses da recorrida. Desse modo, por mais legítima que seja a pretensão da consumidora, que busca defender seu direito fundamental à saúde, não é possível afirmar haver direito adquirido dela à manutenção das condições previstas em contrato de seguro-saúde em grupo extinto por iniciativa do estipulante, seu empregador. Consignou-se, todavia, que a perspectiva seria completamente diferente se a recorrida estivesse pleiteando a contratação individual com o pagamento integral do prêmio e a liberação da carência. Quanto à pretensão da recorrida de realização da quimioterapia por meio da ingestão de comprimidos em sua casa, isso decorre da evolução da própria medicina e não influi na natureza do contrato de plano de saúde, cujo objetivo continua sendo conferir a seus usuários efetiva e completa assistência, dentro dos limites contratualmente e legalmente estipulados. Porém, destacou-se o fato de que todas as exceções de cobertura foram expressamente relacionadas no art. 10 da Lei nº. 9.656/1998, sendo que nesse rol não se faz qualquer menção à quimioterapia realizada em regime domiciliar. Quanto aos danos morais, observou-se que a jurisprudência do STJ firmou-se em sentido contrário à tese propugnada pelo acórdão recorrido, pois o mero dissabor ocasionado pelo inadimplemento contratual não configura, em regra, ato lesivo a ensejar tais danos. No tocante a juros de mora, assinalou-se estar a decisão recorrida em consonância com o entendimento deste Superior Tribunal, contudo sua análise ficou prejudicada em razão do descabimento, na espécie, de danos morais. Diante disso, o recurso foi parcialmente conhecido e, nessa extensão, foi-lhe dado provimento. Precedentes citados: REsp 668.216-SP, DJ 2/4/2007; REsp 712.469-PR, DJ 6/3/2006; REsp 762.426-AM, DJ 24/10/2005; REsp 661.421-CE, DJ 26/9/2005; REsp 338.162-MG, DJ 18/2/2002, e EREsp 727.842-SP, DJe 20/11/2008. REsp 1.119.370-PE, Rel. Min. Nancy Andrighi, julgado em 7/12/2010.

7.17. Apólice de seguro

A apólice de seguro é peça dispensável à propositura de ação regressiva por seguradora em face do suposto causador do dano, tampouco configura documento essencial à comprovação do fato constitutivo do direito do autor na referida demanda. Conforme o art. 758 do CC, a apólice, o bilhete ou o comprovante do pagamento do prêmio constituem meios de prova do contrato de seguro. O referido dispositivo legal, entretanto, não exclui aprioristicamente outras formas aptas à comprovação da relação securitária. Não se trata, portanto, de hipótese de prova legal ou tarifada. Está-se, na verdade, diante de uma previsão de prova pré-constituída, cuja exibição se dá para que, no futuro, não se levantem dúvidas acerca da existência da relação jurídica. Desse modo, mesmo em face de previsão legal de prova pré-constituída — como é o caso do art. 758 do CC —, aplica-se o art. 332 do CPC, segundo o qual «todos os meios legais, bem como os moralmente legítimos, ainda que não especificados neste Código, são hábeis para provar a verdade dos fatos, em que se funda a ação ou defesa». Ademais, em uma ação regressiva ajuizada pela seguradora contra terceiros, assumir como essencial a apresentação da apólice consubstanciaria exigência de prova demasiado frágil, porquanto é documento criado unilateralmente por quem dele se beneficiaria. REsp 1.130.704-MG, Rel. Min. Luis Felipe Salomão, julgado em 19/3/2013.

Capítulo 9

O Seguro de Pessoa

1. Seguro de vida. 2. Glossário básico. 3. VGBL. 4. PGBL. 5. Modelos de contratos de seguros. 5.1. Contrato de Seguro de vida individual. 5.2. Contrato de Seguro de vida em grupo. 5.3. Contrato de Seguro por acidentes pessoais – individual. 5.4. Contrato de Seguro por acidentes pessoais – grupo. 6. Modelos de petições na área securitária. 6.1. Ação de cobrança de seguro de vida (individual). 6.2. Ação de cobrança de seguro de vida (grupo). 7. Jurisprudência aplicada. 7.1. PGBL. 7.2. VGBL. 7.3. Seguro de vida – ação regressiva. 7.4. Seguro de vida – negativa de contratar. 7.5. Seguro de vida – diferença de indenização. 7.6. Seguro de vida – complementação securitária.

1. Seguro de vida

O seguro de vida é aquele em que o objeto de seguro é a vida do segurado. Neste sentido, ocorrendo o evento morte acontecerá o resgate do valor estipulado na apólice. Nos seguros de pessoas, o capital segurado é livremente estipulado pelo proponente, que pode contratar mais de um seguro sobre o mesmo interesse, com o mesmo ou diversos seguradores. Importante registrar que no caso do seguro de vida sobre outra pessoa, o proponente é obrigado a declarar, sob pena de falsidade, o seu interesse pela preservação da vida do segurado (ver o artigo 790 do Código Civil). A legislação brasileira entende que até prova em contrário, presume-se o interesse, quando o segurado é cônjuge, ascendente ou descendente do proponente. O seguro de vida tem como objeto o pagamento de valor fixado na apólice por ocasião do evento morte do segurado. De acordo com o Decreto 3.633/00, os seguros de vida que prevejam cobertura por sobrevivência somente poderão ser comercializados após prévia aprovação pela SUSEP dos respectivos regulamento e nota técnica atuarial.

111

Laís Manica[27] discorre sobre o tema do seguro de vida:

> "O seguro de vida para o caso de morte pode ser contratado para a vida inteira ou por prazo determinado. E o seguro de sobrevivência, por sua vez, pode ter prestação pecuniária consistente no pagamento de um capital (pagamento único) ou de uma renda, que pode ser vitalícia ou temporária. Importa referir que, na hipótese de seguro de vida para o caso de morte, o risco segurado não é a morte, pois esta é certa, mas, sim, o momento de sua ocorrência, o qual é conhecido. Quando contratados em conjunto, seguro para o caso de morte e seguro de sobrevivência, tem-se o seguro misto, que é o seguro de vida mais comum atualmente. Neste caso, se o segurado sobreviver ao prazo de diferimento estabelecido, deverá a seguradora pagar o capital ou renda, conforme previsto contratualmente. Se, contudo, falecer o segurado no decorrer do prazo de diferimento, os beneficiários terão direito ao capital estipulado para este caso."

Observa-se que, na falta de indicação da pessoa ou beneficiário, ou se por qualquer motivo não prevalecer a que for feita, o capital segurado será pago por metade ao cônjuge não separado judicialmente, e o restante aos herdeiros do segurado, obedecida a ordem da vocação hereditária.

Nelson Rodrigues Netto[28] traz lições em acordo com vários juristas que se referem ao seguro de vida. Vejamos:

> "Seguro pela vida inteira, em que o segurado se obriga ao pagamento de um prêmio fixo durante toda a sua vida, a fim de que o segurador pague uma soma aos beneficiários, após a morte do primeiro; seguro temporário, mediante o qual a seguradora se obriga a pagar o beneficiário uma certa soma, desde que o segurado venha a falecer dentro de um interregno de tempo, caso contrário, o prêmio pago reverte em favor da seguradora, sem nenhuma contraprestação financeira por parte desta; seguro de vida inteira com prêmios temporários, em que o segurado efetua o pagamento de prêmios por um certo número de anos, ficando depois remido, efetuando a seguradora o pagamento da importância segurada para o beneficiário, no momento da morte do segurado; seguro de duas vidas, habitualmente celebrado por marido e mulher, ambos segurados e potencialmente beneficiários, reciprocamente, sendo que o valor do seguro é pago ao sobrevivente; seguro de sobrevivência, no qual seguradora se obriga a efetuar o pagamento da importância segurada, desde que o beneficiário sobreviva ao segurado, na hipótese negativa, nenhum valor será pago pela seguradora, que terá de reter o valor dos prêmios pagos; seguro de capital deferido, em que o segurado terá à soma do

---

27   MANICA, Laís. O contrato de seguro de vida. monografia. 2010.
28   RODRIGUES, Silvio. Direito Civil. 28ª ed. São Paulo: Saraiva, 2002. V. 3. p. 492.

seguro se estiver vivo... em certo números de anos; seguro de renda vitalícia deferida, semelhante ao anterior, possui como diferença apenas que a obrigação da seguradora não é de liquidação instantânea, e sim sucessiva, pois se trata de uma renda ao segurado enquanto estiver vivo; seguro misto comum, por meio do qual o segurador se obriga, em data prefixada, a pagar uma soma ao próprio segurado, se estiver vivo, ou se já houver falecido, aos seus herdeiros e beneficiários."

Registra-se que, se o segurado não renunciar à faculdade, ou se o seguro não tiver como causa declarada a garantia de alguma obrigação, é lícita a substituição do beneficiário, por ato entre vivos ou de última vontade. O segurador, que não for cientificado oportunamente da substituição, desobrigar-se-á pagando o capital segurado ao antigo beneficiário.

No que concerne ao seguro de vida existe também a possibilidade do prêmio nivelado. Este é a possibilidade de pagamento periódico do prêmio estipulado com o intuito de ter um valor final melhor quando do evento morte. No seguro de vida por idade atingida o valor será menor do que o prêmio nivelado se a morte ocorrer no início da contratação do seguro. Por isso as principais vantagens do prêmio nivelado no seguro de vida são: a) não sofrer variações em função da idade; b) conhecimento de quando terá que pagar e receber no futuro; c) o custo do produto não altera devido à idade.

Importante destacar que no seguro de vida para o caso de morte, o capital estipulado não está sujeito às dívidas do segurado, nem se considera herança para todos os efeitos de direito. Também será nula, no seguro de pessoa, qualquer transação para pagamento reduzido do capital segurado. O prêmio, no seguro de vida, será conveniado por prazo limitado, ou por toda a vida do segurado. O artigo 797 do Código Civil descreve que: "no seguro de vida para o caso de morte, é lícito estipular-se um prazo de carência, durante o qual o segurador não responde pela ocorrência do sinistro." Registra-se que, o segurador é obrigado a devolver ao beneficiário o montante da reserva técnica já formada.

O artigo 798 do Código Civil traz uma regra especial: "O beneficiário não tem direito ao capital estipulado quando o segurado se suicida nos primeiros dois anos de vigência inicial do contrato, ou da sua recondução depois de suspenso, observado o disposto no parágrafo único do artigo antecedente." A lei visa evitar que o apego ao dinheiro leve pessoas a trocarem a vida por ele. Registra-se que, exceto na hipótese ventilada na linha anterior, é nula a cláusula contratual que exclui o pagamento do capital por suicídio do segurado.

O segurador não pode eximir-se ao pagamento do seguro de vida ainda que da apólice conste a restrição, se a morte ou a incapacidade do segurado provier da utilização de meio de transporte mais arriscado, da prestação de serviço militar, da prática de esporte, ou de atos de humanidade em auxílio de outrem. É bom registrar que nos seguros de pessoas, o segurador não pode sub-rogar-se nos direitos e ações do segurado, ou do beneficiário, contra o causador do sinistro.

Ainda é preciso falar das modalidades do seguro de vida: individual pessoal, individual em face de terceiro e em grupo. O primeiro cobre o risco da pessoa segurada responsável pela contratação. O segundo se refere a estipulação em face de terceiro do seguro de vida. Já a apólice coletiva (seguro de vida em grupo) é realizada por empresa ou entidade profissional (sindicato, associação etc.) em face das pessoas físicas a ela vinculada.

Importante consignar que o seguro de vida pode ser estipulado por pessoa natural ou jurídica em proveito de grupo que a ela, de qualquer modo, se vincule. O estipulante não representa o segurador perante o grupo segurado, e é o único responsável, para com o segurador, pelo cumprimento de todas as obrigações contratuais. A modificação da apólice em vigor dependerá da anuência expressa de segurados que representem três quartos do grupo.

O STJ já entendeu que o seguro de vida em grupo e temporário não gera obrigação de renovar apólice ou ressarcir consumidor. Para o relator para o acórdão, o exercício de um direito – de não renovação, pela seguradora – inerente à natureza do contrato de seguro de vida, não pode ser entendido como abuso em vista do Código de Defesa do Consumidor (CDC). Também não configura má-fé apenas pelo fato de o contrato ter durado dez anos. Em outro entendimento sobre o mesmo tema, a segunda Turma do STJ julgou que o seguro de vida em grupo pago pelo empregador a todos os empregados não pode ser considerado como espécie de benefício ao empregado e, por isso não há a incidência de contribuição previdenciária. Vejamos uma jurisprudência neste sentido:

> **A Turma negou provimento aos recursos especiais e reiterou que** não incide a contribuição previdenciária sobre os valores repassados à sociedade empresarial – seguradora – a título de seguro de vida dos empregados da sociedade empresarial contribuinte, em razão da expressa referência legal disposta no art. 28, § 9º, p, da Lei nº. 8.212/1991, com a

redação dada pela Lei nº. 9.528/1997, revelando-se, também, inaplicável o art. 111 do CTN. Destacou-se que, mesmo que a cobrança seja anterior à citada lei, independentemente dessa exclusão legal, por força da interpretação teleológica do primitivo art. 28, I, da Lei nº. 8.212/1991, poderia concluir-se que o empregado nada usufrui pelo seguro de vida em grupo, o que descarta a possibilidade de considerar-se valor pago, se generalizado para todos os empregados, como sendo salário-utilidade. Por outro lado, não tem direito a sociedade empresarial à majoração da verba honorária; inviável, em princípio, aquilatar aspectos fáticos nos termos do art. 20, §§ 3º e 4º, do CPC. Precedentes citados: REsp 441.096-RS, DJ 4/10/2004; REsp 881.051-RS, DJ 31/5/2007, e REsp 701.802-RS, DJ 22/2/2007. REsp 839.153-SC, Rel. Min. Luiz Fux, julgado em 9/12/2008.

Vejamos ainda outra jurisprudência sobre o tema:

Trata-se de ação de cobrança ajuizada pela recorrida contra companhia de seguros em razão da negativa desta em pagar indenização relativa a seguro de vida em grupo do qual aquela era beneficiária. A recorrente alega divergência jurisprudencial no cômputo do prazo prescricional. Inicialmente a Min. Relatora ressaltou ser pacífico o entendimento deste Superior Tribunal, nos termos da Súm. n. 101-STJ. Mas destacou que, na hipótese, a discussão atinente à contagem do prazo prescricional exige a interpretação conjunta dos enunciados das Súmulas n. 229 e 278 deste STJ. E para que essa conjugação não gere distorções, há apenas uma interpretação possível, qual seja, a de que o *dies a quo* da prescrição corresponde à data em que o segurado toma ciência inequívoca da incapacidade, sendo que a contagem do prazo anual se suspende diante de eventual comunicação de sinistro à seguradora, voltando a fluir somente após o segurado ser informado acerca da negativa do pagamento da indenização. A Min. Relatora entendeu ser cabível uma consideração quanto ao termo "suspende" contido na Súm. n. 229-STJ. Ao apreciar o REsp 8.770-SP, DJ 13/5/1991, decidiu-se ser "razoável e correto sustentar que o prazo prescricional não deverá correr, ficando, portanto suspenso durante o tempo gasto pelo segurador no exame da comunicação feita pelo segurado". Portanto não há dúvida de que o pedido de indenização formulado pelo segurado tem efeito suspensivo. Esse efeito, contudo, é inerente apenas à apresentação do comunicado pelo segurado. Considerou também a Min. Relatora que a resposta da seguradora pode, eventualmente, caracterizar causa interruptiva do prazo prescricional, notadamente aquela prevista no art. 172, V, do CC/1916 (atual art. 202, VI do CC/2002), qual seja, a prática de ato inequívoco, ainda que extrajudicial, que importe reconhecimento do direito pelo devedor. Assim, constata-se que a Súm. n°. 229-STJ não esgota todas as possibilidades envolvidas no comunicado de sinistro feito a seguradora, sendo possível vislumbrar situações em que haverá interrupção – e não a suspensão – do prazo prescricional. Dessa forma, ainda que, na resposta à notificação da recorrida, haja negativa em pagar a indenização, não resta dúvida de que a seguradora reconhece a existência de direito à cobertura para o evento objeto da ação, o que caracteriza causa interruptiva do prazo prescricional (art. 172, V, do CC/1916). Portanto, considerando que, no período compreendido entre 17/11/2000 e 22/6/2002, o prazo prescricional não fluiu por estar pendente manifestação da seguradora, bem como sua resposta caracterizar causa interruptiva da prescrição, a contagem do referido prazo foi renovado de modo que somente se encerraria em 21/6/2003. Como a ação foi distribuída em 28/5/2003, não há que falar em prescrição. Diante disso, a Turma negou provimento ao recurso. REsp 875.637-PR, Rel. Min. Nancy Andrighi, julgado em 19/3/2009.

2. Glossário básico

a) **Apólice:** documento emitido pela sociedade seguradora formalizando a aceitação da cobertura solicitada pelo proponente, nos planos individuais, ou pelo estipulante, nos planos coletivos;

b) **Assistido:** pessoa física em gozo do recebimento do capital segurado sob a forma de renda;

c) **Beneficiário:** pessoa física (ou pessoas físicas) indicada livremente pelo segurado para receber o capital segurado ou o resgate, na hipótese de seu falecimento, de acordo com a estrutura do plano e na forma prevista nesta Resolução;

d) **Capital Segurado:** pagamento a ser efetuado ao assistido ou beneficiário, sob a forma de pagamento único ou de renda;

e) **Carregamento:** importância destinada a atender às despesas administrativas e de comercialização do plano;

f) **Certificado Individual:** documento destinado ao segurado, emitido pela sociedade seguradora, formalizando a aceitação do proponente como integrante do grupo segurado;

g) **Coberturas de Risco:** coberturas previstas nas regulamentações pertinentes, não caracterizadas como sendo por sobrevivência;

h) **Cobertura por Sobrevivência:** cobertura que garante o pagamento do capital segurado, pela sobrevivência do segurado ao período de diferimento contratado, ou pela compra, mediante pagamento único, de renda imediata;

i) **Comunicabilidade:** instituto que, na forma regulamentada, permite a utilização de recursos da provisão matemática de benefícios a conceder, referente à cobertura por sobrevivência, para o custeio de cobertura (ou coberturas) de risco;

j) **Condições Contratuais:** conjunto de disposições que regem a contratação, incluindo as constantes da proposta de contratação, do regulamento, da apólice e, quando for o caso de plano coletivo, do contrato, da proposta de adesão e do certificado individual;

k) **Consignante:** pessoa jurídica responsável, exclusivamente, pela efetivação de descontos em folha de pagamento dos prêmios devidos pelos segurados e pelo seu respectivo repasse em favor da sociedade seguradora;

l) **Encargo de Saída:** importância resultante da aplicação de percentual, durante o período de diferimento, sobre valores resgatados ou portados;

m) **Estipulante:** pessoa física ou jurídica que propõe a contratação de plano coletivo, ficando investida de poderes de representação do segurado, nos termos da legislação e regulamentação em vigor, sendo identificada como estipulante-instituidor quando participar, total ou parcialmente, do custeio e como estipulante-averbador quando não participar do custeio;

n) **Fator de Cálculo:** resultado numérico, calculado mediante a utilização de taxa de juros e tábua biométrica, quando for o caso, utilizado para obtenção do capital segurado a ser pago sob a forma de renda;

o) **Período de Carência:** na cobertura por sobrevivência, é o período em que não serão aceitas solicitações de resgate ou de portabilidade por parte do segurado;

p) **Período de Cobertura:** prazo correspondente aos períodos de diferimento e/ou de pagamento do capital segurado, sob a forma de renda;

q) **Período de Diferimento:** período compreendido entre a data de início de vigência da cobertura por sobrevivência e a data contratualmente prevista para início do pagamento do capital segurado;

r) **Período de Pagamento do Capital Segurado:** período em que o assistido (ou assistidos) fará jus ao pagamento do capital segurado, sob a forma de renda, podendo ser vitalícia ou temporária;

s) **Plano:** plano de seguro de pessoas;

t) **Plano Conjugado:** aquele que, no momento da contratação, e na forma da regulação específica e demais normas complementares editadas pela SUSEP, preveja cobertura por sobrevivência e cobertura (ou coberturas) de risco, com o instituto da comunicabilidade;

u) **Portabilidade:** direito dos segurados de, durante o período de diferimento e na forma regulamentada, movimentar os recursos da provisão matemática de benefícios a conceder para outros planos;

v) **Proposta de Adesão:** documento em que o proponente, pessoa física, expressa a intenção de aderir à contratação sob a forma coletiva, nele manifestando pleno conhecimento do regulamento e do respectivo contrato;

w) **Resgate:** direito dos segurados e, quando tecnicamente possível, dos beneficiários de, durante o período de diferimento e na forma regulamentada, retirar os recursos da provisão matemática de benefícios a conceder; (NR)

x) **Vesting:** conjunto de cláusulas constante do contrato entre a sociedade seguradora e o estipulante-instituidor, a que o segurado, tendo expresso e prévio conhecimento de suas disposições, está obrigado a cumprir para que lhe possam ser oferecidos e postos a sua disposição os recursos da provisão (ou provisões) decorrentes dos prêmios pagos pelo estipulante-instituidor.

y) **Resolução CNSP 140/05:** regula aspectos conceituais e diretrizes sobre o seguro de vida.

z) **Circular SUSEP 339/07:** trata dos requisitos e conceitos para operação do seguro de vida.

3. VGBL

O VGBL é uma modalidade de seguro de vida resgatável e funciona para aqueles que querem investir a médio e longo prazo. É utilizado para os que têm declaração de renda simplificada ou ainda os que são isentos do IR. É bom destacar que o VGBL não faz parte da base de cálculo do imposto de renda. No entanto, o ganho deste seguro será tributável. O segurado define o quanto quer contribuir e pelo tempo que assim o fará.

O VGBL (Vida Gerador de Benefício Livre), é um plano de sobrevivência (seguro de pessoa) que após um período de acúmulo de recursos (chamado também de período de diferimento) proporciona aos que investem uma renda mensal que poderá ser vitalícia ou por um período que seja determinado.

Vejamos duas jurisprudências sobre a temática:

> **Trata-se de agravo de instrumento interposto contra decisão** que, em execução fiscal, determinou a penhora sobre o crédito, considerando a forma de realização dos valores aplicados em VGBL. Sustenta a parte agravante, em síntese, que valores depositados em contas de previdência complementar são impenhoráveis. É o relatório. Decido. A questão não comporta discussão, porquanto o entendimento do STJ e desta Corte é no sentido da viabilidade da penhora do saldo de depósitos relativos aos planos de previdência privada. Nesse sentido: (...) "RECURSO ESPECIAL. (...) FUNDO DE PREVIDÊNCIA PRIVADA. PGBL. (...) 4. O saldo de depósito em PGBL - Plano Gerador de Benefício Livre não ostenta nítido caráter alimentar, constituindo aplicação financeira de longo prazo, de relevante natureza de poupança previdenciária, porém susceptível de penhora. (...) (STJ, 4ª Turma, Resp 1121719, Min. Raul Araújo, DE. 27/04/11)" AGRAVO DE INSTRUMENTO. TRIBUTÁRIO. EXECUÇÃO FISCAL. PENHORA DE DEPÓSITOS RELATIVOS À PREVIDÊNCIA PRIVADA. POSSIBILIDADE. É possível a penhora do saldo de depósitos relativos aos planos de previdência privada. Precedentes do STJ. (TRF4, AG 0004690-40.2011.404.0000, Segunda Turma, Relator Artur César de Souza, D.E. 08/06/2011) (...) A decisão agravada está em conformidade com o entendimento acima, não merecendo reparos. Isso posto, nego seguimento ao agravo de instrumento, com base no art. 557, *caput*, do CPC. Intimem-se. Publique-se (TRF4, AG 5017782-63.2012.404.0000, Primeira Turma, Relator Joel Ilan Paciornik, D.E. 16/11/2012).

> ... **1. Está devidamente comprovado nos autos que o autor,** pessoa de idade avançada, passou por problemas de saúde e dificuldades financeiras diversas após a aplicação de valores no PREVINVEST VGBL, necessitando, bem por isso, retornar ao seu país de origem (Portugal) – tudo a evidenciar o pertinente afastamento do prazo de carência incidente, abstratamente, em negócios jurídicos que tais. 2. Diante da situação, torna-se aplicável o artigo 6º, V, do Código de Defesa do Consumidor, que vem em amparo à parte vulnerável na relação

contratual, mormente em se tratando de contrato de adesão. 3. Dessa feita, deve ser prestigiada a sentença objurgada, que deslindou corretamente a controvérsia e prestigiou o interesse do autor (pessoa idosa que, por isso, merece atenção especial, a teor das disposições da Lei nº. 10.741/2003). 4. Apelação improvida (TRF4, AC 2007.70.00.012992-3, Terceira Turma, Relator Fernando Quadros da Silva, D.E. 01/12/2011).

A SUSEP[29] destaca sobre o tema as seguintes conclusões:

"O VGBL é um plano de seguro de pessoas com cobertura por sobrevivência, cuja principal característica é a ausência de rentabilidade mínima garantida durante a fase de acumulação dos recursos ou período de diferimento, sendo a rentabilidade da provisão idêntica à rentabilidade do fundo onde os recursos estão aplicados. Os fundos para aplicação dos recursos variam dos mais agressivos, que investem em renda variável (ações), aos mais conservadores, que aplicam apenas em títulos públicos e/ou títulos privados. Portanto, haverá opções para diferentes tipos de investidores, dependendo do seu perfil de investimento. O segurado deverá estar atento para as políticas de investimentos dos fundos, em especial para os percentuais mínimo e máximo de investimentos em renda variável... Para cálculo do valor da indenização a ser paga sob a forma de renda, a empresa considerará o montante acumulado na provisão ao término do período de acumulação, as tábuas biométricas de sobrevivência e a taxa de juros."

É bom registrar que no plano VGBL permite o resgate parcial ou total dos recursos acumulados e também a portabilidade dos recursos acumulados para outra empresa operadora de plano similar.

A SUSEP[30] também traz outras informações sobre a temática:

"O plano VGBL, durante o período de diferimento, terá como critério de remuneração da provisão matemática de benefícios a conceder, a rentabilidade da carteira de investimentos do FIE instituído para o plano, ou seja, durante o período de diferimento não há garantia de remuneração mínima. O plano VGBL poderá ter sua carteira de investimentos estruturada sob as seguintes modalidades: soberano, renda fixa ou composto. O plano denominado VRGP garante, durante o período de diferimento, remuneração dos recursos da provisão matemática de benefícios a conceder por taxa de juros efetiva

---

29 http://www.susep.gov.br/menu/informacoes-ao-publico/planos-e-produtos/seguros/seguro-de-pessoashttp://www.susep.gov.br/menu/informacoes-ao-publico/planos-e-produtos/seguros/seguro-de-pessoas

30 http://www.susep.gov.br/menu/informacoes-ao-publico/planos-e-produtos/seguros/seguro-de-pessoas

anual e índice de atualização de valores, os quais estão previstos nos respectivos regulamentos. Durante o período de diferimento, haverá apuração de resultados financeiros. O percentual de reversão de resultados financeiros também consta do regulamento. O plano denominado VAGP garante, durante o período de diferimento, atualização dos recursos da provisão matemática de benefícios a conceder por índice de atualização de valores, o qual está previsto nos respectivos regulamentos. Durante o período de diferimento, haverá apuração de resultados financeiros. O percentual de reversão de resultados financeiros também consta do regulamento. A diferença básica entre o VRGP e o VAGP é que o VAGP não garante remuneração dos recursos da provisão matemática de benefícios a conceder por taxa de juros efetiva anual. O plano denominado VRSA garante, durante o período de diferimento, atualização dos recursos da provisão matemática de benefícios a conceder por taxa de juros efetiva anual, a qual está prevista nos respectivos regulamentos. Durante o período de diferimento, haverá apuração de resultados financeiros. O percentual de reversão de resultados financeiros também consta do regulamento e deverá ser de no mínimo 95%. A diferença básica entre o VRGP e o VRSA é que o VRSA não garante remuneração dos recursos da provisão matemática de benefícios a conceder por índice de atualização de valores."

4. PGBL

O PGBL (Plano Gerador de Benefício Livre) é um plano de previdência complementar com incidência do Imposto de Renda integralmente no momento do resgate. Quando dizemos que é integral estamos destacando a soma do valor bruto com o rendimento auferido em cima deste valor. A Brasilprev[31] traz algumas características deste plano previdenciário. Vejamos:

"O PGBL – Plano Gerador de Benefício Livre – é um produto de Previdência Complementar que visa a acumulação de recursos e a transformação destes em uma renda futura. Seu funcionamento é bem simples: periodicamente o cliente realiza aportes para o plano, que são aplicados em um FIC (Fundo de Investimento em Cotas de Fundos de Investimento Especialmente Constituídos). O dinheiro vai rendendo ao longo do tempo e assim o cliente vai formando uma reserva. Quando chegar a idade escolhida pelo cliente para se aposentar, o que não precisa coincidir com a idade da aposentadoria pelo INSS, ele poderá optar por receber sua renda em uma única parcela ou então em quantias mensais. É mais vantajoso para quem faz a declaração do imposto de renda através do formulário completo, já que é possível deduzir o valor das contribuições realizadas ao plano da base de cálculo do Imposto de Renda, até o limite

---

31 http://www.brasilprev.com.br/institucional/entenda/ap_previdenciac.asp

de 12% da renda bruta anual (desde que o cliente também contribua para a Previdência Social – INSS ou regime próprio). O PGBL é bastante flexível e permite que os recursos aplicados no plano sejam resgatados (respeitando-se o prazo de carência). Neste caso, e também no momento do recebimento da renda, haverá incidência de Imposto de Renda sobre o total resgatado, conforme legislação vigente e opção de tributação escolhida pelo cliente."

Uma pergunta deve ser feita: O saldo do PGBL possui pode ser requerido para pagamento de obrigação alimentar? O STJ tem entendido que não, pois a natureza é de plano previdenciário. Vejamos:

"A Turma, por maioria, entendeu que não possui caráter alimentar o saldo de depósito Plano Gerador de Benefício Livre (PGBL), que consiste em um plano de previdência complementar que permite a acumulação de recursos e a transformação deles em uma renda futura, sendo possível, também, o resgate antecipado, constituindo aplicação financeira de longo prazo, com natureza de poupança previdenciária, porém susceptível de penhora. Assim, entra no regime de indisponibilidade de bens imposto pela Lei n. 6.024/1974, independentemente de os valores depositados terem sido efetivados em data anterior ao ingresso do administrador na instituição em intervenção decretada pelo Banco Central. REsp 1.121.719-SP, Rel. Min. Raul Araújo, julgado em 15/3/2011."

A cobertura por sobrevivência (PGBL e VGBL) poderá ser estruturada nas seguintes modalidades:

a) **Contribuição Variável:** neste caso, o valor e o prazo de pagamento de prêmios podem ser definidos previamente e o capital segurado, pagável de uma única vez ou sob a forma de renda, por ocasião da sobrevivência do segurado ao período de diferimento, é calculado com base no saldo acumulado da respectiva provisão matemática de benefícios a conceder e no fator de cálculo.

b) **Benefício Definido:** neste caso, o capital segurado, pagável de uma única vez ou sob a forma de renda, e os respectivos prêmios são estabelecidos previamente na proposta (ou propostas).

5. Seguro de acidentes pessoais

O seguro de acidentes pessoais faz parte da tipologia do seguro de pessoas. O artigo 789 do Código Civil destaca:

Art. 789. Nos seguros de pessoas, o capital segurado é livremente estipulado pelo proponente, que pode contratar mais de um seguro sobre o mesmo interesse, com o mesmo ou diversos seguradores.

Nos seguros de pessoas, o segurador não pode sub-rogar-se nos direitos e ações do segurado, ou do beneficiário, contra o causador do sinistro. O seguro de pessoas pode ser estipulado por pessoa natural ou jurídica em proveito de grupo que a ela, de qualquer modo, se vincule.

O seguro de acidentes pessoais faz a cobertura da morte e invalidez permanente. A cobertura se dá nos acidentes pessoais que provocam lesões físicas ou morte. O que caracteriza o seguro é o tipo de acidente coberto. No entanto, independente da descrição típica dos fatos que ensejam reembolso é clara a certeza de que as consequências de acidente não nominado também fazem parte da categoria devolutiva. A preservação da saúde vem em primeiro lugar. Este é o nosso posicionamento tendo em vista o princípio da função social do contrato.

A diferença entre o seguro de acidente pessoal e o de seguro de vida está em que o primeiro se refere a cobertura por acidente pessoal e o segundo já se refere a ampla cobertura por qualquer causa que decorra a morte do segurado ou a invalidez permanente. Outra diferença clara é que o seguro de acidentes pessoais não consta em seu cálculo a idade do seguro. No entanto no seguro de vida a idade é essencial para a formação do cálculo do prêmio a ser pago pelo segurado. Existe ainda o seguro de acidentes pessoais em grupo que geralmente é feito por empresas em benefício de seus funcionários. Tem algumas garantias que fazem parte deste seguro de acidentes pessoais: a) a garantia aos beneficiários do pagamento de indenização em caso de falecimento do segurado e também no caso de invalidez permanente. Também poderá prever o pagamento das despesas médico-hospitalares e odontológicas no caso de acidente. No seguro de acidentes pessoais é necessário ficar bem atento com as cláusulas que são postas em letra menor para retirar alguma garantia do segurado. Vejamos uma jurisprudência que tem um caso sobre esta realidade:

**Ao contratar o seguro de acidentes pessoais em grupo, o recorrente recebeu cartão proposta que continha os capitais segurados em seu montante global. Tal proposta faz alusão, em letras minúsculas e sem destaque, às condições gerais do contrato, documento que, efetivamente, só lhe foi entregue após o sinistro, do qual resultou a fratura do fêmur. Nessas condições gerais, acha-se inscrita cláusula limitativa da indenização segundo o grau da lesão sofrida, conforme tabela a ela anexa, e, assim, com limitação, recebeu o valor reparatório. Prosseguindo o julgamento, a Turma, por maioria, entendeu que o recorrente tem direito ao valor total inserto na apólice, visto que a seguradora tinha o dever de prestar corretamente as informações a respeito do contrato, não cumprindo essa obrigação com a simples indicação da existência das condições gerais. A falta de referência expressa e com destaque das cláusulas limitativas caracteriza prática comercial não recomendável e proibida expressamente em vários dispositivos legais. O Min. Aldir Passarinho Junior acrescentou que a falta de ataque a fundamento não essencial ao deslinde da causa não autoriza a aplicação da Súm. n. 283-STF. REsp 485.760-RJ, Rel. Min. Sálvio de Figueiredo, julgado em 17/6/2003.

Vejamos ainda outras jurisprudências sobre o seguro de acidentes pessoais:

Em ação a qual visa à cobrança de indenização securitária por invalidez movida por segurado, a empresa contratada, que firmara o seguro, alega sua ilegitimidade passiva, porquanto afirma ser apenas a estipulante do seguro devida em grupo firmado com outra seguradora. O tribunal *a quo* manteve a condenação que julgou procedente o pedido. Sobreveio então o REsp no qual a contratada sustenta sua ilegitimidade passiva ao argumento de que o estipulante é mero mandatário dos segurados, obriga-se somente perante o segurador e, nesses casos, a denunciação da lide é obrigatória. Ressalta o Min. Relator que o acórdão recorrido consignou que o pedido de denunciação da lide deixou de ser apreciado e o recorrente, silente quanto à omissão, atraiu a preclusão da matéria. Também essa preclusão não foi abordada no REsp, daí só ter sido apreciada a alegada ilegitimidade. Observa o Min. Relator, quanto à ilegitimidade, que a jurisprudência deste Superior Tribunal tem por ilegítimo o estipulante para figurar na ação que busca o pagamento da indenização do sinistro. No entanto, explica que, no caso dos autos, o acórdão recorrido, ao analisar a proposta de participação de seguro devida e acidentes pessoais, afirma que, a despeito da informação de que outra seguradora seria a responsável pelo pagamento do prêmio, no contrato, a recorrente consta como inclusa, pois está o nome "seguro" na própria logomarca dela, o que leva a crer ser ela a verdadeira fornecedora dos serviços contratados, sendo impertinente a alegação de que seria mera estipulante. Assim, para o Min. Relator, a recorrente tem legitimidade para responder à ação, visto que não agiu como mera mandatária, mas fez, ao contrário, pressupor, com seu comportamento, que era a própria seguradora ou que pela cobertura responderia, porquanto criando a expectativa de ser a responsável pelo pagamento do seguro.

Diante do exposto, a Turma conheceu parcialmente do recurso e, nessa parte, negou-lhe provimento. Precedentes citados: REsp 592.510-RO, DJ 3/4/2006, e EDcl no Ag 837.615-SC, DJe 7/5/2008. REsp 1.041.037-DF, Rel. Min. Aldir Passarinho Junior, julgado em 2/9/2010.

A seguradora, no REsp, insurge-se contra acórdão do TJ que não considerou demonstrada a prescrição do direito ao recebimento do valor de seguro por acidentes pessoais em razão de doença geradora de incapacidade total e permanente. Observa o Min. Relator que o acórdão recorrido desconsiderou o tempo transcorrido de dois meses e 24 dias entre a concessão da aposentadoria pelo INSS (16/5/2000) e a comunicação do sinistro à seguradora (10/8/2000). Assim, explica que, da data em que houve a recusa da seguradora (3/11/2000) à data da propositura da ação (24/8/2001), contam-se nove meses e 21 dias, o que, somado com dois meses e 24 dias, perfaz um ano e 15 dias, sendo que a prescrição é ânua. Dessa forma, conclui que está a ação prescrita de acordo com o art. 178, § 6º, II, do CC/1916 e com a Súm. n. 101-STJ, ficando prejudicado o exame dos demais tópicos do REsp. Com esse entendimento, a Turma, por maioria, reconheceu a prescrição e extinguiu o feito sem resolução de mérito. O voto vencido do Min. Raul Araújo Filho posicionou-se contra a soma dos dois meses e 24 dias anteriores, por entender que o interesse para ajuizar a ação só ocorreu após a recusa do pagamento pela seguradora quando então passaria a fluir o prazo prescricional. Precedentes citados: AgRg no Ag 590.716-MG, DJ 18/12/2006; REsp 655.155-MG, DJ 12/9/2005; REsp 694.766-MG, DJe 24/5/2010, e AgRg no REsp 1.002.620-RS, DJe 24/5/2010. REsp 810.115-MG, Rel. Min. Aldir Passarinho Junior, julgado em 17/6/2010.

A Seção, após julgar recurso remetido pela Terceira Turma, conforme os arts. 12, parágrafo único, II, e 14, II, do RISTJ, entendeu que o conceito de acidente pessoal está delimitado em cláusula de contrato de seguro de vida e acidentes pessoais, cujo reexame é obstaculizado pela Súm. nº. 5-STJ. REsp 469.974-SP, Rel. Min. Ari Pargendler, julgado em 28/9/2005.

5. Modelos de contratos de seguros

5.1. Contrato de seguro de vida individual

Contrato de prestação de serviço de seguro de vida individual
_____
(nome da empresa seguradora).

Apólice nº_____
SEGURADORA:_____(Qualificação)
SEGURADO:_____(Qualificação)

I. Glossário:

Indicar neste item os principais conceitos relativos ao seguro de vida. Esta parte é essencial para dar clareza na relação segurado-seguradora.

Objeto do Seguro:

O objeto do presente é o seguro de vida e sua completa cobertura conforme descrito neste contrato e de acordo com a tabela de resgate prevista no item 6.

II. Da cobertura básica do seguro de vida:

1. Morte Acidental:

Esta hipótese garante ao beneficiário o pagamento de indenização correspondente a integralidade (100%) do capital segurado na ocorrência da morte do segurado principal.

2. Morte:

A cobertura para a morte natural se faz no pagamento da integralidade da indenização, isto é no valor de 100% do capital segurado.

3. Invalidez permanente total ou parcial por acidente:

Está hipótese garante ao segurado principal o pagamento de uma indenização integral (100%) correspondente à perda (de função ou membro) ou de incapacidade total ou parcial.

4. Assistência:

O segurado terá direito à assistência funeral familiar no valor de R$_____.

5. Capital segurado:

O capital segurado individual para cada funcionário será no valor de R$_____.

6. Taxa de seguro:

A taxa de seguro mensal para as coberturas contratadas será de _____% a ser aplicada ao montante segurado.

7. Montante de capital:

O montante de capital segurado será de R$_____.

8. Estimativa de fatura mensal:

O prêmio mensal estimado será de R$_____ considerando-se o grupo segurável de _____funcionários.

III. Regras especiais:

(Adicionar as principais regras descritivas de cada cobertura abrangida (Morte, Morte Acidental, Invalidez Permanente Total ou Parcial por Acidente, Assistência Funeral).

IV. Custeio do Seguro:

O custeio do seguro será feito pelo contratante sem ônus para o segurado.

V. Vigência do seguro:

O presente seguro terá a duração de _____ anos, podendo ser renovado pelo mesmo período.

A apólice poderá ser renovada se o segurado se manifestar neste sentido.

A vigência do seguro terá início às _____ horas do dia_____.

VI – Prêmio do seguro:

(apresentar a tabela de resgate de acordo com o tipo de benefício a ser recebido)
O prêmio do seguro será no valor de R$_____ de forma mensal em débito automático na conta_____ no banco_____.
O índice de atualização dos capitais segurados e do prêmio do seguro será o _____.

(adicionar regras relativas ao inadimplemento do prêmio)

(adicionar outras regras, tais como juros e correção monetária)

VII. Cancelamento do contrato de seguro:

A apólice de seguro está sujeita ao cancelamento e a devolução dos valores pagos nos seguintes casos:
(Adicionar outras condições de cancelamento que sejam convencionadas entre o segurador e o segurado).

VIII. Documentos para a habilitação à indenização:

Não havendo a indicação de beneficiário, o capital segurado devido será pago conforme o disposto no artigo 792 *caput* e parágrafo único, do Código Civil. Vejamos:
Art. 792. Na falta de indicação da pessoa ou beneficiário, ou se por qualquer motivo não prevalecer a que for feita, o capital segurado será pago por metade ao cônjuge não separado judicialmente, e o restante aos herdeiros do segurado, obedecida a ordem da vocação hereditária.
Parágrafo único. Na falta das pessoas indicadas neste artigo, serão beneficiários os que provarem que a morte do segurado os privou dos meios necessários à subsistência.
(adicionar os documentos necessários para a habilitação à indenização)

IX. Beneficiários:

(Neste momento é indicado o beneficiário)

X. Estipulante:

Este seguro é garantido pela _____ (qualificação da seguradora)

XI. Liquidação de sinistro:

Os sinistros serão liquidados em até _____ dias contados da data de entrega da documentação completa à Seguradora.

XII. Prescrição:

Este seguro está fundamentado e tem sua prescrição regulada pelas normas do Código Civil brasileiro.

XII. Disposições finais:

A seguradora está registrada na SUSEP regularmente podendo ser consultada a situação cadastral no site www.susep.gov.br.

(adicionar as obrigações do estipulante e do segurado)

(adicionar as regras de comunicação de óbito)

Qualquer questão judicial será decidida no foro da comarca de _____.

_____

Assinatura do Segurado

_____

Assinatura do Estipulante (seguradora)

Testemunhas:

_____

_____

5.2. Contrato de seguro de vida em grupo

Contrato de prestação de serviço de seguro de vida em grupo do _____ **(nome da empresa seguradora).**

Apólice nº _____

SEGURADORA: _____ (Qualificação)

SEGURADO: _____ (Qualificação)

I. Glossário:

Indicar neste item os principais conceitos relativos ao seguro de vida. Esta parte é essencial para dar clareza na relação segurado-seguradora.

Objeto do Seguro:

O objeto do presente é garantir a todos os funcionários da empresa _____ o devido seguro de vida conforme a tabela de resgate prevista no item 6.

II. Da cobertura básica do seguro de vida:

1. Morte Acidental:

Esta hipótese garante ao beneficiário o pagamento de indenização correspondente a integralidade (100%) do capital segurado na ocorrência da morte do segurado principal.

2. Morte:

A cobertura para a morte natural se faz no pagamento da integralidade da indenização, isto é no valor de 100% do capital segurado.

3. Invalidez permanente total ou parcial por acidente:

Está hipótese garante ao segurado principal o pagamento de uma indenização integral (100%) correspondente à perda (de função ou membro) ou de incapacidade total ou parcial.

4. Assistência:

O segurado terá direito à assistência funeral familiar no valor de R$_____.

5. Capital segurado:

O capital segurado individual para cada funcionário será no valor de R$_____.

6. Taxa de seguro:

(apresentar a tabela de resgate de acordo com o tipo de benefício a ser recebido)
A taxa de seguro mensal para as coberturas contratadas será de _____% a ser aplicada ao montante segurado.

7. Montante de capital:

O montante de capital segurado será de R$_____.

8. Estimativa de fatura mensal:

O prêmio mensal estimado será de R$_____ considerando-se o grupo segurável de _____ funcionários.

III. Regras especiais:

Farão parte do seguro aqueles funcionários da empresa segurada que estejam em plena atividade laboral e com a confirmação da empresa contratada.
Para a permanência das condições contratadas será necessária a manutenção de _____ pessoas do grupo segurável na fidelidade do custeio.
(Adicionar as principais regras descritivas de cada cobertura abrangida (Morte, Morte Acidental, Invalidez Permanente Total ou Parcial por Acidente, Assistência Funeral).

IV. Custeio do Seguro:

O custeio do seguro será feito pelo contratante sem ônus para o segurado.

V - Vigência do seguro:

O presente seguro terá a duração de _____ anos, podendo ser renovado pelo mesmo período.
A apólice poderá ser renovada se o segurado se manifestar neste sentido.

A vigência do seguro terá início às _____ horas do dia_____.

VI – Prêmio do seguro:

O prêmio do seguro será no valor de R$_____ de forma mensal em débito automático na conta_____ no banco_____.
O índice de atualização dos capitais segurados e do prêmio do seguro será o _____.

(adicionar regras relativas ao inadimplemento do prêmio)

(adicionar outras regras, tais como juros e correção monetária)

VII. Cancelamento do contrato de seguro:

A apólice de seguro está sujeita ao cancelamento e a devolução dos valores pagos nos seguintes casos:
(Adicionar outras condições de cancelamento que sejam convencionadas entre o segurador e o segurado).

VIII. Documentos para a habilitação à indenização:

Não havendo a indicação de beneficiário, o capital segurado devido será pago conforme o disposto no artigo 792 *caput* e parágrafo único, do Código Civil. Vejamos:

Art. 792. Na falta de indicação da pessoa ou beneficiário, ou se por qualquer motivo não prevalecer a que for feita, o capital segurado será pago por metade ao cônjuge não separado judicialmente, e o restante aos herdeiros do segurado, obedecida a ordem da vocação hereditária.

Parágrafo único. Na falta das pessoas indicadas neste artigo, serão beneficiários os que provarem que a morte do segurado os privou dos meios necessários à subsistência.

(adicionar os documentos necessários para a habilitação à indenização)

IX. Beneficiários:

(Neste momento é indicado o beneficiário)

X. Estipulante:

Este seguro é garantido pela _____(qualificação da seguradora)

XI. Liquidação de sinistro:

Os sinistros serão liquidados em até _____ dias contados da data de entrega da documentação completa à Seguradora.

XII. Prescrição:

Este seguro está fundamentado e tem sua prescrição regulada pelas normas do Código Civil brasileiro.

XII. Disposições finais:

A seguradora está registrada na SUSEP regularmente podendo ser consultada a situação cadastral no site www.susep.gov.br.

(adicionar as obrigações do estipulante e do segurado)

(adicionar as regras de comunicação de óbito)

Qualquer questão judicial será decidida no foro da comarca de _____.

Assinatura do Segurado

Assinatura do Estipulante (seguradora)

Testemunhas:

5.3. Contrato de seguro por acidentes pessoais – individual

Seguro de Acidentes pessoais individual do _____

(nome da empresa seguradora).

Apólice nº_____

SEGURADORA:_____(Qualificação)

SEGURADO:_____(Qualificação)

I. Glossário:

Indicar neste item os principais conceitos relativos ao seguro de acidentes pessoais. Esta parte é essencial para dar clareza na relação segurado-seguradora.

Objeto do Seguro:

O objeto do presente é garantir o pagamento de indenização correspondentes aos fatos passíveis de resgate apresentados no item 5. Este contrato tem a finalidade de resguardar o segurado dos riscos de acidentes pessoais que possa estar sujeito em seu cotidiano e também garantir o respectivo prêmio à seguradora para cobrir com perfeição este ajuste contratual.

II. Da cobertura básica do seguro de vida:

1. Morte Acidental:

Esta hipótese garante ao beneficiário o pagamento de indenização correspondente a integralidade do capital segurado na ocorrência da morte do segurado principal, causada por um dos acidentes descritos no item 5.

2. Invalidez permanente total ou parcial por acidente:

Está hipótese garante ao segurado principal o pagamento de uma indenização correspondente à perda (de função ou membro) ou de incapacidade total ou parcial por lesão causada no acidente coberto.

A seguradora compromete-se a pagar indenização limitada a 100% do capital segurado nos casos em que houver as seguintes limitações: (adicionar lista com as limitações que fazem parte da integralidade do seguro recebido e as outras que fazem parte de parte da remuneração).

Em todas elas é bom ficar clara para o segurado a necessidade do seu aceite e da oportunidade de implementar outras limitações para possível cobertura.

III. Regras especiais:

Neste requisito é bom adicionar as regras relativas ao resgate e as condições para que seja avaliada a perda da função ou incapacidade total ou parcial causada pelo acidente.

(É bom adicionar a reintegração do capital segurado da cobertura adicional de invalidez permanente total ou parcial por acidente, sem cobrança de prêmio adicional, sempre que houver pagamento de indenização por sinistro decorrente de acidente pessoal coberto).

(Também pode prever resgate de certa porcentagem do prêmio segurado no caso de falecimento do cônjuge).

(Adicionar também garantia para pagamento de despesas com doenças graves mesmo antes de vencida a carência prevista devido a preservação da vida estar em primeiro lugar).

IV. Auxílio-alimentação:

Garante o pagamento de uma indenização no valor R$_____ a título de auxílio-alimentação em caso do segurado principal falecer por causa de acidente.

V. Condições de cobertura:

Adicionar as condições e a abrangência da cobertura do seguro de acidentes pessoais (Registrar todos os casos de acidentes que fazem parte deste seguro).

VI. Aceitação dos segurados:

O segurado qualificado no início do contrato será aceito a este ajuste a partir da assinatura do contrato e do pagamento do prêmio referente à primeira parcela.

VII - Vigência e aceitação do seguro:

O presente seguro terá a duração de _____ anos, podendo ser renovado pelo mesmo período.

A apólice poderá ser renovada se o segurado se manifestar neste sentido.

A vigência do seguro terá início às _____ horas do dia_____.

VIII – Prêmio do seguro:

O prêmio do seguro será no valor de R$_____ de forma mensal em débito automático na conta_____ no banco_____.

O índice de atualização dos capitais segurados e do prêmio do seguro será o _____.

(adicionar regras relativas ao inadimplemento do prêmio)

(adicionar outras regras, tais como juros e correção monetária)

IX. Cancelamento do contrato de seguro:

A apólice de seguro está sujeita ao cancelamento e a devolução dos valores pagos nos seguintes casos:

(Adicionar outras condições de cancelamento que sejam convencionadas entre o segurador e o segurado).

X. Documentos para a habilitação à indenização:

(adicionar os documentos necessários para a habilitação à indenização)

XI. Beneficiários:

(Neste momento é indicado o beneficiário)

XII. Estipulante:

Este seguro é garantido pela _____(qualificação da seguradora)

XIII. Prescrição:

Este seguro está fundamentado e tem sua prescrição regulada pelas normas do Código Civil brasileiro.

X. Disposições finais:

A seguradora está registrada na SUSEP regularmente podendo ser consultada a situação cadastral no site www.susep.gov.br.

(adicionar as obrigações do estipulante e do segurado)

(adicionar as regras de comunicação de óbito)

Qualquer questão judicial será decidida no foro da comarca de _____.

_____

Assinatura do Segurado

_____

Assinatura do Estipulante (seguradora)

Testemunhas:

_____

_____

5.4. Contrato de seguro por acidentes pessoais – grupo:

Seguro de acidentes pessoais empresarial capital global do _____

(nome da empresa seguradora).

Apólice nº_____

SEGURADORA:_____(Qualificação)

SEGURADO:_____(Qualificação)

I. Glossário:

Indicar neste item os principais conceitos relativos ao seguro de acidentes pessoais. Esta parte é essencial para dar clareza na relação segurado-seguradora.

Objeto do Seguro:

O objeto do presente é garantir o pagamento de indenização correspondente aos fatos passíveis de resgate apresentados no item 5. Este contrato tem a finalidade de resguardar o segurado dos riscos de acidentes pessoais que possa estar sujeito em seu cotidiano e também garantir o respectivo prêmio à seguradora para cobrir com perfeição este ajuste contratual.

II. Da cobertura básica do seguro de vida:

1. Morte Acidental:

Esta hipótese garante ao beneficiário o pagamento de indenização correspondente a integralidade do capital segurado na ocorrência da morte do segurado principal, causada por um dos acidentes descritos no item 5.

2. Invalidez permanente total ou parcial por acidente:

Está hipótese garante ao segurado principal o pagamento de uma indenização correspondente à perda (de função ou membro) ou de incapacidade total ou parcial por lesão causada no acidente coberto.

A seguradora compromete-se a pagar indenização limitada a 100% do capital segurado nos casos em que houver as seguintes limitações:

(adicionar lista com as limitações que fazem parte da integralidade do seguro recebido e as outras que fazem parte de parte da remuneração).

Em todas elas é bom ficar clara para o segurado a necessidade do seu aceite e da oportunidade de implementar outras limitações para possível cobertura.

III. Regras especiais:

Neste requisito é bom adicionar as regras relativas ao resgate e as condições para que seja avaliada a perda da função ou incapacidade total ou parcial causada pelo acidente.

(É bom adicionar a reintegração do capital segurado da cobertura adicional de invalidez permanente total ou parcial por acidente, sem cobrança de prêmio adicional, sempre que houver pagamento de indenização por sinistro decorrente de acidente pessoal coberto).

(Também pode prever resgate de certa porcentagem do prêmio segurado no caso de falecimento do cônjuge).

(Adicionar também garantia para pagamento de despesas com doenças graves mesmo antes de vencida a carência prevista devido a preservação da vida estar em primeiro lugar).

IV. Auxílio-alimentação:

Garante o pagamento de uma indenização no valor R$_____ a título de auxílio-alimentação em caso do segurado principal falecer por causa de acidente.

V. Condições de cobertura:

Adicionar as condições e a abrangência da cobertura do seguro de acidentes pessoais (Registrar todos os casos de acidentes que fazem parte deste seguro).

VI. Aceitação dos segurados:

Serão aceitos neste seguro as pessoas físicas que, na data de adesão ao seguro, sejam empregados vinculados à empresa contratante regida pelas normas da CLT e também constarem na Guia de Recolhimento do FGTS e informações da Previdência Social.

VII - Vigência e aceitação do seguro:

O presente seguro terá a duração de _____ anos, podendo ser renovado pelo mesmo período.

A apólice poderá ser renovada se o segurado se manifestar neste sentido.

A vigência do seguro terá início às _____ horas do dia_____.

VIII – Prêmio do seguro:

O prêmio do seguro será no valor de R$_____ de forma mensal em débito automático na conta_____ no banco_____.

O índice de atualização dos capitais segurados e do prêmio do seguro será o _____.

(adicionar regras relativas ao inadimplemento do prêmio)

(adicionar outras regras, tais como juros e correção monetária)

IX. Cancelamento do contrato de seguro:

A apólice de seguro está sujeita ao cancelamento e a devolução dos valores pagos nos seguintes casos:

(Adicionar outras condições de cancelamento que sejam convencionadas entre o segurador e o segurado).

X. Documentos para a habilitação à indenização:

(adicionar os documentos necessários para a habilitação à indenização)

XI. Beneficiários:

(Neste momento são indicados os beneficiários da empresa que deverão participar do seguro de acidentes pessoais).

(adicionar outras regras constantes a este contrato no que se refere aos beneficiários)

XII. Estipulante:

Este seguro é garantido pela _____ (qualificação da seguradora)

XIII. Prescrição:

Este seguro está fundamentado e tem sua prescrição regulada pelas normas do Código Civil brasileiro.

X. Disposições finais:

A seguradora está registrada na SUSEP regularmente podendo ser consultada a situação cadastral no site www.susep.gov.br.

(adicionar as obrigações do estipulante e do segurado)

(adicionar as regras de comunicação de óbito)

Qualquer questão judicial será decidida no foro da comarca de _____.

_____
Assinatura do Diretor da Empresa

_____
Assinatura do Estipulante (seguradora)

_____
Assinatura do beneficiário

_____
Assinatura do beneficiário

Testemunhas:

_____
_____
_____

6. Modelos de petições na área securitária

6.1. Ação de cobrança de seguro de vida (individual)

Excelentíssimo Senhor Doutor Juiz de Direito da _____ Vara Cível da Comarca de _____

_____(nome), _____(nacionalidade)_____ (emprego)_____, RG nº_____, CPF nº_____, residente e domiciliado à rua_____, vem por meio de seu advogado infra-assinado com fundamento nos artigos 757 e seguintes do Código Civil, propor a presente:

AÇÃO DE COBRANÇA

Em face de _____(nome da empresa), CNPJ nº_____, pessoa jurídica de direito privado com sede à rua_____, pelos motivos e fundamentos que passamos a expor:

DOS FATOS

O requerente, no dia _____ firmou contrato de seguro de vida com a requerida no valor de R$_____. Até a data de _____ o autor recolheu devidamente o prêmio previsto contratualmente de acordo com os documentos comprobatórios em anexo.

Ocorre que o segurado morreu no dia_____ por ocasião da seguinte doença: _____. Desta feita, o beneficiário juntou os documentos previstos nos contrato, na cláusula_____ e foi até a seguradora para requerer o pagamento da indenização. No entanto, com grande surpresa o beneficiário teve o seu pedido rejeitado no dia_____ conforme comprovante em anexo com o fundamento de que o segurado principal havia omitido uma doença da qual era portador, qual seja, a _____. A requerida utilizou do artigo 766 do Código Civil para justificar o indeferimento.

No entanto esta alegação não tem foro de procedência, pois é certo que ao tempo da assinatura do contrato não havia nenhuma doença preexistente conforme laudos médicos em anexo. Desta forma a presente ação tem o objetivo de que a requerida pague o devida indenização pela morte do segurado principal ao requerente.

DOS DIREITOS:

O contrato de seguro de vida do requerente com a seguradora estipula na cláusula_____ o pagamento da indenização correspondente devido a morte do segurado principal. Desta forma, não tem sentido a negativa da seguradora em pagar a indenização devida. De acordo com o laudo médico em anexo realizado à época da assinatura do contrato não havia nenhuma doença constatada. O artigo 757 do Código Civil obriga ao pagamento da devida indenização. Veja:

> "Art. 757. Pelo contrato de seguro, o segurador se obriga, mediante o pagamento do prêmio, a garantir interesse legítimo do segurado, relativo a pessoa ou a coisa, contra riscos predeterminados."

(adicionar outros argumentos sobre o tema)

DOS PEDIDOS:

Por todo o exposto requer seja:

a) A concessão da assistência judiciária devido a encontrar-se desempregado e não poder arcar com as custas processuais sem o prejuízo do sustento da sua família.

b) A citação da empresa ré para contestar a presente ação sob pena de revelia.

c) A procedência da presente ação com a respectiva condenação da empresa-ré ao pagamento da indenização prevista no contrato no valor de R$_____ com as devidas correções monetárias.

d) A produção de todas as provas admitidas em direito.

Dá-se a causa o valor de R$_____.

Nestes termos

Pede deferimento

_____
Advogado OAB nº

6.2. Ação de cobrança de seguro de vida (grupo)

Excelentíssimo Senhor Doutor Juiz de Direito da _____
Vara Cível da Comarca de _____

_____(nome), _____(nacionalidade)_____ (emprego)_____, RG n°_____, CPF n°_____, residente e domiciliado à rua_____, e _____(nome), _____(nacionalidade)_____ (emprego)_____, RG n°_____, CPF n°_____, residente e domiciliado à rua_____, vem por meio de seu advogado infra-assinado com fundamento nos artigos 757 e seguintes do Código Civil, propor a presente:

AÇÃO DE COBRANÇA

Em face de _____(nome da empresa), CNPJ n°_____, pessoa jurídica de direito privado com sede à rua_____, pelos motivos e fundamentos que passamos a expor:

DOS FATOS

O pai dos requerentes contratou um seguro de vida em grupo pela empresa em que trabalhava, qual seja_____(nome da empresa) tendo como estipulante a requerida e como beneficiários os requerentes. O seguro foi acordado nas seguintes condições:

(adicionar as cláusulas do contrato que se referem ao sue direito)

Ocorre que no dia _____ o segurado principal morre por ocasião da seguinte doença _____. A partir deste fato, os beneficiários juntaram os documentos previstos nos contrato, na cláusula _____ e foram até a seguradora para requerer o pagamento da indenização. No entanto, com grande surpresa o beneficiário teve o seu pedido rejeitado no dia_____ sem nenhum comprovante da requerida. Apenas tiveram negada a indenização sem que se desse qualquer documento comprobatório da negativa. O argumento verbal que foi dado aos beneficiários sugere uma doença preexistente que não havia sido mencionada na assinatura do contrato. No entanto, está consignado em anexo o laudo médico da época em que o contrato de seguro de vida foi assinado comprovando não haver nenhuma irregularidade nem deficiência no estado de saúde do segurado principal. Por isto, os beneficiários ingressam com esta ação de cobrança para fazer jus ao direito à indenização que lhes compete.

DO DIREITO:

Incialmente cumpre ressaltar que de acordo com a cláusula_____ o pagamento da indenização correspondente devido a morte do segurado principal está fixado no valor de R$_____. Desta forma, não tem sentido a negativa da seguradora em pagar a indenização devida. De acordo com o laudo médico em anexo realizado à época da assinatura do contrato não havia nenhuma doença constatada. O artigo 757 do Código Civil obriga ao pagamento da devida indenização. Veja:

> "Art. 757. Pelo contrato de seguro, o segurador se obriga, mediante o pagamento do prêmio, a garantir interesse legítimo do segurado, relativo a pessoa ou a coisa, contra riscos predeterminados."

Também é cabível a inversão do ônus da prova no sentido de determinar que a seguradora possa provar a preexistência da doença que justificaria a sua negativa. A verdade não pode ser esquecida. É claro que a doença causadora da morte do segurado principal não existia à época da assinatura do contrato.

De acordo com o artigo 6º, VIII do Código de Defesa do Consumidor: "a facilitação da defesa de seus direitos, inclusive com a inversão do ônus da prova, a seu favor, no processo civil, quando, a critério do juiz, for verossímil a alegação ou quando for ele hipossuficiente, segundo as regras ordinárias de experiências;"

(adicionar outros argumentos sobre o tema)

DOS PEDIDOS:

Por todo o exposto requer seja:

a) A concessão da assistência judiciária devido a encontrar-se desempregado e não poder arcar com as custas processuais sem o prejuízo do sustento da sua família.

b) A citação da empresa ré para contestar a presente ação sob pena de revelia.

c) A procedência da presente ação com a respectiva condenação da empresa-ré ao pagamento da indenização prevista no contrato no valor de R$_____ com as devidas correções monetárias.

d) A produção de todas as provas admitidas em direito.

e) A inversão do ônus da prova consoante o artigo 6º, VIII do CDC.

Dá-se a causa o valor de R$_____.

Nestes termos

Pede deferimento

_____

Advogado OAB nº

7. Jurisprudência aplicada

7.1. PGBL

A Turma, por maioria, entendeu que não possui caráter alimentar o saldo de depósito Plano Gerador de Benefício Livre (PGBL), que consiste em um plano de previdência complementar que permite a acumulação de recursos e a transformação deles em uma renda futura, sendo possível, também, o resgate antecipado, constituindo aplicação financeira de longo prazo, com natureza de poupança previdenciária, porém susceptível de penhora. Assim, entra no regime de indisponibilidade de bens imposto pela Lei n°. 6.024/1974, independentemente de os valores depositados terem sido efetivados em data anterior ao ingresso do administrador na instituição em intervenção decretada pelo Banco Central. REsp 1.121.719-SP, Rel. Min. Raul Araújo, julgado em 15/3/2011.

7.2. VGBL

Trata-se de agravo de instrumento interposto contra decisão que, em execução fiscal, determinou a penhora sobre o crédito, considerando a forma de realização dos valores aplicados em VGBL. Sustenta a parte agravante, em síntese, que valores depositados em contas de previdência complementar são impenhoráveis. É o relatório. Decido. A questão não comporta discussão, porquanto o entendimento do STJ e desta Corte é no sentido da viabilidade da penhora do saldo de depósitos relativos aos planos de previdência privada. Nesse sentido: (...) "RECURSO ESPECIAL. (...) FUNDO DE PREVIDÊNCIA PRIVADA. PGBL. (...) 4. O saldo de depósito em PGBL - Plano Gerador de Benefício Livre não ostenta nítido caráter alimentar, constituindo aplicação financeira de longo prazo, de relevante natureza de poupança previdenciária, porém susceptível de penhora. (...) (STJ, 4ª Turma, Resp 1121719, Min. Raul Araújo, DE. 27/04/11)" AGRAVO DE INSTRUMENTO. TRIBUTÁRIO. EXECUÇÃO FISCAL. PENHORA DE DEPÓSITOS RELATIVOS À PREVIDÊNCIA PRIVADA. POSSIBILIDADE. É possível a penhora do saldo de depósitos relativos aos planos de previdência privada . Precedentes do STJ. (TRF4, AG 0004690-40.2011.404.0000, Segunda Turma, Relator Artur César de Souza, D.E. 08/06/2011) (...) A decisão agravada está em conformidade com o entendimento acima, não merecendo reparos. Isso posto, nego seguimento ao agravo de instrumento, com base no art. 557, *caput*, do CPC. Intimem-se. Publique-se (TRF4, AG 5017782-63.2012.404.0000, Primeira Turma, Relator Joel Ilan Paciornik, D.E. 16/11/2012).

7.3. Seguro de vida – ação regressiva

A apólice de seguro é peça dispensável à propositura de ação regressiva por seguradora em face do suposto causador do dano, tampouco configura documento essencial à comprovação do fato constitutivo do direito do autor na referida demanda. Conforme o art. 758 do CC, a apólice, o bilhete ou o comprovante do pagamento do prêmio constituem meios de prova do contrato de seguro. O referido dispositivo legal, entretanto, não exclui aprioristicamente outras formas aptas à comprovação da relação securitária. Não se trata, portanto, de hipótese de prova legal ou tarifada. Está-se, na verdade, diante de uma previsão de prova pré-constituída, cuja exibição se dá para que, no futuro, não se levantem dúvidas acerca da existência da relação jurídica. Desse modo, mesmo em face de previsão legal de prova pré-constituída — como é o caso do art. 758 do CC —, aplica-se o art. 332 do CPC, segundo o qual «todos os meios legais, bem como os moralmente legítimos, ainda que não especificados neste Código, são hábeis para provar a verdade dos fatos, em que se funda a ação ou defesa». Ademais, em uma ação regressiva ajuizada pela seguradora contra terceiros, assumir como essencial a apresentação da apólice consubstanciaria exigência de prova demasiado frágil, porquanto é documento criado unilateralmente por quem dele se beneficiaria. REsp 1.130.704-MG, Rel. Min. Luis Felipe Salomão, julgado em 19/3/2013.

7.4. Seguro de vida – negativa de contratar

A negativa pura e simples de contratar seguro de vida é ilícita, violando a regra do art. 39, IX, do CDC. Diversas opções poderiam substituir a simples negativa de contratar, como a formulação de prêmio mais alto ou ainda a redução de cobertura securitária, excluindo-se os sinistros relacionados à doença preexistente, mas não poderia negar ao consumidor a prestação de serviços. As normas expedidas pela SUSEP para regulação de seguros devem ser interpretadas em consonância com o mencionado dispositivo. Ainda que o ramo securitário consubstancie atividade de alta complexidade técnica, regulada por órgão específico, a contratação de seguros está inserida no âmbito das relações de consumo, portanto tem necessariamente de respeitar as disposições do CDC. A recusa da contratação é possível, como previsto na Circular SUSEP n°. 251/2004, mas apenas em hipóteses realmente excepcionais. REsp 1.300.116-SP, Rel. Min. Nancy Andrighi, julgado em 23/10/2012.

7.5. Seguro de vida – diferença de indenização

A Turma reafirmou o entendimento de que o prazo prescricional ânuo (art. 178, § 6º, do CC 1916) para o ajuizamento da ação de cobrança de diferença de indenização securitária tem início na data da ciência inequívoca do pagamento incompleto ou a menor. Na espécie, o falecimento do segurado ocorreu em 1964, ano em que teve início o processo de inventário. Apesar de determinado pelo juízo inventariante, em 24/11/1964, o depósito da importância devida pela empresa seguradora aos sucessores do *de cujus*, referente à indenização pelo seu seguro de vida, a ordem judicial somente foi cumprida em 22/11/2001. Constatada a insuficiência do pagamento, os herdeiros, em 9/7/2002, ajuizaram ação de cobrança para o recebimento da diferença do prêmio. Sob tal contexto, considerou o Min. Relator que, mesmo depois de decorrido longo período da ocorrência do sinistro, o depósito da importância do valor relativo à indenização securitária configura reconhecimento da existência da dívida por parte da seguradora. Assim, não estaria prescrito o direito dos herdeiros de pleitearem a complementação do seguro, pois a ação de cobrança foi proposta dentro do prazo de um ano, contado da data do pagamento a menor. Precedentes citados: REsp 882.588-SC, DJe 4/5/2011, e AgRg no Ag 1.277.705-GO, DJe 3/11/2010.REsp 831.543-RJ, Rel. Min. Antonio Carlos Ferreira, julgado em 10/4/2012.

7.6. Seguro de vida – complementação securitária

A discussão central do recurso reside em definir se, para fins securitários, é considerado morte natural ou morte acidental o óbito provocado por infecção generalizada decorrente de **acidente durante cirurgia de gastroplastia ou bariátrica, popularmente conhecida por "cirurgia de redução de estômago". No caso, a segurada, portadora** de **obesidade mórbida, submeteu-se à cirurgia** de gastroplastia. Durante a operação, seu baço foi lesionado, o que a fez passar por uma intervenção para retirá-lo. Após receber alta hospitalar, teve de **ser novamente hospitalizada em razão de sérias complicações pós-operatórias, devido ao grave quadro de infecção generalizada. Em decorrência dessas complicações, a segurada veio a óbito vinte dias após a cirurgia. Em razão do falecimento da segurada, os beneficiários do** seguro de vida **pleitearam administrativamente o prêmio, recebendo a indenização da cobertura básica por morte natural. Insatisfeitos, ajuizaram ação contra a seguradora para obter a diferença da indenização por morte acidental, estimada em R$ 33 mil. O juízo** de direito acolheu o pedido, modificado pelo tribunal *a quo*, que entendeu ter ocorrido "morte natural". A Min. Relatora, inicialmente, asseverou que, ainda que o conceito de acidente pessoal encontre previsão no contrato de seguro, não se aplicam à espécie os enunciados das súmulas de número 5 e 7 do STJ. Discute-se, em realidade, a qualificação jurídica do evento que resultou na morte da segurada, caracterizando por acidente ou por fato natural o desenrolar do procedimento cirúrgico que a vitimara. A Turma entendeu que a infecção generalizada resultante de imprevista lesão no baço da paciente não se manteve na linha natural do desdobramento cirúrgico. Tal acontecimento, no contexto de procedimentos médicos da mesma natureza, representou, em realidade, evento não esperado e pouco provável; fator externo e involuntário ao ato cirúrgico de «redução de estômago», ou seja, a lesão no baço acidentalmente ocorrida durante a cirurgia. Daí por que, para quaisquer fins, inclusive securitários, a infecção causadora da morte da vítima foi provocada pela lesão acidental, o que afasta a alegação de morte natural e autoriza a complementação do prêmio por morte acidental. Diante dessa e de outras considerações, a Turma deu parcial provimento ao recurso especial para julgar procedente o pedido de complementação da cobertura securitária. REsp 1.184.189-MS, Rel. Min. Maria Isabel Gallotti, julgado em 15/3/2012.

Capítulo 10

O Seguro de Dano

1. Considerações iniciais. 2. Regras especiais. 3. O Código Civil e o seguro de dano. 4. Regras especiais. 5. Seguro de Danos pessoais causados por embarcações (DPEM). 6. Seguro Residencial. 7. Seguro incêndio. 8. Seguro de automóvel comum. 9. Modelos de petições na área securitária. 9.1. Contrato de Seguro de automóvel usado (conforme SUSEP). 9.2. Contrato de Seguro Incêndio. 10. Modelos de petições na área securitária. 10.1. Ação de cobrança de seguro incêndio. 10.2. Recurso de apelação – seguro incêndio. 10.3. Ação de cobrança de seguro residencial. 11. Jurisprudência aplicada. 11.1. Seguro veicular 11.2. Seguro Incêndio – registro. 11.3. Seguro incêndio – imóvel locado. 11.4. Seguro de automóvel – responsabilidade por serviços prestados. 11.5. Seguro de automóvel – Táxi. 11.6. Seguro de automóvel – Cláusula limitativa. 11.7. Seguro de automóvel – Rescisão do contrato. 11.8. Seguro de automóvel – estrangeiro. 11.9. Seguro de automóvel – baixa do veículo no cadastro do DETRAN. 11.10. Seguro de automóvel – blindagem.

1. Considerações iniciais

O seguro de danos são aqueles que visam ao ressarcimento do prejuízo em face de alguma realidade com cobertura no contrato. Ele garante até o limite máximo segurado, o pagamento de indenização por prejuízos causados e necessita da devida comprovação. Neste contrato securitário temos cláusulas contratuais específicas em que cada risco será definido para análise final da cobertura. Geralmente as disposições contratuais têm a qualificação dos contratantes, as obrigações e direitos das partes e também o objeto do seguro, o foro escolhido, as coberturas existentes, e as regras especiais. No momento da contratação todas as condições referentes ao negócio devem ser estar preenchidas. Notadamente, após a assinatura do contrato as resoluções posteriores devem ser preenchidas por aditivo. Um bom costume nestes contratos é consignar no início um glossário com os termos mais úteis. A importância segurada e o valor do prêmio devem ser estipulados expressamente, como também, a indenização respectiva com as condições devidas.

A seguradora tem o prazo de 15 dias corridos (contados a partir do recebimento da proposta) para se manifestar sobre a aceitação do seguro. A recusa da proposta deverá ser comunicada ao segurado com a respectiva devolução dos valores se estes já tiverem sido adiantados. O seguro de dano em regra tem prazo de duração de um ano, no entanto as partes podem ter um contrato com prazo diferenciado se assim acordarem.

Vale destacar que no contrato deve ser indicado a cobertura geográfica do respectivo dano, as garantias e os riscos cobertos. Por exemplo, se o risco é absoluto (responsabilidade integral do limite máximo de garantia), relativo (neste caso, o segurado consigna o valor em risco declarado) e o risco total (neste caso não será aplicada a cláusula de rateio). Vejamos as lições da SUSEP[1] sobre o tema:

"**Risco Absoluto:** Nessa forma de contratação, o segurador responde pelos prejuízos, integralmente, até o montante do limite máximo de garantia, deduzidas eventuais franquias. Não haverá, em hipótese alguma, aplicação de cláusula de rateio. **Risco Relativo:** Sempre que houver a probabilidade de qualquer bem do segurado, num determinado local, ser atingido por um mesmo evento, sem que o dano seja total, é, normalmente, utilizada a forma de contratação a risco relativo. O seguro a primeiro risco relativo é bastante comum nos ramos Compreensivos e Riscos Nomeados e Operacionais. Nesse tipo de contratação o segurado declara, no momento da contratação, o valor em risco dos bens (valor em risco declarado – VRD). No momento do sinistro, é apurado o valor em risco dos bens (VRA). Se esse valor for superior ao valor em risco declarado, haverá aplicação da cláusula de rateio e a indenização será reduzida na proporção da diferença entre o prêmio pago e aquele que seria efetivamente devido. **Risco Total:** No momento da contratação do seguro, é possível conhecer o valor dos bens expostos ao risco, estabelecendo-se esse valor como montante do limite máximo de garantia, que é fixado pelo segurado. Assim, esse montante será igual ao valor atual do bem, ou múltiplo deste... No momento da contratação do seguro, é possível conhecer o valor dos bens expostos ao risco, estabelecendo-se esse valor como montante do limite máximo de garantia, que é fixado pelo segurado. Assim, esse montante será igual ao valor atual do bem, ou múltiplo deste... Em algumas situações acordadas entre o segurado e a seguradora, o rateio pode ser parcial. Esse tipo de rateio pode ser adotado tanto para seguros a risco relativo quanto para seguros a risco total. O rateio parcial é a cláusula constante das condições da apólice, que objetiva diminuir a participação do

---

1 http://www.susep.gov.br/menu/informacoes-ao-publico/planos-e-produtos/seguros/seguro-de-danos

segurado nos prejuízos parciais quando ocorre rateio por insuficiência de seguro. Para que isso seja possível, é definido um percentual de redução que é utilizado na fórmula de cálculo da indenização com rateio como redutor do valor em risco apurado."

2. Regras especiais

A ocorrência do evento garantido pelo seguro de dano deverá ser comunicada a seguradora de forma imediata. A liquidação dos sinistros deve ser feita de forma rápida pela empresa seguradora para que todos os prejuízos cobertos sejam devidamente ressarcidos.

Ainda é importante falarmos sobre a franquia. Esta pode ser descrita como o valor previsto na apólice pelo qual o segurado se compromete em caso de sinistro. A SUSEP[2] nos ensina:

> "Existem dois tipos de franquia: simples, em que o segurador responde pela totalidade dos prejuízos sempre que estes ultrapassarem a franquia estabelecida; ou dedutível, onde o segurador só paga os prejuízos que ultrapassarem a franquia. As franquias podem ser fixadas em valor absoluto ou como percentual do limite máximo de garantia. Se for estabelecida como percentual dos prejuízos indenizáveis, comumente recebe o nome de Participação Obrigatória do Segurado (POS). E sua contratação resulta, naturalmente, em redução de prêmio, já que os sinistros a cargo do segurador diminuem."

3. O Código Civil e o seguro de dano

Os artigos 778 a 788 do Código Civil tratam especificamente do seguro de dano. O artigo 778 descreve: "Nos seguros de dano, a garantia prometida não pode ultrapassar o valor do interesse segurado no momento da conclusão do contrato, sob pena do disposto no art. 766, e sem prejuízo da ação penal que no caso couber." Quer dizer, no seguro de dano a garantia prometida tem um limite, qual seja, o interesse segurado. A pena aplicada para aquele que infringir o artigo está prevista no artigo 766 do Código Civil:

> Art. 766. Se o segurado, por si ou por seu representante, fizer declarações inexatas ou omitir circunstâncias que possam influir na aceitação da proposta ou na taxa do prêmio, perderá o direito à garantia, além de ficar obrigado ao prêmio vencido. Parágrafo único. Se a inexatidão ou omissão nas declarações não resultar de má-fé do segurado, o segurador terá direito a resolver o contrato, ou a cobrar, mesmo após o sinistro, a diferença do prêmio.

---

2 http://www.susep.gov.br/menu/informacoes-ao-publico/planos-e-produtos/seguros/seguro-de-danos

É bom registrar que a indenização não pode ultrapassar o valor do interesse segurado no momento do sinistro, e, em hipótese alguma, o limite máximo da garantia fixado na apólice, exceto em caso de mora do segurador.

O risco do seguro está descrito no artigo 779 do Código Civil que descreve: "o risco do seguro compreenderá todos os prejuízos resultantes ou consequentes, como sejam os estragos ocasionados para evitar o sinistro, minorar o dano, ou salvar a coisa."

No seguro de coisas transportadas, a vigência da garantia, começa no momento em que são pelo transportador recebidas, e cessa com a sua entrega ao destinatário.

O artigo 782 do Código Civil trata da necessidade de comunicação prévia à seguradora do interesse em obter novo seguro sobre o mesmo objeto junto a outro segurador.

No seguro de dano (exceto disposição em contrário), o seguro de um interesse por menos do que valha acarreta a redução proporcional da indenização, no caso de sinistro parcial.

O artigo 784 do Código Civil destaca: "Não se inclui na garantia o sinistro provocado por vício intrínseco da coisa segurada, não declarado pelo segurado." Entende-se por vício intrínseco o defeito próprio da coisa, que se não encontra normalmente em outras da mesma espécie.

O contrato de seguro de dano pode ser transferido a terceiro com a alienação ou cessão do interesse segurado, exceto se houver disposição em contrário. Se o instrumento contratual é nominativo, a transferência só produz efeitos em relação ao segurador mediante aviso escrito assinado pelo cedente e pelo cessionário. A apólice ou o bilhete à ordem só se transfere por endosso em preto, datado e assinado pelo endossante e pelo endossatário.

O artigo 786 do Código Civil estatui: "Paga a indenização, o segurador sub-roga-se, nos limites do valor respectivo, nos direitos e ações que competirem ao segurado contra o autor do dano." Registra-se que, exceto no caso de dolo, a sub-rogação não tem lugar se o dano foi causado pelo cônjuge do segurado, seus descendentes ou ascendentes, consanguíneos ou afins.

Outro modelo de seguro de dano é o ramo de responsabilidade civil no qual o segurador garante o pagamento de perdas e danos devidos pelo segurado a terceiro. Tão logo saiba o segurado das consequências de ato seu, susceptível de lhe acarretar a responsabilidade incluída na garantia, comunicará o fato ao segurador. O segurador deve ser avisado do sinistro e também de todo acordo que for feito com o terceiro prejudicado para transigir com ele.

Importante consignar que se for intentada a ação contra o segurado, este dará ciência da lide ao segurador. Subsistirá a responsabilidade do segurado perante o terceiro, se o segurador for insolvente.

Nos seguros de responsabilidade legalmente obrigatórios, a indenização por sinistro será paga pelo segurador diretamente ao terceiro prejudicado. Demandado em ação direta pela vítima do dano, o segurador não poderá opor a exceção de contrato não cumprido pelo segurado, sem promover a citação deste para integrar o contraditório.

4. Regras especiais

A SUSEP[3] traz algumas regras relativas á perda do direito de seguro:

> "A seguradora ficará isenta de qualquer obrigação decorrente do contrato se: - O segurado agravar intencionalmente o risco; - O sinistro ocorrer por culpa grave ou dolo do Segurado ou Beneficiário do seguro; - A reclamação de indenização por sinistro for fraudulenta ou de má-fé; - O segurado ou beneficiário ou ainda seus representantes e prepostos fizerem declarações falsas ou, por qualquer meio, tentarem obter benefícios ilícitos do seguro; - O segurado não participar o sinistro à sociedade seguradora, tão logo tome conhecimento, e não adotar as providências imediatas para minorar suas consequências;
>
> A **súmula 402 do STJ afirma um entendimento interessante para o contrato de seguro por danos pessoais:** "O contrato de seguro por danos pessoais compreende danos morais, salvo cláusula expressa de exclusão".

5. Seguro de Danos pessoais causados por embarcações (DPEM)

O seguro DPEM foi instituído pela Lei nº 8.374/91. O seguro de danos pessoais causados por embarcações tem por finalidade dar cobertura a pessoas transportadas ou não, inclusive aos proprietários, tripulantes e/ou condutores das embarcações, e a seus respectivos beneficiários ou dependentes, esteja ou não a embarcação operando. O seguro não abrangerá multas e fianças impostas aos condutores ou proprietários das embarcações, e danos decorrentes de radiações ou de contaminação pela radioatividade de qualquer combustível nuclear ou de qualquer resíduo de combustão de matéria nuclear.

Os danos pessoais cobertos pelo seguro DPEM compreendem as indenizações por morte, invalidez permanente e despesas de assistência médica e suplementares, nos valores que o Conselho Nacional de Seguros Privados – CNSP fixar.

---

3   http://www.susep.gov.br/menu/informacoes-ao-publico/planos-e-produtos/seguros/seguro-de-danos

A indenização relativa ao seguro, no caso de morte, será paga, na constância do casamento, ao cônjuge sobrevivente; na sua falta, aos herdeiros legais. As indenizações por invalidez permanente e por despesas de assistência médica e suplementares, serão pagas diretamente à vítima, conforme dispuser o CNSP.

O direito à indenização relativa ao seguro decorre da simples prova do acidente e do dano, independentemente da existência de culpa. A indenização referida neste artigo será paga no prazo de 15 dias, a contar da datada entrega dos documentos a serem indicados pelo CNSP, à sociedade seguradora, contra recibo que o especificará.

A responsabilidade do transportador, por danos ocorridos durante a execução do contrato de transporte, está sujeita aos limites do seguro obrigatório, a não ser que o dano tenha resultado de culpa ou dolo do transportador ou de seus prepostos.

No caso de ocorrência de acidente do qual participem duas ou mais embarcações, a indenização será paga pelo segurador da embarcação em que a pessoa vitimada era transportada. Resultando de acidente referido neste artigo vítimas não transportadas, ou não sendo possível identificar em qual embarcação a pessoa vitimada era transportada, as indenizações a elas correspondentes serão pagas, em partes iguais, pelos seguradores das embarcações envolvidas. Havendo embarcações não identificadas e identificadas, a indenização será paga pelos seguradores destas últimas.

A indenização por morte ou invalidez permanente, causada exclusivamente por embarcações não identificadas, será devida conforme dispuser o CNSP. Comprovado o pagamento a sociedade seguradora que houver pago a indenização poderá, mediante ação própria, haver do responsável pelo acidente a importância efetivamente indenizada.

O prêmio do Seguro Obrigatório DPEM deverá ser recolhido obrigatoriamente através de bilhete de seguro, emitido por embarcação, bastando o proprietário da embarcação entrar em contato com um corretor de seguros habilitado ou uma seguradora.

O pagamento do prêmio de seguro relativo às embarcações que forem submetidas ao processo de inscrição deverá anteceder a expedição do Título de Inscrição ou Documento Provisório de Propriedade.

A SUSEP[4] tem o seguinte entendimento sobre o bilhete de seguro:

---

4   http://www.susep.gov.br/menu/informacoes-ao-publico/planos-e-produtos/seguros/seguro-de-danos

"O bilhete de seguro terá vigência de um ano, a contar: a) Em caso de bilhete novo, das 24 (vinte e quatro) horas do dia do pagamento do prêmio na rede bancária, cartão de crédito ou outra forma admitida em lei; e b) Em caso de renovação, das 24 (vinte e quatro) horas do dia do vencimento do bilhete anterior, desde que o prêmio do bilhete da renovação tenha sido pago até aquela data. É vedado o endosso transferindo o bilhete de seguro de uma embarcação para outra. Em caso de transferência de proprietário da embarcação, o bilhete de seguro se transfere automaticamente para o novo proprietário, independentemente de endosso. É vedada a emissão de mais de um bilhete de seguro para a mesma embarcação. Na hipótese de ocorrer duplicidade de seguro, prevalecerá sempre o seguro mais antigo e o prêmio do bilhete a ser inutilizado será integralmente restituído."

Todos os proprietários ou armadores em geral, de embarcações nacionais ou estrangeiras que deixarem de contratar o seguro ficarão sujeitos à multa de valor igual ao dobro do prêmio anual, por ano ou fração de ano. Para efeito de aplicação da multa considerar-se-á o valor do prêmio na data de seu pagamento.

A SUPEP[5] registra:

"Além disso, não se procederá a inscrição, nem se expedirá provisão de registro, termo de vistoria ou certificado de regularização de embarcação, sem a comprovação da existência do seguro, em vigor. As multas serão aplicadas pela Capitania dos Portos ou por Repartições a elas subordinadas, na forma estabelecida pela Diretoria de Portos e Costas do Ministério da Marinha. Para fim de controle e de acordo com os artigos 2º e 14 da Lei nº 8.374, de 31/12/91, sempre que solicitado pela autoridade competente, o responsável pela embarcação deverá exibir, além do Termo de Vistoria ou do Certificado de Regularização de Embarcação, o bilhete de seguro devidamente quitado. Consideram-se embarcações os veículos destinados ao tráfego marítimo, fluvial ou lacustre, dotados ou não de propulsão própria. A obrigatoriedade do seguro DPEM se aplica exclusivamente às embarcações sujeitas à inscrição nas Capitanias dos Portos ou Repartições a estas subordinadas."

Muito importante consignar que nas causas relativas ao seguro DPEM recomenda-se o procedimento sumaríssimo previsto no Código de Processo Civil com a finalidade de resolver de forma mais rápida a lide proposta.

O responsável pela embarcação que deixar de contratar o seguro ficará sujeito à multa de valor igual ao dobro do prêmio anual, por ano ou fração de ano. Para efeito de aplicação da multa será considerado o valor do prêmio na data de sua aplicação.

---

5 http://www.susep.gov.br/menu/informacoes-ao-publico/planos-e-produtos/seguros/dpem

As multas serão aplicadas pelas capitanias dos portos ou por repartições a elas subordinadas, na forma estabelecida pela Diretoria de Portos e Costas do Ministério da Marinha. O produto das multas impostas será recolhido à conta do Tesouro Nacional, na forma estabelecida pelo Ministério da Fazenda.

A SUPEP[6] traz as seguintes informações sobre o DPEM:

"As indenizações serão pagas diretamente ao beneficiário, por pessoa vitimada, em qualquer caso, com base nas importâncias seguradas vigentes na data do sinistro, independentemente da data de emissão do bilhete de seguro, observados os valores fixados na tabela abaixo: O valor da indenização por invalidez permanente será determinado aplicando-se sobre o valor da tabela anterior o percentual estabelecido de conformidade com as normas para o seguro de acidentes pessoais. O pagamento da indenização poderá ser feito em cheque nominal ao beneficiário, ainda que haja representação, ou, também, poderá ser realizado através de depósito ou transferência eletrônica de dados (TED) para a conta corrente do beneficiário, observada a legislação do Sistema de Pagamentos Brasileiro. As indenizações por morte e invalidez permanente não são cumulativas; se, depois de paga uma indenização por invalidez permanente, verifica-se a morte em consequência do mesmo acidente, a sociedade seguradora pagará a indenização por morte, deduzida a indenização já paga por invalidez permanente. No caso de ter sido efetuado reembolso das despesas de assistência médica e suplementares, este valor não poderá ser descontado da indenização por morte ou invalidez permanente. Todas as pessoas embarcadas, transportadas ou não, inclusive proprietários, tripulantes e condutores de embarcações, que foram vítimas de acidentes envolvendo embarcações ou as cargas por elas transportadas, em operação ou não."

6. Seguro Residencial

O seguro residencial é um seguro de nível patrimonial que tem o objetivo de proteger a residência do segurado contra os danos que possam prejudicá-la. Este seguro é feito mediante cobertura própria com limites apurados pelas partes contratantes no momento de assinatura do contrato. Este pode prever a proteção securitária contra incêndio, vendaval, queda de raio, explosão, perda de aluguel, responsabilidade civil familiar, subtração de bens etc. Geralmente não é coberta a segurança de joias por ser de difícil constatação a boa-fé do proprietário no caso de um roubo. No entanto, se a seguradora quiser correr este risco pode adicionar esta cláusula contratual.

Algumas seguradoras preveem limitações na concessão do seguro de residência devido à fragilidade do imóvel que possa gerar um risco maior

---

6   http://www.susep.gov.br/menu/informacoes-ao-publico/planos-e-produtos/seguros/dpem

da ocorrência de um dano efetivo. Também é comum a cláusula securitária que estipula o limite máximo de cobertura do seguro residencial.

É bom deixar claro que a seguradora poderá firmar a amplitude do que será coberto pelo plano residencial (roubo, incêndio etc.) Tudo isto faz parte de uma negociação com o contratante. Nossa opinião é que o seguro residencial deveria possibilitar a maior cobertura com o menor preço possível.

A franquia do seguro residencial pode ser variada. As seguradoras têm trabalhado com dois tipos de franquia: a) fixa: a franquia elaborada num valor fixado previamente. Os sinistros de certo valor são de responsabilidade integral do segurado. No entanto, o segurado pode pagar a franquia (mesmo quando o prejuízo for menor) a qualquer tempo. Obs: só será utilizada se o prejuízo for superior ao valor franquiado; b) complexa: a franquia a ser paga é elaborada com base no PAP, isto é, o percentual de apuração após os prejuízos. Seria uma unidade entre o segurado e a seguradora no custeio conjunto do prejuízo efetivado. Neste modelo a franquia é dedutível do prejuízo.

Para a contratação do seguro residencial é necessário a comprovação da propriedade do imóvel. O seguro residencial poderá ser utilizado várias vezes no mesmo período do contrato até o limite máximo financeiro estipulado no contrato.

A SUSEP[7] traz algumas regras especiais:

> "Riscos cobertos são aqueles previstos e descritos em cada uma das coberturas, que terão eventuais prejuízos resultantes de sua ocorrência cobertos pelo seguro. Já os riscos excluídos são aqueles cujos prejuízos decorrentes não serão indenizados pelo seguro, salvo se contratada cobertura específica. Como exemplo, temos: - Erupção vulcânica, inundação ou outra convulsão da natureza; - Guerra interna ou externa, comoção civil, rebelião, insurreição, etc.; -Lucros cessantes e danos emergentes; -Queimadas em zonas rurais;- Roubo ou furto. A cobertura principal cobre danos causados por incêndios, queda de raios e explosão causada por gás empregado no uso doméstico (quando não gerado nos locais segurados) e suas consequências, tais como desmoronamento, impossibilidade de proteção ou remoção de salvados, despesas com combate ao fogo, salvamento e desentulho do local. Entretanto, pode haver outras coberturas, como, por exemplo, as que indenizam danos decorrentes de incêndios provocados por explosão de aparelhos ou substâncias de qualquer natureza (não incluída na cobertura principal), ou decorrentes de

---

7   http://www.susep.gov.br/setores-susep/seger/coate/perguntas-mais-frequentes-sobre-
    -seguro-residencial

outras causas como terremoto, queimadas em zona rural, vendaval, impacto de veículos, queda de aeronave, danos elétricos, dentre outras."

7. Seguro incêndio

O seguro incêndio é aquele utilizado para cobertura das situações onde o fogo se propaga causando danos e destruições. Geralmente é limitado a um espaço físico específico. Pode ser feito para uma empresa ou para uma instituição pública. Geralmente, este seguro é destacado quando realizado no âmbito empresarial, mas no âmbito habitacional é comum que o seguro residência já abarque a cobertura por incêndio. Caso o morador não tenha interesse de fazer o seguro residencial poderá optar apenas em fazer o seguro incêndio. Lembrando que o artigo 22, VIII da Lei nº 8.245/91 destaca que ao locador cabe pagar o prêmio de seguro complementar contra o fogo, que incidam ou venham a incidir sobre o imóvel, exceto se houver disposição expressa em contrário no contrato.

A SUSEP[8] traz algumas regras especiais:

"Para fins de seguro podemos definir incêndio da seguinte maneira: Incêndio é o fogo que se propaga, ou se desenvolve com intensidade, destruindo e causando prejuízos (danos).Seguem da definição as seguintes observações: Para que fique caracterizada a ocorrência de incêndio, para fins de seguro, não basta que exista fogo é preciso: - que o fogo se alastre, se desenvolva, se propague; - que a capacidade de alastrar-se não esteja limitada a um recipiente ou qualquer outro local em que habitualmente haja fogo, ou seja, que ocorra em local indesejado ou não habitual; e -que o fogo cause dano. Por conseguinte, os fenômenos que citaremos abaixo, não são considerados incêndio para fins de seguro. - Coisas ou objetos submetidos voluntariamente à ação direta ou indireta do fogo, se inflamam ou se danificam, e o dano fica a eles limitado."

As cláusulas contratuais deverão prever a qualificação do segurado e segurador com as devidas obrigações legais. As condições gerais são muito importantes (foro, objeto do seguro, prazo de pagamento, franquia etc.). Nas condições específicas serão descritas os variados tipos de coberturas existentes. Pode existir cláusulas de natureza particular que sejam inerentes a cada situação concreta contratada.

A SUSEP[9] ainda destaca:

"Ocorrendo qualquer um dos eventos garantidos pelas coberturas contratadas, o segurado, por meio de aviso de sinistro, deverá comunicar o sinistro à seguradora, tão logo dele tenha conhecimento, e apresentar, no menor prazo

---

8 http://www.susep.gov.br/menuatendimento/seguro_incendio_conteudo
9 http://www.susep.gov.br/menuatendimento/seguro_incendio_conteudo

possível, o pedido de indenização, acompanhado de indicação pormenorizada dos bens destruídos e do valor dos correspondentes prejuízos. A liquidação dos sinistros será feita num prazo não superior a trinta dias, contados a partir do cumprimento de todas as exigências feitas ao segurado. A contagem do prazo é suspensa quando, no caso de dúvida fundada e justificável, forem solicitados novos documentos, e reiniciada a partir do cumprimento das exigências. Os procedimentos para a liquidação de sinistros devem ser claramente informados na apólice, com especificação dos documentos básicos necessários a serem apresentados para cada tipo de cobertura... O Seguro Fixo é aquele em que tanto o valor dos bens como estes próprios não se alteram ou modificam ao longo do prazo de vigência da apólice. Seguro Ajustável é aquele que apresenta os VR (valores em risco) varáveis ao longo do período de vigência da apólice e cuja IS (importância segurada) deve acompanhar essa variação. É muito utilizado para contratar seguro de mercadorias ou matérias-primas que apresentam grande variação dos estoques, portanto, com grande variações no VR, devendo, desse modo, a Importância Segurada acompanhar a variação dos valores em risco no qual a Importância Segurada acompanha a variação dos valores em riscos. Nesta forma de contratação o segurado fará o pagamento de um prêmio inicial, calculado em função das verbas seguradas e do tipo de atividade do segurado. No final da vigência do contrato, com base na variação dos valores dos estoques declarados periodicamente, será feito um ajustamento no prêmio. Na apólice de Seguro Ajustável deve constar: - O periodicidade da apuração (diária, semanal, quinzenal, mensal). - A data da entrega das declarações à seguradora."

8. Seguro de automóvel comum

O seguro de automóveis é um ramo comum devido à insegurança ser uma realidade dos tempos atuais. Este tipo de seguro visa ressarcir o segurado dos prejuízos causados pelas avarias relativas a sinistro ou ressarcir o valor integral previsto em caso de roubo. Notadamente, o dano causado que corresponder a 75% ou mais do veículo ocorrerá a responsabilização integral da seguradora. O valor do prêmio será estipulado em acordo com o segurado e o valor da indenização será parcial ou integral conforme a tabela estipulada no contrato de seguro.

O prêmio pode ser pago à vista ou parcelado. A cobertura do seguro terá início a partir da aceitação da proposta. Outras as condições podem ser convencionadas entre o segurado e a seguradora para obter uma cobertura mais ampla. Por exemplo, podem convencionar a hipótese de carro substitutivo de maior qualidade, no caso de roubo do carro, até que os procedimentos sejam totalmente efetivados e a indenização paga.

É importante afirmar que o segurado deve comunicar imediatamente o sinistro e promover as devidas atitudes para minorar o prejuízo. Também tem que juntar a documentação necessária prevista no contrato. No caso de avarias parciais é importante que o segurado leve o carro para o local acordado para a análise dos prejuízos. Geralmente, existe uma oficina especializada contratada pela seguradora para realizar a avaliação dos estragos.

A franquia é o valor estipulado para que a seguradora arque com toda a responsabilidade pelos prejuízos e avarias do carro do segurado. Por isso, caso tenha pequenas avarias é comum que o próprio segurado pague pelo conserto para não perder o valor segurado. Obviamente no caso de perda total não haverá cobrança de franquia.

Nos contratos de seguros de automóveis ainda existe a figura do "bônus" que é utilizada sempre que a seguradora percebe um bom encaminhamento contratual, isto é, quando o segurado não tem acidentes durante certo período contratual pode ocorrer do seguro lhe conferir algumas possibilidades de forma gratuita (ex: menor valor do prêmio no próximo contrato seguro etc.).

A SUSEP[10] confirma dá algumas explicações sobre o tema:

"A indenização integral é caracterizada quando os prejuízos resultantes de um mesmo sinistro atingirem ou ultrapassarem 75% (ou percentual inferior quando previsto na apólice) do valor contratado pelo segurado. Em caso de roubo ou furto do veículo sem que o mesmo seja recuperado, há também a indenização integral. No caso de indenização integral, o segurado deverá, ocorrendo sinistro, avisar imediatamente a seguradora, preencher o formulário de aviso de sinistro e apresentar a documentação necessária, definida nas condições gerais do seguro. Nos casos de indenização integral, o documento de transferência de propriedade do veículo deverá ser devidamente preenchido com os dados de seu proprietário e da sociedade seguradora. Para a indenização parcial por avarias, ou seja, por danos materiais causados ao veículo que não acarretem a indenização integral, o segurado deverá, no caso de sinistro, avisar imediatamente a seguradora, preencher o formulário de aviso de sinistro, levar o veículo a uma oficina de sua livre escolha (é possível que a seguradora ofereça algumas vantagens para utilização de rede credenciada, mas não pode impedir o segurado de escolher determinada oficina) e aguardar autorização prévia da seguradora para serem efetuados os consertos..."

Outro ponto interessante a afirmar é que nem todo contrato é cumprido pela seguradora e, por isso, muitas ações acabam na justiça para a

---

10 http://www.susep.gov.br/menuatendimento/seguro_incendio_conteudo

verificação da responsabilidade em cada caso. Vejamos duas jurisprudências neste sentido:

Trata-se de ação de cobrança de indenização securitária cumulada com pedido de indenização por danos materiais e morais contra a seguradora. Noticiou a ora recorrida ter firmado com a recorrente contrato de seguro de veículo e ter sido este roubado sem que, até a data do ajuizamento da ação, houvesse sido recuperado. Aduziu que a seguradora negou o pedido de indenização por suposto descumprimento contratual, justificando a negativa pelo fato de que o condutor eventual utilizava o veículo segurado acima de um dia por semana, independentemente do tempo de uso do veículo. O juízo singular julgou parcialmente procedente o pedido para condenar a seguradora a pagar o valor segurado, bem como indenização no valor de três salários mínimos a título de danos extrapatrimoniais, afastada essa pelo tribunal *a quo*. A Turma entendeu que as declarações inexatas ou omissões no questionário de risco em contrato de seguro de veículo não autorizam, automaticamente, a perda da indenização securitária. É preciso que tais inexatidões ou omissões tenham acarretado concretamente o agravamento do risco contratado e decorram de ato intencional do segurado. No caso, a circunstância de a segurada não possuir carteira de habilitação ou ter idade avançada, ao contrário de seu neto, o verdadeiro condutor, não poderia justificar a negativa da seguradora. Por outro lado, o fato de o roubo do veículo segurado ter ocorrido com o neto da segurada no interior do automóvel não guarda relação lógica com o fato de o condutor ter ou não carteira de habilitação. Não tendo o acórdão recorrido reconhecido agravamento do risco com o preenchimento inexato do formulário, tampouco que tenha sido em razão de má-fé da contratante, incide a Súm. n. 7-STJ. Soma-se a isso o fato de ter o acórdão recorrido entendido que eventual equívoco no preenchimento do questionário de risco decorreu também de dubiedade da cláusula limitativa acolhida expressamente no art. 423 do CC/2002.REsp 1.210.205-RS, Rel. Min. Luis Felipe Salomão, julgado em 1º/9/2011.

O veículo furtado do recorrido não foi recuperado pela polícia, então a seguradora recorrente efetuou o pagamento da indenização estipulada. Sucede que essa mesma seguradora não providenciou a baixa do veículo no cadastro do Detran, por isso diversas multas relativas a infrações de trânsito praticadas pelos criminosos ou terceiros foram emitidas em nome do recorrido e computadas em sua carteira de habilitação. Assim, além do dano moral, a ação busca compelir a seguradora a providenciar a transferência da propriedade do veículo, bem como a retirar todas as multas de trânsito aplicadas sob pena de fixação de *astreintes*. Anote-se que o veículo, como visto, não se encontra na posse do recorrido nem do recorrente, o que impede o cumprimento das exigências usualmente feitas pelo Detran para a transferência (CTB, art. 124, VII e XI), tal como a vistoria do automóvel. Esse panorama evidencia o dano moral causado ao recorrido, pois houve desídia da seguradora em prontamente atender a suas solicitações. Todavia, não tem cabimento impor multa diária, inclusive por tutela antecipada, para compeli-la a cumprir uma impossível transferência do veículo, daí ser necessária a exclusão das *astreintes* da condenação. De outro lado, é preciso que este Superior Tribunal, ao aplicar o direito à espécie (art. 257 do RISTJ), avance em busca de uma solução burocrática do problema que atormenta o autor. Isso posto, a Turma determinou a imediata expedição de ofício ao Detran para que se registre a seguradora como a proprietária do veículo desde a data do furto. Com isso, o recorrido fica livre das multas aplicadas, apesar de o STJ não poder cancelá-las, visto representarem valor devido à Fazenda Pública, que não é parte na lide. REsp 1.003.372-RJ, Rel. Min. Aldir Passarinho Junior, julgado em 6/10/2009.

A Circular SUSEP nº 269/2004 traz algumas regras específicas sobre o seguro comum de automóvel. Inicialmente, o artigo 4º desta norma destaca que as sociedades seguradoras, que comercializarem apólices de seguro de automóveis, podem oferecer ao segurado, quando da apresentação da proposta, a cobertura de "valor de mercado referenciado" e/ou de "valor determinado". O "valor de mercado referenciado" é a modalidade que garante ao segurado, no caso de indenização integral, o pagamento de quantia variável, em moeda corrente nacional, determinada de acordo com a tabela de referência, expressamente indicada na proposta do seguro, conjugada com fator de ajuste, em percentual, a ser aplicado sobre o valor de cotação do veículo, na data da liquidação do sinistro.

A cobertura de "valor determinado" é a modalidade que garante ao segurado, no caso de indenização integral, o pagamento de quantia fixa, em moeda corrente nacional, estipulada pelas partes no ato da contratação do seguro.

O artigo 6º da respectiva circular proíbe a aplicação de franquia nos casos de danos causados por incêndio, queda de raio e/ou explosão e de indenização integral. Será caracterizada a indenização integral quando os prejuízos resultantes de um mesmo sinistro, atingirem ou ultrapassarem a quantia apurada a partir da aplicação de percentual 75% ou mais de dano.

Nos casos de indenização integral, o documento de transferência de propriedade do veículo deverá ser devidamente preenchido com os dados de seu proprietário e da sociedade seguradora.

Importante consignar que, deverá ser estabelecida, contratualmente, a forma como será efetuado o pagamento da indenização integral de veículos alienados fiduciariamente.

No caso de cancelamento do contrato de seguro, em decorrência de sinistro, a sociedade seguradora deverá restituir o prêmio relativo às demais coberturas contratadas e não utilizadas, pelo prazo a decorrer, até a data em que houver o pagamento da indenização. O artigo 11 da Circular SUSEP nº 269/2004 descreve a possibilidade de substituição do veículo segurado:

> "**Artigo 11:** No caso de substituição do veículo segurado, deverá ser observado o critério de cobrança ou devolução da diferença de prêmio, calculada proporcionalmente ao período a decorrer."

Importante consignar que deverá ser previsto contratualmente que, uma vez efetuado o pagamento da indenização integral, os salvados passam a ser de inteira responsabilidade da sociedade seguradora. Deverá ser incluída cláusula de vistoria prévia, se for o caso. O contrato deverá prever também a livre escolha de oficinas pelos segurados, para a recuperação de veículos sinistrados.

A proposta e a apólice devem conter ainda: a) identificação do bem segurado; b) o valor atribuído ao bem, na modalidade de seguro "valor determinado"; c) indicação da tabela de referência e da tabela substituta, bem como seus respectivos veículos de publicação; d) indicação do fator de ajuste, em percentual, a ser utilizado; e) prêmios discriminados por cobertura; f) limites de indenização por cobertura; f) franquias aplicáveis; g) bônus, quando houver; e h) respostas ao questionário de avaliação de risco, quando houver.

A nota técnica atuarial deverá manter perfeita relação com as condições contratuais e conter, adicionalmente, a indicação de que a contratação do seguro é a primeiro risco absoluto.

Vejamos outras jurisprudências sobre o tema:

> "**O recorrente e a empresa de equipamentos de proteção firmaram** contrato para blindagem de automóvel usado de sua propriedade, incluído o transporte do veículo do Rio de Janeiro para São Paulo (sede da empresa). O carro, no entanto, foi roubado quando era transportado. Com esse acontecimento, as partes firmaram acordo verbal

propondo-se a empresa a comprar um outro veículo, zero quilômetro, e blindá-lo, como forma de compensação pelos transtornos. Em troca, o proprietário do veículo repassaria à empresa o valor do seguro correspondente. Não cumprida a avença, a empresa recorrida ajuizou medida cautelar, que foi deferida para mantê-la na posse do veículo por três anos, quando extinto o processo sem julgamento do mérito. A apelação da empresa foi parcialmente provida para determinar que lhe seja entregue o valor do seguro, em virtude do reconhecimento do acordo verbal. No recurso, o recorrente sustenta haver o acórdão decidido *extra petita* ao determinar o pagamento do valor do seguro porquanto a inicial busca apenas a rescisão do contrato, com a consolidação da posse e propriedade do veículo nas mãos da empresa. O acórdão admite não constar do pedido o pagamento do valor do seguro à recorrida, afirmando apenas haver menção àquele compromisso. Para o Min. Relator, o pleito é unicamente de rescisão do acordo verbal entabulado pelas partes, com a declaração de propriedade em prol da empresa do veículo objeto da contenda. Não há pedido de pagamento da quantia que o recorrente receberia da seguradora. Nada autoriza o entendimento de obrigatoriedade da entrega do valor do seguro. Isso não foi pedido e, portanto, não pode ser concedido, uma vez que a interpretação deve ser restritiva (CPC, art. 293). Precedente citado: REsp 218.687-RS, DJ 27/3/2000. REsp 824.015-RJ, Rel. Min. Fernando Gonçalves, julgado 22/4/2008."

    O autor ajuizou ação contra a seguradora requerendo o pagamento de cobertura em razão de haver causado acidente envolvendo, além de seu caminhão, outros dois automóveis, um deles com perda total. Alegou o autor que foi o responsável pelo sinistro, pois o veículo não era anteriormente equipado com o freio estático. A Companhia Seguradora, no mérito, alega ofensa aos arts. 1.434 e 1.460 do CC/1916. O Min. Relator considerou que, no entender do acórdão recorrido, não restou caracterizada nem falsidade em declarações do segurado, nem, tampouco, ressalva da seguradora quanto à ausência do equipamento mencionado, que, portanto, aceitou a cobertura nas condições apresentadas pelo veículo quando da contratação do seguro. Mas as essas conclusões, a toda evidência, recaem, no exame do quadro fático e contratual, as Súm. ns. 5 e 7 - STJ. e entende assistir razão ainda ao TJ quando afasta cláusula tida como abusiva, referente a defeitos mecânicos, à luz da vedação contida no art. 51, § 1º, do CDC, absolutamente contrária à própria natureza do contrato, que busca, em essência, cobrir as adversidades em geral pela terceirização do risco mediante o pagamento de um prêmio, tendo aliado a já apontada aprovação, pela seguradora, do caminhão para cobertura, o que se dá por vistoria prévia que não apontou defeitos ou falta de equipamento que inviabilizasse a avença. Assim, a Turma não conheceu do recurso. REsp 442.382-PB, Rel. Min. Aldir Passarinho Junior, julgado em 25/9/2007.

Por fim, é importante falar que no seguro popular de automóvel, os documentos exigidos para a liquidação de sinistro são:[11]

a) aviso de sinistro
b) certidão / boletim deocorrência
c) cópia da C.N.H.
d) cópia do DUT
e) DUT original
f) cópia do C.P.F
g) IPVA (último)
h) Certidão negativa de multas do DETRAN
i) Baixa de alienação com firma reconhecida
j) Declaração de responsabilidade pelas multas até a data de transferência do veículo.
k) Laudo médico contendo descrição dos danos sofridos e tratamento para a recuperação.
l) Comprovante de dependência econômica ou certidão de casamento
m) 4ª via da nota fiscal de importação (veículos importados)
n) laudo médico contendo
o) descrição dos danos sofridos e tratamento para a recuperação
p) laudo médico informando invalidez definitiva ou redução/perda de capacidade de algum membro.
q) laudo do exame cadavérico (IML)
r) certidão de óbito;
s) comprovante de dependência econômica ou certidão de casamento (em caso de morte)
t) certidão de nascimento dos filhos da vítima (em caso de morte)

---

11 http://www.susep.gov.br/download/menubiblioteca/SeguroPopularAutomovel.pdf

9. Modelos de petições na área securitária

9.1. Contrato de seguro de automóvel usado (conforme SUSEP):[12]

Contrato de seguro popular de automóvel usado

(nome da empresa seguradora).

Apólice nº_____
SEGURADORA:_____(Qualificação)
SEGURADO:_____(Qualificação)

I. Glossário:

Indicar neste item os principais conceitos relativos ao seguro de automóvel. Esta parte é essencial para dar clareza na relação segurado-seguradora.

II. Objetivo do Seguro

Pela presente apólice, a Seguradora garante ao Segurado a indenização ou reembolso dos prejuízos sofridos e despesas incorridas, devidamente comprovadas, decorrentes dos riscos cobertos e relativos aos veículos segurados, conforme o disposto nas condições e limites previstos.

III. Forma de Contratação - Modalidade Valor Determinado

A modalidade Valor Determinado estabelecida neste seguro garante ao Segurado o pagamento da quantia fixa, em moeda corrente nacional, estipulado pelas partes no momento da contratação do Seguro.

O Segurado terá direito à indenização integral quando o valor apurado para os prejuízos sofridos pelo veículo atingir ou ultrapassar a 75% do valor contratado fixado na apólice para as Garantias Compreensivas A ou B, conforme o plano contratado pelo segurado.

---

12 http://www.susep.gov.br/download/menubiblioteca/SeguroPopularAutomovel.pdf

Não haverá a dedução de valores referentes às avarias prévias constatadas nos casos onde houver o pagamento de Indenização Integral.

IV. Coberturas Básicas oferecidas no seguro:

BÁSICA I – Garantia Compreensiva A (INDENIZAÇÃO INTEGRAL por incêndio, queda de raio, explosão, colisão, roubo ou furto) e responsabilidade civil – danos materiais (RC-DM);

BÁSICA II – Garantia Compreensiva B (INDENIZAÇÃO INTEGRAL por incêndio, queda de raio, explosão, roubo ou furto) e responsabilidade civil – danos materiais (RC-DM);

BÁSICA III – responsabilidade civil – danos materiais (RC-DM);

As coberturas de RC- DC e APP, quando previstas, serão de contratação facultativa.

V. Vigência do Seguro:

O seguro terá início e término às 24 horas da data indicada na apólice do seguro, exceto nos casos de cancelamento. O início de vigência da garantia deverá coincidir com a data da aceitação da proposta, ou data distinta, desde que expressamente acordada entre as partes.

O prêmio de seguro só poderá ser pago após a aceitação da proposta pela Sociedade.

VI. Renovação do Seguro:

O Segurado, seu representante ou o corretor de seguros deverá enviar à Seguradora pedido de renovação antes do final da vigência da apólice.

A Seguradora deverá fornecer ao proponente, seu representante ou o corretor de seguros, protocolo que identifique o pedido de renovação por ela recepcionado, com indicação da data e hora de seu recebimento.

A Seguradora terá um prazo de até 15 (quinze) dias para pronunciar-se sobre a aceitação ou recusa dos riscos oferecidos pelo Segurado.

Decorrido esse prazo, sem que a Seguradora tenha dado qualquer declaração a respeito, o risco deverá ser entendido como aceito pela Seguradora, desde a data prevista como início de vigência.

A renovação automática deste contrato só poderá ser feita uma única vez.

VII. Aceitação:

A contratação deste seguro deverá ser feita por meio de proposta escrita e assinada pelo proponente, seu representante, ou, ainda, por expressa solicitação de qualquer um destes, pelo corretor de seguros, devendo conter os elementos essenciais para exame e aceitação do risco.

A Seguradora fornecerá ao proponente, obrigatoriamente, protocolo que identifique a proposta, assim como a data e hora de seu recebimento.

A Seguradora disporá do prazo de 15 dias para análise da proposta, contados da data de seu recebimento, seja para seguros novos, alterações que impliquem modificações dos riscos originalmente aceitos ou renovações.

O prazo estabelecido para análise da proposta ficará suspenso, caso a Seguradora solicite documentos complementares para análise do risco, reiniciando a sua contagem a partir da data em que se der a entrega da documentação, observada a seguinte disposição: a) Se o proponente do seguro for pessoa física, a solicitação de documentos complementares, para análise e aceitação do risco ou da alteração proposta, poderá ser feita apenas uma vez.

b) Se o proponente do seguro for pessoa jurídica, a solicitação de documentos complementares poderá ocorrer mais de uma vez, desde que a sociedade seguradora indique os fundamentos do pedido de novos elementos, para avaliação da proposta ou taxação do risco.

A aceitação da proposta somente será efetuada após a realização da vistoria, quando prevista.

A Seguradora comunicará ao proponente, seu representante legal ou ao seu corretor, por escrito, a não aceitação da proposta, especificando os motivos de recusa, facultando-se à mesma, a decisão de informar ou não, por escrito, a aceitação da proposta.

A ausência de manifestação por escrito da Seguradora quanto ao não acolhimento da proposta nos prazos previstos anteriormente caracterizará a aceitação implícita do seguro.

VIII. Prejuízos Não Indenizáveis

A Seguradora não indenizará prejuízos decorrentes de:

a) perdas ou danos decorrentes direta ou indiretamente de: atos de hostilidade, de terrorismo, de guerra, rebelião, insurreição, revolução, confisco, nacionalização, destruição ou requisição provenientes de qualquer ato de autoridade de fato ou direito, civil ou militar, e em geral todo e qualquer ato ou consequência dessas ocorrências;

b) perdas ou danos decorrentes direta ou indiretamente de: tumultos, vandalismo, motins, greves, "lock-out", e quaisquer outras perturbações de ordem pública;

c) perdas ou danos direta ou indiretamente causados por qualquer convulsão da natureza, salvo as expressamente previstas nas garantias contratadas;

d) perdas ou danos ocorridos quando em trânsito por trilhas, estradas ou caminhos impedidos, não abertos ao tráfego ou de areias fofas ou movediças;

e) desgastes, depreciação pelo uso, falhas do material e/ou projeto, defeitos mecânicos ou da instalação elétrica do veículo segurado, salvo nos casos expressamente previstos nas garantias contratadas;

f) qualquer perda, destruição ou dano de quaisquer bens materiais, prejuízo ou despesa emergente, ou qualquer dano consequente, responsabilidade legal de qualquer natureza, direta ou indiretamente causados por, resultantes de, ou para os quais tenham contribuído radiações ionizantes ou de contaminação pela radioatividade de qualquer combustível nuclear, resíduos nucleares, ou material de armas nucleares;

g) perdas ou danos ocorridos durante a participação do veículo segurado em competições, apostas e provas de velocidade e/ou de trilha, legalmente autorizadas ou não;

h) perdas ou danos sofridos pelo veículo segurado quando estiver sendo rebocado por veículo não apropriado a esse fim;

i) acidentes diretamente ocasionados pela inobservância a disposições legais, tais como: lotação de passageiros, dimensão, peso e acondicionamento da carga transportada;

j) danos decorrentes de operações de carga e descarga;

k) danos ocorridos quando o veículo segurado for posto em movimento ou guiado por pessoas que não tenham a devida carteira de habilitação, considerada para esse fim a habilitação legal para dirigir veículos da categoria do veículo segurado, bem como por pessoas com o direito de dirigir suspenso, cassado ou vencido há mais de 30 dias, nos termos da legislação de trânsito nacional;

l) danos ocorridos quando for verificado que o veículo segurado foi conduzido por pessoa alcoolizada ou drogada, devendo a negativa estar fundamentada em documento oficial que comprove a presença destas substâncias em níveis previstos em legislação que asseverem a impossibilidade de condução do veículo;

m) perdas ou danos decorrentes de apropriação indébita e/ou estelionato;

n) danos decorrentes de atos ilícitos dolosos, ou mediante culpa grave equiparável ao dolo, praticados pelo Segurado, pelo beneficiário ou pelos seus representantes. No caso de pessoa jurídica, esta exclusão aplica-se também aos sócios controladores, aos seus dirigentes e administradores, aos beneficiários e aos seus representantes.

IX. Obrigações do Segurado

Sob pena de perder o direito à garantia, se ficar comprovado que silenciou de má-fé, o Segurado deverá:

a) dar imediato conhecimento por escrito à Seguradora de quaisquer alterações sobre o veículo segurado, tais como: transferência de propriedade, alienação ou ônus, contratação ou cancelamento de qualquer outro seguro sobre o veículo.

b) comunicar à Seguradora imediatamente e por escrito, quaisquer fatos ou alterações verificados durante a vigência desta apólice referentes ao veículo, sua região de circulação, mudança de domicílio do Segurado, alteração nos dados do Questionário de Avaliação de Risco, ou ainda, qualquer outro incidente que possa agravar consideravelmente o risco coberto.

c) em caso de sinistro, dar imediato aviso à Seguradora, informando detalhadamente o ocorrido com o veículo, bem como tudo quanto possa contribuir para esclarecimento a respeito da ocorrência.

Desde que o faça nos 15 (quinze) dias seguintes ao recebimento do aviso de agravação do risco, a Seguradora poderá dar-lhe ciência, por escrito, de sua decisão de cancelar o contrato.

O cancelamento do contrato só será eficaz 30 (trinta) dias após a notificação, devendo ser restituída a diferença de prêmio, calculada proporcionalmente ao período remanescente da apólice.

Na hipótese de continuidade do contrato, a Seguradora poderá cobrar a diferença de prêmio cabível.

O Segurado deverá manter o veículo em bom estado de conservação e segurança, bem como disponibilizá-lo para realização de vistoria quando solicitada pela Seguradora;

X. Perda de Direitos:

O segurado perderá o direito à indenização se agravar intencionalmente o risco.

Se o segurado, seu representante ou corretor de seguros, fizer declarações inexatas ou omitir circunstâncias que possam influir na aceitação da proposta ou no valor do prêmio, ficará prejudicado o direito à indenização, além de estar o Segurado obrigado ao pagamento do prêmio vencido.

Na hipótese de informações inverídicas, devidamente comprovadas, prestadas no questionário para avaliação de risco, a perda do direito só se dará se as perguntas não forem objetivas e possuírem múltipla interpretação.

Se a inexatidão ou a omissão nas declarações não resultar de má-fé do Segurado, a Sociedade Seguradora poderá:

-na hipótese de não ocorrência do sinistro:

a) cancelar o seguro, retendo, do prêmio originalmente pactuado, a parcela proporcional ao tempo decorrido; ou

b) permitir a continuidade do seguro, cobrando a diferença de prêmio cabível.

- na hipótese de ocorrência de sinistro sem indenização integral:

a) cancelar o seguro, após o pagamento da indenização, retendo, do prêmio originalmente pactuado, acrescido da diferença cabível, a parcela calculada proporcionalmente ao tempo decorrido; ou b) permitir a continuidade do seguro, cobrando a diferença de prêmio cabível ou deduzindo-a do valor a ser indenizado.

- na hipótese de ocorrência de sinistro com indenização integral, cancelar o seguro, após o pagamento da indenização, deduzindo, do valor a ser indenizado, a diferença de prêmio cabível.

O Segurado é obrigado a comunicar à Sociedade Seguradora, logo que saiba, qualquer fato suscetível de agravar o risco coberto, sob pena de perder o direito à indenização, se ficar comprovado que silenciou de má-fé.

A Sociedade Seguradora, desde que o faça nos 15 dias seguintes ao recebimento do aviso de agravação do risco, poderá dar-lhe ciência, por escrito, de sua decisão de cancelar o contrato ou, mediante acordo entre as partes, restringir a cobertura contratada.

O cancelamento do contrato só será eficaz 30 dias após a notificação, devendo ser restituída a diferença do prêmio, calculada proporcionalmente ao período a decorrer.

Na hipótese de continuidade do contrato, a Sociedade Seguradora poderá cobrar a diferença de prêmio cabível.

Além dos casos previstos em lei, a Seguradora ficará isenta de qualquer obrigação decorrente deste contrato quando:

a) o Segurado, por qualquer meio, procurar obter benefícios ilícitos do seguro contratado;

b) o veículo, seus documentos ou registros não forem verdadeiros ou tiverem sido, por qualquer forma, adulterados;

c) o Segurado deixar de cumprir as obrigações convencionadas nesta apólice.

XI. Pagamento do Prêmio:

O prêmio será pago anual ou mensalmente, conforme escolha do Segurado.

É vedado o adiantamento de qualquer valor para futuro pagamento parcial ou total do prêmio, antes da aceitação da proposta.

Quando a data limite para pagamento do prêmio coincidir com dia em que não haja expediente bancário, o pagamento do prêmio poderá ser efetuado no primeiro dia útil subsequente em que houver expediente bancário.

Se o sinistro ocorrer dentro do prazo de pagamento do prêmio, sem que ele se ache efetuado, o direito à indenização não ficará prejudicado.

Decorrido o prazo limite para pagamento do prêmio, sem que tenha sido quitado o respectivo documento de cobrança, o contrato de seguro será cancelado, exceto quando previstas disposições contrárias nas condições particulares.

XII. Procedimento em Caso de Sinistro

Em caso de sinistro coberto por esta apólice, o Segurado obriga-se a cumprir as seguintes disposições:

a) dar imediato aviso à Seguradora, pelo meio mais rápido de que dispuser, informando: dia, hora, local exato e circunstância do acidente; nome, endereço e carteira de habilitação de quem dirigia o veículo; nome e endereço de testemunhas; providências de ordem policial que tenham sido tomadas e tudo mais que possa contribuir para esclarecimento a respeito da ocorrência;

b) dar imediato aviso às autoridades policiais, em caso de desaparecimento, roubo ou furto, do veículo segurado;

c) adotar todas as providências ao seu alcance para proteger o veículo sinistrado e evitar a agravação dos prejuízos;

d) em caso de acidente causado por terceiros, obter, quando possível, o nome, endereço, telefone e placa do veículo do causador do sinistro, bem como nome, endereço e telefone de testemunhas e, nos casos em que os terceiros envolvidos tenham seguro, informar nome da Seguradora e número da apólice;

e) comunicar imediatamente à Seguradora toda e qualquer ocorrência produzida por sinistro;

f) comunicar, por meio do Aviso de Sinistro, a ocorrência de mais de um evento que veio a originar diferentes danos;

g) não assumir compromissos e acordos frente a terceiros sem prévia concordância por escrito da Seguradora.

XIII. Liquidação de Sinistro

Para a Liquidação de Sinistro deverão ser apresentados os seguintes documentos:

a) aviso de sinistro

b) certidão / boletim deocorrência

c) cópia da C.N.H.

d) cópia do DUT

e) DUT original

f) cópia do C.P.F

g) IPVA (último)

h) Certidão negativa de multas do DETRAN

i) Baixa de alienação com firma reconhecida

j) Declaração de responsabilidade pelas multas até a data de transferência do veículo.

k) Laudo médico contendo descrição dos danos sofridos e tratamento para a recuperação.

l) Comprovante de dependência econômica ou certidão de casamento

m) 4ª via da nota fiscal de importação (veículos importados)

n) laudo médico contendo

o) descrição dos danos sofridos e tratamento para a recuperação

p) laudo médico informando invalidez definitiva ou redução/ perda de capacidade de algum membro.

q) laudo do exame cadavérico (IML)

r) certidão de óbito;

s) comprovante de dependência econômica ou certidão de casamento

(em caso de morte)

t) certidão de nascimento dos filhos da vítima (em caso de morte)

XIV. Pagamento:

A Seguradora pagará a indenização no prazo máximo de 30 (trinta) dias após a entrega de toda a documentação por parte do Segurado, beneficiário ou seu representante.

No caso de dúvida fundada e justificável, é facultado à Sociedade Seguradora a solicitação de outros documentos. Neste caso, a contagem do prazo será suspensa a partir do momento em que forem solicitados os novos documentos e será reiniciada a contagem do prazo remanescente a partir do dia útil posterior àquele em que forem entregues os respectivos documentos.

Os valores das indenizações sujeitam-se à atualização monetária pela variação positiva do IPCA/IBGE – Índice de Preços ao Consumidor Amplo, na hipótese de não cumprimento do prazo para o pagamento da respectiva obrigação pecuniária, a partir da data da ocorrência do sinistro.

A atualização que trata o subitem 14.4 será efetuada com base na variação apurada entre o último índice publicado antes da data de ocorrência do sinistro e aquele publicado imediatamente anterior à data da efetiva liquidação do sinistro.

No caso de extinção do índice previsto no subitem 14.4, será considerado, para efeito do cálculo da atualização monetária, o índice que vier a substituí-lo.

O não pagamento da indenização no prazo previsto implicará ainda aplicação de juros moratórios.

Os juros moratórios, contados a partir do primeiro dia posterior ao término do prazo fixado para pagamento da respectiva obrigação pecuniária, serão equivalentes à taxa que estiver em vigor para a mora do pagamento de impostos devidos à Fazenda Nacional.

Quando o veículo segurado estiver sujeito à alienação fiduciária, arrendamento mercantil, consórcio, ou outros, em caso de sinistro que caracterize a necessidade de pagamento da indenização integral, a Seguradora adotará os critérios estabelecidos em cláusula específica.

XV. Salvados:

Ocorrido sinistro que atinja o veículo segurado por esta apólice, o Segurado não poderá fazer abandono dos salvados.

A Seguradora poderá, de comum acordo com o Segurado, tomar providências para o melhor aproveitamento dos salvados, ficando, no entanto, entendido e acordado que quaisquer medidas tomadas pela Seguradora não implicarão o reconhecimento da obrigação de indenizar os danos ocorridos.

Efetuado o pagamento da indenização integral do veículo, os salvados passam a ser de propriedade da Seguradora.

XVI. Recuperação do Veículo Segurado (roubo/furto)

Se o veículo for recuperado antes do 30º (trigésimo) dia seguinte à data do roubo ou furto, o Segurado deverá recebê-lo, a menos que tenha sido estipulada na apólice a possibilidade da transferência de sua posse à Seguradora.

Tratando-se de roubo ou furto total do veículo segurado, decorridos 30 (trinta) dias do aviso às autoridades policiais e não tendo sido o mesmo apreendido nem localizado oficialmente, mediante comprovação hábil, a Seguradora indenizará o Segurado em dinheiro, ou mediante acordo entre as partes, substituirá o veículo.

A qualquer tempo, se o Segurado obtiver informações sobre a localização do veículo, deverá informar imediatamente a Seguradora, mesmo que o veículo já tenha sido indenizado.

XVII. Rescisão e Cancelamento:

Na hipótese de cancelamento do contrato em decorrência de sinistro, será restituído o prêmio relativo às demais coberturas contratadas e não utilizadas, pelo prazo a decorrer, salvo se, em cláusula específica, for concedido desconto pela contratação simultânea de mais de uma cobertura.

Este contrato poderá ser rescindido, a qualquer tempo, mediante acordo entre as partes.

Os valores devidos a título de devolução de prêmios sujeitam-se à atualização monetária pela variação positiva do IPCA/IBGE – Índice de Preços ao Consumidor Amplo, a partir da data da rescisão.

XVIII. Seguros em outras seguradoras:

É vedada a contratação de seguro popular de automóvel usado em mais de uma Seguradora.

XIX. Sub-Rogação de Direitos:

Pelo pagamento da indenização, cujo recibo valerá como instrumento de cessão, a Seguradora ficará, de pleno direito, sub-rogada em todo os direitos e ações que ao Segurado competirem contra o autor do dano, circunstância essa que deverá constar expressamente do recibo de quitação.

Não ocorrerá a sub-rogação, se o dano foi causado pelo cônjuge do Segurado, seus descendentes, ascendentes, consanguíneos ou afins, exceto se houver dolo por parte do causador do dano.

É ineficaz qualquer ato do Segurado que diminua ou extinga, em prejuízo do segurador, os direitos a que se refere a sub-rogação.

XX. Reintegração:

Na hipótese de ocorrência de sinistros que resultem em pagamentos inferiores ao limite máximo de indenização previsto na apólice, a reintegração será automática sem a cobrança de prêmio adicional.

Não obstante o disposto no subitem anterior, se na vigência da apólice, a soma das indenizações pagas em razão dos sinistros ocorridos ultrapassar o limite máximo de indenização, a apólice será automaticamente cancelada.

XXI. Prescrição:

Os prazos prescricionais são aqueles estipulados em lei.

XXII. Foro:

O Foro competente para as ações derivadas do presente contrato será o do domicílio do Segurado.

XXIII. Riscos Excluídos

Além das exclusões previstas nas Condições Gerais, não estão cobertos os prejuízos decorrentes de:

a) qualquer DANO PARCIAL sofrido pelo veículo segurado, que não atinja o percentual da Cláusula Forma de Contratação;

b) incêndio causado ao veículo pela sobrecarga na parte elétrica do veículo, proveniente da instalação de alarmes e acessórios de som e imagem;

c) danos causados ao veículo por objetos por ele transportados ou nele afixados;

d) danos ocasionados pelo congelamento da água de motor;

e) desgastes, depreciação pelo uso, falhas do material, defeitos mecânicos ou da instalação elétrica do veículo segurado;

f) reboque do veículo de forma inadequada, salvo se o reboque for de responsabilidade da Seguradora;

g) queda, deslizamento, vazamento ou outros danos à carga transportada;

h) travamento do motor, por motivo de falta de óleo ou de água;

i) perdas financeiras pela paralisação do veículo, mesmo quando causados por risco coberto;

j) danos que afetem, exclusivamente, os acessórios referentes a som e imagem do veículo, originais de fábrica ou não, carrocerias e equipamentos especiais.

X. Disposições finais:

A seguradora está registrada na SUSEP regularmente podendo ser consultada a situação cadastral no site www.susep.gov.br.

(adicionar as obrigações do estipulante e do segurado)

(adicionar as regras de comunicação de óbito)

Qualquer questão judicial será decidida no foro da comarca de _____.

_____
Assinatura do Diretor da Empresa

_____
Assinatura do Estipulante (seguradora)

_____
Assinatura do beneficiário

_____
Assinatura do beneficiário

Testemunhas:

_____

_____

_____

9.2. Contrato de Seguro Incêndio

**Seguro de incêndio_____
(nome da empresa seguradora).**

Apólice nº_____

SEGURADORA:_____(Qualificação)

SEGURADO:_____(Qualificação)

I. Glossário:

Indicar neste item os principais conceitos relativos ao seguro de incêndio. Esta parte é essencial para dar clareza na relação segurado-seguradora.

I. Objeto do Seguro:

O objeto do presente é garantir o pagamento de indenização correspondentes aos prejuízos comprovados por ocasião de incêndio ou outros sinistros em semelhança previstos no item XIII.

II. Prejuízos indenizáveis:

Os riscos que fazem parte da cobertura são os seguintes: a) incêndio; b) queda de raio dentro da área do terreno ou edifício; c) explosão de gás; d) prejuízos decorrentes do evento coberto;

(adicionar outros itens que possam configurar indenização)

III. Prejuízos não indenizáveis:

A companhia não será responsável por prejuízos causados por:

a) perdas e danos decorrentes de extravio, roubo e furto;

(adicionar outros itens não indenizáveis)

IV. Bens não compreendidos no seguro:

Ficam excluídos do presente contrato de seguro os seguintes bens:

a) bens de terceiros;

b) joias;

(adicionar os bens que são excluídos do seguro incêndio)

V- Detalhamento do valor em risco e prejuízo:

A determinação da base dos valores a serem indenizados será da seguinte forma:

a) o valor do bem será o valor de mercado ao tempo em que o sinistro ocorrer;

(adicionar outras formas que detalham o valor a ser devolvido dos bens perdidos)

VI – Rateio:

Caso o sinistro cause prejuízo maior do que o segurado na apólice deverá o segurado cobrir a diferença.

(a cláusula de rateio pode ser negociada pelas partes de forma que a seguradora cubra o prejuízo fixo e o adicional)

VII – Reposição:

A companhia seguradora se reserva o direito de indenizar o bem prejudicado pelo sinistro com o valor correspondente no mercado ou lhe dar outro similar se assim for melhor para o segurado.

VIII – Documentos em caso de sinistro:

O segurado obriga-se a comunicar à empresa seguradora a ocorrência do sinistro e a entregar-lhe dentro de 15 dias, os seguintes documentos:

a) lista dos bens perdidos pelo sinistro com o respectivo valor;

b) relação dos seguros que existam sobre os bens perdidos;

(adicionar outros documentos necessários para cumprimento da solicitação)

IX - Itens salvados:

O segurado se obriga a tomar todas as providências para a preservação dos bens que estiverem em boas condições para minorar as consequências do sinistro; Este procedimento deve ser feito apenas quando não colocar em risco a saúde e a vida do segurado.

X - Rescisão e Reintegração:

O contrato será rescindido nas seguintes ocasiões:

a) rescisão amigável, a pedido do segurado com a devolução integral do prêmio se o pedido for feito até a seguinte data_____. No entanto, no caso de já haver o contrato correspondido a _____dias haverá a devolução do valor de R$_____. Se a rescisão for pedida após esta data a devolução será no seguinte valor R$_____.

b) rescisão por descumprimento de cláusula contratual;

(descrever as hipóteses previstas)

XI – Dever de informação:

O segurado deverá informar se tem outros seguros sobre o mesmo bem segurado.

O segurado deve informar qualquer alteração na estrutura do bem objeto do seguro.

(adicionar outras informações possíveis)

XII – Declarações inexatas ou omissões:

A falsidade documental ou a declaração falsa sobre o bem segurado pode ser motivo de negatória de indenização se concretamente contribuir para a ocorrência do sinistro.

XIII - Pagamento da indenização:

O pagamento da indenização será feito da seguinte forma:

(Adicionar as formulações relativas ao pagamento da indenização)

XIV - Pagamento do prêmio:

O prêmio a ser pago para a cobertura securitária objeto deste contrato será no seguinte valor R$_____e deverá ser pago na assinatura do contrato, de forma integral ou mensalmente de acordo com a tabela a seguir:

(adicionar a tabela sobre o tema)

XV - Sub-rogação:

O pagamento integral da indenização dará ao segurado o direito de cessão dos direitos para outra pessoa que receberá a proteção completa proveniente deste contrato.

(adicionar outras condições de sub-rogação)

XVI - Perda de Direitos:

Não haverá pagamento de indenização nos casos de dolo, fraude ou omissão do segurado que tenha contribuído diretamente para a ocorrência do sinistro.

(colocar outras cláusulas que possam gerar a perda de direitos).

XIII. Prescrição:

Este seguro está fundamentado e tem sua prescrição regulada pelas normas do Código Civil brasileiro.

X. Disposições finais:

A seguradora está registrada na SUSEP regularmente podendo ser consultada a situação cadastral no site www.susep.gov.br.

(adicionar as obrigações do estipulante e do segurado)

(adicionar as regras de comunicação de óbito)

Qualquer questão judicial será decidida no foro da comarca de _____.

_____
Assinatura do Diretor da Empresa

_____
Assinatura do Estipulante (seguradora)

_____
Assinatura do beneficiário

_____
Assinatura do beneficiário

Testemunhas:

_____

_____

10. Modelos de petições na área securitária

10.1. Ação de cobrança de seguro incêndio

Excelentíssimo Senhor Doutor Juiz de Direito da _____ Vara Cível da Comarca de _____

_____(nome), _____(nacionalidade)_____ (emprego)_____, RG nº_____, CPF nº_____, residente e domiciliado à rua_____, vem por meio de seu advogado infra-assinado com fundamento nos artigos 757 e seguintes do Código Civil, propor a presente:

AÇÃO DE COBRANÇA

Em face de _____(nome da empresa), CNPJ nº_____, pessoa jurídica de direito privado com sede à rua_____, pelos motivos e fundamentos que passamos a expor:

DOS FATOS

O requerente, no dia _____ firmou contrato de seguro incêndio com a requerida no valor de R$_____. Até a data de _____ o autor recolheu devidamente o prêmio previsto contratualmente de acordo com os documentos comprobatórios em anexo.

Ocorre que no dia_____, ocorreu um incêndio no imóvel_____ (descrição do imóvel) e comunicou imediatamente à seguradora. Os prejuízos causados foram exorbitantes. Vejamos a seguir, a lista dos itens prejudicados e dos itens salvados:

(adicionar lista dos itens)

Desta feita, o beneficiário juntou os documentos previstos nos contrato, na cláusula_____ e foi até a seguradora para requerer o pagamento da indenização. No entanto, com grande surpresa o beneficiário teve o seu pedido rejeitado no dia_____ conforme comprovante em anexo com o fundamento de que a cobertura de seguro só abarcava a data de _____ até_____. A seguradora disse que o contrato era apenas de um ano. No entanto, como se percebe pelo aditivo contratual em anexo, esta cobertura foi ampliada para 180 meses, isto é, até o dia_____. Sendo assim, o requerente tem direito certo de receber a devida indenização.

DOS DIREITOS:

O contrato de seguro de incêndio do requerente com a seguradora estipula na cláusula_____ o pagamento da indenização correspondente devido ao sinistro ocasionado por incêndio. Desta forma, não tem sentido a negativa da seguradora em pagar a indenização devida. De acordo com o laudo técnico em anexo realizado à época do sinistro, os prejuízos são concretos e, portanto, é razoável a concessão da indenização. O artigo 757 do Código Civil obriga ao pagamento da devida indenização. Veja:

"Art. 757. Pelo contrato de seguro, o segurador se obriga, mediante o pagamento do prêmio, a garantir interesse legítimo do segurado, relativo a pessoa ou a coisa, contra riscos predeterminados."

(adicionar outros argumentos sobre o tema)

INVERSÃO DO ÔNUS DA PROVA:

O consumidor tem o direito a inversão do ônus da prova de acordo com o artigo 6º, VIII do Código de Defesa do Consumidor. Desta forma cabe a empresa requerida provar que o sinistro causado não se coaduna na cláusula contratual. Vejamos a jurisprudência sobre a possibilidade da inversão do ônus da prova em seguros:

"conforme disposto no art. 206, § 1º, II, **b**, CC/2002 e Súm. nº. 101-STJ. Noticiam os autos que o recorrido celebrou contrato por telefone, ao receber ligação de corretor representante da companhia recorrente durante a qual lhe fora oferecido seguro de vida com ampla cobertura para os eventos morte acidental e invalidez. Efetuou pontualmente os pagamentos relativos aos valores do prêmio mensal, os quais eram automaticamente descontados em sua conta-corrente. No entanto, quando acionou a seguradora a fim de receber o valor correspondente à indenização que lhe seria devida porque foi vítima de isquemia cerebral, o que o deixou em estado de invalidez permanente, houve a recusa ao pagamento da indenização sob a alegação de que seu seguro não previa cobertura pelo sinistro de invalidez permanente por doença. O recorrente também afirma que nunca recebeu uma via da apólice ou qualquer outro documento que pudesse ratificar a relação contratual estabelecida entre as partes, de modo que não poderia prever a extensão da cobertura do seguro. Anotou-se que, após a comunicação do sinistro e do recebimento da sucinta recusa da indenização, o recorrido efetuou solicitação de apresentação de cópia do contrato firmado com o recorrente, sendo que a seguradora quedou-se inerte por vários meses. **Assim, segundo a Min. Relatora, é evidente que o recorrido não poderia comprovar sua condição de segurado sem a apresentação da apólice indevidamente retida pela recorrente, por mais que a inversão do ônus da prova, prevista no art. 6º, VIII, do CDC, pudesse beneficiá-lo. Para a Min. Relatora, é possível afirmar que, somente após o recebimento do contrato de seguro com as cláusulas utilizadas na regulação do sinistro, recomeçou a fluir o prazo suspenso com a notificação da seguradora a respeito de sua ocorrência. Portanto, assevera que não se trata de negar vigência à Súm. n. 229-STJ, mas de interpretá-la razoavelmente com o prazo prescricional a que alude o disposto nos arts. 199, I, e 206, § 1º, II, b, ambos do CC/2002.** Observa que a seguradora reteve indevidamente a apólice solicitada pelo segurado e sua procrastinação não poderia lhe trazer benefícios, levando o segurado de boa-fé à perda do seu direito de ação. Embora destaque que a jurisprudência do STJ seja pacífica no sentido de considerar suspenso o prazo prescricional em função da análise da comunicação do sinistro pela seguradora de acordo com a Súm. 229-STJ, no caso dos autos, a decisão recorrida entendeu que a solicitação administrativa da cópia da apólice pelo segurado teve o condão de interromper e não de suspender o lapso prescricional. Entende, também, a Min. Relatora que a diferença entre uma e outra posição, ou seja, interrupção ou suspensão, não é substancial para o julgamento, visto que, de qualquer ângulo pelo qual se analise a matéria, a consequência prática conduziria à manutenção do direito do recorrido, pois a contagem do prazo deve ser realizada a partir da data em que a seguradora atendeu à solicitação formulada pelo segurado de que lhe fosse remetida cópia da apólice que celebrou por telefone. Com esse entendimento, a Turma negou provimento ao recurso da seguradora. Precedentes citados: REsp 200.734-SP, DJ 10/5/1999; REsp 470.240-DF, DJ 18/8/2003, e REsp 782.901-SP, DJe 20/6/2008. REsp 1.176.628-RS, Rel. Min. Nancy Andrighi, julgado em 16/9/2010."

DOS PEDIDOS:

Por todo o exposto requer seja:

a) A concessão da assistência judiciária devido a encontrar-se desempregado e não poder arcar com as custas processuais sem o prejuízo do sustento da sua família.

b) A inversão do ônus da prova de acordo com o artigo 6º, VIII do CDC.

c) A citação da empresa ré para contestar a presente ação sob pena de revelia.

d) A procedência da presente ação com a respectiva condenação da empresa-ré ao pagamento da indenização prevista no contrato no valor de R$_____ com as devidas correções monetárias.

e) a produção de todas as provas admitidas em direito.

Dá-se a causa o valor de R$_____.

Nestes termos

Pede deferimento

_____
Advogado OAB nº

10.2. Recurso de apelação – seguro incêndio

Excelentíssimo Senhor Doutor Juiz Federal da _____Vara Previdenciária da Subseção Judiciária de_____.

Processo nº:

_____já qualificado nos autos do processo em epígrafe que move em face do INSS, por seu advogado infrafirmado, inconformado com a sentença, vem, a presença de Vossa Excelência, impetrar:

Recurso de Apelação

Com fundamento no artigo 513 e 508 do CPC, esperando, após exercido o juízo de admissibilidade, sejam os autos remetidos ao Egrégio Tribunal de Justiça de_____.

Informa o recolhimento da guia de preparo e das demais custas em anexo.

Termos em que,

Pede deferimento.

(Local, Data)

RAZÕES DE RECURSO

Processo n° _____

Recorrente: _____

Recorrido: _____

Egrégio Tribunal de Justiça

Eméritos Julgadores

Relato dos fatos e fundamentos

O apelante ajuizou a presente Ação Ordinária de Cobrança de Seguro-Incêndio em face da empresa _____ por causa da negativa do pagamento da indenização ajustada no contrato de seguro. Como já demonstrado no processo originário.

A sentença de fls., julgou improcedente o pedido consignando que o recorrente não havia provado a extensão do contrato de seguro incêndio por meio de aditivo e, por isso, não poderia fazer jus à indenização (expor razões do indeferimento)

Apesar de merecer o nosso respeito e urbanidade, a decisão relatada na sentença não tem foro de procedência conforme será demonstrado a seguir:

Primeiramente, é certo que há época dos fatos o recorrente havia pedido inversão do ônus da prova que foi indeferida pelo juízo originário. Desta feita, o recorrente não tinha como provar a existência da prorrogação por ter perdido o termo aditivo do contrato e por causa da negativa da empresa recorrida da sua existência. No entanto, no dia_____ teve a grande surpresa ao achar na sua residência o contrato e o termo aditivo. Diante da posse deste documento resolveu impetrar esta apelação para que seja deferido o devido direito à indenização.

(expor os fatos e fundamentos que colaboram para a sua tese)

Dos pedidos

Diante de todo arcabouço jurídico, o Apelante, requer:

a) A juntada no processo principal do aditivo contratual em anexo.

b) A reforma total da sentença para condenar a empresa_____ a conceder a indenização de R$_____, prevista na cláusula_____ do seguro incêndio, com correções e juros monetários desde o momento do ingresso da inicial.

b) A condenação nos honorários advocatícios e custas judiciais no valor de 20%.

Termos em que,

Pede Deferimento

Local, Data

_____
Advogado OAB nº

10.3. Ação de cobrança de seguro residencial

Excelentíssimo Senhor Doutor Juiz de Direito do juizado especial cível da Comarca de_____

_____(nome), _____(nacionalidade) _____ (emprego)_____, RG n°_____, CPF n°_____, residente e domiciliado à rua_____, vem por meio de seu advogado infra-assinado com fundamento nos artigos 757 e seguintes do Código Civil, propor a presente:

AÇÃO DE COBRANÇA DE SEGURO RESIDENCIAL

Em face de _____(nome da empresa), CNPJ n°_____, pessoa jurídica de direito privado com sede à rua_____, pelos motivos e fundamentos que passamos a expor:

DOS FATOS

O requerente, no dia _____ firmou contrato de seguro residencial com a requerida no valor de R$_____. Até a data de _____ o autor recolheu devidamente o prêmio previsto contratualmente de acordo com os documentos comprobatórios em anexo.

Ocorre que no dia_____, ocorreu um vendaval no imóvel_____ (descrição do imóvel) e este fato foi comunicado imediatamente à seguradora. Os prejuízos causados foram exorbitantes. Vejamos a seguir, a lista dos itens prejudicados e dos itens salvados:

(adicionar lista dos itens)

Desta feita, o beneficiário juntou os documentos previstos nos contrato, na cláusula_____ e foi até a seguradora para requerer o pagamento da indenização. No entanto, com grande surpresa o beneficiário teve o seu pedido rejeitado no dia_____ conforme comprovante em anexo com o fundamento de que o seguro residencial não cobria tempestade de areia. No entanto, esta ausência de cobertura não condiz com a ética, pois o prejuízo não foi causado pela areia mas pela força dos ventos. Foi a partir do vento forte que as telhas da casa caíram e os estragos foram feitos.

DOS DIREITOS:

O contrato de seguro residencial do requerente com a seguradora estipula na cláusula_____ o pagamento da indenização correspondente devido ao sinistro ocasionado por vendaval. Desta forma, não tem sentido a negativa da seguradora em pagar a indenização devida. De acordo com o laudo técnico em anexo realizado à época do sinistro, os prejuízos são concretos e, portanto, é razoável a concessão da indenização. O artigo 757 do Código Civil obriga ao pagamento da devida indenização. Veja:

"Art. 757. Pelo contrato de seguro, o segurador se obriga, mediante o pagamento do prêmio, a garantir interesse legítimo do segurado, relativo a pessoa ou a coisa, contra riscos predeterminados."

(adicionar outros argumentos sobre o tema)

INVERSÃO DO ÔNUS DA PROVA:

O consumidor tem o direito a inversão do ônus da prova de acordo com o artigo 6°, VIII do Código de Defesa do Consumidor. Desta forma cabe a empresa requerida provar que o sinistro causado não se coaduna na cláusula contratual. Vejamos a jurisprudência sobre a possibilidade da inversão do ônus da prova em seguros:

"conforme disposto no art. 206, § 1°, II, **b**, CC/2002 e Súm. n. 101-STJ. Noticiam os autos que o recorrido celebrou contrato por telefone, ao receber ligação de corretor representante da companhia recorrente durante a qual lhe fora oferecido seguro de vida com ampla cobertura para os eventos morte acidental e invalidez. Efetuou pontualmente os pagamentos relativos aos valores do prêmio mensal, os quais eram automaticamente descontados em sua conta-corrente. No entanto, quando acionou a seguradora a fim de receber o valor correspondente à indenização que lhe seria devida porque foi vítima de isquemia cerebral, o que o deixou em estado de invalidez permanente, houve a recusa ao pagamento da indenização sob a alegação de que seu seguro não previa cobertura pelo sinistro de invalidez permanente por doença. O recorrente também afirma que nunca recebeu uma via da apólice ou qualquer outro documento que pudesse ratificar a relação contratual estabelecida entre as partes, de modo que não poderia prever a extensão da cobertura do seguro. Anotou-se que, após a comunicação do sinistro e do recebimento da sucinta recusa da indenização, o recorrido efetuou solicitação de apresentação de cópia do contrato firmado com o recorrente, sendo que a seguradora quedou-se inerte por vários meses. **Assim, segundo a Min. Relatora, é evidente que o recorrido não poderia comprovar sua condição de segurado sem a apresentação da apólice indevidamente retida pela recorrente, por mais que a inversão do ônus da prova, prevista no art. 6º, VIII, do CDC, pudesse beneficiá-lo. Para a Min. Relatora, é possível afirmar que, somente após o recebimento do contrato de seguro com as cláusulas utilizadas na regulação do sinistro, recomeçou a fluir o prazo suspenso com a notificação da seguradora a respeito de sua ocorrência. Portanto, assevera que não se trata de negar vigência à Súm. n. 229-STJ, mas de interpretá-la razoavelmente com o prazo prescricional a que alude o disposto nos arts. 199, I, e 206, § 1º, II, b, ambos do CC/2002.** Observa que a seguradora reteve indevidamente a apólice solicitada pelo segurado e sua procrastinação não poderia lhe trazer benefícios, levando o segurado de boa-fé à perda do seu direito de ação. Embora destaque que a jurisprudência do STJ seja pacífica no sentido de considerar suspenso o prazo prescricional em função da análise da comunicação do sinistro pela seguradora de acordo com a Súm. 229-STJ, no caso dos autos, a decisão recorrida entendeu que a solicitação administrativa da cópia da apólice pelo segurado teve o condão de interromper e não de suspender o lapso prescricional. Entende, também, a Min. Relatora que a diferença entre uma e outra posição, ou seja, interrupção ou suspensão, não é substancial para o julgamento, visto que, de qualquer ângulo pelo qual se analise a matéria, a consequência prática conduziria à manutenção do direito do recorrido, pois a contagem do prazo deve ser realizada a partir da data em que a seguradora atendeu à solicitação formulada pelo segurado de que lhe fosse remetida cópia da apólice que celebrou por telefone. Com esse entendimento, a Turma negou provimento ao recurso da seguradora. Precedentes citados: REsp 200.734-SP, DJ 10/5/1999; REsp 470.240-DF, DJ 18/8/2003, e REsp 782.901-SP, DJe 20/6/2008. REsp 1.176.628-RS, Rel. Min. Nancy Andrighi, julgado em 16/9/2010.

DOS PEDIDOS:

Por todo o exposto requer seja:

a) A concessão da assistência judiciária devido a encontrar-se desempregado e não poder arcar com as custas processuais sem o prejuízo do sustento da sua família.

b) A inversão do ônus da prova de acordo com o artigo 6º, VIII do CDC.

c) A citação da empresa ré para contestar a presente ação sob pena de revelia.

d) A procedência da presente ação com a respectiva condenação da empresa-ré ao pagamento da indenização prevista no contrato no valor de R$_____ com as devidas correções monetárias.

e) A produção de todas as provas admitidas em direito.

Dá-se a causa o valor de R$_____.

Nestes termos

Pede deferimento

_____

Advogado OAB nº

11. Jurisprudência aplicada

11.1. Seguro veicular

É devido o pagamento de indenização por seguradora em razão dos prejuízos financeiros sofridos por vítima de crime de extorsão constrangida a entregar o veículo segurado a terceiro, ainda que a cláusula contratual delimitadora dos riscos cobertos somente preveja as hipóteses de colisão, incêndio, furto e roubo. Em que pese ser de rigor a interpretação restritiva em matéria de direito penal, especialmente ao se aferir o espectro de abrangência de determinado tipo incriminador, isso por força do princípio da tipicidade fechada ou estrita legalidade (CF, art. 5º, XXXIX; e CP, art. 1º), tal viés é reservado à seara punitivo-preventiva (geral e especial) inerente ao Direito Penal, cabendo ao aplicador do Direito Civil emprestar aos institutos de direito privado o efeito jurídico próprio, especialmente à luz dos princípios da boa-fé objetiva e da conservação dos contratos. A restrição legal do art. 757 do CC encerra vedação de interpretação extensiva somente quando a cláusula delimitadora de riscos cobertos estiver redigida de modo claro e insusceptível de dúvidas. Assim, é possível afastar terminologias empregadas na construção de cláusulas contratuais que redundem na total subtração de efeitos de determinada avença, desde que presente um sentido interpretativo que se revele apto a preservar a utilidade econômica e social do ajuste. Além disso, havendo relação de consumo, devem ser observadas as diretrizes hermenêuticas de interpretação mais favorável ao consumidor (art. 47, CDC), da nulidade de cláusulas que atenuem a responsabilidade do fornecedor, ou redundem em renúncia ou disposição de direitos pelo consumidor (art. 51, I, CDC), ou desvirtuem direitos fundamentais inerentes à natureza do contrato (art. 51, § 1º, II, CDC). A proximidade entre os crimes de roubo e extorsão não é meramente topológico-geográfica, mas também conceitual, uma vez que, entre um e outro, o que essencialmente os difere é a extensão da ação do agente criminoso e a forçada participação da vítima. A distinção é muito sutil já que, no roubo, o réu desapossa, retira violentamente o bem da vítima; na extorsão, com o mesmo método, obriga a entrega. Dessa forma, a singela vinculação da cláusula que prevê os riscos cobertos a conceitos de direito penal está aquém daquilo que se supõe de clareza razoável no âmbito das relações consumeristas, sobretudo diante da carga limitativa que o dispositivo do ajuste encerra, pois a peculiar e estreitíssima diferenciação entre roubo e extorsão perpassa o entendimento do homem médio, mormente em se tratando de consumidor, não lhe sendo exigível a capacidade de diferenciar tipos penais. Trata-se de situação distinta daquela apreciada pela Quarta Turma, na qual se assentou que a cobertura securitária estabelecida para furto e roubo não abrangia hipóteses de apropriação indébita (REsp n. 1.177.479-PR). Precedente citado: REsp 814.060-RJ, DJe 13/4/2010.REsp 1.106.827-SP, Rel. Min. Marco Buzzi, julgado em 16/10/2012.

11.2. Seguro Incêndio - registro

A Turma, desproveu o recurso, entendendo que não cabe ao CREA exigir a inscrição em seus quadros de empresa vinculada à atividade de inspeção de equipamentos contra incêndio,eis que não se enquadra na classificação de prestadora de serviços de engenharia, arquitetura ou agronomia. REsp 615.323-MG, Rel. Min. Eliana Calmon, julgado em 20/5/2004.

11.3. Seguro incêndio – imóvel locado

Proprietários e usufrutuários de imóvel comercial intentaram ação indenizatória contra seguradora, por haverem locado o referido imóvel mediante contrato com cláusula obrigatória de ajustar seguro contra incêndio. Acontecido o sinistro, a seguradora se recusa a solver a indenização por ter sido o incêndio provocado, visto que, um sócio da empresa locatária e outro foram condenados criminalmente como incursos no art. 250, § 1º, I, do CP. Não obstante ser fraudulento o incêndio, persiste a responsabilidade da seguradora perante a beneficiária do seguro avençado com a inquilina, mesmo que a apólice preveja a isenção da seguradora no caso de o sinistro ser devido em razão da culpa grave ou dolo do segurado, pois a beneficiária do seguro e terceira de boa-fé não teve participação no sinistro criminoso. REsp 464.426-SP, Rel. Min. Barros Monteiro, julgado em 2/10/2003.

11.4. Seguro de automóvel – responsabilidade por serviços prestados

A Turma, aplicando o Código de Defesa do Consumidor, decidiu que a seguradora tem responsabilidade objetiva e solidária pela qualidade dos serviços executados no automóvel do consumidor por oficina que indicou ou credenciou. Ao fazer tal indicação, a seguradora, como fornecedora de serviços, amplia a sua responsabilidade aos consertos realizados pela oficina credenciada. Quanto aos danos morais, a Turma entendeu que o simples inadimplemento contratual, má qualidade na prestação do serviço, não gera, em regra, danos morais por caracterizar mero aborrecimento, dissabor, envolvendo controvérsia possível de surgir em qualquer relação negocial, sendo fato comum e previsível na vida social, embora não desejável nos negócios contratados. Precedentes citados: REsp 723.729-RJ, DJ 30/10/2006, e REsp 1.129.881-RJ, DJe 19/12/2011. REsp 827.833-MG, Rel. Min. Raul Araújo, julgado em 24/4/2012.

11.5. Seguro de automóvel – Táxi

Trata-se, originariamente, de ação de cobrança de indenização securitária e compensação por danos morais proposta pelo autor, já falecido (figura agora o espólio representado por sua inventariante), em desfavor da seguradora. Aduziu-se que o táxi do de *cujus* foi abalroado por automóvel segurado pela ré, ora recorrente. O conserto teria sido pago pela seguradora, mas, sendo o veículo de praça, também, pleiteia-se receber valor correspondente aos lucros cessantes, além de compensação por danos morais sofridos. A seguradora não contestou o pagamento do valor referente ao conserto do veículo. Aduziu em sua defesa, preliminarmente, a ilegitimidade ativa do de *cujus* se a sua ilegitimidade passiva sob o fundamento de que não poderia ser demandada diretamente pelo terceiro prejudicado, pois sua relação jurídica era estabelecida unicamente com o segurado. No mérito, impugnou a utilização do veículo como táxi, a limitação do valor segurado e a improcedência do pedido de compensação por danos morais. Na origem, a ação foi julgada parcialmente procedente, tendo sido afastadas as preliminares de ilegitimidade, para condenar a seguradora ao pagamento de lucros cessantes ao autor, além determ sido proporcionalmente distribuídos os ônus da sucumbência e compensados os honorários advocatícios. Sobre a legitimidade da seguradora para figurar no polo passivo em ação proposta por terceiro, a Turma concluiu que a jurisprudência das duas turmas da Segunda Seção deste Superior Tribunal firmou o entendimento de que é cabível a ação direta do terceiro contra a seguradora. Assim, não obstante o contrato de seguro tenha sido celebrado apenas entre o segurado e a seguradora, dele não fazendo parte o recorrido, ele contém uma estipulação em favor de terceiro. E é em favor desse terceiro que a importância segurada será paga. Daí a possibilidade de ele requerer diretamente da seguradora o referido pagamento. O fato de o segurado não integrar o polo passivo da ação não retira da seguradora a possibilidade de demonstrar a inexistência do dever de indenizar. A interpretação do contrato de seguro dentro de uma perspectiva social autoriza e recomenda que a indenização prevista para reparar os danos causados pelo segurado a terceiro seja por esse diretamente reclamada da seguradora. A Turma, com essas e outras considerações, negou provimento ao recurso. Precedentes citados: REsp 228.840-RS, DJ 4/9/2000; REsp 294.057-DF, DJ 12/11/2001, e REsp 444.716-BA, DJ 31/5/2004. REsp 1.245.618-RS, Rel. Min. Nancy Andrighi, julgado em 22/11/2011.

11.6. Seguro de automóvel – Cláusula limitativa

Trata-se de ação de cobrança de indenização securitária cumulada com pedido de indenização por danos materiais e morais contra a seguradora. Noticiou a ora recorrida ter firmado com a recorrente contrato de seguro de veículo e ter sido este roubado sem que, até a data do ajuizamento da ação, houvesse sido recuperado. Aduziu que a seguradora negou o pedido de indenização por suposto descumprimento contratual, justificando a negativa pelo fato de que o condutor eventual utilizava o veículo segurado acima de um dia por semana, independentemente do tempo de uso do veículo. O juízo singular julgou parcialmente procedente o pedido para condenar a seguradora a pagar o valor segurado, bem como indenização no valor de três salários mínimos a título de danos extrapatrimoniais, afastada essa pelo tribunal *a quo*. A Turma entendeu que as declarações inexatas ou omissões no questionário de risco em contrato de seguro de veículo não autorizam, automaticamente, a perda da indenização securitária. É preciso que tais inexatidões ou omissões tenham acarretado concretamente o agravamento do risco contratado e decorram de ato intencional do segurado. No caso, a circunstância de a segurada não possuir carteira de habilitação ou ter idade avançada, ao contrário de seu neto, o verdadeiro condutor, não poderia justificar a negativa da seguradora. Por outro lado, o fato de o roubo do veículo segurado ter ocorrido com o neto da segurada no interior do automóvel não guarda relação lógica com o fato de o condutor ter ou não carteira de habilitação. Não tendo o acórdão recorrido reconhecido agravamento do risco com o preenchimento inexato do formulário, tampouco que tenha sido em razão de má-fé da contratante, incide a Súm. n. 7-STJ. Soma-se a isso o fato de ter o acórdão recorrido entendido que eventual equívoco no preenchimento do questionário de risco decorreu também de dubiedade da cláusula limitativa acolhida expressamente no art. 423 do CC/2002. REsp 1.210.205-RS, Rel. Min. Luis Felipe Salomão, julgado em 1º/9/2011.

11.7. Seguro de automóvel – Rescisão do contrato

A Turma reiterou o entendimento de que é necessária a prévia notificação do segurado para sua constituição em mora e a consequente suspensão ou rescisão do contrato de seguro, pois seu desfazimento não é automático, quando ocorre atraso de uma parcela mensal do prêmio. Salientou, ainda, quanto aos juros moratórios, que, na ausência de pactuação, aplica-se o percentual de 0,5% ao mês conforme o art. 1.063 do CC/1916. Contudo, com o advento do CC/2002, no período após sua vigência, os juros serão calculados conforme seu art. 406. Precedentes citados: AgRg no Ag 1.058.636-SC, DJe 3/11/2008; REsp 316.552-SP, DJ 12/4/2004; REsp 770.720-SC, DJe 20/6/2008, e REsp 595.766-MS, DJe 10/5/2010. REsp 867.489-PR, Rel. Min. Aldir Passarinho Junior, julgado em 14/9/2010.

11.8. Seguro de automóvel – estrangeiro

O **acórdão recorrido solucionou integralmente a lide ao reputar** descabida a pena de perdimento do veículo estrangeiro (registro, seguro e pagamento de tributos feitos na Argentina) que é utilizado pelo proprietário, domiciliado em cidades do Brasil e da Argentina, para sua locomoção entre esses dois países, nos quais também exerce sua atividade profissional. Decidiu, também, que, diante do leilão, a arrematação e a entrega do bem, há que se indenizar o antigo proprietário com base no preço da venda (art. 30, § 2º, do DL n. 1.455/1976). Quanto à última determinação, é descabida a alegação de julgamento *extra petita*, visto que a indenização decorre da impossibilidade de devolução do automóvel, tal qual requerido. De outro lado, é consabido que o MS não é substituto de ação de cobrança (Súmula n. 269-STF), de modo que qualquer diferença havida entre o valor da arrematação e o preço de mercado do veículo há que ser buscada em ação própria. É questionável, até, o uso do mandado de segurança para a devolução do valor de arrematação, mas se mantém o entendimento do Tribunal de origem em razão da vedação à *reformatio in pejus*. Assim, o entendimento deque o perdimento não pode ser aplicado a veículo cujo proprietário reside em país vizinho e ingressa no território brasileiro para trânsito temporário, já acolhido por este Superior Tribunal, pode ser também aplicado à espécie. Precedentes citados: REsp 614.581-PR, DJ 24/5/2007, e REsp 507.364-SC, DJ 7/2/2007.REsp 981.992-RS, Rel. Min. Denise Arruda, julgado em 10/11/2009.

11.9. Seguro de automóvel – baixa do veículo no cadastro do DETRAN

O **veículo furtado do recorrido não foi recuperado pela polícia,** então a seguradora recorrente efetuou o pagamento da indenização estipulada. Sucede que essa mesma seguradora não providenciou a baixa do veículo no cadastro do Detran, por isso diversas multas relativas a infrações de trânsito praticadas pelos criminosos ou terceiros foram emitidas em nome do recorrido e computadas em sua carteira de habilitação. Assim, além do dano moral, a ação busca compelir a seguradora a providenciar a transferência da propriedade do veículo, bem como a retirar todas as multas de trânsito aplicadas sob pena de fixação de *astreintes*. Anote-se que o veículo, como visto, não se encontra na posse do recorrido nem do recorrente, o que impede o cumprimento das exigências usualmente feitas pelo Detran para a transferência (CTB, art. 124, VII e XI), tal como a vistoria do automóvel. Esse panorama evidencia o dano moral causado ao recorrido, pois houve desídia da seguradora em prontamente atender a suas solicitações. Todavia, não tem cabimento impor multa diária, inclusive por tutela antecipada, para compeli-la a cumprir uma impossível transferência do veículo, daí ser necessária a exclusão das *astreintes* da condenação. De outro lado, é preciso que este Superior Tribunal, ao aplicar o direito à espécie (art. 257 do RISTJ), avance em busca de uma solução burocrática do problema que atormenta o autor. Isso posto, a Turma determinou a imediata expedição de ofício ao Detran para que se registre a seguradora como a proprietária do veículo desde a data do furto. Com isso, o recorrido fica livre das multas aplicadas, apesar de o STJ não poder cancelá-las, visto representarem valor devido à Fazenda Pública, que não é parte na lide. REsp 1.003.372-RJ, Rel. Min. Aldir Passarinho Junior, julgado em 6/10/2009.

11.10. Seguro de automóvel - blindagem

O recorrente e a empresa de equipamentos de proteção firmaram contrato para blindagem de automóvel usado de sua propriedade, incluído o transporte do veículo do Rio de Janeiro para São Paulo (sede da empresa). O carro, no entanto, foi roubado quando era transportado. Com esse acontecimento, as partes firmaram acordo verbal propondo-se a empresa a comprar um outro veículo, zero quilômetro, e blindá-lo, como forma de compensação pelos transtornos. Em troca, o proprietário do veículo repassaria à empresa o valor do seguro correspondente. Não cumprida a avença, a empresa recorrida ajuizou medida cautelar, que foi deferida para mantê-la na posse do veículo por três anos, quando extinto o processo sem julgamento do mérito. A apelação da empresa foi parcialmente provida para determinar que lhe seja entregue o valor do seguro, em virtude do reconhecimento do acordo verbal. No recurso, o recorrente sustenta haver o acórdão decidido *extra petita* ao determinar o pagamento do valor do seguro por quanto a inicial busca apenas a rescisão do contrato, com a consolidação da posse e propriedade do veículo nas mãos da empresa. O acórdão admite não constar do pedido o pagamento do valor do seguro à recorrida, afirmando apenas haver menção àquele compromisso. Para o Min. Relator, o pleito é unicamente de rescisão do acordo verbal entabulado pelas partes, com a declaração de propriedade em prol da empresa do veículo objeto da contenda. Não há pedido de pagamento da quantia que o recorrente receberia da seguradora. Nada autoriza o entendimento de obrigatoriedade da entrega do valor do seguro. Isso não foi pedido e, portanto, não pode ser concedido, uma vez que a interpretação deve ser restritiva (CPC, art. 293). Precedente citado: REsp 218.687-RS, DJ 27/3/2000. REsp 824.015-RJ, Rel. Min. Fernando Gonçalves, julgado 22/4/2008.

Capítulo 11

O Seguro DPVAT

1. Considerações iniciais. 2. Histórico do DPVAT. 3. Valor do DPVAT. 4. Ausência de prova de culpa. 5. Documentos necessários. 6. Regras Especiais de indenização. 7. Normas que regem o DPVAT. 8. Informações essenciais sobre o seguro DPVAT. 9. Passo a passo para receber o DPVAT. 10. Fato gerador do DPVAT. 11. Regras especiais para o seguro DPVAT. 12. O DPVAT e a Declaração do Imposto de Renda. 13. O consórcio de seguradoras. 14. O STJ e o DPVAT. 15. O CNSP e o DPVAT. 16. O CNT e o DPVAT. 17. Perguntas e respostas sobre o seguro DPVAT. 18. Formulários do seguro DPVAT. 18.1. Restituição de pagamento do seguro DPVAT – Bancos. 18.2. Restituição de pagamento do prêmio do DPVAT – proprietário. 18.3. Aviso de Sinistro do DPVAT. 18.4. Declaração de Ausência de Laudo do IML. 18.5. Declaração sobre a prevenção à lavagem de dinheiro. 18.6. Declaração de Residência. 19. Modelo de petições da área securitária. 19.1. Ação de cobrança de seguro DPVAT. 19.2. Ação de Cobrança do seguro DPVAT (diferença da indenização). 19.3. Ação de Cobrança do seguro DPVAT (reembolso do DAMS). 20. Jurisprudência aplicada. 20.1. Impenhorabilidade dos valores do DPVAT. 20.2. Responsabilidade Civil Objetiva – DPVAT. 20.3. Nexo de causalidade – DPVAT. 20.4. Dedução dos valores – DPVAT. 20.5. Omissão na conservação de rodovia – DPVAT. 20.6. Invalidez permanente parcial – DPVAT: 20.7. Reembolso de despesas hospitalares – DPVAT. 20.8. Solidariedade – DPVAT. 20.9. Prescrição – DPVAT. 20.10. Legitimidade Passiva – DPVAT.

1. Considerações iniciais:

O DPVAT é o seguro obrigatório de danos pessoais que tenha como um agente causador o veículo terrestre ou por sua carga, a pessoas transportadas ou não. Ele foi criado pela Lei nº 6.194/74 e tem como finalidade dar amparo as vítimas de acidentes de trânsito em todo o território nacional. As características essenciais deste seguro são: a obrigatoriedade e a não verificação de culpa, isto é, ocorrendo o acidente há direito à indenização.

2. Histórico do DPVAT

O Seguro DPVAT[13] "beneficia todas as vítimas de acidentes com veículos, ocorridos dentro do País, sejam pedestres, passageiros ou motoristas. As indenizações são pagas, independentemente da apuração de culpa ou da identificação do veículo causador do dano, sem a necessidade de intermediário."

O Sindicato dos Corretores de Seguros, de Capitalização e de Previdência Privada no Estado de Goiás – SINCOR-GO apresenta um estudo importante sobre a evolução do seguro DPVAT no tempo, conforme texto abaixo:

EVOLUÇÃO DO SEGURO DPVAT NO TEMPO

1966

O DPVAT foi criado junto com outros seguros obrigatórios, através do Decreto-lei 73/66, também conhecido como a Lei do Seguro. Mas ele nasceu com outro nome. Foi chamado de Recovat e manteve esta sigla até 1974. A sigla significava Responsabilidade Civil Obrigatória de Veículos Automotores Terrestres.

1974

Em 1974, com a entrada em vigor da Lei 6.194/74, o Recovat passou a se chamar DPVAT. E mudou bem mais que a sigla. O conceito de responsabilidade civil, em que a indenização era paga somente quando o veículo era considerado culpado pelo acidente, foi substituído por outro, mais abrangente, em que as indenizações poderiam ser pagas, não importando de quem fosse a culpa. O DPVAT mantém esse conceito até hoje.

1986

Em 29/4/1986 nasceu o Convênio DPVAT, mudança que afetou, principalmente, a forma de se pagar o prêmio e a forma de se pagar a indenização do seguro. Como consequência, a data da criação do Convênio – 29/4/1986 – tornou-se um marco, estabelecendo orientações distintas às vítimas e beneficiários do seguro. A eles passaria a ser informado que, se o acidente tivesse ocorrido antes da data da criação do Convênio, era preciso ir à seguradora em que o seguro foi pago para solicitar o pagamento da indenização. Porque somente essa seguradora, por ter recebido o prêmio do seguro, teria a responsabilidade de pagar a indenização

---

13 Informe DPVAT - Março de 2010 - Ano III - Edição 09

correspondente. Já, para acidentes ocorridos depois da criação do Convênio, a orientação às vítimas e beneficiários seria diferente. A elas seria dito que procurassem qualquer seguradora conveniada para solicitar a indenização. E por quê? Porque agora existia um Convênio, ou seja, várias seguradoras trabalhando juntas, todas dividindo os prêmios e as indenizações.

1992

Em 13/7/1992, o DPVAT é objeto de uma nova lei, a Lei 8.441/92, e passa por duas grandes e importantes mudanças. Acidentes com veículos não identificados (VNI) passaram a ser cobertos integralmente, em todas as coberturas, quando antes da lei, estavam cobertos apenas em caso de morte e eram indenizados pela metade do valor. Outra alteração foi quanto à comprovação de pagamento do seguro, que deixou de ser exigida. A orientação às vítimas e beneficiários passou a ser de que a inclusão do comprovante entre os documentos para dar entrada no pedido de indenização não era mais necessária. Somente em caso de proprietário, fez-se e ainda se faz uma exceção à nova regra. Se o beneficiário é o dono do veículo, para que faça jus à indenização, ele deve apresentar o comprovante de pagamento, dando conta de que está em dia com a lei (Lei 6.194/74, que determinou o pagamento do DPVAT como obrigatório para todos os proprietários de veículo). A exceção, por se aplicar exclusivamente aos donos dos veículos, evidencia que a Lei 8.441/92 ampliou a abrangência e o alcance social do Seguro DPVAT de forma muito significativa. Ela colocou o seguro obrigatório de veículos brasileiros à frente dos similares existentes em outros países, inclusive nos mais desenvolvidos.

2003

Em 11/1/2003, entrou em vigor o Novo Código Civil Brasileiro, reduzindo de 20 para três anos o prazo para o cidadão reclamar seus direitos (prazo de prescrição). A norma reduziu bastante o prazo até então em vigor, mas previu um processo de transição do antigo para o novo modelo. Nele, o Código preservou mais direitos aos casos mais antigos, deixando a aplicação da nova regra aos eventos mais recentes, ocorridos de 2003 para cá. Essa mudança tornou a data do acidente uma das informações mais importantes para se orientar as vítimas e beneficiários de acidentes. Antes de se prestar qualquer orientação sobre como dar entrada no pedido de indenização, é preciso verificar, pela data, se o acidente está prescrito ou se ainda pode ser reclamado.

2005

Em 1/1/2005, uma nova mudança: as indenizações dos veículos de transporte coletivo passaram a ser pagas pelas seguradoras que integram o Convênio DPVAT, assim como já acontecia, desde 1986, com os demais veículos. Até 2004, os veículos de transporte coletivo de passageiros – também conhecidos como veículos das categorias 3 e 4 – pagavam o DPVAT através de uma seguradora que, por receber diretamente o prêmio, ficava também responsável, sozinha, pelo pagamento da indenização, ou seja, ainda usavam o modelo antigo de pagamento do DPVAT (anterior à criação do Convênio). A mudança, portanto, trouxe mais uma evolução, porque garantiu maior uniformidade nos procedimentos de pagamento dos prêmios e das indenizações do DPVAT, para todos os tipos de veículo. É necessário observar que, também essa mudança, tornou a data do acidente uma prioridade no atendimento às vítimas e beneficiários. Acidentes com veículos de transporte coletivo são indenizados através das seguradoras do Convênio, se ocorridos a partir de 2005, e são indenizados somente por uma seguradora específica, se ocorridos até 2004. A seguradora específica, no caso, é a mesma em que o proprietário pagou o prêmio do DPVAT.

2007

Em 31/05/2007, a Medida Provisória 340 que já anunciava alteração e ratificação nas normas do seguro DPVAT, foi sancionada pelo presidente da República virando Lei 11.482/07, que no Artigo 8º, alterou os artigos 3º, 4º, 5º e 11 da Lei 6.194/74, ratificando que os valores da indenização do Seguro DPVAT devem ser pagos em reais, não em salários mínimos, o que já era mencionado pela Lei 6.205/75, estabeleceu que as indenizações devem passar a ser pagas com base no valor vigente na data do acidente, critério aplicável a acidentes ocorridos após 29.12.2006, data em que a MP 340 entrou em vigor, ampliou o prazo para pagamento da indenização de 15 para 30 dias, incluiu a opção de recebimento da indenização por conta de poupança e determinou que a indenização por morte passe a ser dividida entre o cônjuge ... e os herdeiros da vítima, com base no Artigo 792, do Código Civil.

2008

Em 15/12/2008, a Medida Provisória nº 451, altera os artigos 3º, 5º e 12 da Lei 6194/74, quanto aos procedimentos de regulação de sinistros das garantias de DAMS e de Invalidez Permanente, ocorridos após

16/12/2008 (inclusive). Está vedado o reembolso de despesas médicas e hospitalares efetuadas em entidades credenciadas ao Sistema Único de Saúde – SUS, mesmo que em caráter privado. Os sinistros de invalidez permanente serão avaliados sob os dispositivos e percentuais da tabela que passou a fazer parte da Lei nº 6.194/74. As vítimas poderão apresentar o LAUDO DO IML do local de sua residência. O IML deverá fornecer, no prazo de até 90 dias, laudo à vítima com verificação da existência e quantificação das lesões permanentes, totais ou parciais.

2009

Em 04/06/2009, a Medida Provisória nº 451, que já anunciava alteração nas normas do Seguro DPVAT, foi sancionada pelo presidente da República virando Lei 11.945/09 que alterou, basicamente, duas coberturas: Invalidez Permanente e Reembolso de Despesas de Assistência Médica e Suplementares (DAMS).

Para os sinistros ocorridos após 16/12/2008 (inclusive) serão avaliados sob os dispositivos e percentuais da tabela que passou a fazer parte da Lei nº 6.194/74. A tabela divide as lesões em apenas cinco grupos de percentuais (10%, 25%, 50%, 70% e 100%). As vítimas poderão apresentar o laudo do IML do local de sua residência. Na impossibilidade de apresentação do laudo do IML da jurisdição do acidente ou da residência da vítima, caberá a apresentação da Declaração da Secretaria de Segurança Pública. O IML deverá fornecer, no prazo de até 90 dias, laudo à vítima com verificação da existência e quantificação das lesões permanentes, totais ou parciais.

3. Valor do DPVAT

Os danos pessoais cobertos pelo seguro DPVAT compreendem as indenizações por morte, por invalidez permanente, total ou parcial, e por despesas de assistência médica e suplementares, nos valores e conforme as regras que se seguem, por pessoa vitimada:

a) R$ 13.500,00 - no caso de morte;

b) até R$ 13.500,00 - no caso de invalidez permanente;

c) até R$ 2.700,00 - como reembolso à vítima - no caso de despesas de assistência médica e suplementares devidamente comprovadas.

No caso da cobertura por invalidez permanente haverá uma tabela (conforme a Lei nº 11.945/09) que será disposta a seguir classificando a invalidez permanente como total ou parcial e subdividindo-se a invalidez permanente parcial em completa e incompleta, conforme a extensão das perdas anatômicas ou funcionais. Vejamos:

Danos Corporais Totais Repercussão na Íntegra do Patrimônio Físico	Percentual da Perda
Perda anatômica e/ou funcional completa de ambos os membros superiores ou inferiores	
Perda anatômica e/ou funcional completa de ambas as mãos ou de ambos os pés	
Perda anatômica e/ou funcional completa de um membro superior e de um membro inferior	
Perda completa da visão em ambos os olhos (cegueira bilateral) ou cegueira legal bilateral	
Lesões neurológicas que cursem com: (a) dano cognitivo-comportamental alienante; (b) impedimento do senso de orientação espacial e/ou do livre deslocamento corporal; (c) perda completa do controle esfincteriano; (d) comprometimento de função vital ou autonômica	100
Lesões de órgãos e estruturas craniofaciais, cervicais, torácicos, abdominais, pélvicos ou retroperitoneais cursando com prejuízos funcionais não compensáveis de ordem autonômica, respiratória, cardiovascular, digestiva, excretora ou de qualquer outra espécie, desde que haja comprometimento de função vital	
Danos Corporais Segmentares (Parciais) Repercussões em Partes de Membros Superiores e Inferiores	**Percentuais das Perdas**
Perda anatômica e/ou funcional completa de um dos membros superiores e/ou de uma das mãos	70
Perda anatômica e/ou funcional completa de um dos membros inferiores	
Perda anatômica e/ou funcional completa de um dos pés	50
Perda completa da mobilidade de um dos ombros, cotovelos, punhos ou dedo polegar	25

Perda completa da mobilidade de um quadril, joelho ou tornozelo	
Perda anatômica e/ou funcional completa de qualquer um dentre os outros dedos da mão	10
Perda anatômica e/ou funcional completa de qualquer um dos dedos do pé	
Danos Corporais Segmentares (Parciais) Outras Repercussões em Órgãos e Estruturas Corporais	**Percentuais das Perdas**
Perda auditiva total bilateral (surdez completa) ou da fonação (mudez completa) ou da visão de um olho	50
Perda completa da mobilidade de um segmento da coluna vertebral exceto o sacral	25
Perda integral (retirada cirúrgica) do baço	10

É importante consignar que, quando se tratar de invalidez permanente parcial completa, a perda anatômica ou funcional será diretamente enquadrada em um dos segmentos orgânicos ou corporais previstos nesta tabela, correspondendo a indenização ao valor resultante da aplicação do percentual ali estabelecido ao valor máximo da cobertura. Note-se que, quando se tratar de invalidez permanente parcial incompleta, será efetuado o enquadramento da perda anatômica ou funcional na forma prevista na tabela, procedendo-se, em seguida, à redução proporcional da indenização que corresponderá a 75% para as perdas de repercussão intensa, 50% para as de média repercussão, 25% para as de leve repercussão, adotando-se ainda o percentual de 10%, nos casos de sequelas residuais.

A Súmula nº 474 do STJ confirma a indenização proporcional da tabela:

Súmula nº 474 do STJ: A indenização do seguro DPVAT, em caso de invalidez parcial do beneficiário, será paga de forma proporcional ao grau da invalidez. Rel. Min. Luis Felipe Salomão, em 13/6/2012.

Registra-se que, é assegurado à vítima o reembolso, no valor de até R$ 2.700,00, de despesas médico-hospitalares, desde que devidamente comprovadas, efetuadas pela rede credenciada junto ao Sistema Único de Saúde, quando em caráter privado, vedada a cessão de direitos.

As despesas hospitalares em nenhuma hipótese poderão ser reembolsadas quando o atendimento for realizado pelo SUS, sob pena de descredenciamento do estabelecimento de saúde do SUS, sem prejuízo das demais penalidades previstas em lei.

A SUSEP trata dos eventos que não estão cobertos pelo DPVAT:[14]

"Não estão cobertos pelo DPVAT: 1. Danos materiais (roubo, colisão ou incêndio de veículos); 2. Acidentes ocorridos fora do território nacional; 3. Multas e fianças impostas ao condutor ou proprietário do veículo e quaisquer despesas decorrentes de ações ou processos criminais; e 4. Danos pessoais resultantes de radiações ionizantes ou contaminações por radioatividade de qualquer tipo de combustível nuclear, ou de qualquer resíduo de combustão de matéria nuclear... O valor da indenização do DPVAT não tem relação com o valor salário mínimo vigente no país. Os valores de indenização do seguro DPVAT são os fixados pela Lei 11.482/07.

A indenização no caso de morte será paga de acordo com o disposto no artigo 792 do Código Civil:

> "Art. 792. Na falta de indicação da pessoa ou beneficiário, ou se por qualquer motivo não prevalecer a que for feita, o capital segurado será pago por metade ao cônjuge não separado judicialmente, e o restante aos herdeiros do segurado, obedecida a ordem da vocação hereditária. Parágrafo único. Na falta das pessoas indicadas neste artigo, serão beneficiários os que provarem que a morte do segurado os privou dos meios necessários à subsistência."

Nos demais casos, o pagamento será feito diretamente à vítima na forma que dispuser o Conselho Nacional de Seguros Privados – CNSP.

4. Ausência de prova de culpa

O pagamento da indenização será efetuado mediante simples prova do acidente e do dano decorrente, independentemente da existência de culpa, haja ou não resseguro, abolida qualquer franquia de responsabilidade do segurado.

5. Documentos necessários

A indenização será paga com base no valor vigente na época da ocorrência do sinistro, em cheque nominal aos beneficiários, descontável no dia e na praça da sucursal que fizer a liquidação, no prazo de 30 dias da entrega dos seguintes documentos:

---

14 http://www.susep.gov.br/menu/informacoes-ao-publico/planos-e-produtos/seguros/dpvat

a) Certidão de óbito, registro da ocorrência no órgão policial competente e a prova de qualidade de beneficiários no caso de morte;
b) Prova das despesas efetuadas pela vítima com o seu atendimento por hospital, ambulatório ou médico assistente e registro da ocorrência no órgão policial competente – no caso de danos pessoais.

Os documentos serão entregues à Sociedade Seguradora, mediante recibo, que os especificará. Não se concluindo na certidão de óbito o nexo de causa e efeito entre a morte e o acidente, será acrescentada a certidão de auto de necrópsia, fornecida diretamente pelo instituto médico legal, independentemente de requisição ou autorização da autoridade policial ou da jurisdição do acidente.

Havendo dúvida quanto ao nexo de causa e efeito entre o acidente e as lesões, em caso de despesas médicas suplementares e invalidez permanente, poderá ser acrescentado ao boletim de atendimento hospitalar relatório de internamento ou tratamento, se houver, fornecido pela rede hospitalar e previdenciária, mediante pedido verbal ou escrito, pelos interessados, em formulário próprio da entidade fornecedora.

O Instituto Médico Legal da jurisdição do acidente ou da residência da vítima deverá fornecer, no prazo de até 90 dias, laudo à vítima com a verificação da existência e quantificação das lesões permanentes, totais ou parciais.

O pagamento da indenização também poderá ser realizado por intermédio de depósito ou Transferência Eletrônica de Dados – TED para a conta-corrente ou conta de poupança do beneficiário, observada a legislação do Sistema de Pagamentos Brasileiro.

Os valores correspondentes às indenizações, na hipótese de não cumprimento do prazo para o pagamento da respectiva obrigação pecuniária, sujeitam-se à correção monetária segundo índice oficial regularmente estabelecido e juros moratórios com base em critérios fixados na regulamentação específica de seguro privado.

6. Regras Especiais de Indenização

No caso de ocorrência do sinistro do qual participem dois ou mais veículos, a indenização será paga pela Sociedade Seguradora do respectivo veículo em que cada pessoa vitimada era transportada. Resultando do acidente vítimas não transportadas, as indenizações a elas correspondentes serão pagas, em partes iguais, pelas Sociedades Seguradoras dos veículos envolvidos. Havendo veículos não identificados e identificados, a indenização será paga pelas Sociedades Seguradoras destes últimos.

A indenização por pessoa vitimada por veículo não identificado, com seguradora não identificada, seguro não realizado ou vencido, será paga nos mesmos valores, condições e prazos dos demais casos por um consórcio constituído, obrigatoriamente, por todas as sociedades seguradoras que operem no seguro objeto desta lei.

O consórcio poderá haver regressivamente do proprietário do veículo os valores que desembolsar, ficando o veículo, desde logo, como garantia da obrigação, ainda que vinculada a contrato de alienação fiduciária, reserva de domínio, *leasing* ou qualquer outro.

O Conselho Nacional de Seguros Privados (CNSP) estabelecerá normas para atender ao pagamento das indenizações previstas neste artigo, bem como a forma de sua distribuição pelas Seguradoras participantes do Consórcio. Comprovado o pagamento, a Sociedade Seguradora que houver pago a indenização poderá, mediante ação própria, haver do responsável a importância efetivamente indenizada.

Nos seguros facultativos de responsabilidade civil dos proprietários de veículos automotores de via terrestre, as indenizações por danos materiais causados a terceiros serão pagas independentemente da responsabilidade que for apurada em ação judicial contra o causador do dano, cabendo à Seguradora o direito de regresso contra o responsável. Será observado o procedimento sumaríssimo do Código de Processo Civil nas causas relativas aos danos pessoais mencionados na presente lei.

O CNSP estabelecerá anualmente o valor correspondente ao custo da emissão e da cobrança da apólice ou do bilhete do Seguro Obrigatório de Danos Pessoais causados por veículos automotores de vias terrestres. (Incluído pela Lei nº 11.945, de 2009).

Em relação ao seguro DPVAT é importante destacar uma informação essencial constante no site[15] da seguradora líder:

"A administração do Seguro DPVAT é feita pela Seguradora Líder – DPVAT, companhia de capital nacional, responsável pela operação dos Consórcios do Seguro DPVAT, dos quais participam 73 Seguradoras. O objetivo principal dessa empresa é assegurar à população, em

---

15 www.seguradoralider.com.br

todo território nacional, o acesso aos benefícios do Seguro DPVAT, administrando com transparência os recursos que lhe são confiados com a utilização de modernos métodos de gestão, além de apoiar ações que contribuam para a redução dos acidentes de trânsito. Cabe também à Seguradora Líder-DPVAT, por meio de sua gestão estratégica, assegurar maior solidez às operações do Seguro DPVAT mediante a constituição das provisões técnicas exigidas pela regulamentação em vigor; garantir a manutenção da administração centralizada, facilitando o seu acompanhamento, controle e fiscalização; e garantir o pagamento das indenizações, de todas as reclamações cobertas, dentro do prazo legal, que é de 30 dias após o recebimento da documentação necessária... No Brasil, o DPVAT é um seguro descomplicado, de baixo custo e com apenas um pagamento anual, cujo valor é fixado pelo Governo Federal através do Conselho Nacional de Seguros Privados (CNSP).

7. Normas que regem o DPVAT

As normas que regem o seguro DPVAT são:

a) Lei n.º 6.194/74; b) Lei N.º 8.441/92; c) Lei n.º 11.482/07; d) Lei n.º 11.945/09; e) Decreto n.º 2.867/98; f) Portaria Interministerial 4.044/98; g) Resolução CNSP n.º 192/08; h) Resolução CNSP n.º 153/06; i) Resolução CNSP n.º 154/06; j) Resolução CNSP n.º 192/08; k) Resolução CNSP n.º 196/06; l) Circular SUSEP n.º 393/09; m) Resolução CNSP n.º 207/09; n) Resolução CNSP n.º 215/10; Resolução CNSP n.º 230/10.

8. Informações essenciais sobre o seguro DPVAT

O Seguro DPVAT garante cobertura por danos pessoais causados por veículos automotores de via terrestre, ou por sua carga, a pessoas transportadas ou não (conforme o artigo 12 da Resolução CNSP nº 273/2012).

É importante notar que os danos pessoais cobertos pelo seguro DPVAT compreendem as indenizações:

a) por morte;

b) invalidez permanente;

c) despesas de assistência médica e suplementares.

As indenizações serão pagas diretamente ao beneficiário por pessoa vítimada (conforme o artigo 12 § 1º da Resolução CNSP nº 273/2012)

A primeira característica do Seguro DPVAT é ser um seguro voltado para a cobertura de danos pessoais. O pagamento deste seguro será realizado tendo por limite os danos causados às pessoas. Sendo assim, se ocorrerem danos materiais (incêndio, roubo, colisão de veículos) não estarão cobertos por este seguro. O prejuízo material continuará sendo uma responsabilidade própria do dono do veículo. Também se a partir do acidente forem gerados ações e processos criminais, para que haja indenizações sobre o fato ocorrido, nem nesta situação específica, o seguro-DPVAT poderá fazer a cobertura destes gastos. Se o acidente ocorrer pelo fato do proprietário do veículo descumprir uma norma de trânsito (ex: velocidade alta), a multa gerada por esta infração, não será paga através do seguro-DPVAT.

A indenização será paga conforme estado de saúde da pessoa após acidente. Este seguro tem por característica específica proceder com o pagamento da indenização, conforme estiver o estado de saúde da pessoa, após o acidente causado por veículos automotores de via terrestre, ou por sua carga, a pessoas transportadas ou não. Podemos distinguir em três níveis a indenização paga ao segurado:

Nível 1: Acidente que não teve como resultado a invalidez permanente (total ou parcial) e nem a morte da pessoa. Poderá ser recebido o valor de até R$ 2.700,00 (dois mil e setecentos reais) – como reembolso à vítima – no caso de despesas de assistência médica e suplementares devidamente comprovadas (cf. art. 3º, inciso III da Lei nº 6.194/74). "O valor do reembolso vai ser pago conforme o total de despesas comprovadas".

Atendimento feito por rede credenciada junto ao SUS, quando em caráter privado: "Assegura-se à vítima o reembolso, no valor de até R$ 2.700,00 (dois mil e setecentos reais), de despesas médico-hospitalares, desde que devidamente comprovadas, efetuadas pela rede credenciada junto ao Sistema Único de Saúde, quando em caráter privado, vedada a cessão de direitos." (cf. art. 3º, § 2º-da lei nº 6.194/74)

Atendimento feito diretamente pelo SUS: "As despesas em nenhuma hipótese poderão ser reembolsadas quando o atendimento for realizado pelo SUS, sob pena de descredenciamento do estabelecimento de saúde do SUS, sem prejuízo das demais penalidades previstas em lei." (cf. art. 3º, § 3º-da Lei nº 6.194/74)

Nível 2: Acidente que teve como resultado a invalidez permanente (total ou parcial) da pessoa. Poderá ser recebido o valor de até R$ 13.500,00 (treze mil e quinhentos reais) (cf. art. 3º, inciso II da Lei nº 6.194/74).

O valor da indenização por invalidez permanente será pago conforme a comprovação da gravidade da lesão.

Nível 3: Acidente que teve como resultado a morte da pessoa. Poderá ser recebido o valor de R$ 13.500,00 (cf. art. 3º, inciso I da Lei nº 6.194/74).

A indenização no caso de morte será paga de acordo com o disposto no art. 792 da Lei nº 10.406, de 10 de janeiro de 2002 - Código Civil.(cf. art. 4º da Lei nº 6.194/74)

Pode-se considerar que o Seguro DPVAT também tem um fato gerador específico que são os "danos pessoais causados por veículos automotores de via terrestre, ou por sua carga, a pessoas transportadas ou não." (art. 2º, alínea "l" da Lei nº 6.194/74).

O portal do Banco do Brasil[16] esclarece:

> "O próprio nome do Seguro DPVAT é esclarecedor: Danos Pessoais Causados por Veículos Automotores de Via Terrestre. Isso significa que o DPVAT é um seguro que indeniza vítimas de acidentes causados por veículos que têm motor próprio (automotores) e circulam por terra ou por asfalto (vias terrestres). Observe que, nessa definição, não se enquadram trens, barcos, bicicletas e aeronaves. É por isso que acidentes envolvendo esses veículos não são indenizados pelo Seguro DPVAT. A mesma definição menciona que o Seguro DPVAT cobre danos pessoais, o que significa que não há cobertura para danos materiais, como roubo, colisão ou incêndio do veículo. Outro dado importante é que o Seguro DPVAT é obrigatório porque foi criado por lei, em 1974. Essa lei (Lei 6.194/74) determina que todos os veículos automotores de via terrestre, sem exceção, paguem o Seguro DPVAT. A obrigatoriedade do pagamento garante às vítimas de acidentes com veículos o recebimento de indenizações, ainda que os responsáveis pelos acidentes não arquem com essa responsabilidade."

Vamos simplificar esta questão, anotando as principais informações que fazem parte do conteúdo do fato gerador do Seguro DPVAT:

a) danos pessoais:

O pagamento deste seguro será realizado tendo por limite os danos causados às pessoas. Não envolve os danos materiais que o acidente ocasionou. Vejamos alguns exemplos[17] que não estão cobertos pelo seguro–DPVAT:

1) Roubo de pertences do carro, após ter ocorrido o acidente.

2) Roubo de veiculo, após ter ocorrido o acidente.

---

16 http://www.bb.com.br/portalbb/page3,101,3880,0,0,1,1.bb

17 www.**susep**.gov.br

3) Avarias causadas no veiculo por causa do acidente.

4) Multas a ser pagas pelo motorista por ter desobedecido alguma regra de trânsito e assim ter causado o acidente.

5) Pagamento de despesas de processos judiciais decorrentes do acidente.

b) causados por veículos automotores de via terrestre:

Este item pode ser caracterizado pelos veículos que podemos dirigir pela via terrestre (em terra ou asfalto) e que tenha motor próprio. Exemplo: carros de passeio, motocicletas, caminhões, ônibus, micro-ônibus e tratores. Não podem se enquadrar nesta categoria: bicicletas, barcos, trens...

Vejamos alguns exemplos que não estão cobertos pelo seguro-DPVAT:[18]

1) Acidentes causado por barcos;

2) Acidentes causado por trens;

3) Acidentes causado por bicicletas...

c) causados pela carga dos veículos automotores de via terrestre:

Esta situação acontece, normalmente, quando uma carga se desprende de um veículo, (por exemplo, um caminhão) e acaba causando um acidente. Quando isto ocorrer, poderá haver direito ao pagamento do seguro-DPVAT.

d) a pessoas transportadas ou não:

Esta norma é bem prática. Se o acidente ocorrer e causar danos a pessoas dentro do veículo transportado (ex: carro levando pessoas a algum lugar) ou acontecer com pessoas que não foram transportadas pelo motorista poderá ser exigido o pagamento do Seguro-DPVAT. De acordo com o guia de orientação e defesa do segurado – SUSEP:[19]

> "Qualquer vítima de acidente envolvendo veículo, incluindo motoristas e passageiros, ou seus beneficiários, podem requerer a indenização do DPVAT. As indenizações são pagas individualmente, não importando quantas vítimas o acidente tenha causado. Além disso, mesmo que o veículo não esteja em dia com o DPVAT ou não possa ser identificado, as vítimas ou seus beneficiários têm direito à cobertura."

---

18 www.susep.gov.br
19 www.susep.gov.br

A SUSEP[20] destaca sobre o prazo de indenização: "Para acidentes ocorridos após 11 de janeiro de 2003, data em que o Novo Código Civil entrou em vigor, o prazo para pedir indenização é de três anos."

9. Passo a passo para receber o DPVAT

Primeiramente é preciso estar em dia com o pagamento do Seguro – DPVAT. De acordo com a Resolução do Conselho Nacional de Seguros Privados podemos entender que: "Fica dispensado o pagamento da indenização ao proprietário inadimplente." (art. 12 § 7º da Resolução CNSP no 273/12)

Importante: O STJ, em sentido oposto ao conteúdo presente na Resolução do Conselho Nacional de Seguros Privados (art. 12 § 7º da Resolução CNSP nº 273/12) aprovou uma súmula que diz que a falta de pagamento do prêmio do seguro DPVAT não é considerada motivo para haver dispensa de pagamento ao proprietário inadimplente.

Súmula nº 257 do STJ: A falta de pagamento do prêmio do seguro obrigatório de Danos Pessoais Causados por Veículos Automotores de Vias Terrestres (DPVAT) não é motivo para a recusa do pagamento da indenização.

É aconselhado que seja pago o prêmio (DPVAT) de maneira correta, para que não seja preciso esperar receber o pagamento somente através do meio judicial. O cumprimento das obrigações com o seguro DPVAT evita gasto de tempo em demandas judiciais.

Existe duas realidades no seguro DPVAT: veículos novos e usados. A época certa de pagar o Seguro DPVAT de um veículo usado é: a) no mesmo vencimento do IPVA (pagamento da cota única ou 1ª parcela), se o veículo pertence às Categorias 1, 2, 9 ou 10; b) Na data do licenciamento anual, se o veículo pertence às Categorias 3 e 4 (transporte coletivo) A época certa de pagar o Seguro DPVAT de um veículo 0 km ou isento de IPVA é: na data do 1º licenciamento, se o veículo for 0 km, na data do licenciamento anual, se o veículo for isento de IPVA.

O pagamento do prêmio deverá ser efetuado somente na rede bancária (cf. Art. 30 § 2º da Resolução CNSP nº 273/12).

O prêmio do DPVAT será pago integralmente com a cota única do Imposto sobre Propriedade de Veículos Automotores – IPVA (cf. art. 1º

---

20 http://www.susep.gov.br/setores-susep/seger/coate/perguntas-mais-frequentes-sobre-
-dpvat-seguro-de-danos-pessoais-causados-por-veiculos-automotores-de-vias-terrestres

do Decreto nº 7.833/12). Um site específico sobre seguro DPVAT[21] traz uma informação:

> "Em caso de transferência de propriedade, o mais indicado é pagar à vista, mesmo que o seguro do veículo possa ser parcelado. Isso porque o veículo precisa estar regularmente licenciado para efeitos de transferência e isso ocorrerá somente após a quitação integral do seguro."

O prêmio do DPVAT será pago de forma parcelada, observadas as condições disciplinadas pelo Conselho Nacional de Seguros Privados – CNSP (cf. art. 1º do Decreto nº 7.833/12).

É preciso lembrar que: "A faculdade do parcelamento do prêmio do DPVAT, somente será concedida a proprietário de veículo cujo registro seja em unidades da Federação onde o licenciamento ocorra após a comprovação da quitação do IPVA e do DPVAT." (cf. art. 1º,§ 1º do Decreto nº 7.833/12).

Sendo assim, podemos entender que na hipótese do "proprietário de veículo isento do pagamento do IPVA ou de veículo cujo valor de lançamento do referido imposto seja insuscetível de parcelamento, em decorrência das regras das respectivas unidades da Federação, somente poderá parcelar o prêmio do DPVAT se observado o calendário de pagamento parcelado do IPVA da unidade da Federação em que o veículo for licenciado." (cf. art. 1º,§ 2º do Decreto nº 7.833/12).

Um mesmo site citado acima[22] destaca ainda:

> "O parcelamento não se aplica a exercícios anteriores (em atraso) nem a veículos que estão licenciando pela 1ª vez (0 km)."

Regra Importante:

> "Fica vedado o parcelamento do prêmio do Seguro DPVAT por ocasião do primeiro licenciamento do veículo." (cf. art. 1º, § 3º do Decreto nº 7.833/12)

O parcelamento ocorrerá em três parcelas de valor fixo, a serem pagas consecutivamente. As três guias para pagamento parcelado serão fornecidas exclusivamente pela página oficial do Pagamento DPVAT 2013[23]. Basta clicar no estado em que reside, para encontrar os links de pagamento.

---

21 http://www.dpvatsegurodotransito.com.br/pagamento/criterios-de-pagamento.aspx
22 http://www.dpvatsegurodotransito.com.br/pagamento/criterios-de-pagamento.aspx
23 http://www.dpvatsegurodotransito.com.br/pagamento/saiba-como-pagar.aspx

O valor de pagamento de Seguro DPVAT (2013)[24]:

VEÍCULO CONFORME CLASSIFICAÇÃO DETRAN		CATEGORIA	R$
	Automóvel / Caminhonete particular, oficial, missão diplomática, corpo consular e órgão internacional	01	105,65
	Automóvel / Camioneta Aluguel e aprendizagem	02	105,65
	Ônibus, Micro-ônibus e Vans Aluguel e aprendizagem	03	396,49
	Ônibus, Micro-ônibus e Vans Particular, oficial, missão diplomática, corpo consular e órgão internacional	04	247,42
	Reboque e semirreboque	Isento, já que o seguro deve ser pago pelo veículo tracionador	
	Ciclomotor, motoneta, motocicleta e triciclo	09	292,01
	Caminhonete, caminhão, caminhão trator (cavalo mecânico), trator de esteira, trator misto e outros veículos	10	110,38

24 http://www.dpvatsegurodotransito.com.br/pagamento/saiba-quanto-pagar.aspx

Seguindo determinação da Resolução CNSP 273/2012, no ano de 2013, o pagamento deve ser feito conforme instruções abaixo:

"A data de vencimento para pagamento do prêmio em parcela única, de todas as categorias, deverá coincidir com a data do vencimento da cota única do IPVA. Caso opte pelo parcelamento, a data de vencimento da primeira parcela coincidirá com a data do vencimento da primeira parcela do IPVA, sendo que as duas seguintes serão iguais, mensais e consecutivas e coincidirão com o calendário de vencimento para pagamento do IPVA da Unidade da Federação em que o veículo for licenciado."

De acordo com as referências da seguradora líder:[25] "ao pagar o seguro na data de vencimento, o proprietário do veículo de transporte coletivo assegura que todos os acidentes ocorridos entre 1º de janeiro de 2013 e 31 de dezembro de 2013 tenham cobertura."

De acordo com o art. 1º do Decreto nº 2.867/98 podemos entender que: "O prêmio do Seguro Obrigatório de Danos Pessoais causados por Veículos Automotores de Vias Terrestres – DPVAT será arrecadado pela rede bancária e repassado diretamente e sem qualquer retenção, do seguinte modo:

I - quarenta e cinco por cento do valor bruto recolhido do segurado a crédito direto do Fundo Nacional de Saúde, para custeio da assistência médico-hospitalar dos segurados vitimados em acidentes de trânsito, nos termos do parágrafo único do art. 27 da Lei nº 8.212, de 24 de julho de 1991;

II - cinco por cento do valor bruto recolhido do segurado ao Departamento Nacional de Trânsito, por meio de crédito direto à conta única do Tesouro Nacional, para aplicação exclusiva em programas destinados à prevenção de acidentes de trânsito, nos termos do parágrafo único do art. 78 da Lei nº 9.503, de 23 de setembro de 1997;

III - cinquenta por cento do valor bruto recolhido do segurado à companhia seguradora, na forma da regulamentação vigente.

"Efetuado o pagamento do prêmio, será expedido bilhete de seguro DPVAT."(Art. 26 da Resolução CNSP nº 273/12)

Para as categorias dos consórcios, a expedição do bilhete do seguro DPVAT obedecerá aos seguintes procedimentos: (Art. 30, incisos I, da Resolução CNSP nº 273/12)

---

25 http://www.seguradoralider.com.br/SitePages/canal-corretor-duvidas-frequentes.aspx

I - **No caso de veículos sujeitos ao Imposto sobre Propriedade de Veículos Automotores – IPVA**, o bilhete de seguro será expedido, exclusivamente, com o Certificado de Registro e Licenciamento Anual.

III - **No primeiro licenciamento do veículo**, o valor do prêmio será calculado de forma proporcional, considerando-se o número de meses entre o mês de licenciamento, inclusive, e dezembro do mesmo ano, sendo vedado o parcelamento.

IV – **No caso de veículos isentos do Imposto sobre Propriedade de Veículos Automotores – IPVA**, o pagamento do prêmio do Seguro DPVAT será efetuado juntamente com o emplacamento ou no licenciamento anual ou parcelado.

Existem algumas regras especiais sobre bilhete de seguro DPVAT:

1) "Em caso de transferência de propriedade do veículo, o bilhete de seguro se transfere automaticamente para o novo proprietário, independentemente de emissão de endosso." (Art. 28 da Resolução CNSP n° 273/12)

2) "A SUSEP estabelecerá os elementos mínimos que deverão constar dos bilhetes de todas as categorias do Seguro DPVAT." (Art. 26 parágrafo único da Resolução CNSP n° 273/12)

3) "É vedado o endosso para transferência do bilhete de seguro de um veículo para outro." (Art. 27 parágrafo único da Resolução CNSP n° 273/12)

4) "É vedada a emissão de mais de um bilhete de seguro para o mesmo veículo." (Art. 29 da Resolução CNSP n° 273/12)

5) "Na hipótese de ocorrer duplicidade de seguro, prevalecerá sempre o seguro mais antigo" (Art. 29 parágrafo único da Resolução CNSP n° 273/12).

6) "A vigência do seguro corresponderá ao ano civil." (Art. 30, § 1° da Resolução CNSP n° 273/12)

7) "A data de vencimento para pagamento do prêmio em parcela única, de todas as categorias, deverá coincidir com a data do vencimento da cota única do IPVA."(Art. 31 da Resolução CNSP n° 273/12)

A SUSEP[26] ainda dá a seguinte regra especial:

"Os veículos novos estão sujeitos à aplicação de "pro-rata". Um veículo adquirido no mês de julho, por exemplo, deve pagar apenas 6/12 do prêmio, pois estará coberto durante seis meses no seu primeiro ano de circulação."

10. Fato gerador do DPVAT

O primeiro passo para uma pessoa ter direito ao seguro DPVAT é a ocorrência do fato gerador:

Fato Gerador do Seguro-DPVAT: "Danos pessoais causados por veículos automotores de via terrestre, ou por sua carga, a pessoas transportadas ou não." (art. 2º, alínea "l" da Lei nº 6.194/74).

Constatada a ocorrência do fato gerador deve-se partir para o segundo passo que é a comprovação do acidente e do dano decorrente.

11. Regras especiais para o seguro DPVAT

O beneficiário do seguro é a pessoa que tem o direito de receber a indenização referente ao DPVAT. Podemos organizar os beneficiários em duas categorias:

Categoria 1: Quando o beneficiário é o próprio acidentado.

Esta categoria é representada pelas situações de acidente, quando ocorre invalidez permanente. E também nos casos que se faz necessário o reembolso de despesas médico-hospitalares.

Categoria 2: Quando os beneficiários são os familiares ou herdeiros legais do acidentado.

Estão incluídas nesta categoria as indenizações por morte. Os beneficiários serão os familiares ou herdeiros legais do acidentado.

A comprovação deve ser realizada através da apresentação de documentação que ajude a servir de prova do acidente ocorrido e do dano pessoal causado. Em cada situação, deverá ter a comprovação documental que ajude a identificar a validade do pedido de indenização e o valor que a pessoa receberá de indenização. A SUSEP traz a diferença entre o RCF-V, APP e o DPVAT:

"A Lei 6.194/74 introduziu como obrigatório o Seguro de DPVAT com a finalidade de amparar as vítimas de acidentes de trânsito em todo território nacional, independente de apuração de culpa. Estão cobertas todas as pessoas,

---

26 http://www.susep.gov.br/menu/informacoes-ao-publico/planos-e-produtos/seguros/dpvat

transportadas ou não, que forem vítimas de acidentes de trânsito causados por veículos automotores de vias terrestres, ou por sua carga. Neste ramo não se consideram como vítimas apenas os terceiros envolvidos. Qualquer pessoa, mesmo o filho do motorista, pode receber a indenização se estiver no interior do veículo acidentado. Não estão cobertos os danos materiais causados a terceiros. Para complementar a cobertura do seguro DPVAT poderíamos contemplar os seguintes seguros, oferecidos de forma facultativa pelo mercado segurador: RCF-V: Responsabilidade Civil Facultativa de Veículos. Existem duas coberturas: - Danos Materiais: por esta cobertura, caso o segurado seja o responsável, a seguradora reembolsa os prejuízos materiais de terceiros.- Danos Corporais: por esta cobertura, caso o segurado seja o responsável, a seguradora reembolsa os prejuízos relacionados a danos corporais (ferimentos, lesões ou morte) causados a terceiros. APP: Acidentes Pessoais de Passageiros. Esta cobertura visa indenizar os passageiros ou seus beneficiários, transportado pelo veículo segurado por lesões ou morte que venham a sofrer. Nestes casos, as garantias ficam limitadas ao valor da importância segurada contratada. Os contratos preveem importâncias seguradas distintas, por veículo, para as garantias de danos materiais, de danos corporais e de APP. Observamos ainda que, de acordo com as normas vigentes, a garantia de danos corporais concedida pelo seguro de RCF-V somente deve responder, em cada reclamação, pela parte da indenização que exceder os limites vigentes na data do sinistro para as coberturas do seguro obrigatório de DPVAT. Este dispositivo evita que haja duplicidade de cobertura, nos casos em que ambos os seguros estejam cobrindo o mesmo risco."

O seguro DPVAT já está sendo disponibilizado na agência dos correios. Vejamos uma reportagem[27] sobre o tema:

"As vítimas de acidentes de trânsito podem recorrer aos Correios para solicitar o Seguro de Danos Pessoais Causados por Veículos Automotores de Vias Terrestres (DPVAT). Mais de seis mil agências estão habilitadas e, agora, somam-se aos outros postos de atendimentos oficiais em todos os estados do país – 7,5 mil no total. De acordo com a Seguradora Líder, administradora do pagamento do DPVAT, a parceria deve facilitar o acesso dos beneficiários à indenização."

A indenização será paga com base no valor vigente na época da ocorrência do sinistro, em cheque nominal aos beneficiários, descontável no dia e na praça da sucursal que fizer a liquidação, no prazo de 30 dias da entrega da documentação utilizada para comprovar o direito ao benefício do Seguro–DPVAT.

---

27 http://www.cnt.org.br/Paginas/Agencia_Noticia.aspx?noticia=correios-dpact-seguro-26072013

Regra Importante:

Quando as declarações contidas em documento apresentado não caracterizarem a ocorrência de sinistro coberto, por não comprovarem a existência de acidente com veículo automotor de via terrestre, a produção de dano pessoal ou o nexo causal entre esses fatos, deverá a sociedade seguradora: (Art. 23 da Resolução CNSP n° 273/12)

I - notificar o beneficiário, ou mandatário devidamente constituído, da falha encontrada, por meio de correspondência com "aviso de recebimento", a ser expedida no prazo máximo de 30 (trinta) dias, contados da data de entrega da documentação; e

II - na data de expedição da notificação, encaminhar à SUSEP cópia do inteiro teor da correspondência enviada.

"Uma vez esclarecidos os fatos ou sanada, pelo interessado, a falha indicada na notificação expedida pela sociedade seguradora, esta deverá pagar a indenização no prazo máximo de 30 (trinta) dias, a contar da data do recebimento da resposta." (Art. 24 da Resolução CNSP n° 273/12)

Em qualquer caso, a indenização será paga com base nas importâncias seguradas vigentes na data da ocorrência do sinistro, independentemente da data de emissão do bilhete, em cheque nominal, identificando-se expressamente o beneficiário. O pagamento também poderá ser realizado através de depósito ou transferência eletrônica de dados (TED) para a conta-corrente ou poupança do beneficiário, observada a legislação do Sistema de Pagamentos Brasileiro."(Conforme art. 19 da Resolução CNSP n° 273/12)

Os valores correspondentes às indenizações, na hipótese de não cumprimento do prazo para o pagamento da respectiva obrigação pecuniária, sujeitam-se à correção monetária segundo índice oficial regularmente estabelecido e juros moratórios com base em critérios fixados na regulamentação específica de seguro Privado (cf. art. 5°, §7° da Lei n° 6.194/74).

A principal característica do pagamento deste seguro é restituir ao segurado o equilíbrio nas finanças, quando acontecer um acidente causado por veículos automotores (terrestres) ou por suas cargas. De acordo com o artigo 5° da lei Lei n° 6.194/74 podemos compreender os requisitos necessário para que ocorra o pagamento do Seguro DPVAT:

De acordo com o art. 15 da Resolução CNSP nº 273/12: A sociedade seguradora efetuará o pagamento das indenizações a seguir especificadas, por pessoa vitimada:

I - em caso de morte, a importância segurada prevista nas normas vigentes, na data da ocorrência do sinistro;

II - em caso de invalidez permanente, desde que esteja terminado o tratamento e seja definitivo o caráter da invalidez, a quantia que se apurar, tomando-se por base o percentual da incapacidade de que for portadora a vítima, de acordo com a tabela constante das normas de acidentes pessoais, tendo como indenização máxima a importância segurada prevista nas normas vigentes, na data da ocorrência do sinistro; e

III - em caso de despesas de assistência médica e suplementares, o valor efetivo das respectivas despesas, observado o limite previsto nas normas vigentes na data de ocorrência do sinistro.

A seguradora líder poderá estimar, para efeito de controle e combate à fraude, com base em preços praticados pelo mercado e tendo como limite mínimo os valores constantes da Tabela do Sistema Único de Saúde (SUS), o valor efetivo para despesas de assistência médica e suplementares.

De acordo com art. 17 da Resolução CNSP no 273/12: O pagamento de indenização por despesas de assistência médica e suplementares deverá observar os seguintes procedimentos:

I - no caso de assistência prestada por pessoa física ou jurídica conveniada com o Sistema Único de Saúde (SUS), é facultado à vítima optar por atendimento particular, hipótese essa em que será observado o procedimento previsto no inciso II deste artigo; e

II - quando a assistência for prestada por pessoa física ou jurídica sem convênio com o Sistema Único de Saúde (SUS), o pagamento será feito à vítima (Lembre-se que a vítima deverá apresentar comprovante original do valor da despesa do hospital, ambulatório, ou médico assistente que tiver prestado o atendimento médico-hospitalar; conforme disposto no § 1º, art. 17 da Resolução CNSP nº 273/12).

Vejamos as regras para receber o pagamento de indenização:

1) "É vedada à vítima do acidente de trânsito a cessão dos direitos ao recebimento do reembolso das despesas de assistência médica e suplementares" (Conforme art. 17, § 4º da Resolução CNSP nº 273/12).

2) As indenizações por morte e invalidez permanente não são cumulativas (cf. art. 18 da Resolução CNSP nº 273/12).

3) No caso de morte da vítima em decorrência do mesmo acidente que já havia propiciado o pagamento de indenização por invalidez permanente, a sociedade seguradora pagará a indenização por morte, deduzido o valor pago a título de indenização por invalidez permanente (art. 18. § 1º Resolução CNSP nº 273/12).

4) O reembolso de despesas de assistência médica e suplementares não poderá ser descontado da indenização por morte ou invalidez permanente (art. 18. § 2º Resolução CNSP nº 273/12).

5) No caso de ocorrência do sinistro do qual participem dois ou mais veículos, a indenização será paga pela Sociedade Seguradora do respectivo veículo em que cada pessoa vitimada era transportada (art. 6º da lei nº 6.194/74).

6) Resultando do acidente vítimas não transportadas, as indenizações a elas correspondentes serão pagas, em partes iguais, pelas Sociedades Seguradoras dos veículos envolvidos (art. 6º § 1º da Lei nº 6.194/74).

7) Havendo veículos não identificados e identificados, a indenização será paga pelas Sociedades Seguradoras destes últimos (art. 6º, § 2º da Lei nº 6.194/74).

8) A indenização por pessoa vitimada por veículo não identificado, com seguradora não identificada, seguro não realizado ou vencido, será paga nos mesmos valores, condições e prazos dos demais casos por um consórcio constituído, obrigatoriamente, por todas as sociedades seguradoras que operem no seguro objeto desta lei (art. 7º da Lei nº 6.194/74).

9) O consórcio de que trata este artigo poderá haver regressivamente do proprietário do veículo os valores que desembolsar, ficando o veículo, desde logo, como garantia da obrigação, ainda que vinculada a contrato de alienação fiduciária, reserva de domínio, leasing ou qualquer outro (art. 7º, § 1º, da Lei nº 6.194/74).

10) Comprovado o pagamento, a Sociedade Seguradora que houver pago a indenização poderá, mediante ação própria, haver

do responsável a importância efetivamente indenizada (art. 8º da Lei nº 6.194/74).

11) Nos seguros facultativos de responsabilidade civil dos proprietários de veículos automotores de via terrestre, as indenizações por danos materiais causados a terceiros serão pagas independentemente da responsabilidade que for apurada em ação judicial contra o causador do dano, cabendo à Seguradora o direito de regresso contra o responsável (art. 9º da Lei nº 6.194/74).

12. O DPVAT e a Declaração do Imposto de Renda:

A Seguradora Lider[28], que é administradora do Seguro DPVAT esclarece que: os benefícios recebidos do DPVAT "não precisam ser declarados no documento do IR. A razão para tal fato é que o valor recebido do Seguro DPVAT é classificado como verba indenizatória, não existindo, assim, a necessidade de declará-la no IR.

13. O consórcio de seguradoras

Existem dois tipos de consórcios de seguradoras. O primeiro consórcio envolve as categorias: 1, 2, 9 e 10. O segundo consórcio envolve as categorias 3 e 4.(cf. art. 4º, Resolução CNSP nº 273/12) Todas seguradoras têm que escolher uma mesma seguradora administradora. A seguradora líder (especializada em Seguro DPVAT) é a responsável por administrar os recursos arrecadados, realizar as transferências obrigatórias previstas em lei, pagar indenizações, construir reservas para os dois tipos de consórcios. A seguradora líder tem também a capacidade de representar os consórcios (cf. art. 4º, § 1º, Resolução CNSP nº 273/12).

"Os pagamentos de indenizações serão realizados pelos consórcios, representados pela seguradora líder." (art. 4º, § 4º, Resolução CNSP nº 273/12)

De acordo com o art. 3º da Resolução CNSP nº 273/12: O Seguro DPVAT é administrado por dois consórcios de seguradoras e engloba as seguintes categorias de veículos automotores:

CONSÓRCIO A:

Categoria 1 - automóveis particulares;

Categoria 2 - táxis e carros de aluguel;

Categoria 9- motocicletas, motonetas, ciclomotores e similares; e

---

28 http://www.viverseguronotransito.com.br/page/3/

Categoria 10 - máquinas de terraplanagem e equipamentos móveis em geral, quando licenciados, caminhonetes tipo "pick-up" de até 1.500 kg de carga, caminhões e outros veículos.

CONSÓRCIO B:

Categoria 3 - ônibus, micro-ônibus e lotação com cobrança de frete (urbanos, interurbanos, rurais e interestaduais);

Categoria 4 – micro-ônibus com cobrança de frete, mas com lotação não superior a dez passageiros e ônibus, micro-ônibus e lotações sem cobrança de frete (urbanos, interurbanos, rurais e interestaduais);

O art. 3º § 1º da Resolução CNSP nº 273/12, informa que a Categoria 10 inclui também:

I - veículos que utilizem "chapas de experiência" e "chapas de fabricante", para trafegar em vias públicas, dispensando-se, nos respectivos bilhetes de seguro, o preenchimento de características de identificação dos veículos, salvo a espécie e o número de chapa;

II - tratores de pneus, com reboques acoplados à sua traseira destinados especificamente a conduzir passageiros a passeio, mediante cobrança de passagem, considerando-se cada unidade da composição como um veículo distinto, para fins de tarifação;

III - veículos enviados por fabricantes a concessionários e distribuidores, que trafegam por suas próprias rodas, para diversos pontos do País, nas chamadas "viagens de entrega", desde que regularmente licenciados, terão cobertura por meio de bilhete único emitido exclusivamente a favor de fabricantes e concessionários, cuja cobertura vigerá por um ano;

IV - caminhões ou veículos "pick-up" adaptados ou não, com banco sobre a carroceria para o transporte de operários, lavradores ou trabalhadores rurais aos locais de trabalho; e Continuação da Resolução CNSP º 274, de 2012.

V - reboques e semirreboques destinados ao transporte de passageiros e de carga.

O art. 5º da Resolução CNSP nº 273/12, informa: Para operar nas categorias abrangidas pelos consórcios do seguro DPVAT, a sociedade seguradora, além de aderir aos respectivos consórcios, de que trata esta Resolução, deverá obter expressa autorização da SUSEP, mediante a satisfação das seguintes condições:

I - estar com as reservas técnicas devidamente constituídas e cobertas, de acordo com as normas fixadas pelo Conselho Monetário Nacional e aprovadas pela SUSEP;

II - possuir patrimônio líquido ajustado superior ao capital mínimo e à margem de solvência exigidos pela legislação vigente;

III - não estar em débito com a SUSEP, em decorrência de multas administrativas, em decisões transitadas em julgado;

IV - ter a sociedade seguradora liquidado os débitos referentes a ações judiciais com trânsito em julgado; e

V - ter o representante legal da sociedade seguradora assinado o instrumento padrão de adesão aos consórcios do Seguro DPVAT.

O contrato de constituição do consórcio deve conter as regras de adesão e retirada das seguradoras e suas alterações deverão ser previamente aprovadas pela SUSEP." (cf. art. 4°, § 2°, da Resolução CNSP nº 273/12). A SUSEP[29] determina que ficam excluídos dos consórcios:

I - os seguros de veículos pertencentes aos órgãos da Administração Pública Direta, Indireta, Autárquica e Fundacional dos Governos Estaduais que, por força de legislação estadual, estejam obrigados a contratar seguros em sociedade seguradora sob controle acionário de qualquer dos referidos órgãos públicos e a canalizar recursos para programas de seguro rural, respeitadas as normas tarifárias e condições aprovadas pelo CNSP; e

II - veículos enviados por fabricantes a concessionários e distribuidores, que trafegam por suas próprias rodas, para diversos pontos do País, nas chamadas "viagens de entrega", desde que regularmente licenciados, terão cobertura por meio de bilhete único emitido exclusivamente a favor de fabricantes e concessionários, cuja cobertura vigerá por um ano.

Para os veículos excluídos dos consórcios, o seguro DPVAT será operado de forma independente por sociedade seguradora.

Existem algumas situações em que as seguradoras constituem um consórcio para pagar as indenizações decorrentes de pessoa vitimada:
- por veículo não identificado.
- com seguradora não identificada.

---

[29] http://www2.susep.gov.br/menuatendimento/dpvat.asp#dpvat_08

- com seguro não realizado.
- com seguro vencido.

Observação: Será constituído um consórcio, obrigatoriamente, por todas as sociedades seguradoras que operem no seguro. Estas indenizações serão pagas nos mesmos valores, condições e prazos dos demais casos, por um consórcio de seguradoras (cf. art. 7º da Lei nº 6.194/74).

No caso de ocorrência do sinistro do qual participem dois ou mais veículos, a indenização será paga pela Sociedade Seguradora do respectivo veículo em que cada pessoa vitimada era transportada.(cf. art. 6º da Lei nº 6.194/74)

Resultando do acidente vítimas não transportadas, as indenizações a elas correspondentes serão pagas, em partes iguais, pelas Sociedades Seguradoras dos veículos envolvidos.(cf. art. 6º da Lei nº 6.194/74; § 1º)

Regra especial:"Havendo veículos não identificados e identificados, a indenização será paga pelas Sociedades Seguradoras destes últimos" (cf. art. 6º da Lei nº 6.194/74; § 2º).

Importante consignar que, o consórcio poderá haver regressivamente do proprietário do veículo os valores que desembolsar, ficando o veículo, desde logo, como garantia da obrigação, ainda que vinculada a contrato de alienação fiduciária, reserva de domínio, leasing ou qualquer outro (cf. art. 7º da Lei nº 6.194/74, § 1º).

Comprovado o pagamento, a Sociedade Seguradora que houver pago a indenização poderá, mediante ação própria, haver do responsável a importância efetivamente indenizada (cf. art. 8º da Lei nº 6.194/74).

14. O STJ e o DPVAT

O STJ tem muitas decisões importantes sobre o tema do seguro DPVAT. Inicialmente, temos que registrar o REsp 1.245.817, que concedeu ao trabalhador amputado de uma perna (ao trabalhar com o trator) a concessão da respectiva indenização. No REsp 876.102, foi acolhida a tese de que a vítima em um acidente automobilístico deve ser indenizada pelo DPVAT. No REsp 875.876, o STJ manteve a condenação de um banco para o pagamento de uma indenização ao pai em face do acidente automobilístico sofrido pelo filho. O REsp 1.119.614, entendeu ser possível o pagamento proporcional de indenização do seguro DPVAT em caso de invalidez permanente parcial em decorrência de acidente de trânsito. Não concordamos com este julgado, pois em nossa opinião a indenização deve ser integral e imediata para que os danos sejam minorados a tempo. O REsp 1.220.068, entendeu que o prazo de prescrição para o recebimento da complementação do seguro obrigatório por danos pessoais, quando pago em valor inferior ao fixado em lei, é de três anos. Também é válido mencionar o Resp 1.079.499, que estipulou o prazo inicial da contagem do prazo prescricional para indenização por invalidez permanente (pelo DPVAT), qual seja, a partir do laudo conclusivo do Instituto Médico Legal. Na Reclamação (Rcl) 5.272, o STJ entendeu que em ações de complementação do seguro obrigatório, os juros moratórios têm incidência a partir da citação. É bom mencionarmos também o Conflito de Competência (CC) nº 114.690, em que o STJ teve a seguinte conclusão: o autor de ação para obter o seguro DPVAT pode escolher a seu critério o foro de ajuizamento da ação, isto é, pode ser o do local do acidente, do seu domicílio ou o do réu.

Estes julgamentos feitos pelo STJ nos dão uma clara noção de como tem se posicionado a jurisprudência sobre a temática do DPVAT. Para termos um aprofundamento neste estudo é bom lembrarmos do REsp 436.201, que entendeu ser o arrendatário em contratos de leasing de veículos automotivos o responsável pelo pagamento do seguro DPVAT. O STJ também decidiu no REsp 858.056 que o Ministério Público (MP) não tem legitimidade para propor ação civil pública visando garantir a complementação do pagamento de indenizações pelo seguro obrigatório.

15. O CNSP e o DPVAT

O Conselho Nacional de Seguros Privados (CNSP) estabelecerá normas para atender ao pagamento das indenizações previstas, bem como a forma de sua distribuição pelas Seguradoras participantes do Consórcio. (cf. art. 7º da Lei nº 6.194/74, § 2º)O CNSP estabelecerá anualmente o valor correspondente ao custo da emissão e da cobrança da apólice ou do bilhete do Seguro Obrigatório de Danos Pessoais causados por veículos automotores de vias terrestres (cf. art. 12 da Lei nº 6.194/74, § 3º).

16. O CNT e o DPVAT

O Conselho Nacional de Trânsito expedirá normas para o vencimento do seguro coincidir com o do IPVA, arquivando-se cópia do bilhete ou apólice no prontuário respectivo, bem como fazer constar no registro de ocorrências nome, qualificação, endereço residencial e profissional completos do proprietário do veículo, além do nome da seguradora, número e vencimento do bilhete ou apólice de seguro (cf. art. 12 da Lei nº 6.194/74, § 2º).

O Conselho Nacional de Trânsito implantará e fiscalizará as medidas de sua competência, garantidoras do não licenciamento e não licenciamento e não circulação de veículos automotores de vias terrestres, em via pública ou fora dela, a descoberto do seguro previsto (cf. art. 12 da Lei nº 6.194/74, § 1º).

17. Perguntas e respostas sobre o seguro DPVAT

Pergunta nº 1: Na situação de fazer uma ação pedindo reparação de dano por acidente de trânsito, o pai que empresta o seu próprio automóvel ao filho, sendo este culpado do acidente, responde solidariamente pelos danos causados a terceiro?

Sim. O Informativo nº 0011 do STJ esclarece que: "**Na ação de reparação de dano por acidente de trânsito, o pai que empresta o seu próprio automóvel ao filho, sendo este o culpado do acidente, responde solidariamente pelos danos causados a terceiro.** A prova emprestada do juízo criminal, quando suficiente para indicar a culpa pelo acidente, pode ser relevante para eventual condenação na esfera civil. Deve ser descontada da indenização a importância recebida pela vítima em virtude de seguro obrigatório efetuado (DPVAT). Precedentes citados: REsp 13.403-RJ, DJ 20/2/1995; REsp 116.828-RJ, DJ 24/11/1997, e REsp 39.684-RJ, DJ 3/6/1996. REsp 146.994-PR, Rel. Min. Nilson Naves, julgado em 16/3/1999."

Pergunta nº 2: Independente da lei prever ou não, pode acontecer de uma resolução da SUSEP determinar a exclusão de determinada categoria de veículos automotores do sistema legal de pagamento de indenização a vítimas de acidente?

Não. O Informativo nº 0266 do STJ esclarece que: "Se a lei especial (Lei n.º 6.194/1974) não prevê, não pode uma resolução da SUSEP determinar a exclusão de determinada categoria de veículos automotores do sistema legal de pagamento de indenização a vítimas de acidente automobilístico, ainda que não identificado o veículo e a seguradora. REsp 620.178-RJ, Rel. Min. Carlos Alberto Menezes Direito, julgado em 25/10/2005."

Pergunta nº 3: Pode-se afirmar que o Ministério Público tem legitimidade para pleitear, em ação civil pública, a indenização do seguro–DPVAT em favor do segurado?

Não. A Súmula nº 470 do STJ nos informa que: "O Ministério Público não tem legitimidade para pleitear, em ação civil pública, a indenização decorrente do DPVAT em benefício do segurado. Rel. Min. Aldir Passarinho Júnior, em 24/11/2010."

Pergunta nº 4: É verdade que prescreve em três anos a ação de cobrança do seguro obrigatório (DPVAT)?

Sim. A Súmula nº 405 do STJ nos informa que: "A ação de cobrança do seguro obrigatório (DPVAT) prescreve em três anos."

Pergunta nº 5: No caso de invalidez parcial do beneficiário do seguro-DPVAT a indenização será paga de forma proporcional ao grau de invalidez?

Sim. A Súmula nº 474 do STJ nos informa que: "A indenização do seguro DPVAT, em caso de invalidez parcial do beneficiário, será paga de forma proporcional ao grau da invalidez".

Pergunta nº 6: Quais são os elementos mínimos que devem constar no bilhete de Seguro-DPVAT emitidos pelo consórcio?

A Circular SUSEP nº 393 de 16/10/2009 vem nos informar que devem constar, obrigatoriamente, dos bilhetes do Seguro DPVAT emitidos pelos Consórcios os seguintes elementos mínimos:

I - cabeçalho, com o seguinte texto: "SEGURO OBRIGATÓRIO DE DANOS PESSOAIS CAUSADOS POR VEÍCULOS AUTOMOTORES DE VIA TERRESTRE, OU POR SUA CARGA, A PESSOAS TRANSPORTADAS OU NÃO – SEGURO DPVAT.";

II - definição e objetivo do seguro, com os seguintes textos: a) "O Seguro tem por finalidade prover cobertura aos danos pessoais causados por veículos automotores de via terrestre, ou por sua carga, a pessoas transportadas ou não." b) "O Seguro DPVAT é obrigatório para todos os proprietários de veículos, de acordo com a Lei nº 6.194, de 19.12.1974."; e c) "Na eventualidade de sinistro, dirija-se a uma seguradora consorciada.";

III - telefones atualizados para esclarecimentos, com os seguintes textos: a) "Central de Atendimento dos Consórcios DPVAT: 0800-0221204"; e b) "SUSEP - Atendimento ao Público: 0800-0218484";

IV - site atualizado para esclarecimentos, com o seguinte texto: a) "Site para esclarecimentos sobre o Seguro DPVAT: http://www.dpvatseguro.com.br/";

V - número do bilhete;
VI - CNPJ/CPF do proprietário do veículo;
VII - informações da emissão:
a) ano do exercício e período de vigência; e
b) data da emissão;
VIII - limites máximos de indenização, por pessoa vítimada:

Morte	Invalidez Permanente	DAMS
R$ 13.500,00	até R$ 13.500,00	até R$ 2.700,00

IX - documentação necessária para o pedido de indenização, com os seguintes textos:

a) "Morte: registro de ocorrência expedido pela autoridade policial competente, certidão de óbito e prova da qualidade de beneficiário.";

b) "Invalidez Permanente: laudo do Instituto Médico Legal da jurisdição do acidente ou da residência da vítima, com verificação da existência e quantificação das lesões permanentes, totais ou parciais, de acordo com os percentuais da tabela, constante do anexo à Lei n° 6.194/1974, e registro da ocorrência expedido pela autoridade competente.";

c) "Despesas de Assistência Médica e Suplementares – DAMS: prova das despesas médicas efetuadas, prova de que as despesas decorrem do atendimento à vítima de acidente envolvendo veículo automotor de via terrestre, e registro da ocorrência expedido pela autoridade policial competente, do qual deverá constar, obrigatoriamente, o nome do hospital, ambulatório, ou médico assistente que tiver prestado o primeiro atendimento à vítima."; e

d) "As seguradoras poderão solicitar documentos complementares, nos termos do art. 20 do anexo à Resolução CNSP n° 154, de 08 de dezembro de 2006.";

X - prazo para liquidação do sinistro, com o seguinte texto:

"Prazo para a liquidação do sinistro: 30 dias contados da apresentação da documentação necessária.";

XI - características do veículo:
a) número da placa;

b) marca/modelo;
c) número do chassi;
d) ano de fabricação;
e) registro no RENAVAM; e
f) categoria tarifária;
XII - informações do valor a ser pago pelo segurado:
a) prêmio tarifário:
    a.1) repasse obrigatório ao Fundo Nacional de Saúde;
    a.2) repasse obrigatório ao Departamento Nacional de Trânsito; e
    a.3) custo efetivo do seguro;
b) custo da emissão e cobrança do bilhete;
c) valor do IOF; e
d) valor total a ser pago pelo segurado.

Pergunta nº 7: Quais são os elementos mínimos que devem constar no bilhete de Seguro-DPVAT emitidos pelas sociedades seguradoras para os veículos excluídos dos consórcios?

A Circular SUSEP nº 393 de 16/10/2009 vem nos informar que devem constar, obrigatoriamente, os seguintes elementos mínimos:

I - cabeçalho, com o seguinte texto: "SEGURO OBRIGATÓRIO DE DANOS PESSOAIS CAUSADOS POR VEÍCULOS AUTOMOTORES DE VIA TERRESTRE, OU POR SUA CARGA, A PESSOAS TRANSPORTADAS OU NÃO – SEGURO DPVAT.";

II - definição e objetivo do seguro, com os seguintes textos:
    a) "O Seguro tem por finalidade prover cobertura a danos pessoais causados por veículos automotores de via terrestre, ou por sua carga, a pessoas transportadas ou não.";
    b) "O Seguro de DPVAT é obrigatório para todos os proprietários de veículos, de acordo com a Lei nº 6.194, de 19.12.1974."; e
    c) "Na eventualidade de sinistro, dirija-se a sociedade seguradora contratada.";

III - telefones atualizados para esclarecimentos:
    a) telefone da sociedade seguradora responsável pela emissão do bilhete; e
    b) "SUSEP - Atendimento ao Público: 0800-0218484";

IV - número do bilhete;

V - CNPJ/CPF do proprietário do veículo;
VI - informações da emissão:
  a) período de vigência;
  b) data de emissão;
  c) assinatura do segurado;
  d) identificação da sociedade seguradora; e
  e) chancela ou assinatura do representante da sociedade seguradora;
VII - limites máximos de indenização, por pessoa vitimada:

Morte	Invalidez Permanente	DAMS
R$ 13.500,00	até R$ 13.500,00	até R$ 2.700,00

VIII - documentação necessária para o pedido de indenização, com os seguintes textos:
  a) "Morte: registro de ocorrência expedido pela autoridade policial competente, certidão de óbito e prova da qualidade de beneficiário.";
  b) "Invalidez Permanente: laudo do Instituto Médico Legal da jurisdição do acidente ou da residência da vítima, com verificação da existência e quantificação das lesões permanentes, totais ou parciais, de acordo com os percentuais da tabela constante do anexo à Lei nº 6.194/1974, e registro da ocorrência expedido pela autoridade competente.";
  c) "Despesas de Assistência Médica e Suplementares – DAMS: prova das despesas médicas efetuadas, prova de que as despesas decorrem do atendimento à vítima do acidente envolvendo veículo automotor de via terrestre, e registro de ocorrência expedido pela autoridade policial competente da qual deverá constar, obrigatoriamente, o nome do hospital, ambulatório, ou médico assistente que tiver prestado o primeiro atendimento à vítima."; e
  d) "As seguradoras poderão solicitar documentos complementares, nos termos do art. 20 do anexo à Resolução CNSP nº 154, de 08 de dezembro de 2006.";
IX - prazo para liquidação do sinistro, com o seguinte texto:

"Prazo para a liquidação do sinistro: 30 dias contados da apresentação da documentação necessária.";

X - características do veículo:
a) número da placa;
b) marca/modelo;
c) número do chassi;
d) ano de fabricação;
e) registro no RENAVAM; e
f) categoria tarifária;

XI - informações do valor a ser pago pelo segurado:
a) prêmio tarifário:
a.1) repasse obrigatório ao Fundo Nacional de Saúde;
a.2) repasse obrigatório ao Departamento Nacional de Trânsito;
a.3) custo efetivo do seguro;
b) custo da emissão e cobrança do bilhete;
c) valor do IOF; e
d) valor total a ser pago pelo segurado.

XII - dados de identificação do corretor:
a) nome;
b) número do registro na SUSEP.

Observação: "Os Consórcios e as sociedades seguradoras, para os veículos excluídos destes, estabelecerão modelos próprios de bilhetes do Seguro DPVAT, contendo os elementos mínimos estabelecidos nesta Circular."

Pergunta nº 8: É verdade que as seguradoras integrantes do consórcio do seguro DPVAT são solidariamente responsáveis pelo pagamento das indenizações securitárias, podendo o beneficiário reclamar de qualquer uma delas o que lhe é devido?

Sim. De acordo com o Informativo nº 0497 do STJ: "O beneficiário do DPVAT pode acionar qualquer seguradora integrante do grupo para receber a complementação da indenização securitária, ainda que o pagamento administrativo feito a menor tenha sido efetuado por seguradora diversa. A jurisprudência do STJ sustenta que as seguradoras integrantes do consórcio do seguro DPVAT são solidariamente responsáveis pelo pagamento das indenizações securitárias, podendo o beneficiário reclamar de qualquer uma delas o que lhe é devido. Aplica-se, no caso, a regra do art. 275, *caput* e parágrafo único, do CC, segundo a qual o pagamento parcial não exime os demais obrigados solidários quanto ao restante da obrigação, tampouco o recebimento de parte da dívida induz a renúncia da solidariedade pelo credor."

Pergunta nº 9: O que é a SUSEP?[30]

Superintendência de Seguros Privados (SUSEP): Órgão fiscalizador das operações de seguro, previdência complementar aberta e capitalização.

Pergunta nº 10: A cobertura do seguro DPVAT abrange também as multas e fianças impostas ao proprietário veículo?

Não. "A cobertura do seguro não abrange multas e fianças impostas ao condutor ou proprietário do veículo, as despesas de qualquer natureza decorrentes de ações ou processos criminais e quaisquer danos decorrentes de acidentes ocorridos fora do Território Nacional."(art. 12, § 3º da Resolução CNSP nº 273/2012)

Pergunta nº 11: A vítima do acidente pode utilizar o saldo que restou (depois da diminuição do valor máximo de cobertura com o valor gasto no atendimento médico-hospitalar correspondente das consequências de um mesmo acidente) para reembolso de eventuais despesas suplementares, como por exemplo, gastos com próteses, equipamentos ortopédicos?

Sim. "Fica assegurada à vítima a utilização do eventual saldo, verificado entre o valor máximo da cobertura e o do atendimento médico-hospitalar correspondente ao tratamento das consequências de um mesmo acidente, para reembolso de eventuais despesas suplementares, tais como fisioterapia, medicamentos, equipamentos ortopédicos, órteses, próteses e outras medidas terapêuticas, devidamente justificadas pelo médico assistente (art. 12, § 4º da Resolução CNSP nº 273/2012).

Pergunta nº 12: Uma vítima de acidente de trânsito que teve despesas médico-hospitalares efetuadas em estabelecimentos da rede credenciada junto ao SUS, pode ter alguma chance de receber o reembolso?

Sim. "São também reembolsáveis à vítima de acidente de trânsito as despesas médico-hospitalares efetuadas em estabelecimentos da rede

---

30 Guia de Orientação e Defesa do Segurado (SUSEP)

credenciada junto ao Sistema Único de Saúde – SUS, desde que realizadas em caráter privado." (art .12, § 5º da Resolução CNSP nº 273/2012)

Pergunta nº 13: Uma vítima de acidente de trânsito que teve despesas médico-hospitalares efetuadas em estabelecimentos da rede credenciada junto ao SUS, pode ter alguma chance de receber o reembolso?

Sim. "São também reembolsáveis à vítima de acidente de trânsito as despesas médico-hospitalares efetuadas em estabelecimentos da rede credenciada junto ao Sistema Único de Saúde – SUS, desde que realizadas em caráter privado" (art. 12, § 5º da Resolução CNSP Nº 273/2012).

Pergunta nº 14: Uma vítima de acidente de trânsito que teve despesas médico-hospitalares poderá receber o reembolso do seguro DPVAT quando estas forem cobertas por outros planos de seguro?

Não. De acordo com o art. 12, § 6º, inciso I da Resolução CNSP nº 273/2012: Não serão, em nenhuma hipótese, reembolsadas despesas com assistências médica e suplementar: quando estas forem cobertas por outros planos de seguro ou por planos privados de assistência à saúde, ressalvada eventual parcela que não for coberta por estes;

Pergunta nº 15: Uma vítima de acidente de trânsito que teve despesas médico-hospitalares deverá receber do seguro DPVAT eventual parcela não coberta por outros planos de seguro?

Sim. De acordo com o art. 12, § 6º, inciso I da Resolução CNSP nº 273/2012: Não serão, em nenhuma hipótese, reembolsadas despesas com assistências médica e suplementar: quando estas forem cobertas por outros planos de seguro ou por planos privados de assistência à saúde, ressalvada eventual parcela que não for coberta por estes;

Sim. A seguradora líder poderá estimar, para efeito de controle e combate à saúde, com base em preços praticados pelo mercado e tendo como limite mínimo os valores constantes da Tabela do Sistema Único de Saúde (SUS), o valor efetivo para despesas de assistência médica e suplementares (art. 15, parágrafo único da Resolução CNSP nº 273/2012).

Pergunta nº 16: A seguradora Líder que é a administradora do Seguro DPVAT poderá estimar o valor efetivo para despesas de assistência médica e suplementares?

Sim. "As indenizações por morte, invalidez permanente e despesas de assistência médica e suplementares serão pagas, independentemente da existência de culpa, no prazo de 30 (trinta) dias, a contar da data de apresentação da documentação que comprova o direito" (art. 16 da Resolução CNSP n° 273/2012).

Pergunta n° 17: As indenizações por morte e invalidez permanente podem ser cumulativas?

Não. "As indenizações por morte e invalidez permanente não são cumulativas" (art.18 da Resolução CNSP n° 273/2012).

Pergunta n° 18: O beneficiário terá direito a receber indenização por morte, de um acidentado que já tinha recebido indenização por invalidez permanente sobre o mesmo acidente?

Sim. "No caso de morte da vítima em decorrência do mesmo acidente que já havia propiciado o pagamento de indenização por invalidez permanente, a sociedade seguradora pagará a indenização por morte, deduzido o valor pago a título de indenização por invalidez permanente." (art. 18, § 1° da Resolução CNSP n° 273/2012).

Pergunta n° 19: O beneficiário terá direito a receber indenização por morte, de um acidentado que já tinha recebido reembolso de despesas de assistência médica e suplementares?

Sim. Porém, será preciso lembrar que "O reembolso de despesas de assistência médica e suplementares não poderá ser descontado da indenização por morte ou invalidez permanente." (art. 18, § 2° da Resolução CNSP n° 273/2012)

Pergunta n° 20: Pode ocorrer a isenção do pagamento do DPVAT?

Não. De acordo com o DENATRAN:[31] "Ao instituir o Seguro DPVAT como obrigatório, a Lei 6.194/74 estabeleceu que todos os proprietários de veículos automotores devem pagá-lo, sem exceção."

Alguns Esclarecimentos Adicionais do DENATRAN:[32]

a) Proprietários de veículos roubados ou que tiveram perda total (por motivo de incêndio ou colisão, por exemplo) devem solicitar ao DETRAN que efetue a baixa do veículo do seu cadastro ativo. Se não o fizerem, continuarão recebendo a cobrança do Seguro DPVAT;

---

31 http://www.denatran.gov.br/dpvat.htm#1.1.%20Coberturas
32 http://www.denatran.gov.br/dpvat.htm#1.1.%20Coberturas

b) Veículos de órgãos públicos estão isentos apenas do pagamento do IOF, mas não do valor correspondente ao seguro;

c) Reboque e semirreboque não pagam o Seguro DPVAT quando não têm motor próprio, ou seja, quando não se tratam de veículos automotores. No caso, o seguro é pago pelo proprietário do veículo tracionador do reboque ou semirreboque, por tratar-se esse, sim, de um veículo automotor.

Pergunta nº 21: Qual é a validade da cobertura do Seguro–DPVAT?

O DENATRAN 33 nos ensina: "O Seguro Dpvat é válido para a cobertura de acidentes ocorridos entre 1 de janeiro e 31 de dezembro de cada ano, ainda que o pagamento não seja feito no primeiro dia útil do ano."

Pergunta nº 22: Qual é o prazo para o recebimento da indenização?

A SUSEP[34] afirma: "O prazo para liberação do pagamento é de 30 dias, nos casos em que a documentação apresentada encontra-se completa e regular. Havendo pendências na documentação, o prazo de 30 dias é suspenso e reiniciado a partir da data em que as mesmas forem solucionadas."

Pergunta nº 23: Existe a necessidade de nomear procurador para recebimento da indenização?

A SUSEP[35] afirma: Não há necessidade de nomear procurador para recebimento de indenização de seguro DPVAT, que poderá ser requerida pela própria vítima do acidente ou por seus beneficiários. Caso seja nomeado procurador, faz-se necessário apresentar a procuração.

Pergunta nº 24: O que é o Consórcio DPVAT?

A SUSEP[36] afirma: Para operar no seguro DPVAT, as sociedades seguradoras deverão aderir, simultaneamente, aos dois consórcios específicos, um englobando as categorias 1, 2, 9 e 10 e o outro, as categorias 3 e 4. Cada um dos consórcios terá como entidade líder uma seguradora especializada no seguro DPVAT, podendo a mesma seguradora ser a entidade líder dos dois consórcios. Qualquer uma das sociedades seguradoras pertencentes aos consórcios se obriga a receber as solicitações de indenização e reclamações que lhes forem apresentadas pelos segurados

---

33 http://www.denatran.gov.br/dpvat.htm#1.1.%20Coberturas
34 http://www2.susep.gov.br/menuatendimento/dpvat.asp#dpvat_02
35 http://www2.susep.gov.br/menuatendimento/dpvat.asp#dpvat_02
36 http://www2.susep.gov.br/menuatendimento/dpvat.asp#dpvat_02

ou beneficiários. Os pagamentos de indenizações serão realizados pelos consórcios, representados por seus respectivos líderes.

Ficam excluídos dos consórcios:

I - os seguros de veículos pertencentes aos órgãos da Administração Pública Direta, Indireta, Autárquica e Fundacional dos Governos Estaduais que, por força de legislação estadual, estejam obrigados a contratar seguros em sociedade seguradora sob controle acionário de qualquer dos referidos órgãos públicos e a canalizar recursos para programas de seguro rural, respeitadas as normas tarifárias e condições aprovadas pelo CNSP; e II - veículos enviados por fabricantes a concessionários e distribuidores, que trafegam por suas próprias rodas, para diversos pontos do País, nas chamadas "viagens de entrega", desde que regularmente licenciados, terão cobertura por meio de bilhete único emitido exclusivamente a favor de fabricantes e concessionários, cuja cobertura vigerá por um ano. Para os veículos excluídos dos consórcios, o seguro DPVAT será operado de forma independente por sociedade seguradora.

Observação: A partir de 1º de janeiro de 2008, consórcios foram criados em substituição aos convênios ora existentes.

18. Formulários do seguro DPVAT

18.1. Restituição de pagamento do seguro DPVAT - Bancos:[37]

Seguradora Líder dos Consórcios do Seguro DPVAT

ESTE CAMPO NÃO DEVE SER PREENCHIDO PELO AGENTE ARRECADADOR	PROCESSO Nº. _____

O preenchimento dos dados para a restituição é de inteira responsabilidade do agente arrecadador. Após completar corretamente este requerimento, **anexar cópia** do(s) *comprovante(s) de pagamento.*

A apresentação dessa documentação é indispensável para que a SEGURADORA LÍDER DOS CONSÓRCIOS DO SEGURO DPVAT S.A. se ressarça junto ao FNS (Fundo Nacional de Saúde) e ao DENATRAN das parcelas de 45% e 5%, respectivamente, do valor total a ser restituído.

AGENTE ARRECADADOR	BANCO		
ENDEREÇO: AVENIDA, ESTRADA, RUA, TRAVESSA	NÚMERO	COMPLEMENTO	
CIDADE:		UF	CEP
FUNCIONÁRIO REQUERENTE:	TELEFONE ( )	E-MAIL	
DADOS DO VEÍCULO	UF	PLACA	RENAVAN

DADOS BANCÁRIOS, PARA CRÉDITO DO VALOR A SER RESTITUÍDO

CRÉDITO EM CONTA-CORRENTE	BANCO	Nº. AGÊNCIA (INCLUA O DÍGITO)	CNPJ

IMPORTANTE
OS DADOS BANCÁRIOS ACIMA DEVEM SER OS DA PESSOA JURÍDICA DO AGENTE ARRECADADOR, NUNCA DO FUNCIONÁRIO REQUERENTE.

---

37 http://www.seguradoralider.com.br/SitePages/seguro-dpvat-download.aspx

Pela presente, requer a restituição do prêmio pago do Seguro DPVAT no valor de R$ _____, por motivo de:

☐ DUPLICIDADE ESTE CAMPO NÃO DEVE SER PREENCHIDO PELO AGENTE ARRECADADOR: 1º PAGTO. BANCO____DATA___/___/___ 2º PAGTO. BANCO____DATA___/___/___

☐ PAGAMENTO A MAIOR (RESTITUIÇÃO PARCIAL DE VALOR PAGO)

☐ OUTROS. ESPECIFICAR

_____

Explicar detalhadamente o motivo gerador do pagamento indevido (*preenchimento obrigatório*)

_____
_____
_____
_____
_____

Nesses termos, pede deferimento.

_____, _____de_____de____

_____
Assinatura do requerente

18.2. Restituição de pagamento do prêmio do DPVAT - proprietário:[38]

---

[38] http://www.seguradoralider.com.br/SitePages/seguro-dpvat-download.aspx

Seguradora Líder dos Consórcios do Seguro DPVAT

ESTE CAMPO NÃO DEVE SER PREENCHIDO PELO REQUERENTE	PROCESSO Nº. _____

O preenchimento dos dados para a restituição é de inteira responsabilidade do requerente. Após completar corretamente este requerimento, anexar cópia da *identidade*, do *CPF*, do *CRLV* e do(s) *comprovante(s) de pagamento.* Se representante legal da pessoa jurídica, anexar cópia da identidade, CPF e do cartão do CNPJ.

A apresentação dessa documentação é indispensável para que a SEGURADORA LÍDER DOS CONSÓRCIOS DO SEGURO DPVAT S.A. se ressarça junto ao FNS (Fundo Nacional de Saúde) e ao DENATRAN das parcelas de 45% e 5%, respectivamente, do valor total a ser restituído.

DADOS DO PROPRIETÁRIO DO VEÍCULO	NOME / RAZÃO SOCIAL		
DOCUMENTO DE IDENTIDADE Nº	ÓRGÃO EMISSOR	CPF / CNPJ	
ENDEREÇO: AVENIDA, ESTRADA, RUA, TRAVESSA	NÚMERO	COMPLEMENTO	
CIDADE	UF	CEP	TELEFONE ( )

DADOS DO VEÍCULO	UF	PLACA	RENAVAM

DADOS BANCÁRIOS, DE TITULARIDADE DO PROPRIETÁRIO DO VEÍCULO, PARA CRÉDITO DO VALOR A SER RESTITUÍDO

☐	CRÉDITO EM **CONTA-CORRENTE** (ACEITAS CONTAS DE TODOS OS BANCOS)	BANCO	Nº. AGÊNCIA (INCLUA O DÍGITO VERIFICADOR)	Nº. CONTA-CORRENTE

CRÉDITO EM CONTA POUPANÇA DO BANCO DO BRASIL, CAIXA ECONÔMICA FEDERAL, BRADESCO ou ITAÚ	BANCO	Nº. AGÊNCIA (INCLUA O DÍGITO VERIFICADOR)	Nº. CONTA POUPANÇA
☐			

Pela presente, requer a restituição do prêmio pago do Seguro DPVAT no valor de R$ _____, por motivo de:

☐ DUPLICIDADE ESTE CAMPO **NÃO DEVE SER PREENCHIDO** PELO REQUERENTE: 1º PAGTO. BANCO_____ DATA ___/___/___ 2º PAGTO. BANCO_____ DATA ___/___/___

☐ PAGAMENTO A MAIOR (RESTITUIÇÃO PARCIAL DE VALOR PAGO)

☐ OUTROS. ESPECIFICAR

_____

Explicar detalhadamente o motivo gerador do pagamento indevido (*preenchimento obrigatório*)

_____
_____
_____
_____
_____

Nesses termos, pede deferimento.

_____, ____de_____de_____

_____

Assinatura conforme o documento de identidade

18.3. Aviso de Sinistro do DPVAT:[39]

Na forma do disposto, na resolução N° 01/75 do conselho de Seguros Privados e Capitalização – CNSP – levo ao conhecimento desta companhia a ocorrência do acidente em questão, com o veiculo descrito abaixo:

Marca	Tipo	Placa n°

Chassi N°   Ano   Categoria Tarifária
_____   _____   _____

Nome da Vitima:
_____

A Vitima era: O resultado do acidente foi:

( ) Motorista ( ) Passageiro ( ) Pedestre   ( ) DAMS   ( ) Morte   ( ) Lesões Corporais

Hospital onde foi atendida: Mantém convenio com o INSS / SUS

Em cumprimento ao item 10 da resolução n° 01/75 do CNSP, junto ao presente aviso de sinistro os seguintes documentos.:

( ) Certidão autoridade policial   ( ) _____
sobre a ocorrência n°   ( ) _____
( ) DUT n°_____   ( ) _____
( ) RG e CPF do Sinistrado   ( ) _____
( ) RG e CPF do(s) Beneficiário(s)   ( ) _____

Documentos comprobatórios da qualidade de beneficiário(s)
( ) _____   ( ) _____
( ) _____   ( ) _____

Declaramos ter recebido a via original do presente Aviso de Sinistro, com todos os documentos assinalados com (x).

---

39 http://www.dpvatbrasil.com.br/formularios.php (foram feitas algumas alterações para ajudar no aprendizado)

Observações.:

....

....

Reclamante/ beneficiário

Nome: _____ End. _____

Bairro: _____ Cidade: _____ UF: ___ CEP: _____-___

E-mail: _____ Telefone: (___)

Nota: Para cada vítima deverá ser emitido um Aviso de Sinistro, ainda que tenha havido diversas no mesmo acidente em 2 (duas) vias, permanecendo uma em poder do beneficiário, a título de protocolo de recebimento dos documentos.

Local do Aviso_____ Data _/_/___ Local da Entrega _____Data _/_/_

        Beneficiário   Seguradora

18.4. Declaração de Ausência de Laudo do IML:[40]

DECLARAÇÃO DE AUSÊNCIA

Eu, _____, portador da carteira de identidade nº _____ e inscrito no CPF/MF sob o nº _____, residente e domiciliado na _____
_____, Cidade _____, Estado _____, declaro, sob as penas da lei, que estou impossibilitado de apresentar o laudo do Instituto Médico Legal – IML para os fins de requerimento de indenização do Seguro DPVAT (Lei nº 6.194/74), uma vez que:

( ) Não há estabelecimento do IML no Município da minha residência; ou

( ) O estabelecimento do IML localizado no Município em que resido não realiza perícias para fins de prova do Seguro DPVAT; ou

( ) O estabelecimento do IML localizado no Município em que resido realiza perícias com prazo superior a 90 (noventa) dias do respectivo pedido;

Com o objetivo de permitir o exame do meu pedido de indenização do Seguro DPVAT, para a cobertura de invalidez permanente causada diretamente por veículo automotor de via terrestre, solicito que esta declaração permita o prosseguimento a análise da minha documentação sem a apresentação do laudo do Instituto Médico Legal-IML, concordando, desde já, em me submeter à perícia médica às custas da Seguradora Líder DPVAT para a correta avaliação da existência e aferição do grau da lesão, ou lesões, para os fins do §1º do art. 3º da Lei nº 6.194/74.

---

40 http://www.ficdpvat.com.br/formularios.asp

Declaro ainda estar ciente de que a autorização para a realização dessa perícia não significa prévia concordância com a futura avaliação médica ou renúncia ao direito de impugná-la, caso discorde do seu conteúdo.

Assinatura do declarante conforme documento de identificação

Local e data

18.5. Declaração sobre a prevenção à lavagem de dinheiro:[41]

DECLARAÇÃO

Circular Susep nº 380/08 – Prevenção à Lavagem de Dinheiro

A Circular SUSEP[1] nº 380/08, que trata da prevenção à lavagem de dinheiro no mercado segurador, determina que todas as seguradoras são obrigadas a constituir cadastro de todas as pessoas envolvidas no pagamento de indenizações. Este cadastro deve conter, além dos documentos de identificação pessoal, informações acerca da profissão e da faixa de renda mensal, além da respectiva documentação comprobatória.

A recusa em fornecer as informações e documentos requisitados neste formulário não impede o pagamento da indenização do Seguro DPVAT. Contudo, por determinação da referida Circular, esta recusa é passível de comunicação ao COAF.[2]

1. Superintendência de Seguros Privados – SUSEP, órgão responsável pelo controle e fiscalização dos mercados de seguro, previdência privada aberta, capitalização e resseguro.

2. Conselho de Controle de Atividades Financeiras – COAF, órgão integrante da estrutura do Ministério da Fazenda, tem por finalidade disciplinar, aplicar penas administrativas, receber, examinar e identificar as ocorrências suspeitas de atividades ilícitas previstas na Lei nº 9.613/98.

---

41 http://www.dpvatsegurodotransito.com.br/static/documentos/declaracao_procurador_circular_SUSEP_380.pdf

Pelo exposto, eu_____, portador(a) do RG nº_____, expedido por_____, em ____/____/____, CPF/CNPJ nº _____, na qualidade de procurador(a) / intermediário(a) do beneficiário(a)

_ do sinistro de DPVAT da natureza_____ da vítima_____, e conforme determinação da Circular SUSEP nº 380/08, declaro as informações solicitadas:

Profissão:_____ Renda Mensal: R$_____

Documentos comprobatórios:_____

ASSINATURA – PROCURADOR / INTERMEDIÁRIO

18.6. Declaração de Residência:[42]

DECLARAÇÃO DE RESIDÊNCIA

Eu, _____, RG nº _____, data de expedição ____/____/____, Órgão _____, CPF nº _____, venho perante a este instrumento declarar que não possuo comprovante de endereço em meu nome, sendo certo e verdadeiro que resido no endereço abaixo descrito seguindo, em anexo, documento comprobatório em nome de terceiro:

Logradouro:
(Rua/Avenida/Praça)

Número:

Apto / Complemento:

Bairro:

Cidade:

Estado:

CEP:

Telefone de Contato:

E-mail:

Por ser verdade, firmo-me.

Local e Data: _____

Assinatura do Declarante: _____

---

[42] http://www.dpvatsegurodotransito.com.br/static/documentos/declaracao_procurador_circular_SUSEP_380.pdf

19. Modelo de petições da área securitária:

19.1. Ação de cobrança de seguro DPVAT:

Excelentíssimo Senhor Doutor Juiz de Direito do Juizado especial cível da comarca de_____

_____(nome), _____(nacionalidade)_____ (emprego)_____, RG nº_____, CPF nº_____, residente e domiciliado à rua_____, vem por meio de seu advogado infra-assinado através do Procedimento Sumário, artigo 275, do Código de Processo Civil, e com fundamento na Lei nº 6.194/74, propor a presente:

AÇÃO DE COBRANÇA DE SEGURO DPVAT com PEDIDO DE ANTECIPAÇÃO DE TUTELA

Em face de _____(nome da empresa), CNPJ nº_____, pessoa jurídica de direito privado com sede à rua_____, pelos motivos e fundamentos que passamos a expor:

DOS FATOS

O requerente, é viúvo de _____ que morreu em decorrência do acidente de trânsito conforme laudo médico legal e certidão de óbito em anexo. A sua esposa tinha o seguro DPVAT pago em dia. Desta forma, deveria o requerente receber a indenização devida no valor de R$13.500,00 já que está comprovado o nexo causal entre o acidente e a morte do segurado. Ocorre que, o requerente teve negado o pedido indenizatório após fazer a solicitação no posto de atendimento_____(nome) situado à rua _____(endereço), no dia _____. O fundamento dado para a negação é que a motorista não estava em dia com o pagamento do DPVAT. No entanto, conforme os documentos em anexo percebe-se que o DPVAT já havia sido pago de forma integral. Neste sentido, foi tomada a decisão de ingressar com esta ação para requerer o justo direito ao recebimento do seguro DPVAT pelo requerente, beneficiário direto do seguro, conforme certidão de casamento em anexo.

DOS DIREITOS:

O seguro DPVAT foi criado pela Lei nº 6.194/74. O artigo 3º, I da referida lei destaca:

Art. 3º Os danos pessoais cobertos pelo seguro estabelecido no art. 2º desta Lei compreendem as indenizações por morte, por invalidez permanente, total ou parcial, e por despesas de assistência médica e suplementares, nos valores e conforme as regras que se seguem, por pessoa vitimada:

...

I - R$ 13.500,00 (treze mil e quinhentos reais) - no caso de morte;

Registra-se que, a indenização no caso de morte será paga de acordo com o disposto no art. 792 da Lei nº 10.406, de 10 de janeiro de 2002 – Código Civil:

"Art. 792. Na falta de indicação da pessoa ou beneficiário, ou se por qualquer motivo não prevalecer a que for feita, o capital segurado será pago por metade ao cônjuge não separado judicialmente, e o restante aos herdeiros do segurado, obedecida a ordem da vocação hereditária."

Portanto, está clara a certeza do direito do requerente em fazer jus à indenização prevista de R$ 13.500,00 pela morte da sua esposa ocasionada por acidente de trânsito. Em anexo está o comprovante do pagamento integral do prêmio do seguro com data anterior a morte da segurada. Desta forma, acionamos a justiça para requerer o que é de direito, qual seja, a referida indenização.

ANTECIPAÇÃO DE TUTELA

A tutela antecipada é cabível face a urgência do recebimento da indenização mediante o grave estado financeiro em que se encontra o requerente conforme documentos em anexo que comprovam sua insubsistência material. Neste sentido, o artigo 273 do CPC discorre:

Art. 273. O juiz poderá, a requerimento da parte, antecipar, total ou parcialmente, os efeitos da tutela pretendida no pedido inicial, desde que, existindo prova inequívoca, se convença da verossimilhança da alegação e:

I - haja fundado receio de dano irreparável ou de difícil reparação; ou

II - fique caracterizado o abuso de direito de defesa ou o manifesto propósito protelatório do réu.

(adicionar outros argumentos para a ação)

PEDIDOS:

Por todo o exposto requer seja:

a) Concedida a tutela antecipada *inaudita altera pars* para determinar que a empresa requerida seja obrigada a pagar a indenização do seguro DPVAT no valor de R$ 13.500,00.

b) Caso o douto juízo não entenda pela concessão da tutela antecipada que seja citada a empresa-ré para responder ao processo e comparecer a respectiva audiência de conciliação a ser designada por este juízo.

c) a confirmação no mérito da ação e a respectiva concessão da indenização no valor de R$ 13.500,00.

d) A produção de todas as provas admitidas em direito.

Dá-se a causa o valor de R$ 13.500,00.

Nestes termos

Pede deferimento

Advogado OAB nº

19.2. Ação de Cobrança do seguro DPVAT (diferença da indenização):

Excelentíssimo Senhor Doutor Juiz de Direito do Juizado especial cível da comarca de_____

_____ (nome), _____ (nacionalidade) _____ (emprego) _____, RG nº_____, CPF nº_____, residente e domiciliado à rua _____, vem por meio de seu advogado infra-assinado através do Procedimento Sumário, artigo 275, do Código de Processo Civil, e com fundamento na Lei nº 6.194/74, propor a presente:

AÇÃO DE COBRANÇA DE SEGURO DPVAT

Em face de _____(nome da empresa), CNPJ nº_____, pessoa jurídica de direito privado com sede à Rua_____, pelos motivos e fundamentos que passamos a expor:

DOS FATOS

O requerente, recebeu o seguro DPVAT no valor de R$_____ no dia_____ decorrente do acidente que sofreu e o deixou inválido para as atividades habituais. No entanto, este valor foi pago a menor, pois devido a sua incapacidade ser integral deveria ser pago o valor de R$ 13.500,00. Devido a perda da capacidade funcional completa de ambos os membros superiores deveria ter recebido a indenização integral (R$ 13.500,00), mas não aconteceu. Desta forma ingressamos com esta ação para obter este direito certo.

DOS DIREITOS:

Como percebemos o direito do requerente é certo, pois de acordo com o laudo médico em anexo a sua incapacidade é plena e por isso mereceria o benefício DPVAT em 100%. Não foi justo o pagamento no valor de apenas R$_____.

Vejamos o artigo 3º, II da Lei 6194/74:

Art. 3º Os danos pessoais cobertos pelo seguro estabelecido no art. 2º desta Lei compreendem as indenizações por morte, por invalidez permanente, total ou parcial, e por despesas de assistência médica e suplementares, nos valores e conforme as regras que se seguem, por pessoa vitimada:

(...)

II - até R$ 13.500,00 – no caso de invalidez permanente;

Note que, o artigo diz que a invalidez permanente será paga em até R$ 13.500,00. No entanto, o artigo 3º, § 1º e inciso I afirmam:

§ 1º No caso da cobertura de que trata o inciso II do *caput* deste artigo, deverão ser enquadradas na tabela anexa a esta Lei as lesões diretamente decorrentes de acidente e que não sejam suscetíveis de amenização proporcionada por qualquer medida terapêutica, classificando-se a invalidez permanente como total ou parcial, subdividindo-se a invalidez permanente parcial em completa e incompleta, conforme a extensão das perdas anatômicas ou funcionais, observado o disposto abaixo:

I - quando se tratar de invalidez permanente parcial completa, a perda anatômica ou funcional será diretamente enquadrada em um dos segmentos orgânicos ou corporais previstos na tabela anexa, correspondendo a indenização ao valor resultante da aplicação do percentual ali estabelecido ao valor máximo da cobertura;

Desta forma o valor a ser pago será de acordo com a tabela constante na Lei 6194/74 que dará o percentual a ser pago do DPVAT referente ao grau de prejuízo sofrido pelo acidente. Sabe-se que o percentual da perda anatômica e/ou funcional completa de ambos os membros superiores ou inferiores é de 100%. Por isso o valor da indenização deveria se dar por completo, isto é, R$ 13.500,00. É sentido de justiça e solidariedade esta decisão.

(adicionar outros argumentos constantes do caso concreto)

O cálculo indenizatório ocorre da seguinte forma:

Valor recebido pelo DPVAT em R$_____

Valor devido pelo DPVA integral R$ 13.500,00

Diferença em R$_____.

Lembrando que deverá ser paga a indenização mais a correção monetária desde a época do pagamento a menor do DPVAT conforme a súmula nº 54 do STJ. Vejamos:

Súmula nº 54 do STJ: Os juros moratórios fluem a partir do evento danoso, em caso de responsabilidade extracontratual.

PEDIDOS:

Por todo o exposto requer seja:

a) Recebida esta peça inicial conforme os trâmites da lei e ordenada a devida citação da requerida para apresentar a sua defesa em audiência a ser designada pelo douto juízo.

b) Julgado procedente o pedido para condenar a requerida no pagamento do valor de R$_____ valor resultante da diferença indenizatória mais os juros e correções monetárias desde a data do pagamento feito a menor, conforme a súmula 54 do STJ.

c) Condenada a requerida ao pagamento das custas e emolumentos judiciais.

d) A produção de todas as provas admitidas em direito.

Dá-se a causa o valor de R$_____.

Nestes termos

Pede deferimento

_____

Advogado OAB nº

19.3. Ação de Cobrança do seguro DPVAT (reembolso do DAMS):

Excelentíssimo Senhor Doutor Juiz de Direito do Juizado especial cível da comarca de_____

_____(nome), _____ (nacionalidade)_____ (emprego)_____, RG n° _____, CPF n° _____, residente e domiciliado à rua _____, vem por meio de seu advogado infra-assinado através do Procedimento Sumário, artigo 275, do Código de Processo Civil, e com fundamento na Lei n° 6.194/74, propor a presente:

AÇÃO DE REEMBOLSO DO DAMS

Em face de _____(nome da empresa), CNPJ n° _____, pessoa jurídica de direito privado com sede à rua _____, pelos motivos e fundamentos que passamos a expor:

DOS FATOS

O requerente, sofreu um acidente de carro no dia_____ e foi levado para o hospital de _____ para tratamento médico. Conforme os comprovantes em anexo, os valores gastos com os exames e a internação somaram a quantia de R$_____. No entanto, ao requerer o reembolso do DAMS teve negado o seu pedido pela requerida que alegou terem sido feitos exames extras que não precisariam compor o cálculo de reembolso e por isso não pagou nada ao requerente.

Ocorre que os exames foram todos feitos por profissionais competentes e designados pelo médico_____(nome do médico). No momento de um acidente devem ser feitos todos os exames possíveis que possam resguardar a integridade do paciente. Desta forma, não condiz com o princípio da ética a negativa da empresa de pagar o valor devido pelas despesas hospitalares. Neste sentido, esta ação visa obter o direito líquido e certo do reembolso das despesas hospitalares decorrentes do acidente de trânsito. Vejamos a tabela abaixo com os gastos efetivos e comprovados:

(adicionar tabela com gastos dos exames e despesas hospitalares)

DO DIREITO

Inicialmente, cumpre registrar que o artigo 3º da Lei 6.194/74 destaca:

Art. 3º Os danos pessoais cobertos pelo seguro estabelecido no art. 2º desta Lei compreendem as indenizações por morte, por invalidez permanente, total ou parcial, e por despesas de assistência médica e suplementares, nos valores e conforme as regras que se seguem, por pessoa vitimada:

III - até R$ 2.700,00 (dois mil e setecentos reais) – como reembolso à vítima – no caso de despesas de assistência médica e suplementares devidamente comprovadas.

Desta forma fica claro o direito do requerente de ter as suas despesas médicas pagas pela requerida na medida em que suas despesas ultrapassaram o acima descrito e toda a comprovação do pagamento pelos exames e despesas está feita pelos comprovantes em anexo. Vejamos o artigo 3º, § 2º da Lei 6.194/74:

§ 2º Assegura-se à vítima o reembolso, no valor de até R$ 2.700,00 (dois mil e setecentos reais), previsto no inciso III do *caput* deste artigo, de despesas médico-hospitalares, desde que devidamente comprovadas, efetuadas pela rede credenciada junto ao Sistema Único de Saúde, quando em caráter privado, vedada a cessão de direitos.

Desta forma não tem sentido a negativa da requerida em reembolsar as despesas hospitalares. Por isso, é justo e devido o reembolso do valor de R$ 2.700,00 corrigido monetariamente desde a época da negativa do pagamento do DAMS conforme a súmula nº 54 do STJ. Vejamos:

Súmula nº 54 do STJ: Os juros moratórios fluem a partir do evento danoso, em caso de responsabilidade extracontratual.

ANTECIPAÇÃO DE TUTELA

A tutela antecipada é cabível face a urgência do recebimento da indenização mediante o grave estado financeiro em que se encontra o requerente conforme documentos em anexo que comprovam sua insubsistência material e face à urgente necessidade do reembolso das despesas hospitalares. Neste sentido, o artigo 273 do CPC discorre:

Art. 273. O juiz poderá, a requerimento da parte, antecipar, total ou parcialmente, os efeitos da tutela pretendida no pedido inicial, desde que, existindo prova inequívoca, se convença da verossimilhança da alegação e:

I - haja fundado receio de dano irreparável ou de difícil reparação; ou

II - fique caracterizado o abuso de direito de defesa ou o manifesto propósito protelatório do réu.

(adicionar outros argumentos para a ação)

PEDIDOS:

Por todo o exposto requer seja:

a) Concedida a tutela antecipada *inaudita altera pars* para determinar que a empresa requerida seja obrigada a pagar ao DAMS corrigido monetariamente no valor de R$_____.

b) Caso o douto juízo não entenda pela concessão da tutela antecipada que seja citada a empresa-ré para responder ao processo e comparecer a respectiva audiência de conciliação a ser designada por este juízo.

c) a confirmação no mérito da ação e a respectiva concessão da indenização no valor de R$_____.

d) A produção de todas as provas admitidas em direito.

Dá-se a causa o valor de R$_____.

Nestes termos

Pede deferimento

_____

Advogado OAB nº

20. Jurisprudência aplicada

20.1. Impenhorabilidade dos valores do DPVAT

... Os valores referentes ao DPAVT, não são suscetíveis de penhora, porquanto constituem seguro obrigatório, recebidos por danos causados por acidentes terrestres, configurando-se impenhoráveis, sendo medida imposta pelo legislador em obediência ao princípio da dignidade da pessoa humana, abrangidos pela hipótese prevista no art. 649, VI, do CPC (TRF4, AG 5006954-71.2013.404.0000, Quarta Turma, Relatora p/ Acórdão Vivian Josete Pantaleão Caminha, D.E. 26/06/2013)

Trata-se de agravo de instrumento interposto em face de decisão que, em execução de título extrajudicial, reconheceu a impenhorabilidade do valor que potencialmente será recebido pelo executado em outra ação, a título de Seguro Obrigatório de Danos Pessoais causados por Veículos Automotores em via Terrestre (DPVAT). Em suas razões, a agravante afirmou que o crédito vinculado ao processo n.º 001/1.10.0139449-7, que tramita na 2ª Vara Cível do Foro Central da Comarca de Porto Alegre/RS, é o único bem encontrado, razão pela qual deve ser autorizada a penhora no rosto dos autos. Alegou que o rol previsto no art. 649 do CPC é taxativo, nela não constando o DPVAT como bem impenhorável. Nesses termos, requereu a atribuição de efeito suspensivo ao recurso e, ao final, seu provimento. É o relatório. Decido. A decisão agravada (evento 50 dos autos originários) foi proferida nos seguintes termos: Leia-se o *caput* art. 3º da Lei n. 6.194, com a redação dada pela Lei n. 11.945 de 2009 (e com destaque de minha autoria): Art. 3º Os danos pessoais cobertos pelo seguro estabelecido no art. 2º desta Lei compreendem as indenizações por morte, por invalidez permanente, total ou parcial, e por despesas de assistência médica e suplementares, nos valores e conforme as regras que se seguem, por pessoa vitimada: Pela leitura deste artigo, e por todo o sistema em que funciona e atua o DPVAT, entendo que se trata de verba efetivamente incluída no gênero 'Seguro de Vida', pois nada mais é que indenização potencialmente paga em caso do evento morte (entre outras coberturas). Portanto, reconheço a impenhorabilidade suscitada. Intimem-se. Não vejo razões para modificar o entendimento acima adotado. Com efeito, o Seguro Obrigatório de Danos Pessoais causados por Veículos Automotores de via Terrestre, ou por sua carga, a pessoas transportadas ou não, com previsão na Lei n.º 6.194/74, é devido tão somente em razão da morte, equivalendo, guardadas as especificidades de um e outro, a um seguro de vida privado. Dessa forma, correta a decisão que reconheceu a impenhorabilidade dos valores a serem recebidos a título de DPVAT, porquanto abrangidos pela hipótese prevista no art. 649, VI, do CPC, *in verbis*: Art. 649. São absolutamente impenhoráveis: (...) VI - o seguro de vida; (Redação dada pela Lei nº 11.382, de 2006). Ante o exposto, indefiro a atribuição de efeito suspensivo ao recurso. Intimem-se, sendo o agravado na forma do art. 527, V, do CPC. Após, voltem os autos conclusos para julgamento (TRF4, AG 5006954-71.2013.404.0000, Quarta Turma, Relatora Vivian Josete Pantaleão Caminha, D.E. 23/05/2013).

20.2. Responsabilidade Civil Objetiva – DPVAT

... O art. 37, § 6º, da CRFB/88 declara a responsabilidade objetiva da administração. A responsabilidade existe tenha o serviço funcionado bem ou mal, regular ou não, desde que presentes os pressupostos básicos que (a) ato estatal; (b) dano específico e anormal causado por este ato e (c) nexo de causalidade entre o ato e o dano. Inexistindo exceção na norma constitucional, o ato danoso de responsabilidade pública pode ser tanto comissivo quanto omissivo, admitindo as excludentes de culpa da vítima, caso fortuito ou força maior. 2.- O DNIT merece ser responsabilizado porque todos os pressupostos da responsabilidade civil foram comprovados, em especial a não manutenção do acostamento da rodovia, determinante para a eclosão do acidente e os danos materiais, incomprovada a alegação de culpa exclusiva ou concorrente da vítima. 3.- "O valor do seguro obrigatório deve ser deduzido da indenização judicialmente fixada" (Súmula 246/STJ). 4.- Em se tratando de indenização pelo dano extracontratual, o termo inicial dos juros de mora é a data do fato ilícito (Súmula 54/STJ). 5.- Os juros de mora são devidos à razão de 6% ao ano (TRF4, AC 5005282-24.2011.404.7202, Terceira Turma, Relatora p/ Acórdão Maria Lúcia Luz Leiria, D.E. 12/12/2012).

20.3. Nexo de causalidade – DPVAT

... 1. Demonstrados a omissão do DNIT quanto ao dever de conservação e sinalização adequadas da estrada e o nexo de causalidade entre o acidente e a falta de sinalização e de conservação, é devida a reparação dos danos morais decorrentes da morte da filha da autora em acidente de trânsito. 2. Reduzido o valor fixado a título de reparação dos danos morais. 3. Deve ser deduzido do valor da indenização fixada judicialmente o valor do Seguro Obrigatório de Danos Pessoais em Veículos – DPVAT. Súmula 246 do STJ (TRF4, APELREEX 5005920-18.2010.404.7000, Quarta Turma, Relator p/ Acórdão Candido Alfredo Silva Leal Junior, D.E. 21/09/2012).

20.4. Dedução dos valores – DPVAT

... 1.- Sendo federal a rodovia onde ocorreu o acidente, está afeta ao domínio do DNIT, o qual tem autonomia administrativa e financeira, não podendo sua responsabilidade ser transferida para a empresa contratada pelo réu para empreitada na rodovia em que ocorreu o acidente, ainda que exista convênio a respeito. 2.- O art. 37, § 6º, da CRFB/88 declara a responsabilidade objetiva da administração. A responsabilidade existe tenha o serviço funcionado bem ou mal, regular ou não, desde que presentes os pressupostos básicos que (a) ato estatal; (b) dano específico e anormal causado por este ato e (c) nexo de causalidade entre o ato e o dano. Inexistindo exceção na norma constitucional, o ato danoso de responsabilidade pública pode ser tanto comissivo quanto omissivo, admitindo as excludentes de culpa da vítima, caso fortuito ou força maior. 3.- O conjunto probatório denota que o DNIT, mesmo conhecendo o defeito na cabeceira do viaduto no KM 42,6, da Rodovia BR 101, com a frequente abertura de buracos na pista de rolamento, nada fez para corrigir o defeito ou para alertar os usuários, de modo que comprovado o nexo de causalidade com o acidente que vitimou o autor. 4.- Não se acolhe a alegação de culpa da vítima quando inexistente qualquer demonstração quanto ao excesso de velocidade; mesmo a culpa concorrente teria de ser comprovada, o que não ocorreu. 5.- "O valor do seguro obrigatório deve ser deduzido da indenização judicialmente fixada" (Súmula 246/STJ). 6.- O arbitramento da indenização pelos danos é ato complexo para o julgador que deve sopesar, dentre outras variantes, a extensão do dano, a condição socioeconômica dos envolvidos, a razoabilidade, a proporcionalidade, a repercussão entre terceiros, o caráter pedagógico/punitivo da indenização e a impossibilidade de se constituir em fonte de enriquecimento indevido (TRF4, APELREEX 5009375-33.2011.404.7201, Terceira Turma, Relatora p/ Acórdão Maria Lúcia Luz Leiria, D.E. 11/05/2012).

20.5. Omissão na conservação de rodovia – DPVAT

... O Departamento Nacional de Infraestrutura de Transportes - DNIT é responsável pela conservação das rodovias federais e pelos danos causados a terceiros, em razão de sua má conservação. A responsabilidade civil da Administração por omissão é subjetiva, impondo-se a comprovação da culpa, do dano e do respectivo nexo de causalidade com a omissão apontada. A perda de um ente querido é, por si só, um acontecimento que causa indescritível dor e sofrimento no ser humano, passível de reparação pela via do dano moral. O arbitramento da indenização pelos danos é ato complexo para o julgador que deve sopesar, dentre outras variantes, a extensão do dano, a condição socioeconômica dos envolvidos, a razoabilidade, a proporcionalidade, a repercussão entre terceiros, o caráter pedagógico/punitivo da indenização e a impossibilidade de se constituir em fonte de enriquecimento indevido. É possível a dedução da indenização do valor recebido a título de seguro obrigatório (Súmula nº 246 do STJ) (TRF4, APELREEX 2003.71.05.001612-4, Quarta Turma, Relator Luís Alberto D'azevedo Aurvalle, D.E. 30/04/2012).

20.6. Invalidez permanente parcial - DPVAT

A indenização do seguro DPVAT não deve ocorrer no valor máximo apenas considerando a existência de invalidez permanente parcial (Súmula 474/STJ). Assim, as tabelas elaboradas pelo Conselho Nacional de Seguros Privados (CNSP), que estabelecem limites indenizatórios de acordo com as diferentes espécies de sinistros, podem ser utilizadas na fixação da indenização do seguro DPVAT. Reclamação julgada procedente para adequar o acórdão reclamado à jurisprudência sumulada do STJ. Expedição de ofícios a todos os Colégios Recursais do País comunicando a decisão (Resolução 12/STJ). Precedentes citados: REsp 1.101.572-RS, Terceira Turma, DJe 25/11/2010; AgRg no REsp 1.298.551-MS, Quarta Turma, DJe 6/3/2012; EDcl no AREsp 66.309-SP, Quarta Turma, DJe 1º/8/2012, e AgRg no AREsp 132.494-GO, Quarta Turma, DJe 26/6/2012.Rcl 10.093-MA, Rel. Min. Antonio Carlos Ferreira, julgada em 12/12/2012.

20.7. Reembolso de despesas hospitalares - DPVAT

O reembolso pelo DPVAT das despesas hospitalares em caso de acidente automobilístico deve respeitar o limite máximo previsto na Lei n. 6.194/1974 (oito salários mínimos), e não o estabelecido na tabela expedida pelo Conselho Nacional de Seguros Privados (CNSP).A cobertura do DPVAT compreende o reembolso de despesas de assistência médica suplementares (DAMS) nos valores máximos indicados pela Lei n.º 6.194/1974. Nessa hipótese, a vítima cede ao hospital o direito de receber a indenização da seguradora. Assim, o dever da seguradora é pagar por procedimento médico hospitalar de acordo com o art. 3º, **c**, da Lei n.º 6.194/1974, ou seja, até oito salários mínimos. Esse valor não pode ser alterado unilateralmente pelo fixado na tabela da resolução do CNSP, que é inferior ao máximo legal, ainda que seja superior ao valor de mercado, pois não há permissão legal para adoção de uma tabela de referência que delimite as indenizações a serem pagas pelas seguradoras a título de DAMS. Portanto, o hospital tem o direito de receber o reembolso integral das despesas comprovadas, respeitado o limite máximo previsto na lei.REsp 1.139.785-PR, Rel. originário Min. Sidnei Beneti, Rel. para acórdão Min. Ricardo Villas Bôas Cueva, julgado em 11/12/2012.

20.8. Solidariedade - DPVAT

O beneficiário do DPVAT pode acionar qualquer seguradora integrante do grupo para receber a complementação da indenização securitária, ainda que o pagamento administrativo feito a menor tenha sido efetuado por seguradora diversa. A jurisprudência do STJ sustenta que as seguradoras integrantes do consórcio do seguro DPVAT são solidariamente responsáveis pelo pagamento das indenizações securitárias, podendo o beneficiário reclamar de qualquer uma delas o que lhe é devido. Aplica-se, no caso, a regra do art. 275, *caput* e parágrafo único, do CC, segundo a qual o pagamento parcial não exime os demais obrigados solidários quanto ao restante da obrigação, tampouco o recebimento de parte da dívida induz a renúncia da solidariedade pelo credor. REsp 1.108.715-PR, Rel. Min. Luiz Felipe Salomão, julgado em 15/5/2012.

20.9. Prescrição - DPVAT

Cinge-se a questão em saber qual o prazo prescricional aplicável à pretensão de receber complementação da indenização do seguro obrigatório de danos pessoais causados por veículos automotores de vias terrestres (DPVAT), quando paga a menor no âmbito administrativo. Os recorridos ajuizaram ação de cobrança de seguro obrigatório de danos pessoais – DPVAT a companhia de seguros, ora recorrente, objetivando a complementação do que lhes foi pago extrajudicialmente aduzindo que sua filha faleceu em virtude de acidente automobilístico, em razão do qual os recorridos pleitearam administrativamente o valor da indenização securitária fixada em lei, pagamento realizado pela recorrente em quantia inferior à devida. Sustenta a companhia de seguros que a pretensão dos recorridos está fulminada pela prescrição trienal. No caso, o acidente que vitimou a filha dos recorridos ocorreu no dia 9/9/2004, e o pagamento administrativo do seguro DPVAT, em 12/11/2004. Considerando a última data o marco interruptivo da prescrição trienal prevista no art. 206, § 3º, IX, do CC, data em que o prazo voltou a correr do início, a Turma deu provimento ao recurso da seguradora ao entender que a pretensão ao recebimento da complementação do seguro prescreveu em 12/11/2007, visto que a ação foi ajuizada somente em 20/8/2008. Assim, o prazo de prescrição para o recebimento da complementação do DPVAT é trienal (art. 206, § 3º, IX, do CC) – porque trienal também é o prazo para o recebimento da totalidade do seguro – e se inicia com o pagamento administrativo a menor, marco interruptivo da prescrição iniciada para o recebimento da totalidade da indenização securitária (art. 202, VI, do CC). REsp 1.220.068-MG, Rel. Min. Luis Felipe Salomão, julgado em 6/12/2011.

20.10. Legitimidade Passiva - DPVAT

A Turma desproveu o recurso, entendendo que, no trato de ação de indenização referente ao seguro obrigatório de veículo, qualquer seguradora do sistema tem legitimidade passiva. E, ainda, quanto ao valor de cobertura do DPVAT, seria de quarenta salários mínimos, inexistindo incompatibilidade com a Lei n.º 6.194/1974 e demais normas que impedem o uso do salário mínimo como parâmetro de correção monetária. Precedentes citados: REsp 602.165-RJ, DJ 13/9/2004; REsp 579.891-SP, DJ 8/11/2004, e REsp 153.209-RS, DJ 2/2/2004. AgRg no Ag 742.443-RJ, Rel. Min. Nancy Andrighi, julgado em 4/4/2006.

Capítulo 12

Seguros Especiais

1. Seguro Rural. 2. Seguro Compreensivo. 3. Seguro de transportes. 4. Seguro de Crédito. 5. Modelos de contratos de seguros padronizados da SUSEP. 5.1. Contrato de Seguro agrícola. 5.2. Contrato de seguro de Penhor Rural. 5.3. Contrato de Seguro Compreensivo. 5.4. Contrato de Seguro Fiança Locatícia: 6. Modelos de petições na área securitária. 6.1. Ação de cobrança de seguro agrícola. 6.2. Ação de cobrança de seguro compreensivo. 7. Jurisprudência aplicada. 7.1. Seguro rural. 7.2. Cédulas de crédito rural. 7.3. Seguro de transportes. 7.4. Seguro de fiança locatícia

1. Seguro Rural

O seguro rural é uma forma de efetivar a segurança econômica no meio agrícola e rural. Ele tem como objetivo a proteção do segurado contra as perdas decorrentes de estiagem, vendavais etc. Todos os agentes físicos ou químicos que possam causar impacto na produção agrícola podem fazer parte da cobertura do seguro rural. As modalidades de seguro rural são: agrícola, pecuário, aquícola, benfeitoria, penhor rural, seguro de vida, seguro de cédula de produtor rural. A SUSEP explica cada uma destas modalidades:

> "**Seguro Agrícola**: Este seguro cobre as explorações agrícolas contra perdas decorrentes principalmente de fenômenos meteorológicos. Cobre basicamente a vida da planta, desde sua emergência até a colheita, contra a maioria dos riscos de origem externa, tais como, incêndio e raio, tromba d'água, ventos fortes, granizo, geada, chuvas excessivas, seca e variação excessiva de temperatura. **Seguro Pecuário**: Este seguro tem por objetivo garantir o pagamento de indenização em caso de morte de animal destinado, exclusivamente, ao consumo, produção, cria, recria, engorda ou trabalho por tração. Os animais destinados à reprodução por monta natural, coleta de sêmen ou transferência de embriões, cuja finalidade seja, exclusivamente, o incremento e/ou melhoria de plantéis daqueles animais mencionados no parágrafo anterior, estão também enquadrados na modalidade de seguro pecuário. **Seguro Aquícola**: Este seguro garante indenização por morte e/ou outros riscos inerentes à animais aquáticos

(peixes, crustáceos, ...) em consequência de acidentes e doenças. **Seguro de Benfeitorias e Produtos Agropecuários:** Este seguro tem por objetivo cobrir perdas e/ou danos causados aos bens, diretamente relacionados às atividades agrícola, pecuária, aquícola ou florestal, que não tenham sido oferecidos em garantia de operações de crédito rural. **Seguro de Penhor Rural:** O Seguro de Penhor Rural tem por objetivo cobrir perdas e/ou danos causados aos bens, diretamente relacionados às atividades agrícola, pecuária, aquícola ou florestal, que tenham sido oferecidos em garantia de operações de crédito rural... **Seguro de Florestas:** Este seguro tem o objetivo de garantir pagamento de indenização pelos prejuízos causados nas florestas seguradas, identificadas e caracterizadas na apólice, desde que tenham decorrido diretamente de um ou mais riscos cobertos. **Seguro de Vida:** Este seguro é destinado ao produtor rural, devedor de crédito rural, e terá sua vigência limitada ao período de financiamento, sendo que o beneficiário será o agente financiador. **Seguro de Cédula do Produto Rural - CPR:** O seguro de CPR tem por objetivo garantir ao segurado o pagamento de indenização, na hipótese de comprovada falta de cumprimento, por parte do tomador, de obrigações estabelecidas na CPR."

O prazo para receber as indenizações das modalidades de seguro rural é de 30 dias contados a partir do cumprimento de todas as exigências por parte do Segurado.

As normas que regem o seguro rural são:

a) Resolução CNSP 46/2001; b) Resolução CNSP 50/2001; c) Resolução CNSP nº 95/2002; d) Circular SUSEP nº 261/04; Circular SUSEP nº 268/2004; e) Circular SUSEP nº 308/2005; f) Circular SUSEP nº 305/2005; g) Circular SUSEP nº 286/05; h) Circular SUSEP nº 360/08; i) Lei nº 10.823/03; j) Decreto nº 5.121/04;

Vale registrar que o seguro rural é essencial para o crescimento da região agrícola no país na medida em que dá suporte para o produtor rural na sua atividade desenvolvida. O seguro agrícola está previsto no artigo 187, V da Constituição Federal:

> Artigo. 187. A política agrícola será planejada e executada na forma da lei, com a participação efetiva do setor de produção, envolvendo produtores e trabalhadores rurais, bem como dos setores de comercialização, de armazenamento e de transportes, levando em conta, especialmente:
>
> (...)
>
> V - o seguro agrícola;

A Lei nº 10.823/03 traz algumas regras importantes que modificam prazos e condições financeiras de renegociações de dívidas rurais com o governo federal.

O Poder Executivo pode conceder subvenção econômica em percentual ou valor do prêmio do seguro rural, na forma estabelecida em ato específico.O seguro rural deverá ser contratado junto a sociedades autorizadas a operar em seguros pela Superintendência de Seguros Privados – SUSEP.

A SUSEP[43] traz a seguinte informação sobre o seguro agrícola, qual seja, o conceito de CPR. Vejamos:

> É um título emitido por produtor rural ou suas associações, inclusive cooperativas, criado pela Lei n° 8.929, de 22/08/94. O produtor rural, através da CPR, vende a termo sua produção agropecuária, recebe o valor da venda no ato da formalização do negócio e se compromete a entregar o produto vendido na quantidade, qualidade e em local e data estipulados no título. Através da Lei n° 10.200, de 2001, fica permitida a liquidação financeira da CPR.

A SUSEP[44] ainda trata do FESR. Vejamos o seu conceito:

> "O Fundo de Estabilidade do Seguro Rural – FESR foi criado pelo Decreto-lei n° 73, de 21.11.66, tendo como gestor a IRB – Brasil Re. Sua finalidade é manter e garantir o equilíbrio das operações agrícolas no país, bem como atender à cobertura suplementar dos riscos de catástrofe, inerentes à atividade rural. O exercício do FESR é de 1° de julho a 30 de junho do ano seguinte. As Sociedades Seguradoras e a IRB recuperam do FESR a parcela de seus sinistros retidos quando esta se situar entre 100% e 150% dos prêmios puros ou for superior a 250% dos prêmios puros. A faixa de 150% a 250% pode ser amparada por um contrato de resseguro uma vez que não é coberta pelo FESR.

As obrigações assumidas pela União em decorrência da subvenção econômica serão integralmente liquidadas no exercício financeiro de contratação do seguro rural. As despesas com a subvenção econômica correrão à conta das dotações orçamentárias consignadas anualmente ao Ministério da Agricultura, Pecuária e Abastecimento, observados os limites de movimentação e empenho e de pagamento.

O Poder Executivo regulamentará: I) as modalidades de seguro rural contempláveis com o benefício de que trata esta Lei; II) as condições operacionais gerais para a implementação, execução, pagamento, controle e fiscalização da subvenção econômica de que trata esta Lei; III) - as

---

43 http://www.susep.gov.br/menu/informacoes-ao-publico/planos-e-produtos/seguros/seguro-rural

44 http://www.susep.gov.br/menu/informacoes-ao-publico/planos-e-produtos/seguros/seguro-rural

condições para acesso aos benefícios previstos nesta Lei, incluindo o rol dos eventos cobertos e outras exigências técnicas pertinentes; IV)a composição e o regimento interno do Comitê Gestor Interministerial do Seguro Rural de que trata o art. 4° desta Lei.

O artigo 4° da Lei n° 10.823/03 criou o Comitê Gestor interministerial rural. Este tem as seguintes competências: a) criação de comissões consultivas e a regulação do seu funcionamento; b) aprovar e divulgar: os percentuais sobre o prêmio do seguro rural e os valores máximos da subvenção econômica; c)as condições operacionais específicas;d) as culturas vegetais e espécies animais objeto do benefício previsto nesta Lei; e) as regiões a serem amparadas pelo benefício previsto nesta Lei; f) as condições técnicas a serem cumpridas pelos beneficiários; g) a proposta de Plano Trienal ou seus ajustes anuais, dispondo sobre as diretrizes e condições para a concessão da subvenção econômica, observadas as disponibilidades orçamentárias e as diretrizes estabelecidas no Plano Plurianual;h) implementar e operacionalizar o benefício previsto nesta Lei; i) incentivar a criação e a implementação de projetos-piloto pelas sociedades seguradoras, contemplando novas culturas vegetais ou espécies animais e tipos de cobertura, com vistas a apoiar o desenvolvimento da agropecuária; j) estabelecer diretrizes e coordenar a elaboração de metodologias e a divulgação de estudos e dados estatísticos, entre outras informações, que auxiliem o desenvolvimento do seguro rural como instrumento de política agrícola; l) O Comitê Gestor Interministerial do Seguro Rural poderá fixar limites financeiros da subvenção, por beneficiário e unidade de área.

O artigo 6° da Lei n° 10.823/03 autorizou a repactuação e o alongamento de dívidas oriundas de operações de crédito rural contratadas ao abrigo do Programa Especial de Crédito para a Reforma Agrária – Procera, para os mutuários que estavam adimplentes com suas obrigações ou as regularizaram até 31 de maio de 2004. Os agentes financeiros tinham até 31 de maio de 2004 para formalização dos instrumentos de repactuação. Na época, os mutuários adimplentes que não optassem pela repactuação faziam jus ao bônus de adimplência de 90%, no caso de pagamento total de seus débitos até 31 de maio de 2004.

O artigo 7° da Lei n° 10.823/03 autorizava a renegociação de dívidas oriundas de operações de crédito rural contratadas por agricultores familiares, mini e pequenos produtores e de suas cooperativas e associações, no valor total originalmente financiado de até R$ 35.000,00 em uma ou mais operações do mesmo beneficiário, cujos mutuários estivesse adimplentes com suas obrigações ou as regularizem até 31 de maio de 2004, observadas as seguintes características e condições. O Seguro Agrícola é destinado a cobrir prejuízos decorrentes de sinistros que atinjam bens fixos e semifixos ou semoventes e também a cobrir prejuízos decorrentes de fenômenos naturais, pragas, doenças e outros que atinjam plantações.

A apólice de seguro agrícola poderá constituir garantia nas operações de crédito rural. São fontes de recursos financeiros para o seguro agrícola:

a) os recursos provenientes da participação dos produtores rurais, pessoa física e jurídica, de suas cooperativas e associações;
b) dotações orçamentárias e outros recursos alocados pela União;

2. Seguro Compreensivo

O seguro compreensivo é aquele que compreende numa única apólice várias garantias contra riscos contratados. É muito comum que o seguro residencial já tenha incluso o seguro contra incêndio. O mais importante neste caso é que a precificação. Antes de adentrarmos propriamente sobre este tipo de seguro faz-se necessário citarmos as lições de Paulo Pereira Ferreira[45] sobre os métodos de precificação. Vejamos:

"Podemos citar quatro métodos de precificação: a) **Julgamento ou subjetivo**. Método utilizado quando não se tem informação suficiente no processo de precificação. É um processo subjetivo, no qual a tarifa é definida pelo *underwriter* por meio de comparação de riscos similares... **Sinistralidade**. A tarifa é atualizada em função da análise da sinistralidade. O prêmio de risco pode ser, por exemplo, calculado pela aplicação da sinistralidade(apurada sobre o prêmio comercial) ao prêmio comercial... **Prêmio puro**. Este método começa com a estimativa do prêmio de risco, passando por um processo de regularização estatística... permite estimar o prêmio do seguro em classes de risco com pouca ou até nenhuma informação. **Tábua de moralidade**. Método utilizado nos seguros de vida e de anuidades. Trata-se de um método determinístico, pois aplica fórmulas determinísticas e probabilidades... passando por um processo de regularização estatística (modelagem)."(grifo nosso)

Voltando ao estudo dos seguros compreensivos é bom consignar que são uma forma de precificação mais justa dos seguros e por isso são muito utilizados. A SUSEP[46] traz algumas características desta modalidade de seguros. Vejamos:

---

45 FERREIRA, Paulo Pereira E OUTROS. Seguros e Resseguros. Aspectos técnicos, jurídicos e econômicos. Editora Saraiva.

46 http://www.susep.gov.br/setores-susep/cgpro/coseb/Seguros_Compreensivos.pdf

"a) Redução das taxas em relação aos chamados seguros convencionais;

b) Conjugação de várias coberturas em uma só apólice, com cláusulas menos restritivas e de mais fácil compreensão pelos segurados;

c) Estruturação modular com uma ampla gama de coberturas e garantias acessórias, permitindo ao segurado a escolha, entre elas, das mais adequadas às suas necessidades, o que resulta na montagem de um seguro *personalizado*.

Após a resolução CNSP n° 86/2002, os planos compreensivos passaram a ser tidos como ramos de seguro pertencentes ao grupo patrimonial. É bom destacar que a resolução CNSP n° 86/2002 criou três ramos de seguro distintos para o ramo compreensivo: a) Seguro Compreensivo Residencial; b) Seguro Compreensivo Condomínio; c) Seguro Compreensivo Empresarial; Vejamos o que diz a SUSEP sobre este tema:

"**Compreensivo Residencial:** Este seguro é destinado a residências individuais, casas e apartamentos, habituais ou de veraneios... **Compreensivo Condomínio:** Este seguro se destina a condomínios verticais e horizontais. Geralmente o critério tarifário faz distinção entre os seguintes tipos de condomínios, a saber: Condomínios Residenciais: São aqueles compostos exclusivamente por residências;" Condomínios de Escritórios e Consultórios: São aqueles ocupados exclusivamente por escritórios e/ou consultórios; Condomínios Mistos: São aqueles em que a área ocupada por estabelecimentos comerciais (que não escritórios e/ou consultórios) não é superior a x% da área total construída do imóvel e apresentando certas características de ocupação; condomínios Comerciais: São aqueles em que a área ocupada por estabelecimentos comerciais (que não escritórios e/ou consultórios), é superior a x% da área total construída do imóvel; Flats e Apart-Hotel: São aqueles cujas unidades autônomas se encontram em regime de locação temporária sob administração de empresa constituída para tal atividade, bem como as atividades de bares, restaurantes, áreas de lazer e garagens; Shopping Center: São aqueles ocupados por estabelecimentos comerciais e identificados como "shopping center" nos cadastros dos órgãos públicos competentes; **Compreensivo Empresarial:** Este seguro se destina a empresas e indústrias. Geralmente o critério utilizado pela seguradora dependerá do tipo de atividade industrial ou empresarial." (grifo nosso)

3. Seguro de transportes

O seguro de transportes garante ao segurado a indenização devida pelos prejuízos causados aos bens segurados durante o transporte nas viagens aquaviárias, terrestres e aéreas no âmbito nacional e internacional. A SUSEP[47] destaca sobre este tema os seguintes apontamentos:

> "Uma vez entregue pelo segurado toda a documentação exigível, que deve constar das condições da apólice, a seguradora efetuará o pagamento da indenização no prazo máximo de 30 dias. No caso de solicitação de outros documentos, além daqueles considerados básicos para a liquidação de sinistros, este prazo será suspenso, e terá a sua contagem reiniciada a partir do dia útil subsequente àquele em que forem completamente atendidas as exigências... O seguro de transportes é contratado pelo dono da carga, e é de contratação obrigatória para pessoas jurídicas, à exceção de órgãos públicos. Já o seguro de responsabilidade civil do transportador deve obrigatoriamente ser contratado pela empresa de transporte, mas cobre apenas prejuízos pelos quais o próprio transportador seja responsável, como colisão, capotagem, abalroamento, incêndio ou explosão do veículo transportador."

A Lei nº 11.442/07 traz algumas regras sobre os seguros de transportes. Primeiramente é bom falar que no caso de dano ou avaria, será assegurado às partes interessadas o direito de vistoria, sem prejuízo da observância das cláusulas do contrato de seguro, quando houver. O transportador é responsável pelas ações ou omissões de seus empregados, agentes, prepostos ou terceiros contratados ou subcontratados para a execução dos serviços de transporte, como se essas ações ou omissões fossem próprias.

Toda operação de transporte contará com o seguro contra perdas ou danos causados à carga, de acordo com o que seja estabelecido no contrato ou conhecimento de transporte, podendo o seguro ser contratado: a) pelo contratante dos serviços, eximindo o transportador da responsabilidade de fazê-lo; b) pelo transportador, quando não for firmado pelo contratante.

As condições do seguro de transporte rodoviário de cargas obedecerão à legislação em vigor. A responsabilidade do transportador por prejuízos resultantes de perdas ou danos causados às mercadorias é limitada ao valor declarado pelo expedidor e consignado no contrato ou conhecimento de transporte, acrescido dos valores do frete e do seguro

---

47 http://www.susep.gov.br/menu/informacoes-ao-publico/planos-e-produtos/seguros/seguro-de-transportes

correspondentes. Regra especial: Na hipótese de o expedidor não declarar o valor das mercadorias, a responsabilidade do transportador será limitada ao valor de dois Direitos Especiais de Saque - DES por quilograma de peso bruto transportado.

Quando não definida no contrato ou conhecimento de transporte, a responsabilidade por prejuízos resultantes de atraso na entrega é limitada ao valor do frete. Os operadores de terminais, armazéns e quaisquer outros que realizem operações de transbordo são responsáveis, perante o transportador que emitiu o conhecimento de transporte, pelas perdas e danos causados às mercadorias no momento da realização das referidas operações, inclusive de depósito.

O expedidor, indenizará o transportador pelas perdas, danos ou avarias resultantes de inveracidade na declaração de carga ou de inadequação dos elementos que lhe compete fornecer para a emissão do conhecimento de transporte, sem que tal dever de indenizar exima ou atenue a responsabilidade do transportador, nos termos previstos nesta lei.

O artigo 18 da Lei nº 11.442/07 discorre que prescreve em 1 ano a pretensão à reparação pelos danos relativos aos contratos de transporte, iniciando-se a contagem do prazo a partir do conhecimento do dano pela parte interessada. É facultado aos contratantes dirimir seus conflitos recorrendo à arbitragem.

4. Seguro de Crédito

O seguro de crédito tem sentido no mundo onde existe uma grande falta de compromisso com o pagamento das dívidas e o cumprimento dos contratos.

Neste sentido, o 'risco de crédito' gerado é avaliado pelas empresas para que possam fazer seguros respectivos de crédito. Este seguro objetiva eliminar o risco do não recebimento do crédito. Esta é a opinião de Cristina Rocco Salazar:[48]

> "As empresas que escolhem não assumir diretamente o risco de crédito tradicionalmente exigem que seus clientes apresentem garantias bancárias ou reais. Contudo, o seguro de crédito e suas vantagens acessórias vieram para substituir a constituição de garantias e agregar valor ao gerenciamento do risco, proporcionando segurança na gestão do portfólio de clientes e estímulo à busca por novos compradores. Ora, uma vez eliminado o risco de não

---

48 FERREIRA, Paulo Pereira e outros. Seguros e Resseguros. Aspectos técnicos, jurídicos e econômicos. Editora Saraiva.

recebimento de créditos, posto que transferido para a seguradora, o gestor pode concentrar seus esforços no desenvolvimento da atividade principal do seu negócio e na conquista de novos mercados."

O seguro de crédito tem dois tipos de modalidades: seguro de crédito e o seguro de crédito à exportação. O primeiro é aquele que objetiva repor as perdas sofridas em decorrência do inadimplemento dos clientes. A SUSEP nos informa sobre o crédito interno:

> "É uma modalidade de seguro que tem por objetivo ressarcir o SEGURADO (credor), nas operações de crédito realizadas com clientes domiciliados no país, das Perdas Líquidas Definitivas causadas por devedor insolvente... Perda Líquida Definitiva... corresponde ao total do crédito sinistrado acrescido das despesas de sua recuperação e deduzido das quantias efetivamente recebidas, relativas a esse crédito."

Cristina Rocco Salazar[49] destaca algumas características do seguro de crédito interno:

> "Regido pela Circular SUSEP nº 073, de 31.10.1979, o seguro de crédito indeniza as perdas líquidas que o segurado venha a sofrer em razão da inadimplência ou insolvência dos compradores... É importante enfatizar que o seguro de crédito não se destina a cobrir apenas os créditos ruins e/ou duvidosos, mas a totalidade das vendas do segurado. Em outras palavras, com vistas a evitar a seleção dos créditos ruins e/ou duvidosos e a concentração de riscos, impõe-se como regra neste ramo de seguro o chamado 'princípio da globalidade' (ou seja, o seguro é formalizado através de um contrato global, que abrange a totalidade ou grande parte das vendas do segurado). Excepcionalmente, as vendas com concentração de riscos, assim como as vendas pulverizadas e aquelas de valores muitos baixos, podem ser cobertas com condições diferenciadas."

É bom frisar que a taxa do prêmio será prevista de acordo com o tipo de risco que envolve a atividade da empresa. Neste sentido temos as lições de Cristina Rocco Salazar[50] que declara:

> "O cálculo da taxa de prêmio depende de muitas variáveis, como o tipo de produto, o setor de atividade, o volume de vendas, o prazo de vendas, a qualidade e quantidade de compradores e o histórico de perdas. Outro fator,

---

49 FERREIRA, Paulo Pereira e outros. Seguros e Resseguros. Aspectos técnicos, jurídicos e econômicos. Editora Saraiva.

50 FERREIRA, Paulo Pereira e outros. Seguros e Resseguros. Aspectos técnicos, jurídicos e econômicos. Editora Saraiva. p. 360.

o percentual de cobertura, também é utilizado para aumentar ou diminuir o valor da taxa de prêmio... seu valor é estabelecido de modo que a parcela de risco assumida pelo segurado não seja inferior á sua margem de lucro no produto vendido, evitando que seja vantajoso para o segurado vender seus produtos para compradores com baixa capacidade de pagamento. A coparticipação do segurado nos riscos também serve para estimular o segurado a auxiliar a seguradora na recuperação dos créditos não pagos, minimizando as perdas provocadas por sinistros."

Agora é preciso falar também do seguro de crédito à exportação. Ele está previsto na Lei nº 6.704/79. O Seguro de Crédito à Exportação tem a finalidade de garantir as operações de crédito à exportação contra os riscos comerciais, políticos e extraordinários que possam afetar: a) a produção de bens e a prestação de serviços destinados à exportação brasileira; b) as exportações brasileiras de bens e serviços.

O Seguro de Crédito à Exportação poderá ser utilizado por exportadores, instituições financeiras e agências de crédito à exportação que financiarem, refinanciarem ou garantirem a produção de bens e a prestação de serviços, destinados à exportação brasileira, e as exportações brasileiras de bens e serviços. Nas operações destinadas ao setor aeronáutico em que a análise do risco recair sobre pessoa jurídica diversa do devedor da operação de crédito à exportação, o Seguro de Crédito à Exportação poderá garantir os riscos comerciais, políticos e extraordinários a ela relacionados.

Cristina Rocco Salazar[51] nos ensina sobre o princípio da globalidade no seguro de crédito à exportação:

"Nos contratos de seguro de crédito à exportação também vigora o princípio da globalidade, de modo que a cobertura securitária deve abranger a totalidade ou uma parcela importante das vendas do segurado. No entanto, são admitidas exceções para compradores sediados em determinado país ou grupo de países considerados de risco elevado, conforme a avaliação da seguradora. Os contratos englobam somente os créditos decorrentes da venda de mercadorias efetivamente enviadas ao exterior ou de serviços prestados no estrangeiro. Em caso de sinistro, para fazer jus à indenização, o segurado deverá apresentar à seguradora a documentação oficial que comprova o embarque das mercadorias ou a prestação dos serviços."

---

51 FERREIRA, Paulo Pereira e outros. Seguros e Resseguros. Aspectos técnicos, jurídicos e econômicos. Editora Saraiva. P.362;

A União poderá: a) conceder garantia da cobertura dos riscos comerciais e dos riscos políticos e extraordinários assumidos em virtude do Seguro de Crédito à Exportação – SCE, conforme dispuser o Regulamento desta Lei; b) contratar instituição habilitada a operar o SCE para a execução de todos os serviços a ele relacionados, inclusive análise, acompanhamento, gestão das operações de prestação de garantia e de recuperação de créditos sinistrados. c) contratar a Agência Brasileira Gestora de Fundos Garantidores e Garantias S.A. – ABGF para a execução de todos os serviços relacionados ao seguro de crédito à exportação, inclusive análise, acompanhamento, gestão das operações de prestação de garantia e de recuperação de créditos sinistrados.

As competências previstas serão exercidas por intermédio do Ministério da Fazenda. Para atender à responsabilidade assumida pelo Ministério da Fazenda, o Orçamento Geral da União consignará, anualmente, dotação específica àquele ministério.

Nas operações do Seguro de Crédito à Exportação, garantidas pela União, não serão devidas comissões de corretagem. A Lei nº 12.837/13 traz as regras especiais sobre o seguro de crédito à exportação. Neste sentido, trata do Seguro de Crédito à Exportação e de sua utilização por exportadores, instituições financeiras e agências de crédito à exportação para o financiamento, refinanciamento ou garantia da produção de bens e da prestação de serviços, destinados à exportação brasileira, e as exportações brasileiras de bens e serviços. Nas operações destinadas ao setor aeronáutico em que a análise do risco recair sobre pessoa jurídica diversa do devedor da operação de crédito à exportação, o Seguro de Crédito à Exportação poderá garantir os riscos comerciais, políticos e extraordinários a ela relacionados.

O Decreto nº 3.937/01 regulamenta a Lei nº 6.704/79 para dispor sobre o seguro de crédito à exportação. Um dos primeiros pontos a serem destacados nesta lei é sobre o seguro de crédito à exportação (SCE) que tem a finalidade de garantir as operações de crédito à exportação contra os riscos comerciais, políticos e extraordinários que possam afetar: a)a produção de bens e a prestação de serviços destinados à exportação brasileira;b)as exportações brasileiras de bens e serviços. O SCE poderá ser utilizado por exportadores, instituições financeiras e agências de crédito à exportação que financiem, refinanciem ou garantam a produção de bens e a prestação de serviços destinados à exportação brasileira, e as exportações brasileiras de bens e serviços.

Nas operações destinadas ao setor aeronáutico, em que a análise do risco recair sobre pessoa jurídica diversa do devedor da operação de crédito à exportação, o SCE poderá garantir os riscos comerciais, políticos e extraordinários a ela relacionados. Os riscos comerciais são aqueles em que as situações de insolvência do devedor estão caracterizadas, tais como nos itens a seguir:

a) Quando ocorrer mora pura e simples do devedor por prazo igual ou superior a 180 dias da data do vencimento da primeira parcela não paga. Este prazo não se aplica às operações destinadas ao setor náutico.

b) Quando executado o devedor, seus bens revelarem-se insuficientes ou insuscetíveis de arresto, sequestro ou penhora;

c) Quando decretada a falência ou deferido o processamento da recuperação judicial do devedor ou outro ato de efeito equivalente, de acordo com a legislação do país do devedor;

d) Quando celebrado acordo do devedor com o segurado, com anuência da seguradora, para pagamento com redução do débito.

Os riscos políticos e extraordinários são aqueles relacionados a ocorrência, isolada ou cumulativamente, das seguintes situações:

a) mora pura e simples do devedor público por prazo igual ou superior a 180 dias da data do vencimento da primeira parcela não paga;

b) rescisão arbitrária, pelo devedor público, do contrato garantido;

c) moratória geral decretada pelas autoridades do país do devedor ou de outro país por intermédio do qual o pagamento deva ser efetuado;

d) qualquer outro ato ou decisão das autoridades de um outro país que impeça a execução do contrato garantido;

e) por decisão do Governo brasileiro, de governos estrangeiros ou de organismos internacionais, posterior aos contratos firmados, resulte a impossibilidade de se realizar o pagamento pelo devedor;

f) superveniência, fora do Brasil, de guerra, revolução ou motim, de catástrofes naturais, tais como ciclones, inundações, terremotos, erupções vulcânicas e maremotos, que impeçam a execução do contrato garantido.

g) impossibilidade de pagamento por parte dos Bancos Centrais dos países participantes do Convênio de Pagamentos e Créditos Recíprocos – CCR, por prazo superior a 120 dias das Compensações Quadrimestrais.

h) qualquer ato ou decisão das autoridades de um outro país solicitando o cumprimento de garantias bancárias relacionadas à exportação, por entender que o exportador não cumpriu total ou parcialmente suas obrigações.

A percentagem de cobertura do SCE incidirá:

a) Sobre as perdas líquidas definitivas do segurado, não abrangendo os prejuízos decorrentes da não realização de lucros esperados ou de oscilações de mercado e no caso de risco de crédito, sobre o valor do financiamento da operação.

b) Sobre o valor do financiamento da operação, no caso de risco de crédito. Não serão devidas comissões de corretagem nas operações do SCE garantidas pela União.

A garantia da União será concedida por intermédio do Ministério da Fazenda, observadas as normas e os procedimentos aprovados pelo Comitê de Financiamento e Garantia das Exportações – COFIG. A participação da União nas perdas líquidas definitivas do segurado estará limitada a:

a) no máximo 95%, no caso de seguro contra risco comercial em operações financiadas que contem com garantia bancária;

b) no máximo 95%, no caso de seguro contra risco comercial;

c) no máximo cem por cento, no caso de seguro contra risco político e extraordinário;

d) no máximo 95%, no caso de seguro contra risco comercial em operações financiadas que contem com garantia bancária;

e) no máximo 100%, a critério da Câmara de Comércio Exterior – CAMEX, no caso de seguro contra riscos comerciais decorrentes das operações de exportação do setor aeronáutico ou de quaisquer outros bens, de serviços ou de ambos;

f) no máximo 100%, a critério da CAMEX, no caso de seguro contra riscos comerciais decorrentes das operações de crédito interno para o setor de aviação civil;

g) no máximo 100% em operações de seguro para micro, pequenas e médias empresas e, no caso de seguro contra os riscos de obrigações contratuais sob a forma de garantia de execução, garantia de reembolso de adiantamento de recursos e garantia de termos e condições de oferta, em operações de bens de consumo e de serviços das indústrias do setor de defesa (Incluído pelo Decreto nº 6.452, de 2008).

Registra-se que, a garantia da União em operações de seguro para micro, pequenas e médias empresas, na fase pré-embarque, será concedida para as operações com prazo de financiamento de até 180 dias, contado a partir da data de concessão do crédito.

Cristina Rocco Salazar[52] nos ensina algumas regras especiais sobre o contrato de seguro de crédito ao exterior:

> "Em ambos ao casos, crédito interno e crédito à exportação, o prazo para o pagamento de indenizações é estabelecido no contrato. Em caso de sinistro (ou seja, o não recebimento de um crédito na data de vencimento), o segurado deverá notificar a seguradora em formulário próprio, anexando os documentos que comprovam a venda e a exigibilidade do crédito. Após tentar recuperar o crédito amigavelmente e findo o prazo estabelecido no contrato, a seguradora efetuará o pagamento da indenização e continuará responsável pela recuperação do crédito inadimplido. Em caso de falência do comprador, a seguradora poderá efetuar o pagamento da indenização antecipadamente, ou seja, sem aguardar o decurso previsto no contrato. Tão logo o crédito seja reconhecido... a seguradora indenizará o segurado, melhorando o seu fluxo de caixa."

Importante consignar uma regra especialíssima, qual seja, a empresa seguradora de SCE é constituída sob a forma de sociedade anônima. A autorização para funcionamento de empresa seguradora de SCE será concedida pelo ministro de Estado da Fazenda, mediante requerimento apresentado pelos incorporadores à Superintendência de Seguros Privados – SUSEP. Concedida a autorização para funcionamento, a seguradora deve comprovar perante a SUSEP, em até 90 dias, haver cumprido todas as formalidades legais, além das exigências feitas no ato da autorização. Os casos de incorporação, fusão, encampação ou cessão de operações, transferências de controle acionário, alterações de estatutos e abertura

---

52 FERREIRA, Paulo Pereira e outros. Seguros e Resseguros. Aspectos técnicos, jurídicos e econômicos. Editora Saraiva. p. 362;

de filiais ou sucursais no exterior devem ser submetidos à aprovação da SUSEP.

Sobre o seguro de crédito é importante comentarmos ainda algumas que quando a seguradora paga uma indenização fica consignada no direito de sub-rogar-se no crédito garantido. Neste sentido estão os dizeres de Cristina Rocco Salazar:[53]

> "Ao pagar uma indenização, a seguradora automaticamente fica sub-rogada no direito de crédito referente ao valor indenizado, de modo que o segurado perde o direito de receber tal valor novamente. O segurado não deverá, por ação ou omissão, impedir ou prejudicar a atuação da seguradora na cobrança dos créditos indenizados."

No aprofundamento da matéria a autora[54] disserta:

> "Uma das principais diferenças entre o seguro de crédito interno e o de crédito à exportação refere-se à análise do risco de crédito dos compradores. No seguro de crédito à exportação, é absolutamente relevante levar em conta o país de origem do comprador... em geral, os contratos de seguro de crédito à exportação proporcionam cobertura em moeda estrangeira (frequentemente, dólares norte-americanos), uma vez que as seguradoras que atuam nesse ramo são autorizadas a operar o seguro em moeda distinta do real. Assim, o prêmio do contrato é pago à seguradora em moeda estrangeira e as indenizações são pagas ao segurado na mesma moeda."

---

53 FERREIRA, Paulo Pereira e outros. Seguros e Resseguros. Aspectos técnicos, jurídicos e econômicos. Editora Saraiva. p. 363;

54 FERREIRA, Paulo Pereira e outros. Seguros e Resseguros. Aspectos técnicos, jurídicos e econômicos. Editora Saraiva. p. 364;

5. Modelos de contratos de seguros padronizados da SUSEP:[55]

5.1. Contrato de seguro agrícola

Contrato de Seguro Agrícola_____
(nome da empresa seguradora).

Apólice nº_____

SEGURADORA:_____(Qualificação)

SEGURADO:_____(Qualificação)

I. GLOSSÁRIO:

Indicar neste item os principais conceitos relativos ao seguro agrícola. Esta parte é essencial para dar clareza na relação segurado-seguradora.

II. INFORMAÇÕES PRELIMINARES

A aceitação deste seguro estará sujeita à análise do risco.

O registro deste plano na SUSEP não implica, por parte da Autarquia, incentivo ou recomendação à sua comercialização.

O Segurado poderá consultar a situação cadastral de seu corretor de seguros, no site www.susep.gov.br, por meio do número de seu registro na SUSEP, nome completo, CNPJ ou CPF.

III. OBJETIVO DO SEGURO

O Seguro Agrícola tem por objetivo garantir ao Segurado a cobertura das culturas implantadas e conduzidas tecnicamente, expressamente mencionadas na especificação detalhada desta Apólice/Certificado e desde que observado o disposto no Zoneamento Agrícola e Agroclimático do Ministério da Agricultura, Pecuária e Abastecimento – MAPA ou, na sua falta, seguidas as orientações das instituições oficiais de pesquisa.

---

55 http://www.susep.gov.br/menu/atos-normativos/condicoes-contratuais-padronizadas-1

Até o Limite Máximo de Indenização especificado, este seguro concede cobertura exclusivamente para danos às culturas seguradas, na quantidade determinada na Proposta de Seguro e especificada na Apólice/Certificado de Seguro, garantindo a diferença que se registre entre a Produtividade Garantida e a Produtividade Obtida, dentro da mesma unidade segurada. Esta diferença deverá ser em decorrência dos eventos descritos na Cláusula IV – RISCOS COBERTOS.

O interesse segurável, para fins deste Seguro, é o legítimo interesse econômico ou pecuniário que o Segurado tem com relação à cultura objeto de cobertura deste Seguro.

IV. RISCOS COBERTOS

O presente seguro garantirá uma indenização ao Segurado, pelos prejuízos causados à cultura segurada, decorrentes direta ou indiretamente de:

- incêndio;
- raio;
- tromba d'água;
- ventos fortes;
- ventos frios;
- granizo;
- chuva excessiva;
- seca;
- geada; e
- variação excessiva de temperatura.

V. RISCOS EXCLUÍDOS

(Adicionar os riscos que devem ser excluídos no contrato)

VI. UNIDADE SEGURADA

Entende-se como Unidade Segurada, para efeito deste Seguro, o módulo de área de produção da cultura segurada, aceito pela Seguradora, que será utilizado como base para o cálculo de indenização em caso de sinistro, sendo expressa em hectares na proposta e na apólice de seguro.

Caso a unidade segurada seja menor que a área plantada na propriedade, o Segurado deverá ter, obrigatoriamente, no dossiê o croqui da área total plantada com delimitação da unidade segurada através da marcação de pontos georreferenciados.

VII. ACEITAÇÃO

A contratação do seguro somente poderá ser feita mediante Proposta de Seguro preenchida e assinada pelo proponente ou seu representante legal, ou o corretor de seguros habilitado, ou o estipulante.

A proposta, em modelo próprio da Seguradora, será parte integrante desta apólice e deverá conter os elementos essenciais ao exame e aceitação do risco, bem como croqui de acesso às quadras e a correta identificação das mesmas, mediante marcação de pontos georreferenciados.

A contratação de seguro de culturas já implantadas está condicionada à realização de inspeção prévia pela Seguradora. A Seguradora terá o prazo de 15 dias para manifestar-se sobre a proposta, contados a partir da data de seu recebimento, seja para seguros novos ou renovações, bem como para alterações que impliquem modificação do risco.

Caso o proponente do seguro seja pessoa física, a solicitação de documentos complementares, para análise e aceitação do risco ou da alteração proposta, poderá ser feita apenas uma vez, durante o prazo previsto no subitem.

Se o proponente for pessoa jurídica, a solicitação de documentos complementares poderá ocorrer mais de uma vez, durante o prazo previsto no item, desde que a Sociedade Seguradora indique os fundamentos do pedido de novos elementos, para avaliação da proposta ou taxação do risco.

No caso de solicitação de documentos complementares, para análise e aceitação do risco ou da alteração proposta, o prazo de 15 dias previsto no item ficará suspenso, voltando a correr a partir da data em que se der a entrega da documentação.

Ficará a critério da Sociedade Seguradora a decisão de informar ou não, por escrito, ao proponente, ao seu representante legal ou corretor de seguros, sobre a aceitação da proposta, devendo, no entanto, obrigatoriamente, proceder à comunicação formal, no caso de sua não aceitação, justificando a recusa.

A ausência de manifestação, por escrito, da Seguradora, após 15 dias contados do seu recebimento caracterizará a aceitação tácita da proposta.

Não é permitida a presunção de que a Seguradora possa ter conhecimento de circunstâncias que não constem da proposta de seguro e daquelas que não lhes tenham sido comunicadas posteriormente pelo Segurado.

VIII. LIMITE MÁXIMO DE INDENIZAÇÃO (LMI):

Fica entendido e acordado que o valor da indenização a que o Segurado terá direito, com base nas condições desta apólice, não poderá ultrapassar o valor do objeto ou do interesse segurado constante na proposta de seguro e na apólice/certificado, independente de qualquer disposição constante desta apólice.

O LMI, em caso de sinistro, representa o máximo de responsabilidade assumida pela Seguradora em relação ao risco especificamente segurado e não poderá ser reintegrado, quando da ocorrência de um sinistro.

Correrão, obrigatoriamente, por conta da Seguradora até o limite máximo de indenização fixado no contrato:

Despesas de salvamento, comprovadamente, efetuadas pelo segurado durante e/ou após a ocorrência do sinistro;

Valor referente aos danos materiais, comprovadamente, causados pelo segurado e/ou por terceiros na tentativa de evitar o sinistro de minorar o dano ou salvar a coisa;

IX. DOCUMENTOS DO SEGURO

Fazem parte integrante deste contrato, as Condições Gerais e as Condições Especiais contratadas, os seguintes anexos:

- proposta de seguro preenchida e assinada;
- correta identificação da área plantada e segurada e acesso às quadras mediante croqui com marcação de pontos georreferenciados;
- inspeções realizadas antes e durante a vigência do seguro;
- declarações do Segurado por escrito;
- certificado e/ou apólice de seguro;
- endossos de alteração emitidos pela Seguradora;
- cópia do documento relativo ao contrato de financiamento, quando houver.

X. PERÍODO DE VIGÊNCIA DO SEGURO

O seguro terá seu início de vigência e término às 24 (vinte e quatro) horas dos dias para tal fim consignados na apólice, certificado de seguro e endossos.

Se a proposta tiver sido recepcionada sem pagamento de prêmio, o início de vigência da cobertura deverá coincidir com a data de aceitação da proposta ou com data distinta, desde que expressamente acordado entre as partes.

Não haverá cobertura até a data da aceitação da proposta.

Se a proposta tiver sido recepcionada com adiantamento de valor para futuro pagamento parcial ou total do prêmio, o Seguro terá seu início de vigência a partir da data de recepção da proposta pela Seguradora.

Em caso de recusa da proposta dentro dos prazos previstos no item 10.3, exclusivamente nos contratos de seguro cujas propostas forem protocoladas com adiantamento de valor para futuro pagamento parcial ou total do prêmio, a cobertura de seguro prevalecerá por mais 2 (dois) dias úteis, contados a partir da data em que o proponente, seu representante legal ou o corretor de seguros tiver conhecimento formal da recusa.

O valor do adiantamento deverá ser restituído ao proponente quando da formalização da recusa, no prazo máximo de 10 (dez) dias corridos, deduzido de parcela correspondente ao período, *"pro rata temporis"*, em que tiver prevalecido a cobertura.

Caso o IPCA/IBGE seja extinto, será utilizado o IGPM/FGV – Índice Geral de Preços para o Mercado/Fundação Getúlio Vargas.

O início e o término da cobertura dar-se-ão de acordo com as condições específicas de cada modalidade, devendo o risco iniciar-se dentro do prazo de vigência da respectiva apólice.

XI. OBRIGAÇÕES DO SEGURADO:

O Segurado, independentemente de outras estipulações deste seguro, obriga-se a:

- conduzir a cultura respeitando o zoneamento agrícola divulgado pelo MAPA e conforme as recomendações técnicas dos órgãos oficiais e entidades técnicas especializadas para atingir a Produtividade Esperada, especialmente no que se refere à quantidade, variedade e sanidade das sementes/mudas empregadas, época de plantio, assim como o emprego adequado dos tratos culturais e fitossanitários;

- permitir à Seguradora a inspeção dos bens segurados pelas pessoas por ela autorizadas a qualquer momento e facilitar o acesso a todos os detalhes e informações necessárias para a devida apreciação do risco;
- comunicar imediatamente à Seguradora todas as circunstâncias que possam afetar ou alterar o risco descrito na Proposta de Seguro;
- adotar todas as providências cabíveis no sentido de preservar os salvados, não podendo abandoná-los, quando ocorrer sinistro que atinja bens cobertos por este seguro.
- autorizar qualquer representante da Seguradora a obter informações sobre produções colhidas, área plantada, insumos aplicados e outros elementos necessários nas máquinas de beneficiamento, cooperativas, centros de abastecimentos, armazéns gerais, firmas compradoras, indústrias e entidades bancárias com as quais a cultura segurada estiver ou vier a estar vinculada; e
- comunicar por escrito à Seguradora, até o prazo máximo de 8 (oito) dias da sua ocorrência, os seguintes fatos:

I. venda, alienação, cessão ou qualquer forma de transferência da cultura segurada;

II. penhor ou qualquer outro ônus sobre a cultura segurada; e

III. quaisquer modificações na área estabelecida na Apólice, bem como qualquer modificação no método de cultivo adotado;

XII. DO ESTIPULANTE

Quando o seguro for contratado por estipulante, este deverá:

Fornecer à Seguradora todas as informações necessárias para a análise e aceitação do risco, previamente estabelecidas por aquela, incluindo dados cadastrais;

Manter a Seguradora informada a respeito dos dados cadastrais dos Segurados, alterações na natureza do risco coberto, bem como quaisquer eventos que possam, no futuro, resultar em sinistro, de acordo com o definido contratualmente; Fornecer ao Segurado, sempre que solicitado, quaisquer informações relativas ao contrato de seguro;

Discriminar o valor do prêmio do seguro no instrumento de cobrança, quando este for de sua responsabilidade;

Repassar os prêmios à Sociedade Seguradora, nos prazos estabelecidos contratualmente;

Repassar aos Segurados todas as comunicações ou avisos inerentes à apólice, quando for diretamente responsável pela sua administração;

Discriminar a razão social e, se for o caso, o nome fantasia da Sociedade Seguradora responsável pelo risco, nos documentos e comunicações referentes ao seguro, emitidos para o Segurado;

Comunicar, de imediato, à Sociedade Seguradora, a ocorrência de qualquer sinistro, ou expectativa de sinistro, referente ao Segurado que representa, assim que deles tiver conhecimento, quando esta comunicação estiver sob sua responsabilidade;

Dar ciência aos Segurados dos procedimentos e prazos estipulados para a liquidação de sinistros;

Comunicar, de imediato, à SUSEP, quaisquer procedimentos que considerar irregular quanto ao seguro contratado;

Fornecer à SUSEP quaisquer informações solicitadas, dentro do prazo por ela estabelecido;

Informar a razão social e, se for o caso, o nome fantasia da Sociedade Seguradora, bem como o percentual de participação no risco, no caso de cosseguro, em qualquer material de promoção ou propaganda do seguro, em caráter tipográfico maior ou igual ao do estipulante;

Nos seguros contributários, o não repasse dos prêmios à Seguradora, nos prazos contratualmente estabelecidos, acarretará o cancelamento da cobertura e sujeitará o estipulante ou subestipulante às cominações legais;

A Seguradora é obrigada a informar ao Segurado a situação de adimplência do estipulante ou subestipulante, sempre que solicitado.

Qualquer modificação na apólice vigente e para os riscos em curso, dependerá da anuência prévia e expressa dos segurados que representem, no mínimo, três quartos do grupo segurado.

XIII. PAGAMENTO DO PRÊMIO

O prêmio deste seguro deverá ser pago em parcela única, obrigatoriamente através da rede bancária ou outras formas admitidas em lei até as datas de vencimento estabelecidas na Apólice ou no documento de cobrança emitido pela Seguradora, o qual será encaminhado diretamente ao Segurado ou seu representante legal, ou, ainda, por expressa solicitação de qualquer um desses ao corretor de seguros até 05 (cinco) dias úteis antes da data de seu vencimento.

Quando a data de vencimento cair em dia em que não haja expediente bancário, o pagamento poderá ser efetuado no primeiro dia útil em que houver expediente bancário.

XIV. Prescrição:

Este seguro está fundamentado e tem sua prescrição regulada pelas normas do Código Civil brasileiro.

XV. Disposições finais:

A seguradora está registrada na SUSEP regularmente podendo ser consultada a situação cadastral no site www.susep.gov.br.

(adicionar as obrigações do estipulante e do segurado)

(adicionar as regras de comunicação de óbito)

Qualquer questão judicial será decidida no foro da comarca de _____.

_____
Assinatura do Diretor da Empresa

_____
Assinatura do Estipulante (seguradora)

_____
Assinatura do beneficiário

_____
Assinatura do beneficiário

Testemunhas:

_____

_____

_____

5.2. Contrato de seguro de penhor rural

Seguro de Penhor Rural
(nome da empresa seguradora).

Apólice nº_____

SEGURADORA:_____(Qualificação)

SEGURADO:_____(Qualificação)

I. GLOSSÁRIO:

Indicar neste item os principais conceitos relativos ao seguro de penhor rural. Esta parte é essencial para dar clareza na relação segurado-seguradora.

II. CLÁUSULA 1ª - Objetivo do Seguro

O seguro tem o objetivo de garantir pagamento de indenização pelas perdas e/ou danos causados aos bens segurados, até o limite máximo de garantia, desde que tenham decorrido diretamente de um ou mais riscos cobertos.

CLÁUSULA 2ª - Estipulante

O estipulante é o beneficiário do seguro até o valor do crédito concedido por ele ao segurado.

Se houver saldo entre o valor da indenização e o valor da dívida do segurado com o estipulante, o beneficiário desta diferença será o segurado.

O não repasse dos prêmios à sociedade seguradora, nos prazos contratualmente estabelecidos, não acarretará suspensão ou cancelamento da cobertura, no entanto sujeitará o estipulante às cominações legais.

A sociedade seguradora informará ao segurado a situação de adimplência do estipulante sempre que solicitado.

CLÁUSULA 3ª - Obrigações do estipulante

Constituem-se obrigações do estipulante

– fornecer à sociedade seguradora todas as informações necessárias para a análise e aceitação do risco, previamente estabelecidas por aquela, incluindo dados cadastrais;
– manter a sociedade seguradora informada a respeito dos dados cadastrais dos segurados, alterações na natureza do risco coberto, bem como quaisquer eventos que possam, no futuro, resultar em sinistro, de acordo com o definido contratualmente;
– fornecer ao segurado, sempre que solicitado, quaisquer informações relativas ao contrato de seguro;
– discriminar o valor do prêmio do seguro no instrumento de cobrança, quando este for de sua responsabilidade;
– repassar os prêmios à sociedade seguradora, nos prazos estabelecidos contratualmente;
– repassar aos segurados todas as comunicações ou avisos inerentes à apólice, quando for diretamente responsável por sua administração;
– discriminar a razão social e, se for o caso, o nome fantasia da sociedade seguradora responsável pelo risco, nos documentos e comunicações referentes ao seguro, emitidos para o segurado;
– comunicar, de imediato, à sociedade seguradora, a ocorrência de qualquer sinistro, ou expectativa de sinistro, referente ao grupo que representa, assim que deles tiver conhecimento, quando esta comunicação estiver sob sua responsabilidade;
– dar ciência aos segurados dos procedimentos e prazos estipulados para a liquidação de sinistros;
– comunicar, de imediato, à SUSEP, quaisquer procedimentos que considerar irregulares quanto ao seguro contratado;
– fornecer à SUSEP quaisquer informações solicitadas, dentro do prazo por ela estabelecido;
– informar a razão social e, se for o caso, o nome fantasia da sociedade seguradora, bem como o percentual de participação no risco, no caso de cosseguro, em qualquer material de promoção ou propaganda do seguro, em caráter tipográfico maior ou igual ao do estipulante.

CLÁUSULA 4ª - Âmbito Geográfico da Cobertura

5.1 – O âmbito geográfico da cobertura será o território brasileiro, salvo definição em contrário nas Condições Particulares.

CLÁUSULA 5ª – Bens Seguráveis

São seguráveis os bens, diretamente relacionados às atividades agrícola, pecuária, aquícola e florestal, que tenham sido oferecidos em garantia de operações de crédito rural realizadas.

Poderão ser segurados, observado o disposto no subitem 6.1, os seguintes bens:

– produtos colhidos, desde que estejam fora do campo de cultivo, ou abatidos, beneficiados, transformados ou não;

– moradia do produtor e de seus empregados;

– máquinas, equipamentos e implementos autopropulsores, rebocáveis, móveis ou estacionários;

– veículos rurais mistos ou de carga; e

– sacarias, embalagens e recipientes em geral, utilizados para acondicionamento de produtos segurados, ainda que vazios.

CLÁUSULA 6ª - Bens não Seguráveis

Este seguro não cobre:

– animais vivos;

– terras;

– lavouras e plantações em pé e respectivos produtos não colhidos;

– obras de arte para sustentação de terras, represamento de águas e de dejetos, ou para vias de acesso;

– embarcações aquáticas e aeronaves, inclusive seus acessórios, peças e componentes;

– veículos destinados exclusivamente a transporte de pessoas;

– explosivos;

– pastagens; e

– bens não oferecidos em garantia de operações de crédito rural.

CLÁUSULA 7ª

- Riscos Cobertos

Estão cobertos pelo presente seguro as perdas e/ou danos causados aos bens segurados, identificados e caracterizados no certificado de seguro e no instrumento de crédito rural, decorrentes diretamente dos seguintes eventos:

– incêndio acidental;

– queda de raio;

– explosão de qualquer natureza e origem;

– tromba d'água;

– vendaval;

– granizo;

– chuva excessiva;

– inundação e alagamento;

– impacto de veículos de qualquer espécie;

– desmoronamento total ou parcial de construção, só se considerando como tal quando tiver havido desabamento de parede ou de qualquer elemento estrutural, exceto o provocado por vício intrínseco ou por má qualidade da construção (defeitos de construção, de material e erro de projeto);

– tremores de terra, devidamente identificados por autoridades competentes.

Nos seguros de máquinas, equipamentos e implementos e nos seguros de veículos rurais mistos ou de carga, incluem-se também as perdas ou danos causados por:

– colisão, abalroamento, capotagem ou quedas acidentais, qualquer que seja a causa;

– roubo ou furto total.

Nos seguros de produtos colhidos ou abatidos, beneficiados, transformados ou não, incluem-se ainda as perdas causadas por:

– roubo cometido mediante emprego ou ameaça de violência contra a pessoa, ou depois de havê-la, por qualquer modo, reduzido à impossibilidade de resistência, desde que tenha sido praticada no local onde se encontrem os bens cobertos e a ocorrência tenha sido objeto de registro policial;

– furto qualificado, configurando-se como tal aquele cometido com destruição ou rompimento de obstáculo ou mediante escalada ou utilização de outras vias que não as destinadas a servir de entrada no local onde se encontrem os bens cobertos, desde que a utilização de qualquer desses meios tenha deixado vestígios materiais inequívocos e a ocorrência tenha sido objeto de registro policial.

Nos seguros de benfeitorias incluem-se ainda as perdas causadas por roubo e/ou furto qualificado.

Nos seguros citados, incluem-se, ainda, perdas e danos causados por acidente com veículo transportador decorrente de caso fortuito ou força maior, quando o bem segurado estiver sendo transportado por qualquer meio adequado e devidamente regularizado para tal.

CLÁUSULA 8ª

Riscos Excluídos

Além dos danos ocasionados por quaisquer riscos não previstos expressamente na Cláusula 8ª, estão excluídos os prejuízos decorrentes direta ou indiretamente de:

– riscos catastróficos, assim considerados terremotos, maremotos, ciclones, erupções vulcânicas e, em geral, qualquer cataclismo da natureza;
– vício intrínseco ou má qualidade dos bens segurados, devidamente caracterizados por laudo de empresa especializada;
– atos ilícitos dolosos ou por culpa grave equiparável ao dolo praticados pelo segurado, pelo beneficiário ou pelo representante legal, de um ou de outro;

– atos de autoridades públicas, salvo se para evitar propagação dos riscos cobertos;

– atos de guerra, declarada ou não, invasão, insurreição, revolução, tumultos, motins e riscos congêneres e/ou consequentes;

– perdas causadas por, resultantes de, ou para as quais tenham contribuído: radiações ionizantes, quaisquer contaminações pela radioatividade e efeitos primários e secundários da combustão de quaisquer materiais nucleares;

– lucros cessantes ou danos emergentes, mesmo quando consequentes de paralisação ou inutilização parcial ou total dos bens segurados por riscos cobertos;

– ação predatória de animais, no caso de produtos agropecuários;

– areia ou terra, impulsionada ou não por vento; e

– qualquer dano causado por umidade, água, mofo, perda ou aquisição de substância, salvo se em consequência de risco coberto.

Nos seguros de máquinas, equipamentos e implementos e de veículos rurais mistos ou de cargas, excluem-se também as perdas ou danos referentes a:

– roubo ou furto parcial, desaparecimento de qualquer peça, ferramentas, acessórios ou sobressalentes, salvo quando integrante de sistemas de irrigação;

– desgaste, deterioração, defeito mecânico, elétrico, eletrônico ou de fabricação;

– inutilização de pneus ou câmaras de ar sem que tenha sido afetada outra parte componente do bem segurado; e – quebra de peças provocadas pela circulação em terreno irregular.

– ato terrorista, cabendo à sociedade seguradora comprovar com documentação hábil, acompanhada de laudo circunstanciado que caracterize a natureza do atentado, independentemente de seu propósito, e desde que este tenha sido devidamente reconhecido como atentatório à ordem pública pela autoridade pública competente.

CLÁUSULA 9ª – Automaticidade da cobertura

A cobertura deste seguro abrange todos os bens segurados vinculados às operações de crédito rural realizadas pelo estipulante, durante o período de vigência da apólice.

O estipulante se obriga a efetuar o seguro de todos os bens segurados e a sociedade seguradora a garanti-los, automaticamente, respeitados os critérios de aceitação da sociedade seguradora e o disposto nas Cláusulas 12 e 14, durante o período de vigência do seguro, de acordo com as condições expressamente estipuladas.

CLÁUSULA 10 – Formalização e Certificado de Seguro

O estipulante se obriga a formalizar o seguro junto à sociedade seguradora, mediante a entrega de documento síntese da operação de crédito rural realizada no mês, até o dia 15 (quinze) do mês subsequente.

A sociedade seguradora averbará o seguro mediante a emissão de certificado de seguro individual, discriminando bens segurados, limite máximo de garantia, datas de vigência e prêmios.

Será emitido um certificado de seguro para cada contrato de crédito rural.

CLÁUSULA 11 - Aceitação do Seguro

– A contratação ou alteração do contrato de seguro será feita mediante assinatura da proposta pelo proponente, por seu representante ou seu corretor de seguros habilitado.

– A aceitação do seguro está sujeita à análise do risco.

– A sociedade seguradora terá o prazo de 15 (quinze) dias para manifestar-se sobre a proposta, contados da data de seu recebimento, seja para seguros novos ou renovações, bem como para alterações que impliquem modificação do risco.

– No caso de solicitação de documentos complementares, para análise e aceitação do risco ou da alteração proposta, o prazo de 15 (quinze) dias previsto no subitem

– ficará suspenso, voltando a correr a partir da data em que se der a entrega da documentação.

– A sociedade seguradora poderá informar, por escrito, ao proponente, ao seu representante ou corretor de seguros, sobre a aceitação da proposta, procedendo, no entanto, à comunicação formal, no caso de sua não aceitação, justificando a recusa.

– O prazo para a emissão da apólice ou do certificado de seguro será de 2 (dois) dias úteis, contados a partir da data de aceitação da proposta.

– O prazo para a emissão do endosso será de 2 (dois) dias úteis, contados a partir da data de sua aceitação da proposta.

– Caso a aceitação da proposta dependa de contratação ou alteração da cobertura de resseguro facultativo, o prazo previsto no subitem 12.2 será suspenso, até que o ressegurador se manifeste formalmente.

– É vedada a cobrança de prêmio total ou parcial, até que seja integralmente concretizada a cobertura de resseguro e confirmada a aceitação da proposta.

CLÁUSULA 12 - Limite Máximo de Garantia

– O limite máximo de garantia representa o máximo de responsabilidade assumida pela sociedade seguradora.

– O limite máximo de garantia deve corresponder ao valor atribuído pelo estipulante aos bens segurados vinculados à operação de crédito rural.

– Quando se tratar de produtos colhidos ou abatidos, beneficiados, transformados ou não, o limite máximo de garantia será igual ao valor do crédito deferido.

– O limite máximo de garantia será contratado a primeiro risco absoluto, ou seja, não haverá qualquer aplicação de rateio, respondendo a sociedade seguradora integralmente pelos prejuízos até o limite máximo de garantia.

CLÁUSULA 13 - Prazo do Seguro

– A apólice, os certificados de seguro e os endossos terão seu início e término de vigência às 24 (vinte e quatro) horas das datas para tal fim neles indicadas.

- A vigência do certificado de seguro iniciar-se-á dentro do prazo de vigência da respectiva apólice.

- Se a proposta tiver sido protocolada sem pagamento de prêmio, o início de vigência da cobertura será a data de aceitação da proposta ou data distinta, desde que expressamente acordada entre as partes.

- Não haverá cobertura até a data da aceitação da proposta.

- Se a proposta tiver sido recepcionada com adiantamento de valor para futuro pagamento parcial ou total do prêmio, o início da vigência dar-se-á a partir da data de recepção da proposta pela sociedade seguradora.

- Em caso de recusa da proposta, dentro do prazo previsto, a cobertura do seguro prevalecerá por mais 2 (dois) dias úteis, contados a partir da data em que o proponente, seu representante ou o corretor de seguros tiver conhecimento formal da recusa.

- Os juros moratórios, contados a partir do primeiro dia posterior ao término do prazo fixado para devolução de prêmio, serão equivalentes à taxa que estiver em vigor para a mora do pagamento de impostos devidos à Fazenda Nacional.

- A renovação automática da apólice de seguro só poderá ser feita uma única vez. As renovações posteriores deverão ser feitas, obrigatoriamente, de forma expressa.

CLÁUSULA 14 - Pagamento de Prêmio

- O pagamento do prêmio será efetuado por meio de documento emitido pela sociedade seguradora.

- O pagamento de prêmio será feito através de rede bancária, cartão de crédito ou outra forma admitida em lei.

- A data limite para o pagamento do prêmio à vista ou da primeira parcela não poderá ultrapassar o 30º (trigésimo) dia da emissão do certificado de seguro, apólice, endosso, fatura ou conta mensal.

- Quando a data limite para o pagamento do prêmio à vista ou de qualquer uma de suas parcelas cair em dia em que não haja expediente bancário, o pagamento poderá ser efetuado no primeiro dia útil em que houver expediente bancário.

– Fica, ainda, entendido e ajustado que, se o sinistro ocorrer dentro do prazo de pagamento do prêmio à vista ou de qualquer uma de suas parcelas sem que este se ache efetuado, o direito à indenização não ficará prejudicado.

– Quando o pagamento da indenização acarretar o cancelamento do contrato de seguro, as parcelas vincendas do prêmio deverão ser deduzidas do valor da indenização, excluído o adicional de fracionamento.

– Decorridos os prazos para pagamento do prêmio único ou da primeira parcela sem que tenha sido quitado o respectivo documento de cobrança, o contrato ou aditamento a ele referente será cancelado, exceto quando previstas disposições contrárias nas Condições Particulares.

– Os prêmios poderão ser fracionados em parcelas, em número inferior ao de meses de vigência do certificado de seguro, não devendo a última ter vencimento após o término do seguro.

– O segurado poderá antecipar o pagamento de qualquer uma das parcelas, com a consequente redução proporcional dos juros pactuados.

– Fica vedado o cancelamento do contrato de seguro cujo prêmio tenha sido pago à vista, mediante financiamento obtido junto a instituições financeiras, nos casos em que o segurado deixar de pagar o financiamento.

CLÁUSULA 15 - Inspeções

– A sociedade seguradora reserva-se o direito de, a qualquer tempo, efetuar inspeções, vistorias e verificações que julgar necessárias.

– O segurado deverá fornecer os esclarecimentos e provas que lhes forem pedidos, devendo, ainda, facilitar o desempenho das tarefas dos inspetores da sociedade seguradora.

CLÁUSULA 16 - Liquidação de Sinistro

– O segurado é obrigado a avisar o sinistro à sociedade seguradora, tão logo tome conhecimento, e a adotar as providências imediatas para minorar suas consequências.

– O não cumprimento das determinações previstas poderá acarretar a perda do direito à indenização.

– Esta comunicação deverá ser confirmada mediante o preenchimento e entrega do respectivo aviso de sinistro à sociedade seguradora, em duas vias, do qual o segurado deverá reter a segunda via, com o carimbo de recebimento, como comprovante de entrega.

– A sociedade seguradora se reserva o direito de inspecionar o local do evento, podendo, inclusive, tomar providências para proteção dos bens segurados ou dos salvados, sem que tais medidas, por si só, a obriguem indenizar os danos ocorridos.

– Para ter direito à indenização, o segurado deverá:

– provar satisfatoriamente a ocorrência do sinistro facultando à sociedade seguradora a plena elucidação da ocorrência e prestando-lhe a assistência que se fizer necessária para tal fim;

– tomar todas as providências ao seu alcance para proteger o bem ou evitar a agravação dos prejuízos;

– avisar às autoridades policiais e às outras relacionadas ao fato;

– só dispor dos salvados com prévia concordância da sociedade seguradora, salvo no caso de interesse público ou para evitar a agravação dos prejuízos indenizáveis pelo seguro.

– A sociedade seguradora poderá exigir atestados ou certidões de autoridades competentes, bem como a abertura de inquérito ou processos instaurados em virtude do fato que produziu o sinistro, sem prejuízo do pagamento da indenização no prazo devido.

– Todas as despesas efetuadas com a comprovação do sinistro correrão por conta do segurado, salvo se diretamente realizadas pela sociedade seguradora.

CLÁUSULA 17 - Indenização

– A indenização poderá ser paga, mediante acordo entre as partes, em moeda corrente ou através de reparação ou reposição do bem segurado.

– Na impossibilidade de reparação ou reposição do bem segurado, se esta for a opção acordada, à época da liquidação, a indenização devida será paga em moeda corrente.

– A sociedade seguradora terá um prazo máximo de 30 (trinta) dias para apreciação dos documentos básicos necessários à habilitação e para o pagamento da indenização, contados a partir da entrega de todos estes documentos básicos pelo segurado.

– A especificação dos documentos básicos a serem apresentados, está prevista nas Condições Particulares.

– Em caso de dúvida fundada e justificável por parte da sociedade seguradora, outros documentos poderão ser solicitados, sendo, portanto, suspensa e reiniciada a contagem.

– Os valores das indenizações sujeitam-se à atualização monetária pela variação positiva do IPCA/IBGE – Índice de Preços ao Consumidor Amplo, na hipótese de não cumprimento do prazo para o pagamento da respectiva obrigação pecuniária, a partir da data de ocorrência do sinistro.

– A atualização que trata o subitem 18.5 será efetuada com base na variação apurada entre o último índice publicado antes da data de ocorrência do sinistro e aquele publicado imediatamente anterior à data da efetiva liquidação do sinistro.

– Além da atualização, o não pagamento da indenização no prazo previsto implicará aplicação de juros moratórios.

– Os juros moratórios, contados a partir do primeiro dia posterior ao término do prazo fixado para pagamento da respectiva obrigação pecuniária, serão equivalentes à taxa que estiver em vigor para a mora do pagamento de impostos devidos à Fazenda Nacional.

CLÁUSULA 19 – Prejuízos Indenizáveis

– Correrão, obrigatoriamente, por conta da sociedade seguradora:

– as despesas de salvamento comprovadamente efetuadas pelo segurado durante e/ou após a ocorrência de um sinistro;

– os valores referentes aos danos materiais comprovadamente causados pelo segurado e/ou por terceiros na tentativa de evitar o sinistro, minorar o dano ou salvar a coisa.

CLÁUSULA 20 – Reintegração do limite máximo de garantia

– Na ocorrência do sinistro, o limite máximo de garantia será automaticamente deduzido do valor pago pela sociedade seguradora a título de indenização.

– O segurado poderá solicitar a reintegração do limite máximo de garantia à sociedade seguradora por escrito.

– Se o valor da indenização não for superior a 20% (vinte por cento) do limite máximo de garantia, a reintegração será automática, não havendo, neste caso, cobrança de prêmio adicional.

– Nos demais casos, haverá cobrança de prêmio adicional, calculado proporcionalmente ao tempo a decorrer.

– A reintegração somente será efetuada após manifestação formal da sociedade seguradora.

CLÁUSULA 21 – Rescisão Contratual:

– A apólice poderá ser cancelada a qualquer tempo, mediante acordo entre estipulante e sociedade seguradora, com uma antecedência mínima de 60 (sessenta) dias da data do cancelamento.

– Os certificados de seguro só serão cancelados a pedido do segurado e se deixar de existir interesse segurável por parte do estipulante.

– No caso de rescisão total ou parcial da apólice e/ou do certificado de seguro, a qualquer tempo, por iniciativa de quaisquer das partes contratantes e com a concordância recíproca, serão observadas as seguintes disposições:

a) na hipótese de rescisão a pedido da sociedade seguradora, esta reterá do prêmio recebido, além dos emolumentos, a parte proporcional ao tempo decorrido;

b) na hipótese de rescisão a pedido do segurado ou do estipulante, a sociedade seguradora reterá, no máximo, além dos emolumentos, o prêmio calculado de acordo com a seguinte tabela de prazo curto.

- Os valores de prêmios devidos aos segurados após a rescisão contratual sujeitam-se à atualização monetária pela variação positiva do IPCA/IBGE – Índice de Preços ao Consumidor Amplo, a partir da data da efetiva exigibilidade.

- Além da atualização, a não devolução de prêmio em 30 (trinta) dias, contados a partir da data de exigibilidade, implicará aplicação de juros moratórios.

- Os juros moratórios, contados a partir do primeiro dia posterior ao término do prazo fixado, serão equivalente à taxa que estiver em vigor para a mora do pagamento de impostos devidos à Fazenda Nacional.

CLÁUSULA 22 - Salvados

- Após o pagamento da indenização, os correspondentes bens sinistrados passam automaticamente a ser propriedade da sociedade seguradora, não podendo o segurado deles dispor sem a expressa autorização da sociedade seguradora.

CLÁUSULA 23 – Sub-rogação de Direito

- Efetuado o pagamento da indenização, a sociedade seguradora sub-roga-se, até o respectivo valor, nos direitos e ações que competirem ao segurado contra o autor do dano.

- Salvo dolo, a sub-rogação não terá lugar se o dano tiver sido causado pelo cônjuge do segurado, seus descendentes ou ascendentes, consanguíneos e afins.

- Não será eficaz qualquer ato do segurado que diminua ou extinga, em prejuízo da sociedade seguradora.

CLÁUSULA 24 – Concorrência de Apólices

- O segurado que, na vigência do contrato, pretender obter novo seguro sobre os mesmos bens e contra os mesmos riscos deverá comunicar a sua intenção, previamente, por escrito, a todas as sociedades seguradoras envolvidas, SOB PENA DE PERDA DE DIREITO.

– O prejuízo total relativo a qualquer sinistro será constituído pela soma das seguintes parcelas:

a) as despesas de salvamento COMPROVADAMENTE efetuadas pelo segurado durante e/ou após a ocorrência do sinistro;

b) o valor referente aos danos materiais COMPROVADAMENTE causados pelo segurado e/ou por terceiros na tentativa de minorar o dano ou salvar a coisa; e

c) danos sofridos pelos bens segurados.

– A indenização relativa a qualquer sinistro não poderá exceder, em hipótese alguma, o valor do prejuízo vinculado à cobertura considerada.

– Na ocorrência de sinistro contemplado por coberturas concorrentes, ou seja, que garantam os mesmos interesses contra os mesmos riscos, em apólices distintas, a distribuição de responsabilidade entre as sociedades seguradoras envolvidas deverá obedecer às seguintes disposições:

– Será calculada a indenização individual de cada cobertura como se o respectivo contrato fosse o único vigente, considerando-se, quando for o caso, franquias, participações obrigatórias do segurado, o limite máximo de indenização da cobertura, e cláusulas de rateio.

– Será calculada a "indenização individual ajustada" de cada cobertura, na forma abaixo indicada:

a) se, para uma determinada apólice, for verificado que a soma das indenizações correspondentes às diversas coberturas abrangidas pelo sinistro é maior que seu respectivo limite máximo de garantia, a indenização individual de cada cobertura será recalculada, determinando-se, assim, a respectiva indenização individual ajustada. Para efeito deste recálculo, as indenizações individuais ajustadas relativas às coberturas que não apresentem concorrência com outras apólices serão as maiores possíveis, observados os respectivos prejuízos e limites máximos de indenização. O valor restante do limite máximo de garantia da apólice será distribuído entre as coberturas concorrentes, observados os prejuízos e os limites máximos de indenização destas coberturas.

b) caso contrário, a "indenização individual ajustada" será a indenização individual calculada.

– Será definida a soma das indenizações individuais ajustadas das coberturas concorrentes de diferentes apólices, relativas aos prejuízos comuns, calculadas de acordo com o subitem precedente.

(adicionar outras hipóteses de indenização)

CLÁUSULA 25 – Perda de Direito

O segurado perderá o direito à indenização se agravar intencionalmente o risco.

Se o segurado, seu representante ou seu corretor de seguros, fizer declarações inexatas ou omitir circunstâncias que possam influir na aceitação da proposta ou no valor do prêmio, ficará prejudicado o direito à indenização, além de estar o segurado obrigado ao pagamento do prêmio vencido.

Se a inexatidão ou a omissão nas declarações não resultar de má-fé do segurado, a sociedade seguradora poderá:

I – na hipótese de não ocorrência do sinistro:

a) cancelar o seguro, retendo, do prêmio originalmente pactuado, a parcela proporcional ao tempo decorrido; ou b) permitir a continuidade do seguro, cobrando a diferença de prêmio cabível.

II – na hipótese de ocorrência de sinistro sem indenização integral:

a) cancelar o seguro, após o pagamento da indenização, retendo, do prêmio originalmente pactuado, acrescido da diferença cabível, a parcela calculada proporcionalmente ao tempo decorrido; ou b) permitir a continuidade do seguro, cobrando a diferença de prêmio cabível ou deduzindo-a do valor a ser indenizado.

III – na hipótese de ocorrência de sinistro com indenização integral, cancelar o seguro, após o pagamento da indenização, deduzindo, do valor a ser indenizado, a diferença de prêmio cabível.

O segurado é obrigado a comunicar à sociedade seguradora, logo que saiba, qualquer fato suscetível de agravar o risco coberto, sob pena de perder o direito à indenização, se ficar comprovado que silenciou de má-fé.

CLÁUSULA 25 – Prescrição:

Este seguro está fundamentado e tem sua prescrição regulada pelas normas do Código Civil brasileiro.

CLÁUSULA 26 – Disposições finais:

A seguradora está registrada na SUSEP regularmente podendo ser consultada a situação cadastral no site www.susep.gov.br.

(adicionar as obrigações do estipulante e do segurado)

(adicionar as regras de comunicação de óbito)

Qualquer questão judicial será decidida no foro da comarca de _____.

_____
Assinatura do Diretor da Empresa

_____
Assinatura do Estipulante (seguradora)

_____
Assinatura do beneficiário

_____
Assinatura do beneficiário

Testemunhas:

5.3. Contrato de Seguro Compreensivo

**Contrato de Seguro Compreensivo
(nome da empresa seguradora).**

Apólice nº_____
SEGURADORA:_____(Qualificação)
SEGURADO:_____(Qualificação)
GLOSSÁRIO:

Indicar neste item os principais conceitos relativos ao seguro compreensivo. Esta parte é essencial para dar clareza na relação segurado-seguradora.

CLÁUSULA 1ª - OBJETIVO DO SEGURO

O presente seguro tem por objetivo a garantia ao Segurado identificado na apólice, o pagamento de uma indenização por prejuízos que o mesmo possa sofrer em consequência da realização dos riscos previstos e cobertos nas Condições Especiais e/ou Particulares, observados o Limite Máximo da Garantia (LMG) da apólice e os Limites Máximo de Indenização (LMI) fixados para cada cobertura contratada e, ainda, as demais condições contratuais aplicáveis.

CLÁUSULA 2ª - RISCOS COBERTOS

Para fins deste seguro, consideram-se Riscos Cobertos, aqueles expressamente convencionados nas Condições Especiais e/ou Particulares das coberturas efetivamente contratadas pelo segurado, constante desta apólice.

Se danos múltiplos e/ou sucessivos forem associados a diversos fatos geradores, sem que haja possibilidade de individualizá-los com respeito àqueles danos, numa relação de causa e efeito perfeitamente definida, O CONJUNTO FORMADO POR TODOS ELES SERÁ INTERPRETADO COMO UM A ÚNICA "OCORRÊNCIA".

Na hipótese de sinistro decorrente de risco simultaneamente amparado por várias coberturas, prevalecerá aquela que for mais favorável ao Segurado, a seu critério, não sendo admitida, em hipótese alguma, a acumulação de coberturas e seus respectivos limites máximos de indenização contratados.

Os eventuais desembolsos efetuados pelo Segurado, decorrentes de Despesas de Salvamento durante e/ou após a ocorrência do sinistro e os valores referentes aos danos materiais comprovadamente causados pelo Segurado e/ou terceiros com objetivo de evitar o sinistro, minorar o dano, ou salvaguardar o bem, também estão garantidos pelo presente seguro, limitados, porém, ao LMG da apólice e ao LMI da cobertura afetada pelo sinistro, quando não contratada cobertura específica.

CLÁUSULA 3ª - RISCOS EXCLUÍDOS

(Adicionar os riscos que estão excluídos do contrato).

CLÁUSULA 4ª - BENS / INTERESSES NÃO GARANTIDOS

Não estão garantidos por este seguro os bens / interesses relacionados a seguir:

a) árvores, jardins e quaisquer tipos de plantação ou vegetação;

b) aviões, embarcações, motonetas, motocicletas e similares, inclusive suas peças, componentes, acessórios e objetos neles instalados, depositados ou que deles façam parte;

c) animais de qualquer espécie;

CLÁUSULA 5ª - FORMA DE CONTRATAÇÃO

As coberturas deste seguro, conforme disposto nas Condições Especiais, poderão ser contratadas nas seguintes formas:

A 1º Risco Absoluto: nesta forma de contratação, a Seguradora responde integralmente pelos prejuízos decorrentes de riscos cobertos até os respectivos Limites Máximos de Indenização.

A Risco Total: nesta forma, a contratação de um LMI inferior ao valor do bem, resultará na redução proporcional da indenização em caso de sinistro parcial, com a aplicação da Cláusula de Rateio.

A Risco Relativo: nesta forma de contratação o LMI corresponde a um percentual estabelecido pelo segurado do valor total dos bens existentes no local do seguro, na data de sua contratação a título de Dano Máximo Provável (DMP) na ocorrência de sinistro. O seguro de um bem por menos que valha, observado o percentual estabelecido, acarreta a redução proporcional da indenização no caso de sinistro parcial, com a aplicação da Cláusula de Rateio.

CLÁUSULA 6ª - LIMITES

Os limites previstos nesta Cláusula, nos subitens 6.1.1 e 6.1.2 a seguir, não representam em qualquer hipótese, pré-avaliação dos bens / interesses garantidos, ficando entendido e acordado que o valor da indenização que o Segurado terá direito, com base nestas condições, não poderá ultrapassar o valor do bem / interesse garantido no momento do sinistro, independentemente de qualquer disposição constante neste seguro:

Limite Máximo da Garantia – LMG: O limite máximo da garantia deste seguro é o valor fixado pela Seguradora, que representa o valor máximo a ser pago por esta apólice em função da ocorrência, durante a vigência do seguro, de um ou mais sinistros resultantes do mesmo fato gerador, abrangendo uma ou mais coberturas contratadas.

Limite Máximo de Indenização LMI por Cobertura:

O limite máximo de indenização é o respectivo valor fixado para a cobertura contratada pelo Segurado, e representa o valor máximo a ser pago pela Seguradora em decorrência de um sinistro ou série de sinistros garantidos por aquela cobertura, respeitado o Limite Máximo de Garantia da apólice.

Os limites máximos de indenização fixados são específicos de cada cobertura, não sendo admissível, durante todo o prazo de vigência deste seguro, a transferência de valores de uma para outra.

CLÁUSULA 7ª - ÂMBITO GEOGRÁFICO DA COBERTURA

As disposições deste contrato de seguro aplicam-se, exclusivamente, as perdas e danos ocorridos nos locais segurados situados no Território Brasileiro, salvo estipulação em contrário nas condições especiais das coberturas ou particulares da apólice.

CLÁUSULA 8ª - ACEITAÇÃO, MODIFICAÇÃO E RENOVAÇÃO DO SEGURO

A contratação, modificação ou renovação do seguro será feita mediante proposta assinada pelo proponente, por seu representante ou por corretor habilitado e entregue sob protocolo que identifique a proposta, assim como a data e hora de recebimento, fornecido pela Seguradora.

Se o seguro for intermediado por corretor, o Segurado poderá consultar a situação cadastral de seu corretor de seguros no site www.susep.gov.br, por meio do número de seu registro, nome completo ou CNPJ.

A proposta deverá conter os elementos essenciais para análise dos riscos propostos, bem como a informação da existência de outros seguros cobrindo os mesmos interesses contra os mesmos riscos, não sendo válida a presunção de que a Seguradora tenha conhecimento de circunstâncias que não constem da proposta e, quando for o caso, da ficha de informações.

Em caso de aceitação, a proposta passará a integrar o contrato de seguro.

A aceitação do seguro, ou ainda, as alterações que impliquem modificação do risco estarão sujeitas à análise pela Seguradora, que:

– disporá do prazo de 15 (quinze) dias, contados da data de recepção da proposta, para aceitá-la ou não;

– poderá solicitar documentos e/ou informações complementares para análise e aceitação do risco, hipótese em que o prazo de 15 (quinze) dias ficará suspenso, voltando a correr a partir da data em que a Seguradora receber as informações ou os documentos, observando-se, ainda, que a mencionada solicitação poderá ocorrer apenas uma vez, caso o proponente seja pessoa física e mais de uma vez caso o proponente seja pessoa jurídica, desde que a Seguradora fundamente o pedido.

– A ausência de manifestação por escrito da Seguradora no prazo previsto caracterizará a aceitação tácita do risco.

– O prazo previsto de 15 (quinze dias), nos casos em que a aceitação da Proposta de Seguro (seguros novos, renovações ou alterações) dependa de contratação ou alteração da cobertura de resseguro facultativo será suspenso até que o ressegurador se manifeste formalmente, devendo a seguradora comunicar tal fato, por escrito, ao proponente, ressaltando a consequente inexistência de cobertura enquanto perdurar a suspensão.

– Nessa hipótese, é vedada a cobrança, total ou parcial, do prêmio.

– Na hipótese de não aceitação da proposta de seguro a Seguradora fará comunicação formal ao Proponente, seu representante ou corretor apresentando a justificativa da recusa.

- No caso de ter havido adiantamento de valor para futuro pagamento parcial ou total do prêmio, inicia-se um período do cobertura condicional, e, em caso de recusa da Proposta de Seguro dentro dos prazos previstos, a cobertura do seguro prevalecerá por mais 2 (dois) dias úteis, contados a partir da data em que o Proponente, seu representante ou o Corretor de Seguros tiver conhecimento formal da recusa.

- Caso a proposta de seguro não seja aceita pela Seguradora e tenha havido adiantamento de valor para futuro pagamento, total ou parcial do prêmio:

- A Seguradora devolverá o adiantamento citado anteriormente, deduzindo a parcela proporcional ao período de cobertura concedido, no prazo de 10 (dez) dias corridos a contar da data de formalização da recusa.

– Os procedimentos de renovação do seguro deverão seguir os mesmos adotados para a sua contratação inicial.

CLÁUSULA 9ª - INÍCIO DE VIGÊNCIA DO CONTRATO DE SEGURO OU DE SUA ALTERAÇÃO

O contrato de seguro terá seu início e término de vigência às 24 (vinte e quatro) horas das datas para tal fim neles indicadas.

Nos contratos cujas Propostas de Seguro tenham sido recepcionadas com adiantamento de valor para futuro pagamento parcial ou total de prêmio, o início de vigência do seguro se dará a partir da data da recepção da Proposta de Seguro pela Seguradora.

Os contratos cujas Propostas de Seguro tenham sido recepcionadas, sem pagamento de prêmio, o início de vigência do seguro deverá coincidir com a data de aceitação da Proposta ou com data distinta, desde que expressamente acordada entre as partes.

CLÁUSULA 10ª - APÓLICE

A emissão da apólice, certificado ou endosso será feita em até 15 (quinze) dias a partir da data de aceitação da Proposta de Seguro.

Da apólice, deverão constar, além destas Condições Gerais, das Condições Especiais e, quando houver, das Condições Particulares para as coberturas efetivamente contratadas, as seguintes informações:

a) a identificação da seguradora, com o respectivo CNPJ;

b) o número do processo administrativo da SUSEP que identifica o plano comercializado;

c) as datas de início e fim de sua vigência;

d) as coberturas contratadas;

e) o Limite Máximo de Garantia da apólice e o Limite Máximo de Indenização, por cobertura contratada;

f) o valor, à vista, do prêmio e a data limite para o seu pagamento ou, caso tenha havido parcelamento, o valor de cada parcela e o total fracionado, as respectivas datas de vencimento e a taxa de juros praticada;

g) o nome ou a razão social do segurado;

h) o nome ou a razão social do beneficiário, quando for o caso.

O registro deste Plano na Superintendência de Seguros Privados (SUSEP), não implica, por parte da Autarquia, incentivo ou recomendação a sua comercialização.

Fará prova do contrato de seguro a exibição da apólice ou, na falta desta, a apresentação do documento comprobatório do pagamento do respectivo prêmio.

CLÁUSULA 11ª - CONCORRÊNCIA DE SEGUROS

O segurado que, na vigência do contrato, pretender obter novo seguro sobre os mesmos bens e contra os mesmos riscos deverá comunicar sua intenção, previamente, por escrito, a todas as sociedades seguradoras envolvidas, sob pena de perda de direito.

O prejuízo total relativo a qualquer sinistro amparado por cobertura de responsabilidade civil, cuja indenização esteja sujeita às disposições deste contrato,será constituído pela soma das seguintes parcelas:

a) despesas, comprovadamente, efetuadas pelo segurado durante e/ou após a ocorrência de danos a terceiros, com o objetivo de reduzir sua responsabilidade;

b) valores das reparações estabelecidas em sentença judicial transitada em julgado e/ou por acordo entre as partes, nesta última hipótese com a anuência expressa das sociedades seguradoras envolvidas.

De maneira análoga, o prejuízo total relativo a qualquer sinistro amparado pelas demais coberturas será constituído pela soma das seguintes parcelas:

a) despesas de salvamento, comprovadamente, efetuadas pelo segurado durante e/ou após a ocorrência do sinistro;

b) valor referente aos danos materiais, comprovadamente, causados pelo segurado e/ou por terceiros na tentativa de minorar o dano ou salvar a coisa;

c) danos sofridos pelos bens segurados.

A indenização relativa a qualquer sinistro não poderá exceder, em hipótese alguma, o valor do prejuízo vinculado à cobertura considerada.

Na ocorrência de sinistro contemplado por coberturas concorrentes, ou seja, que garantam os mesmos interesses contra os mesmos riscos, em apólices distintas, a distribuição de responsabilidade entre as sociedades seguradoras envolvidas deverá obedecer as seguintes disposições:

I – será calculada a indenização individual de cada cobertura como se o respectivo contrato fosse o único vigente, considerando-se, quando for o caso, franquias, participações obrigatórias do segurado, limite máximo de indenização da cobertura e cláusulas de rateio;

II – será calculada a "indenização individual ajustada" de cada cobertura, na forma abaixo indicada:

a) se, para uma determinada apólice, for verificado que a soma das indenizações correspondentes às diversas coberturas abrangidas pelo sinistro é maior que seu respectivo limite máximo de garantia, a indenização individual de cada cobertura será recalculada, determinando-se, assim, a respectiva indenização individual ajustada. Para efeito deste recálculo, as indenizações individuais ajustadas relativas às coberturas que não apresentem concorrência com outras apólices serão as maiores possíveis, observados os respectivos prejuízos e limites máximos de indenização. O valor restante do limite máximo de garantia da apólice será distribuído entre as coberturas concorrentes, observados os prejuízos e os limites máximos de indenização destas coberturas.

a) caso contrário, a "indenização individual ajustada" será a indenização individual, calculada de acordo com o inciso I deste artigo.

III – será definida a soma das indenizações individuais ajustadas das coberturas concorrentes de diferentes apólices, relativas aos prejuízos comuns, calculadas de acordo com o inciso II deste artigo;

IV – se a quantia a que se refere o inciso III deste artigo for igual ou inferior ao prejuízo vinculado à cobertura concorrente, cada sociedade seguradora envolvida participará com a respectiva indenização individual ajustada, assumindo o segurado a responsabilidade pela diferença, se houver;

V – se a quantia estabelecida no inciso III for maior que o prejuízo vinculado à cobertura concorrente, cada sociedade seguradora envolvida participará com percentual do prejuízo correspondente à razão entre a respectiva indenização individual ajustada e a quantia estabelecida naquele inciso.

A sub-rogação relativa a salvados operar-se-á na mesma proporção da cota de participação de cada sociedade seguradora na indenização paga.

Salvo disposição em contrário, a sociedade seguradora que tiver participado com a maior parte da indenização ficará encarregada de negociar os salvados e repassar a quota-parte, relativa ao produto desta negociação, às demais participantes.

Esta cláusula não se aplica às coberturas que garantam morte e/ou invalidez.

CLÁUSULA 12ª - PAGAMENTO DE PRÊMIO

O pagamento do prêmio poderá ser feito à vista ou de forma fracionada conforme acordo entre as partes e especificado no frontispício da apólice, por meio de documento emitido pela Seguradora.

Esse documento será encaminhado pela Seguradora diretamente ao Segurado,ou ao seu representante ou ao corretor no prazo mínimo de 5 (cinco) dias úteis antes da data do vencimento do respectivo documento.

A data limite para o pagamento do prêmio, ou de sua primeira parcela, será, no máximo, de 30 (trinta dias), contados a partir da aceitação da proposta e/ou do endosso correspondente.

Quando a data-limite para o pagamento do prêmio, ou de suas parcelas coincidir com dia em que não haja expediente bancário, o pagamento do prêmio poderá ser efetuado no primeiro dia útil após a data limite em que houver expediente bancário, ainda que os locais autorizados pela Seguradora funcionem naquela data limite.

Quando o pagamento for efetuado através de rede bancária, deverão constar, também, do documento de cobrança, o número da conta corrente da seguradora, o nome e respectiva agência do banco recebedor e, se for o caso, a informação de que o prêmio poderá ser pago em qualquer agência do mesmo ou de outros bancos.

Fica ainda entendido e ajustado que, se o sinistro ocorrer dentro do prazo de pagamento do prêmio à vista ou de qualquer uma de suas parcelas, sem que ele se ache efetuado, o direito a indenização não ficará prejudicado.

Os prêmios fracionados, deverão obedecer as seguintes disposições:

a) Os juros de fracionamento não poderão ser aumentados durante o período de parcelamento;

b) O fracionamento será efetuado sem qualquer custo adicional a título de despesas administrativas;

c) A data de vencimento da última parcela não poderá ultrapassar o término de vigência da apólice;

O não pagamento do prêmio, nos seguros com parcela única ou o não pagamento da primeira parcela, nos seguros com prêmio fracionado, na respectiva data limite, implicará o cancelamento da apólice ou do aditivo ou endosso, exceto quando previstas disposições em contrário nas Condições Particulares.

Fica vedado o cancelamento do contrato de seguro cujo prêmio tenha sido pago à vista, mediante financiamento obtido junto a instituições financeiras, nos casos em que o segurado deixar de pagar o financiamento.

(podem ser adicionadas outras cláusulas neste item)

CLÁUSULA 13ª - RESCISÃO E CANCELAMENTO DO CONTRATO DE SEGURO

Excetuadas as hipóteses previstas em lei, o presente contrato de seguro somente poderá ser cancelado:

a) por inadimplemento do segurado

b) por perda de direito do segurado

c) por esgotamento do Limite Máximo de Garantia da Apólice;

Quando a indenização ou série de indenizações pagas atingirem o Limite Máximo de Indenização de uma determinada cobertura, o cancelamento afetará apenas essa cobertura.

O cancelamento poderá ainda ocorrer, mediante concordância recíproca entre

Segurado e Seguradora, por escrito, caso em que será denominado RESCISÃO.

Na hipótese de rescisão a pedido da Seguradora, esta reterá do prêmio recebido, além dos emolumentos, a parte proporcional ao tempo decorrido;

Na hipótese de rescisão a pedido do Segurado, a Seguradora reterá, além dos emolumentos, o prêmio calculado de acordo com a Tabela de Prazo Curto prevista na Cláusula 12ª – Pagamento de Prêmio destas Condições Gerais, para os prazos não previstos na tabela, deverá ser utilizado percentual correspondente ao prazo imediatamente inferior.

Os valores devidos a título de devolução de prêmios no caso de cancelamento do contrato serão pagos no prazo máximo de 10 (dez) dias e sujeitam-se à atualização monetária conforme disposto nos itens 20.4 e 20.5 dessas Condições Gerais, a partir:

a) da data de recebimento da solicitação de cancelamento, se o mesmo ocorrer por iniciativa do segurado;

b) da data do efetivo cancelamento, se o mesmo ocorrer por iniciativa da Seguradora.

CLÁUSULA 14ª- FRANQUIAS E PARTICIPAÇÃO OBRIGATÓRIA DO SEGURADO (POS)

As franquias e/ou participação obrigatória do segurado (POS) estabelecidas no texto das Condições Especiais serão deduzidas dos prejuízos indenizáveis em cada sinistro.

CLÁUSULA 15ª - REDUÇÃO E REINTEGRAÇÃO DO LIMITE MÁXIMO DA GARANTIA E DO LIMITE MÁXIMO DE INDENIZAÇÃO

Durante o prazo de vigência deste seguro, o Limite Máximo da Garantia e o Limite Máximo de Indenização serão sempre automaticamente reduzidos, a partir da data da ocorrência do sinistro, do valor de toda e qualquer indenização que vier a ser efetuada, passando a limitar-se ao valor remanescente, não tendo o Segurado direito a restituição do prêmio correspondente àquela redução.

Em caso de sinistro, a reintegração do Limite Máximo da Garantia e do Limite Máximo de Indenização poderá ser efetuada, a pedido do Segurado, e terá validade caso a Seguradora manifeste sua aceitação no prazo de 15 (quinze) dias, a contar da data do recebimento do pedido pela mesma. A ausência de manifestação da Seguradora neste prazo implicará sua aceitação tácita.

Em caso de aceitação, o prêmio adicional referente à Reintegração será calculado a partir da data de ocorrências do sinistro até o término da vigência do contrato.

CLÁUSULA 16ª - PROCEDIMENTOS EM CASO DE SINISTROS

O Segurado comunicará o sinistro à Seguradora, por escrito e imediatamente após sua ocorrência, indicando os danos sofridos e o valor estimado dos prejuízos, informando a existência de outros seguros que garantam os mesmos bens e/ou riscos, prestando todas as informações sobre qualquer outro fato relacionado com este seguro, bem como fornecerá todos os documentos solicitados pela Seguradora;

O Segurado não poderá iniciar reparos dos danos sem prévia autorização da Seguradora, salvo para atender interesse público ou evitar a agravação dos prejuízos;

O Segurado disponibilizará todos os documentos abaixo relacionados, bem como registros, controles, escrita contábil e outras informações adicionais à Seguradora, bem como facilitará o acesso desta às inspeções e verificações necessárias à regulação e liquidação dos sinistros ou a outro fato relacionado com este seguro:

a) Comunicação escrita contendo data, hora, local, descrição detalhada da ocorrência e causas prováveis do sinistro, bens sinistrados e estimativa dos prejuízos;

b) Relação dos bens sinistrados e comprovação da preexistência dos mesmos (notas fiscais,demonstrativos contábeis) ou comprovação de propriedade no caso de bens de terceiros;

c) Relação de todos os seguros que existam sobre os mesmos bens ou responsabilidades;

d) Cópia dos documentos que comprovem os dados cadastrais do Segurado;

e) Cópia dos documentos de dados cadastrais dos beneficiários ou terceiros envolvidos.

Para a apuração dos prejuízos indenizáveis a Seguradora se valerá dos vestígios físicos, da contabilidade, dos controles da empresa, de informações tributárias junto aos órgãos oficiais, de informações e inquéritos policiais, de informações de compradores, fornecedores e clientes ou qualquer outro meio razoável para sua conclusão;

A Seguradora poderá exigir atestados ou certidões de autoridades competentes, bem como o resultado de inquéritos, sem prejuízo do pagamento da indenização no prazo devido em virtude do fato que produziu o sinistro ou ainda cópia da certidão de abertura de inquérito porventura instaurado.

Em toda e qualquer indenização devida, obedecidas todas as disposições do seguro, serão deduzidos a franquia, se aplicável, e o valor de eventuais salvados que permanecerem em poder do Segurado.

A Seguradora poderá, mediante acordo entre as partes, indenizar o Segurado em dinheiro, reparo ou por meio da reposição dos bens danificados ou destruídos, o que igualmente implicará o pleno cumprimento de suas obrigações estabelecidas neste seguro. Em qualquer hipótese retornando-os ao estado em que se achavam imediatamente antes do sinistro, até os limites estabelecidos para as respectivas coberturas. Para tanto, o Segurado fica obrigado a fornecer plantas, desenhos, especificações ou outras informações e esclarecimentos necessários.

Quando o sinistro atingir bens gravados com qualquer ônus, a Seguradora pagará a indenização diretamente ao Segurado somente nos casos em que este apresentar a competente autorização do credor da garantia ou comprovar já ter obtido dele a liberação do ônus;

Ocorrendo sinistro que determine o pagamento de indenização no valor do Limite Máximo de Indenização da cobertura contratada para o bem garantido e estando o mesmo gravado com qualquer ônus, fica pactuado que a respectiva indenização será paga pela Seguradora ao credor da garantia, competindo ao Segurado pagar ao credor a diferença de saldo devedor que exceder o valor indenizado pela Seguradora;

Todas as despesas efetuadas com a comprovação do sinistro e documentos de habilitação correrão por conta do Segurado, salvo as diretamente realizadas pela Seguradora;

Os atos ou providências que a Seguradora praticar, após o sinistro, não importam, por si, no reconhecimento da obrigação de pagar a indenização reclamada;

O prazo de 30 (trinta) dias previsto em 16.12 será suspenso, quando a Seguradora verificar que a documentação é insuficiente para a regulação do sinistro, podendo em caso de dúvida fundada e justificável solicitar ao Segurado a apresentação de novas informações e documentos complementares. A contagem do prazo remanescente reiniciará a zero hora do dia seguinte à entrega dos documentos complementares na Seguradora;

CLÁUSULA 17ª - PERDA DE DIREITOS

Se o Segurado, seu representante ou seu corretor de seguros fizer declarações inexatas ou omitir circunstâncias que possam influir na aceitação da Proposta de Seguro ou no valor do prêmio, ficará prejudicado o direito à indenização, além de ficar obrigado ao prêmio vencido.

Se a inexatidão ou omissão nas declarações não resultar de má-fé do Segurado, a Seguradora poderá:

Na hipótese de não ocorrência do sinistro:

a) cancelar o seguro, retendo, do prêmio originalmente pactuado, a parcela proporcional ao tempo decorrido;

b) permitir a continuidade do seguro, cobrando a diferença de prêmio cabível.

Na hipótese de ocorrência do sinistro sem indenização integral:

a) cancelar o seguro, após o pagamento da indenização, retendo do prêmio originalmente pactuado, acrescido da diferença cabível, aparcela calculada proporcionalmente ao tempo decorrido;

b) permitir a continuidade do seguro, cobrando a diferença do prêmio cabível ou deduzindo-a do valor a ser indenizado.

Na hipótese de ocorrência do sinistro com indenização integral:

a) cancelar o seguro, após o pagamento da indenização, deduzindo do valor a ser indenizado a diferença de prêmio cabível.

O Segurado perderá o direito à indenização se agravar intencionalmente o risco objeto do contrato.

O Segurado é obrigado a comunicar ao Segurador, logo que saiba, todo incidente suscetível de agravar o risco coberto, sob pena de perder o direito à indenização, se for provado que silenciou por má-fé.

Recebido o aviso de agravação do risco, a Seguradora, no prazo de 15 (quinze) dias a contar daquele aviso, poderá rescindir o contrato, dando ciência de sua decisão, por escrito, ao Segurado, ou mediante acordo entre as partes, restringir a cobertura contratada.

A rescisão só será eficaz 30 (trinta) dias após a notificação e a diferença do prêmio será restituída pela Seguradora, calculada proporcionalmente ao período a decorrer.

Na hipótese de agravação do risco, a Seguradora poderá propor a continuidade do contrato e cobrar a diferença do prêmio.

O Segurado obriga-se, sob pena de perder seu direito a qualquer indenização, a dar imediato aviso à Seguradora, da ocorrência de todo e qualquer sinistro tão logo tome conhecimento, bem como tomar todas as providências cabíveis no sentido de proteger e minorar os prejuízos.

CLÁUSULA 18ª - SALVADOS

Ocorrido um sinistro que atinja bens garantidos pela Apólice, o Segurado não poderá fazer o abandono dos salvados e deverá tomar desde logo todas as providências cabíveis no sentido de protegê-los e de minorar os prejuízos.

A Seguradora poderá, de comum acordo com o Segurado, providenciar para o melhor aproveitamento dos salvados, ficando, no entanto entendido e concordado que,quaisquer medidas tomadas pela Seguradora não implicarão reconhecer-se ela obrigada a indenizar os danos ocorridos.

CLÁUSULA 19ª - INSPEÇÃO

A Seguradora se reserva o direito de a qualquer tempo durante a vigência deste contrato, proceder inspeção no local do Seguro, devendo o Segurado proporcionar todos os meios necessários para tal ação.

Em consequência da inspeção dos bens segurados, fica reservado à Seguradora o direito de a qualquer momento da vigência desta apólice, mediante notificação prévia, suspender a cobertura no caso de ser constatada qualquer situação grave ou de iminente perigo, não informadas quando da contratação do seguro, ou ainda que não tenham sido tomadas pelo Segurado, após sua constatação, as providências cabíveis ou recomendáveis para sanar tal situação.

Havendo a suspensão da cobertura, será devolvido ao Segurado o prêmio correspondente ao período em que a cobertura ficou suspensa, na base *pro rata temporis*, atualizado conforme disposto nos itens 20.4 e 20.5 destas Condições Gerais.

Tão logo o segurado tome as providências que lhe forem determinadas pela Seguradora, a cobertura poderá ser reabilitada nos termos originalmente contratados.

CLÁUSULA 20ª - ATUALIZAÇÃO DE VALORES CONTRATADOS E ENCARGOS MORATÓRIOS

Todos os valores constantes dos documentos devem ser expressos em moeda corrente nacional, vedada a utilização de unidade monetária de qualquer outra natureza. Essa obrigatoriedade não se aplica às operações contratadas em moeda estrangeira, expressamente autorizadas nos termos da regulamentação específica.

As contratações com vigência igual ou inferior a um ano não poderão conter cláusula de atualização de valores.

O segurado, a qualquer tempo, poderá subscrever nova proposta ou solicitar emissão de endosso, para alteração do limite da garantia contratualmente previsto, ficando a critério da sociedade seguradora sua aceitação e alteração do prêmio, quando couber.

O índice pactuado para a atualização de valores será o IPCA/IBGE, ou o índice que vier a substituí-lo.

A atualização será efetuada com base na variação positiva apurada entre o último índice publicado antes da data de exigibilidade da obrigação e aquele publicado imediatamente anterior à data de sua efetiva liquidação.

Os valores relativos às obrigações pecuniárias serão acrescidos de juros moratórios equivalentes à taxa que estiver em vigor para a mora do pagamento de impostos devidos à Fazenda Nacional, quando o prazo de sua liquidação superar o prazo fixado em contrato para esse fim e serão calculados proporcionalmente a partir do primeiro dia posterior ao término desse prazo até a data do efetivo pagamento.

O pagamento de valores relativos à atualização monetária e juros moratórios far-se-á independentemente de notificação ou interpelação judicial, de uma só vez, juntamente com os demais valores do contrato.

CLÁUSULA 21ª- SUB-ROGAÇÃO

A Seguradora, pelo pagamento da indenização, cujo recibo valerá como instrumento de cessão, ficará sub-rogada em todos os direitos e ações do Segurado contra aqueles que por atos, fatos ou omissões, tenham causado os prejuízos indenizados ou que para eles tenham concorrido, podendo exigir do segurado, em qualquer tempo, os documentos hábeis para o exercício desses direitos.

Conforme definido nos parágrafos 1º e 2º do artigo 786 do Código Civil Brasileiro:

"§ 1º Salvo dolo, a sub-rogação não tem lugar se o dano foi causado pelo cônjuge do segurado, seus descendentes ou ascendentes, consanguíneos ou afins.

§ 2º É ineficaz qualquer ato do segurado que diminua ou extinga, em prejuízo do segurador, os direitos a que se refere este artigo"

CLÁUSULA 22ª - PRESCRIÇÃO

Os prazos prescricionais são aqueles estipulados em lei.

CLÁUSULA 23ª - FORO

É competente para dirimir toda e qualquer controvérsia entre o Segurado e a Seguradora relativa a este contrato de seguro, o foro do domicílio do Segurado, conforme definido na legislação em vigor. Na hipótese de inexistência de relação de hipossuficiência entre as partes contratantes.

CLÁUSULA 24ª - CESSÃO DE DIREITOS

Nenhuma disposição desta apólice dará quaisquer direitos contra os Seguradores a qualquer pessoa ou pessoas que não o Segurado. A Seguradora não ficará obrigada por qualquer transferência ou cessão de direitos feita pelo Segurado, a menos e até que a Seguradora, por meio de endosso, declare o seguro válido para o benefício de outra pessoa.

CLÁUSULA 25ª – Disposições finais:

A seguradora está registrada na SUSEP regularmente podendo ser consultada a situação cadastral no site www.susep.gov.br.

(Podem se adicionar condições especiais para quebra de vidros, incêndio, equipamentos, danos elétricos, vendaval, alagamento, roubo de valores).

(adicionar as obrigações do estipulante e do segurado)

(adicionar as regras de comunicação de óbito)

Qualquer questão judicial será decidida no foro da comarca de _____.

_____
Assinatura do Diretor da Empresa

_____
Assinatura do Estipulante (seguradora)

_____
Assinatura do beneficiário

_____
Assinatura do beneficiário

Testemunhas:

_____

_____

_____

5.4. Contrato de Seguro Fiança Locatícia

**Contrato de Seguro Fiança Locatícia
(nome da empresa seguradora).**

Apólice nº_____

SEGURADORA:_____(Qualificação)

SEGURADO:_____(Qualificação)

GLOSSÁRIO:

Indicar neste item os principais conceitos relativos ao seguro de fiança locatícia. Esta parte é essencial para dar clareza na relação segurado-seguradora.

1. PARTES CONTRATANTES

Segurado: é o locador do imóvel urbano, conforme definido no contrato de locação coberto por este seguro.

Garantido: é o locatário, conforme definido no contrato de locação coberto por este seguro.

Seguradora: é a sociedade, devidamente autorizada pela SUSEP a operar no ramo de seguro de Fiança Locatícia.

Estipulante: é a pessoa física ou jurídica que contrata apólice coletiva de seguros, ficando investido dos poderes de representação dos segurados perante a Seguradora.

2. OBJETIVO DO SEGURO E RISCOS COBERTOS

Este seguro garante o pagamento de indenização, ao Segurado, dos prejuízos que venha a sofrer em decorrência do inadimplemento do Locatário em relação à locação do imóvel urbano mencionado na apólice, respeitadas as disposições, as coberturas e os limites definidos neste contrato.

Outras obrigações compatíveis com a legislação pertinente, e relacionadas com o contrato de locação, poderão ser abrangidas pelo seguro, desde que expressamente definidas na apólice.

Quando se relacionarem diretamente com as garantias deste contrato, mediante comprovação dos pagamentos efetuados, as custas judiciais e os honorários advocatícios estarão incluídos na cobertura do seguro.

Os honorários, custas e outras despesas correspondentes a medidas extrajudiciais intentadas pelo Segurado, somente serão devidos se houver prévia e expressa anuência da Seguradora.

Mediante pagamento de prêmio adicional, poderão, ainda, ser contratadas as seguintes coberturas adicionais:

I - danos materiais causados ao imóvel;

II - multa por rescisão contratual.

O limite de responsabilidade da Seguradora, para cada cobertura contratada, deverá ser fixado na apólice.

3. ÂMBITO GEOGRÁFICO

Este seguro abrange locações de imóveis situados dentro do território nacional.

4. RISCOS EXCLUÍDOS

O presente seguro não responderá por prejuízos resultantes de:

I - aluguéis e/ou encargos legais:

a) discutidos ou impugnados pelo Locatário que não venham a ser confirmados judicialmente;

b) que não tenham sido recebidos por impedimento do segurado;

c) por falta de cumprimento ou inexecução, pelo Segurado, das cláusulas e condições do contrato de locação;

d) que não sejam legal ou contratualmente exigíveis do Locatário;

II - danos causados por atos ilícitos dolosos ou por culpa grave equiparável ao dolo e relacionados com o contrato de locação, praticados pelo Segurado ou por seu representante;

III - danos causados por atos ilícitos dolosos ou por culpa grave equiparável ao dolo e relacionados com o contrato de locação, praticados pelos sócios-controladores, pelos dirigentes ou pelos administradores legais, nos casos de em que o Segurado é uma pessoa jurídica;

IV - locações de imóveis de propriedades da União, dos Estados e dos Municípios, de suas autarquias e fundações públicas;

V - locações de vagas autônomas ou de espaços para estacionamento de veículos;

VI - locações de espaços destinados à publicidade;

VII - locações em apart-hotéis, hotéis-residência ou equiparados, assim considerados aqueles que prestam serviços regulares a seus usuários e como tais sejam autorizados a funcionar;

VIII - o arrendamento mercantil, em qualquer de suas modalidades;

IX - quaisquer deteriorações decorrentes do uso normal do imóvel, bem como sua desvalorização por qualquer causa ou natureza;

X - inexigibilidade dos aluguéis e/ou encargos legais consequentes de leis ou decretos que impeçam o uso das ações próprias à sua cobrança, reduzam ou excluam as garantias, mesmo em caso de desapropriação, bem como retenção do imóvel pelo Garantido a qualquer título;

XI - taxas e quaisquer despesas de intermediação ou administração imobiliária, bem como as despesas extraordinárias de condomínio.

XII - locação efetuada a sócio ou a acionista do Segurado ou do Estipulante, ou a pessoa com grau de parentesco afim, consanguíneo ou civil, com esses, até o terceiro grau;

XIII - locação decorrente de relação de emprego, salvo se a Seguradora aceitar o risco de forma expressa;

XIV - sublocações, salvo se houver consentimento expresso do Segurado e prévia autorização da Seguradora;

XV - cessão ou empréstimo do imóvel locado, total ou parcialmente, com ou sem o consentimento do Segurado ou Estipulante, ocorrido posteriormente à aceitação do seguro;

XVI - impossibilidade de pagamento consequente de fatos da natureza ou atos do poder público;

XVII - impossibilidade de pagamento causada por, resultante de/ ou para a qual tenham contribuído radiações ionizantes, quaisquer contaminações pela radioatividade e de efeitos primários e secundários da combustão de quaisquer materiais nucleares;

XVIII - multas contratuais, salvo quando contratada a cobertura adicional;

XIX - danos ao imóvel, salvo quando contratada a cobertura adicional.

Ficam excluídas quaisquer alterações no contrato de locação, feitas sem a expressa anuência da seguradora e que possam ocasionar o aumento do prejuízo.

5. OBRIGAÇÕES DO SEGURADO

O Segurado se obriga a:

I - submeter previamente, à Seguradora, a minuta do contrato de locação;

II - fazer com que o contrato de locação se opere em perfeita forma e vigência legais;

III - notificar a Seguradora, e dela obter concordância, a respeito de toda e qualquer alteração no contrato de locação, que possa ocasionar aumento do prejuízo, em caso de sinistro; e

IV - facultar, à Seguradora, o direito de verificar a exatidão de suas declarações, comprometendo-se a facilitar, por todos os meios ao seu alcance, as verificações que se fizerem necessárias, entre elas as inspeções julgadas necessárias pela Seguradora, assim como o exame dos livros ou originais de quaisquer documentos que se relacionem com o seguro.

6. ACEITAÇÃO DO SEGURO

Para se habilitar à contratação do seguro, o interessado deverá preencher formulário específico, denominado "proposta de seguro", encaminhando-o à Seguradora, juntamente com a documentação exigida, para análise e eventual aceitação do risco.

A aceitação do seguro está sujeita à análise do risco.

A proposta deverá ser assinada pelo proponente, por seu representante ou por corretor de seguros habilitado.

Em caso de aceitação do risco pela Seguradora, a proposta passa a integrar o contrato de seguro.

A Seguradora fornecerá ao proponente, obrigatoriamente, protocolo que identifique a proposta, assim como a data e a hora de seu recebimento.

A Seguradora poderá recusar o fornecimento de protocolo para a proposta que não satisfaça a todos os requisitos formais estabelecidos para o seu recebimento, previamente à sua análise, devolvendo-a ao proponente para o atendimento de exigências.

A Seguradora terá o prazo de 15 (quinze) dias para se manifestar sobre a proposta, contados da data de seu recebimento, seja para seguros novos ou renovações, bem como para alterações que impliquem modificação do risco.

Caso o proponente do seguro seja pessoa física, a solicitação de documentos complementares, para análise e aceitação do risco, ou da alteração proposta, poderá ser feita apenas uma vez, durante o prazo previsto.

Se o proponente for pessoa jurídica, a solicitação de documentos complementares poderá ocorrer mais de uma vez, desde que a Seguradora indique os fundamentos do pedido de novos elementos, para avaliação da proposta ou taxação do risco.

Ficará a critério da Seguradora a decisão de informar ou não, por escrito, ao proponente, ao seu representante ou ao corretor de seguros que eventualmente intermedeie a operação, sobre a aceitação da proposta, devendo, obrigatoriamente, proceder à comunicação formal, no caso de sua não aceitação, justificando a recusa.

A data de aceitação da proposta será:

I - a data da manifestação expressa da Seguradora;

II - a data do término do prazo de 15 dias em caso de ausência de manifestação por parte da Seguradora.

7. PARTICIPAÇÃO OBRIGATÓRIA DO SEGURADO

7.1. As partes estipulam e acordam que o Segurado poderá participar de cada prejuízo com percentual ou valor a ser fixado na apólice.

8. CONCORRÊNCIA DE APÓLICES

8.1. O Segurado não poderá manter apólice em outra Seguradora cobrindo o mesmo risco, sob pena de suspensão de seus efeitos, sem qualquer direito à restituição do prêmio ou das parcelas do prêmio que houver pagado.

9. PAGAMENTO DO PRÊMIO

O LOCATÁRIO É O RESPONSÁVEL PELO PAGAMENTO DO PRÊMIO À SEGURADORA.

O SEGURADO PODERÁ EFETUAR O PAGAMENTO DOS PRÊMIOS NO CASO DE INADIMPLÊNCIA DO LOCATÁRIO para garantir que o prazo original da apólice seja restaurado, nos termos do subitem 9.8.3. destas condições contratuais.

O pagamento do prêmio será efetuado por meio de documento emitido pela Seguradora, ou qualquer outra forma admitida em lei.

Quando emitido diretamente pela Seguradora, o documento será encaminhado com antecedência mínima de cinco dias úteis em relação à data do respectivo vencimento.

O pagamento de prêmio será feito através de rede bancária, cartão de crédito ou qualquer outra forma admitida em lei.

A data limite para o pagamento do prêmio, quando pactuado à vista, ou da primeira parcela, quando fracionado, não poderá ultrapassar o 30º (trigésimo) dia da emissão da apólice, endosso, fatura ou conta mensal.

Quando a data limite para o pagamento do prêmio, quando pactuado à vista, ou de qualquer uma de suas parcelas, quando fracionado, cair em dia em que não haja expediente bancário, o pagamento poderá ser efetuado no primeiro dia útil subsequente.

Fica, ainda, entendido e ajustado que se o sinistro ocorrer dentro do prazo de pagamento do prêmio, quando pactuado à vista, ou de qualquer uma de suas parcelas, quando fracionado, sem que este tenha sido efetuado, o direito à indenização não ficará prejudicado.

Decorrido o prazo para o pagamento do prêmio único, ou da primeira parcela, sem que tenha sido quitado o respectivo documento de cobrança, o contrato ou aditamento a ele vinculado ficará automaticamente e de pleno direito cancelado, independente de qualquer interpelação judicial ou extrajudicial.

Os prêmios poderão ser fracionados em parcelas, em número inferior ao de meses de vigência do contrato, não devendo a última ter vencimento após o término do seguro.

A Seguradora informará ao Segurado, ou ao seu representante, por escrito, o novo prazo de vigência ajustado de acordo com a tabela de prazo curto.

O prazo original da apólice ficará automaticamente restaurado caso seja restabelecido, pelo Locatário ou pelo Segurado, o pagamento do prêmio das parcelas ajustadas, acrescidas dos encargos contratualmente previstos, dentro do prazo previsto no item.

As alterações nos valores do aluguel e/ou encargos legais que não estejam previamente estabelecidas no contrato de locação, só serão indenizáveis se comunicadas tempestivamente pelo Segurado, e pagas pelo Locatário as diferenças de prêmio correspondentes, respeitados os dispositivos legais pertinentes.

Quando forem postergados os vencimentos, ou modificados a forma e o prazo convencionados originalmente para o pagamento de aluguéis e/ou encargos legais, fica estabelecido, para efeito deste seguro, que os prazos de vencimento passarão a ser aqueles que forem estabelecidos pelas partes.

10. EXPECTATIVA DE SINISTRO

Caso o Locatário deixe de pagar o aluguel e/ou encargos legais no prazo fixado no contrato de locação, o Segurado deverá comunicar a situação à seguradora e ajuizar a competente medida judicial.

O Segurado deverá fazer e permitir que se faça todo e qualquer ato que se torne necessário, ou possa ser exigido pela Seguradora, com o fim de efetuar a cobrança do débito.

A Seguradora se faculta o direito de estar presente nas negociações e nos demais atos relativos às ações judiciais, ou aos procedimentos extrajudiciais, entre o Segurado e o Locatário.

O Segurado deverá informar, à Seguradora, o andamento das ações judiciais, e seguir suas eventuais instruções, sob pena de perder o direito a qualquer indenização.

O Segurado se obriga, sob pena de perder o direito a qualquer indenização, a providenciar e executar, tempestivamente, todas as medidas necessárias para minimizar os prejuízos, dando imediata ciência, à Seguradora, de tais medidas.

11. SINISTRO

O sinistro se caracteriza:

I - pela decretação do despejo;
II - pelo abandono do imóvel;
III - pela entrega amigável das chaves.

12. ADIANTAMENTOS

A Seguradora se obriga, sem prejuízo das demais disposições desta apólice, a adiantar, ao Segurado, o valor de cada aluguel e/ou encargos legais vencidos e não pagos, de acordo com os seguintes critérios:

I - o primeiro adiantamento será feito no prazo máximo de 30 (trinta) dias, a contar da data da apresentação da comprovação do ajuizamento da ação de despejo, ou da cópia do documento firmado, quando da entrega amigável das chaves;

II - os demais adiantamentos serão feitos sucessivamente, respeitada a ordem dos vencimentos normais dos aluguéis e/ou encargos legais respectivos.

O Segurado se obriga a devolver, à Seguradora, no caso de purgação da mora, qualquer adiantamento que lhe tenha sido pago, acrescido dos juros pactuados no contrato de locação, em conformidade com os cálculos elaborados pelo contador judicial, quando for o caso.

O Segurado se obriga a devolver à Seguradora, uma vez apurada a indenização, qualquer excesso que lhe tenha sido pago a título de adiantamento.

A Seguradora, sem prejuízo do disposto no item anterior, suspenderá a concessão de adiantamentos, ou terá direito de reaver, do Segurado, os adiantamentos feitos, desde que:

I - não sejam atendidas as instruções para a continuidade dos processos judiciais;

II - fiquem os referidos processos paralisados por mais de 90 (noventa) dias, em virtude de omissão do Segurado na prática de ato que lhe caiba adotar.

A concessão de adiantamentos não significa nem poderá ser invocada como reconhecimento formal ou implícito da existência de cobertura. O Segurado se obriga a devolver à Seguradora qualquer adiantamento feito se, posteriormente, for verificada a inexistência de cobertura do sinistro.

13. PAGAMENTO DA INDENIZAÇÃO

O valor da indenização será determinado pelo somatório dos aluguéis e/ou encargos legais não pagos pelo Locatário, acrescido das custas judiciais e honorários advocatícios, deduzidas quaisquer importâncias efetivamente recebidas, o valor do prêmio devido, quando couber, e a parcela relativa a Participação Obrigatória do Segurado, quando prevista na apólice.

A indenização contratada será paga ao Segurado no prazo máximo de 30 (trinta) dias, a contar da apresentação, à Seguradora, da seguinte documentação:

I - quando resultar de decretação de despejo, cópia da sentença de decretação do despejo e comprovação da desocupação efetiva do imóvel;

II - quando resultar de abandono do imóvel, cópia do documento que comprove a desocupação efetiva do imóvel;

III - quando resultar de entrega amigável das chaves, cópia do documento firmado, quando daquela entrega, o qual deverá conter, sempre que possível, o valor da dívida relativa aos aluguéis e/ou encargos legais, discriminada em parcelas, e a assinatura do Locatário ou de quem, por ele, promova a entrega das chaves.

No caso de solicitação de nova documentação, com base em dúvida fundada e justificável, o prazo citado no item anterior será suspenso, voltando a correr com o cumprimento da exigência por parte do Segurado.

A caracterização do sinistro obedecerá à seguinte disposição:

I - quando resultar de decretação de despejo, os prejuízos garantidos ao Segurado serão aqueles verificados até o prazo concedido na sentença para a desocupação voluntária do imóvel, ou até a data da desocupação voluntária do imóvel, caso esta ocorra primeiro.

II - quando resultar de abandono do imóvel, a indenização será calculada levando-se em conta a data em que o Segurado retomar a posse do imóvel, ou a data em que o Segurado tomar conhecimento da desocupação do imóvel, caso esta ocorra primeiro.

III - quando resultar de entrega amigável das chaves, a indenização será calculada levando-se em conta a data do recibo de entrega das mesmas.

Quaisquer recuperações sobrevindas ao pagamento da indenização, serão rateadas entre Segurado e Seguradora, na proporção das frações garantidas e não garantidas dos prejuízos.

14. VIGÊNCIA E RENOVAÇÃO

A vigência da cobertura do seguro de Fiança Locatícia será idêntica à vigência do contrato de locação, devendo o Locatário efetuar o pagamento do prêmio correspondente àquele prazo.

Prorrogada a locação por prazo indeterminado, a cobertura deste seguro somente persistirá mediante aceitação de nova proposta por parte da seguradora.

Neste caso, será definido um termo final próprio para o contrato de seguro, com possibilidade de renovações posteriores.

A cobertura concedida pelo seguro começa às 24 (vinte e quatro) horas do dia estipulado para o seu início, e finda às 24 (vinte e quatro) horas do dia fixado para o seu término.

Mesmo após o vencimento desta apólice, os riscos nela incluídos permanecerão cobertos até a extinção das obrigações do locatário, ressalvados os casos de cancelamento ou perda de cobertura prevista nesta apólice.

Se a proposta tiver sido protocolada sem pagamento de prêmio, o início de vigência da cobertura será a data de aceitação da proposta, ou data distinta, desde que expressamente acordada entre as partes. Não haverá cobertura até a data da aceitação da proposta. Se a proposta tiver sido recepcionada com adiantamento de valor para futuro pagamento parcial ou total do prêmio, o início da vigência dar-se-á a partir da data da recepção da proposta pela Seguradora. Em caso de recusa da proposta, o valor do adiantamento é devido no momento da formalização da recusa, sendo restituído, sem atualização, ao proponente, no prazo máximo de 10 (dez) dias corridos. A renovação do contrato de locação, ainda que por força de ato normativo, não implicará renovação automática do seguro. A renovação deste contrato deverá ser feita através de solicitação, por escrito, à Seguradora.

15. PERDA DE DIREITO

Sob pena de perder o direito à indenização, o Segurado participará o sinistro à Seguradora, tão logo dele tome conhecimento, e adotará imediatamente as providências necessárias para minorar as suas consequências.

O Segurado perderá o direito à indenização se agravar intencionalmente o risco. Se o Segurado, seu representante ou corretor de seguros, fizer declarações inexatas ou omitir circunstâncias que possam influir na aceitação da proposta ou no valor do prêmio, ficará prejudicado o direito à indenização, além de estar o Segurado obrigado ao pagamento do prêmio vencido.

Se a inexatidão ou a omissão nas declarações não resultar de má-fé do Segurado, a Seguradora poderá:

I - na hipótese de não ocorrência do sinistro:

a) cancelar o seguro, retendo, do prêmio originalmente pactuado, a parcela proporcional ao tempo decorrido; ou b) permitir a continuidade do seguro, cobrando a diferença de prêmio cabível.

II - na hipótese de ocorrência de sinistro sem indenização integral:

a) cancelar o seguro, após o pagamento da indenização, retendo, do prêmio originalmente pactuado, acrescido da diferença cabível, a parcela calculada proporcionalmente ao tempo decorrido; ou b) permitir a continuidade do seguro, cobrando a diferença de prêmio cabível ou deduzindo-a do valor a ser indenizado.

III - na hipótese de ocorrência de sinistro com indenização integral, cancelar o seguro, após o pagamento da indenização, deduzindo, do valor a ser indenizado, a diferença de prêmio cabível.

O Segurado é obrigado a comunicar à Seguradora, logo que saiba, qualquer fato suscetível de agravar o risco coberto, sob pena de perder o direito à indenização, se ficar comprovado que silenciou de má-fé.

A Seguradora, desde que o faça nos 15 dias seguintes ao recebimento do aviso de agravação do risco, poderá dar-lhe ciência, por escrito, de sua decisão de cancelar o contrato ou, mediante acordo entre as partes, restringir a cobertura contratada.

O cancelamento do contrato só será eficaz 30 dias após a notificação, devendo ser restituída a diferença do prêmio, calculada proporcionalmente ao período a decorrer.

Na hipótese de continuidade do contrato, a Seguradora poderá cobrar a diferença de prêmio cabível.

SUB-ROGAÇÃO

Pelo pagamento da indenização, cujo recibo valerá como instrumento de cessão, a Seguradora ficará, de pleno direito, sub-rogada em todo os direitos e ações que ao Segurado competirem contra o Locatário ou terceiros, circunstância essa que deverá constar expressamente do recibo de quitação.

17. ALTERAÇÃO DE LIMITE DE GARANTIA

Os limites de garantia das coberturas contratadas deverão acompanhar todas as alterações de valores previamente estabelecidas no contrato de locação.

18. CANCELAMENTO

O presente contrato de seguro poderá ser cancelado durante a sua vigência, mediante acordo entre a Seguradora e o Segurado, devendo ser observadas as seguintes disposições:

I - na hipótese de rescisão a pedido da Seguradora, esta reterá do prêmio recebido, além dos emolumentos, a parte proporcional ao tempo decorrido;

II - na hipótese de rescisão a pedido do Segurado, a Seguradora reterá, no máximo, além dos emolumentos, o prêmio calculado de acordo com a tabela constante do subitem destas condições contratuais.

III - para prazos não previstos na tabela acima mencionada, deverá ser utilizado percentual correspondente ao prazo imediatamente inferior, ou o calculado por interpolação linear entre os limites inferior e superior do intervalo.

19. CLÁUSULA DE ATUALIZAÇÃO MONETÁRIA E JUROS MORATÓRIOS

Fica expressamente pactuado o Índice de Preços ao Consumidor Amplo/Fundação Instituto Brasileiro de Geografia e Estatística – IPCA/IBGE para a atualização, quando couber, de todos os valores contratados e de eventuais importâncias a serem pagas, devolvidas ou complementadas, observadas as disposições específicas de cada cláusula deste contrato.

No caso de extinção do índice pactuado – IPCA/IBGE, será utilizado, como índice substituto, aquele definido pelo Conselho Monetário Nacional – CMN como índice de preços relacionado às metas de inflação.

As partes poderão optar por outro índice de atualização monetária, desde que autorizado pelos órgãos competentes, devendo tal disposição constar nas Condições Particulares.

Os valores devidos, pelas Seguradoras, a título de devolução de prêmios, sujeitam-se à atualização monetária, conforme definido abaixo:

I - no caso de cancelamento do contrato, os valores de prêmio serão exigíveis a partir da data do recebimento da solicitação de cancelamento ou a data do efetivo cancelamento, se o mesmo ocorrer por iniciativa da Seguradora;

II - no caso de recebimento indevido de prêmio pela Seguradora, os valores serão exigíveis a partir da data do recebimento do prêmio;

Os valores das indenizações sujeitam-se à atualização monetária pela variação positiva do IPCA/IBGE – Índice de Preços ao Consumidor Amplo, na hipótese de não cumprimento do prazo para o pagamento da respectiva obrigação pecuniária, a partir da data de vencimento do primeiro aluguel não pago, independente de notificação ou interpelação judicial. O não pagamento da indenização nestes prazos, implicará aplicação de juros de mora a partir das datas de vencimento dessa exigibilidade, sem prejuízo de sua atualização.

A atualização de que trata esta cláusula será efetuada com base na variação positiva apurada entre o último índice publicado antes da data de exigibilidade da obrigação pecuniária e aquele publicado imediatamente anterior à data de sua efetiva liquidação.

Sem prejuízo de sua atualização, aplicam-se juros moratórios aos valores das obrigações não cumpridas no prazo estipulado.

O pagamento de valores relativos à atualização monetária e juros moratórios far-se-á independentemente de notificação ou interpelação judicial, de uma só vez, juntamente com os demais valores do contrato.

20. CLÁUSULA DE PRESCRIÇÃO

Os prazos prescricionais são aqueles estipulados em lei.

21. FORO

É competente para dirimir toda e qualquer controvérsia entre o Segurado e a Seguradora relativa a este contrato de seguro, o foro do domicílio do Segurado, conforme definido na legislação em vigor. Na hipótese de inexistência de relação de hipossuficiência entre as partes contratantes.

22. DISPOSIÇÕES FINAIS:

A seguradora está registrada na SUSEP regularmente podendo ser consultada a situação cadastral no site www.susep.gov.br.

(Podem se adicionar condições especiais para quebra de vidros, incêndio, equipamentos, danos elétricos, vendaval, alagamento, roubo de valores).

(adicionar as obrigações do estipulante e do segurado)

(adicionar as regras de comunicação de óbito)

Qualquer questão judicial será decidida no foro da comarca de _____.

Assinatura do Diretor da Empresa

Assinatura do Estipulante (seguradora)

Assinatura do beneficiário

Assinatura do beneficiário

Testemunhas:

6. Modelos de petições na área securitária

6.1. Ação de cobrança de seguro agrícola

Excelentíssimo Senhor Doutor Juiz de Direito da _____Vara Cível da Comarca de _____

_____(nome), _____ (nacionalidade) _____ (emprego) _____, RG nº_____, CPF nº_____, residente e domiciliado à rua_____, vem por meio de seu advogado infra-assinado com fundamento nos artigos 757 e seguintes do Código Civil, propor a presente:

AÇÃO DE COBRANÇA

Em face de _____(nome da empresa), CNPJ nº _____, pessoa jurídica de direito privado com sede à rua_____, pelos motivos e fundamentos que passamos a expor:

DOS FATOS

O requerente, no dia _____ firmou contrato de seguro agrícola com a requerida no valor de R$_____. Até a data de _____ o autor recolheu devidamente o prêmio previsto contratualmente de acordo com os documentos comprobatórios em anexo.

Ocorre que no dia_____, ocorreu a incidência de uma praga na sua plantação de trigo que prejudicou 90% de sua produção. Este fato foi comunicado imediatamente à seguradora que respondeu negativamente quanto a possibilidade de pagar a indenização devida por falta de previsão contratual de indenização nos primeiros 30 dias de contrato. No entanto, não existe nada previsto contratualmente que retire esta possibilidade. Neste sentido, se propõe esta ação para ver garantido o direito à indenização conforme previsto no item ____ do contrato.

DOS DIREITOS:

De acordo com o item _____ do contrato de seguro agrícola a indenização prevista para o caso de ocorrência do destruição de mais de 75% da plantação se dará no valor de R$_____.

Desta feita, o beneficiário juntou os documentos previstos nos contrato, na cláusula_____ e foi até a seguradora para requerer o pagamento da indenização. No entanto, com grande surpresa o beneficiário teve o seu pedido rejeitado no dia_____ conforme comprovante em anexo com o fundamento de que a cobertura de seguro só abarcava prejuízos na plantação, por ocasião de praga após 90 dias do contrato. No entanto, esta hipótese não tem foro de procedência, pois não existe nada que comprove esta realidade no contrato.

O contrato de seguro agrícola do requerente com a seguradora estipula na cláusula_____ o pagamento da indenização correspondente devido ao prejuízo ocasionado por praga. Desta forma, não tem sentido a negativa da seguradora em pagar a indenização devida. De acordo com o laudo técnico em anexo realizado à época do fato, os prejuízos são concretos e, portanto, é razoável a concessão da indenização. O artigo 757 do Código Civil obriga ao pagamento da devida indenização. Veja:

"Art. 757. Pelo contrato de seguro, o segurador se obriga, mediante o pagamento do prêmio, a garantir interesse legítimo do segurado, relativo a pessoa ou a coisa, contra riscos predeterminados."

(adicionar outros argumentos sobre o tema)

INVERSÃO DO ÔNUS DA PROVA:

O consumidor tem o direito a inversão do ônus da prova de acordo com o artigo 6º, VIII do Código de Defesa do Consumidor. Desta forma cabe a empresa requerida provar qualquer previsão contratual que retire o direito do requerente à indenização. Vejamos a jurisprudência sobre a possibilidade da inversão do ônus da prova em seguros:

"conforme disposto no art. 206, § 1º, II, b, CC/2002 e Súm. n. 101-STJ. Noticiam os autos que o recorrido celebrou contrato por telefone, ao receber ligação de corretor representante da companhia recorrente durante a qual lhe fora oferecido seguro de vida com ampla cobertura para os eventos morte acidental e invalidez. Efetuou pontualmente os pagamentos relativos aos valores do prêmio mensal, os quais eram automaticamente descontados em sua conta-corrente. No entanto, quando acionou a seguradora a fim de receber o valor correspondente à indenização que lhe seria devida porque foi vítima de isquemia cerebral, o que o deixou em estado de invalidez permanente, houve a recusa ao pagamento da indenização sob a alegação de que seu seguro não previa cobertura pelo sinistro de invalidez permanente por doença. O recorrente também afirma que nunca recebeu uma via da apólice ou qualquer outro documento que pudesse ratificar a relação contratual estabelecida entre as partes, de modo que não poderia prever a extensão da cobertura do seguro. Anotou-se que, após a comunicação do sinistro e do recebimento da sucinta recusa da indenização, o recorrido efetuou solicitação de apresentação de cópia do contrato firmado com o recorrente, sendo que a seguradora quedou-se inerte por vários meses. **Assim, segundo a Min. Relatora, é evidente que o recorrido não poderia comprovar sua condição de segurado sem a apresentação da apólice indevidamente retida pela recorrente, por mais que a inversão do ônus da prova, prevista no art. 6º, VIII, do CDC, pudesse beneficiá-lo. Para a Min. Relatora, é possível afirmar que, somente após o recebimento do contrato de seguro com as cláusulas utilizadas na regulação do sinistro, recomeçou a fluir o prazo suspenso com a notificação da seguradora a respeito de sua ocorrência. Portanto, assevera que não se trata de negar vigência à Súm. n. 229-STJ, mas de interpretá-la razoavelmente com o prazo prescricional a que alude o disposto nos arts. 199, I, e 206, § 1º, II, b, ambos do CC/2002.** Observa que a seguradora reteve indevidamente a apólice solicitada pelo segurado e sua procrastinação não poderia lhe trazer benefícios, levando o segurado de boa-fé à perda do seu direito de ação. Embora destaque que a jurisprudência do STJ seja pacífica no sentido de considerar suspenso o prazo prescricional em função da análise da comunicação do sinistro pela seguradora de acordo com a Súm. 229-STJ, no caso dos autos, a decisão recorrida entendeu que a solicitação administrativa da cópia da apólice pelo segurado teve o condão de interromper e não de suspender o lapso prescricional. Entende, também, a Min. Relatora que a diferença entre uma e outra posição, ou seja, interrupção ou suspensão, não é substancial para o julgamento, visto que, de qualquer ângulo pelo qual se analise a matéria, a consequência prática conduziria à manutenção do direito do recorrido, pois a contagem do prazo deve ser realizada a partir da data em que a seguradora atendeu à solicitação formulada pelo segurado de que lhe fosse remetida cópia da apólice que celebrou por telefone. Com esse entendimento, a Turma negou provimento ao recurso da seguradora. Precedentes citados: REsp 200.734-SP, DJ 10/5/1999; REsp 470.240-DF, DJ 18/8/2003, e REsp 782.901-SP, DJe 20/6/2008. REsp 1.176.628-RS, Rel. Min. Nancy Andrighi, julgado em 16/9/2010."

DOS PEDIDOS:

Por todo o exposto requer seja:

a) A concessão da assistência judiciária devido a encontrar-se desempregado e não poder arcar com as custas processuais sem o prejuízo do sustento da sua família.

b) A inversão do ônus da prova de acordo com o artigo 6º, VIII do CDC.

c) A citação da empresa ré para contestar a presente ação sob pena de revelia.

d) A procedência da presente ação com a respectiva condenação da empresa-ré ao pagamento da indenização prevista no contrato no valor de R$_____ com as devidas correções monetárias.

e) a produção de todas as provas admitidas em direito.

Dá-se a causa o valor de R$_____.

Nestes termos

Pede deferimento

_____

Advogado OAB nº

6.2. Ação de cobrança de seguro compreensivo

Excelentíssimo Senhor Doutor Juiz de Direito da _____Vara Cível da Comarca de _____

_____ (nome), _____ (nacionalidade)_____ (emprego)_____, RG nº _____, CPF nº _____, residente e domiciliado à rua _____, vem por meio de seu advogado infraassinado com fundamento nos artigos 757 e seguintes do Código Civil, propor a presente:

AÇÃO DE COBRANÇA com pedido de tutela antecipada

Em face de _____(nome da empresa), CNPJ nº_____, pessoa jurídica de direito privado com sede à rua_____, pelos motivos e fundamentos que passamos a expor:

DOS FATOS

O requerente, no dia _____ firmou contrato de seguro compreensivo para proteção de sua empresa incluindo cláusulas garantidoras contra incêndio, roubo, vendaval e outras. No dia _____ incluiu um aditivo no contrato para que também fosse segurado o imóvel no caso de chuva de granizo e para isto pagou um adicional de R$_____. Desta forma, ocorreu que, no dia_____ uma chuva de granizo danificou todo o telhado e os vidros do imóvel. O prejuízo ficou apurado em R$_____. No entanto a seguradora não quis pagar a indenização por argumentar que não haveria cobertura para chuva de granizo e não teria a cláusula adicional em mãos. Esta resposta não merece prosperar já que em anexo se encontra a referida cláusula assinada por ambas as partes. Por isso é legítimo o direito à indenização pelo prejuízo sofrido.

DOS DIREITOS:

De acordo com o item _____ é devida a indenização por ocasião da chuva de granizo. A indenização estipulada no contrato está atualmente (corrigida monetariamente) no valor de R$_____. Desta forma, não tem sentido a negativa da seguradora em pagar o valor devido. De acordo com o laudo técnico em anexo realizado à época do fato, os prejuízos são concretos e, portanto, é razoável a concessão da indenização. O artigo 757 do Código Civil obriga ao pagamento da devida indenização. Veja:

"Art. 757. Pelo contrato de seguro, o segurador se obriga, mediante o pagamento do prêmio, a garantir interesse legítimo do segurado, relativo a pessoa ou a coisa, contra riscos predeterminados."

(adicionar outros argumentos sobre o tema)

ANTECIPAÇÃO DE TUTELA

Diante da necessidade urgente do dinheiro proveniente da indenização para retomar as suas atividades empresariais e ao direito líquido e certo previsto em cláusula adicional juntada em anexo, desejamos que seja concedida a tutela antecipada para obrigar a requerida a pagar a devida indenização. O artigo 273 do CPC discorre:

Art. 273. O juiz poderá, a requerimento da parte, antecipar, total ou parcialmente, os efeitos da tutela pretendida no pedido inicial, desde que, existindo prova inequívoca, se convença da verossimilhança da alegação e:

I - haja fundado receio de dano irreparável ou de difícil reparação; ou

II - fique caracterizado o abuso de direito de defesa ou o manifesto propósito protelatório do réu.

(adicionar outros argumentos para a ação)

PEDIDOS:

Por todo o exposto requer seja:

a) Concedida a tutela antecipada *inaudita altera pars* para determinar que seja concedida a indenização proveniente do contrato de seguro no valor de R$_____.

b) Caso o douto juízo não entenda pela concessão da tutela antecipada que seja citada a empresa-ré para responder ao processo e comparecer a respectiva audiência de conciliação a ser designada por este juízo.

c) a confirmação no mérito da ação para pagar a indenização no valor de R$_____ ao requerente.

d) a produção de todas as provas admitidas em direito.

e) Seja condenada a empresa-ré no pagamento das custas e emolumentos judiciais.

Dá-se a causa o valor de R$_____.

Nestes termos

Pede deferimento

_____

Advogado OAB nº

7. Jurisprudência aplicada

7.1. Seguro rural:

Trata-se de embargos à execução de cédula rural pignoratícia emitida em 1995 com recursos captados por meio do Fundão Constitucional de Financiamento do Centro-Oeste – FCO, destinado ao fomento da piscicultura. Consta dos autos que, devido às chuvas torrenciais fora de parâmetros normais, advieram os prejuízos e a consequente inadimplência dos embargantes. Alega-se, ainda, que o seguro oferecido pelo banco não abrangia o empreendimento e o embargante deveria ter providenciado outro seguro. Entretanto, para o Min. Relator, não foi desafiado pelo acórdão *a quo* tema para o julgamento do recurso, embora provocado por embargos De declaração, impõe-se seja feita sua integração. Com esse entendimento, a Turma deu provimento, por violação do art. 535 do CPC, para determinar que o Tribunal de origem, como pedido pelo Banco do Brasil, examine exatamente esse aspecto, ou seja, enfrente a questão vinculada à disciplina do contrato de mútuo, tal e qual pediu o banco, nos termos dos arts. 928, 1.256 e 1.257 do CC de 1916 (código de regência nesta matéria).REsp 706.427-MT, Rel. Min. Carlos Alberto Menezes Direito, julgado em 5/6/2007.

7.2. Cédulas de crédito rural:

A *quaestio juris* consiste em saber qual o critério para a apuração dos honorários advocatícios sucumbenciais de modo a ser observada a coisa julgada material, tendo em vista a imprecisão do dispositivo da sentença liquidanda. *In casu*, cuidou-se, na origem, de ação de execução por título extrajudicial (cédulas de crédito rural) na qual, em embargos à execução, o embargado (banco) foi condenado em custas e honorários advocatícios sucumbenciais fixados em 16% sobre o montante atualizado das parcelas excluídas. Ocorre que, fixado o valor relativo aos honorários advocatícios (correspondentes a R$ 6.657.010,45), o banco interpôs agravo de instrumento por entender que o referido valor foi exorbitante, pois houve a inclusão de seguro Proago, previsto em apenas uma das cédulas exequendas. O recurso foi provido, ensejando novos cálculos. Entretanto, após a homologação dos novos cálculos efetuados pela perita, o banco interpôs novamente agravo de instrumento, sustentando que a decisão foi equivocada e que, transitada em julgado, resultaria em honorários no valor de R$ 19.364.849,61, representando 13,68 vezes mais do que o valor da execução. No REsp, o recorrente (banco) sustenta, entre outros temas, excesso de execução e afirma que é incorreta a interpretação da coisa julgada que não tem critérios claros. Nesse panorama, a Turma reiterou que a jurisprudência do STJ dispõe que o processo de execução deve observar, fielmente, o comando sentencial inserido na ação de conhecimento transitado em julgado, sob pena de malferir a coisa julgada. Porém, isso não significa que a sentença exequenda seja avessa a investigações ou interpretações. Ressaltou-se que tal procedimento não implica a relativização da coisa julgada, mas apenas reconhece que a imprecisão terminológica com que foi redigido o julgado lhe confere mais de uma interpretação possível, sem, com isso, agredir sua imutabilidade. Dessa forma, destacou-se que, nos casos em que a sentença permite mais de uma interpretação, deve-se adotar a mais razoável e coerente com a causa. Assim, para o Min. Relator, no caso, o único entendimento razoável, coerente com a causa em que atuou o recorrido é aquele que parte da premissa de que o título executivo não quis promover a iniquidade, concedendo, em causa de baixa complexidade, honorários vultosos que suplantam o valor de R$ 20 milhões, de modo a solucionar a questão com interpretação que se infere do título, qual seja, a de que os encargos afastados não podem ser projetados para o futuro, mas somente até a data do ajuizamento da execução originária. Dessarte, concluiu-se que o cálculo da diferença sobre a qual incidirão os honorários deve tomar por base o montante existente na data do ajuizamento da execução originária. Precedentes citados: AgRg no Ag 1.030.469-RO, DJe 7/6/2010; REsp 58.426-RJ, DJ 7/4/1997; REsp 928.133-RS, DJe 20/10/2008; REsp 757.459-SC, DJ 13/11/2006, e REsp 1.064.119-RS, DJe 18/12/2009.REsp 991.780-RS, Rel. Min. Luis Felipe Salomão, julgado em 2/2/2012.

7.3. Seguro de transportes:

A Turma reformou acórdão do tribunal *a quo* para excluir o dever de indenizar da transportadora recorrente, contra a qual foi ajuizada, na origem, ação regressiva de ressarcimento de danos pela empresa de seguros recorrida. Na espécie, ficou consignado, nas instâncias ordinárias, que a mercadoria transportada não chegou a seu destino em decorrência de roubo com arma de fogo ocorrido durante o trajeto. Conforme entendimento assente deste Superior Tribunal, tal fato configura hipótese de força maior, capaz de excluir a responsabilidade da empresa de transportes. Nesse contexto, salientou-se que as referidas empresas são obrigadas apenas a contratar o seguro de responsabilidade civil disposto no art. 10 do Dec. n. 61.867/1967, não o que contemple eventuais perdas decorrentes de caso fortuito ou força maior, ao contrário do alegado pelo *decisum* recorrido. Precedentes citados: REsp 130.696-SP, DJ 29/6/1998; AgRg no Ag 721.581-RJ, DJe 29/3/2010; REsp 329.931-SP, DJ 17/2/2003; REsp 164.155-RJ, DJ 3/5/1999; REsp 904.733-MG, DJ 27/8/2007; REsp 416.353-SP, DJ 12/8/2003; REsp 222.821-SP, DJ 1º/7/2004; REsp 109.966-RS, DJ 18/12/1998, e AgRg no REsp 753.404-SC, DJe 19/10/2009. REsp 663.356-SP, Rel. Min. Luis Felipe Salomão, julgado em 19/8/2010.

7.4. Seguro de fiança locatícia:

O contrato de seguro de fiança locatícia (art. 37, III, da Lei n. 8.245/91) é título executivo extrajudicial porque se caracteriza como espécie do gênero caução (art. 585, III, do CPC), sendo hábil a comprovar a exigibilidade dos créditos decorrentes do contrato de aluguel ao qual está vinculado. Note-se que, na hipótese, os créditos foram exigidos com sustento na apólice de seguro de fiança e no contrato locatício, demonstrando a natureza de créditos de aluguel, tal qual exigido pela lei (art. 585, IV, do CPC).REsp 264.558-SP, Rel. Min. Gilson Dipp, julgado em 15/3/2001.

Capítulo 13

Seguro Garantia Estendida

1. Fases específicas para solução de defeitos encontrados no produto comprado. 1.1. Primeira fase: Arrependimento da compra do produto. 1.2. Segunda fase: Utilização do prazo legal de garantia. 1.3. Terceira fase: Utilização do prazo contratual de garantia. 1.4. Quarta fase: Utilização do prazo estendido de garantia. 2. O problema do vício oculto nos produtos. 3. Tipos de Garantia Estendida. 3.1. Extensão de Garantia. 3.2. Complementação de Garantia. 3.3. Pagamento em dinheiro. 3.4. Reposição do bem adquirido. 3.5. Reparo do bem adquirido. 4. Passo a passo da Garantia Estendida. 4.1 O consumidor decide fazer um de seguro de garantia estendida. 4.2 Ocorrência do sinistro do bem que estava coberto pela apólice de garantia estendida. 4.3 Apresentação de documentação. 4.4 Espera da resolução da situação. 5. Utilização do termo "seguro de garantia estendida". 6. Proteção da Seguradora. 7. Características essenciais da garantia estendida. 8. Fornecimento do Seguro de Garantia Estendida. 9. Considerações especiais. 10. Perguntas e respostas. 11. Modelo de contrato de seguro. 11.1. Contrato de Seguro de Garantia Estendida. 12. Modelo de petição na área securitária. 12.1. Ação de cobrança de Seguro garantia estendida.

1. Fases específicas para solução de defeitos encontrados no produto comprado

Se o consumidor, por engano, tiver comprado um produto defeituoso, poderá ser ressarcir do prejuízo tomado. O mais importante é que tenha calma para lembrar quanto tempo passou desde que efetuou a referida compra e, a partir disto, tomar a melhor decisão. Veja os exemplos a seguir:

1.1. Primeira fase: Arrependimento da compra do produto

O consumidor pode desistir da compra do produto no prazo de até sete dias a contar da data de compra.

O art. 49 do Código de Defesa do Consumidor nos ensina que: "O consumidor pode desistir do contrato, no prazo de sete dias a contar de sua assinatura ou do ato de recebimento do produto ou serviço, sempre que a contratação de fornecimento de produtos e serviços ocorrer fora do estabelecimento comercial, especialmente por telefone ou a domicílio."

Se o consumidor exercitar o direito de arrependimento previsto neste artigo, os valores eventualmente pagos, a qualquer título, durante o prazo de reflexão, serão devolvidos, de imediato, monetariamente atualizados (art. 49, parágrafo único, CDC).

1.2. Segunda fase: Utilização do prazo legal de garantia

"A garantia legal de adequação do produto ou serviço independe de termo expresso, vedada a exoneração contratual do fornecedor." (cf. art. 24 do CDC).

Nesta fase, o consumidor não poderá mais fazer a desistência da compra. Então, ele terá que utilizar o período de garantia legal (período de cobertura de garantia que todo estabelecimento comercial tem obrigação de fazer após realizar alguma venda), para ser ressarcido do prejuízo:

30 dias para produtos não duráveis [alimentos, roupas...]

90 dias para produtos duráveis [eletrodomésticos, computadores...]; (conforme esta disposto no art. 26, inciso I e II do CDC) Lembrando que inicia-se a contagem do prazo "a partir da entrega efetiva do produto ou do término da execução dos serviços."[1]

Observação: Tratando-se de vício oculto, o prazo decadencial inicia-se no momento em que ficar evidenciado o defeito (cf. art. 26, § 3º do CDC).

Poderão as partes convencionar a redução ou ampliação do prazo previsto, (30 dias para produtos não duráveis e 90 dias para produtos duráveis). Contudo, esta redução não deverá ser inferior a sete dias e a ampliação do prazo só poderá ocorrer se respeitar o limite de até 180 dias. Importante lembrar que nos contratos de adesão, a cláusula de prazo deverá ser convencionada em separado, por meio de manifestação expressa do consumidor.

O estabelecimento que vendeu o produto, tem até 30 dias para resolver o problema com a assistência técnica autorizada. Neste momento onde será feita a reparação do produto, será necessário que o fornecedor possa empregar componentes de reposição originais adequados e novos, ou que se mantenha as especificações técnicas do fabricante.

Se o consumidor perceber que o defeito no produto não foi sanado neste prazo; eis que o mesmo poderá exigir, alternativamente e à sua

---

1 Conforme art. 26, § 1º do CDC.

escolha, conforme art. 18, parágrafo primeiro, incisos I, II e III do Código de Defesa do Consumidor:

I - a substituição do produto por outro da mesma espécie, em perfeitas condições de uso;
II - a restituição imediata da quantia paga, monetariamente atualizada, sem prejuízo de eventuais perdas e danos;
III - o abatimento proporcional do preço.

A nota técnica do Departamento de Proteção e Defesa do Consumidor[2] que trata sobre o direito do consumidor em escolher pela substituição do produto, pela restituição da quantia paga ou pelo abatimento do preço, nos ajuda a compreender que:

> "O Código de Defesa do Consumidor, em seu art. 18, *caput*, trata da responsabilidade por vício de qualidade, de quantidade e de informação do produto. Configura-se o vício do produto quando este se torna impróprio ou inadequado ao consumo."

Também o mesmo texto apresenta com clareza mais detalhes sobre o art. 18, §1º do CDC:

> "Resta claro, portanto, que o CDC condicionou o direito de escolha do consumidor à não solução do vício pelo fornecedor, na medida que prescreve que se o vício não for sanado, pode o consumidor se valer das alternativas do §1º. A determinação do Código de que "não sendo o vício sanado no prazo máximo de 30 dias, pode o consumidor exigir (...)" implica duas conclusões: 1) que o fornecedor tem o dever de sanar o vício apresentado; 2) que o fornecedor tem o prazo máximo de 30 dias para fazê-lo. A redação é clara: a prerrogativa do consumidor em exercer o seu direito de escolha torna-se eficaz a partir da realização de qualquer desses eventos, isto é, na hipótese do vício não ser sanado, ainda que a substituição das peças ocorra dentro do prazo, ou na hipótese de ser suplantado o prazo de 30 dias na tentativa de sanar o vício. Percebe-se, assim, que o direito de escolha do consumidor, assegurado pelo §1º do art. 18, submete-se a uma condição suspensiva legal e a um termo. A condição suspensiva consiste na hipótese do vício não ser sanado pelo fornecedor, caso em que o consumidor tem direito a escolher entre a substituição do bem, a restituição do dinheiro ou o abatimento do preço. Já o termo diz respeito ao fim do prazo máximo de 30 dias, ao final do qual torna-se eficaz o direito do consumidor."

---

2   portal.mj.gov.br (ver página sobre o direito do consumidor)

Continuando no mesmo direcionamento, o texto da nota técnica do DPDC vem destacar que:

"Percebe-se, assim, que tanto o implemento da condição (não solução do vício) quanto o implemento do termo (vencimento do prazo de 30 dias) tornam eficaz o direito de escolha do consumidor. Como ambos os eventos são aptos a gerar tal eficácia, entende-se que basta a ocorrência de um deles para que seja adquirido o direito correspondente. Dessa forma, não é necessário o implemento de ambos conjuntamente, vez que tanto a condição, quanto o termo, têm capacidade de gerar por si só os efeitos relativos ao direito que lhes é subordinado."

Importante: "Sendo o dano causado por componente ou peça incorporada ao produto ou serviço, são responsáveis solidários seu fabricante, construtor ou importador e o que realizou a incorporação." (cf. art. 25,§ 2° do CDC)

1.3. Terceira fase: Utilização do prazo contratual de garantia

Após ultrapassar este período de garantia legal pode-se ainda recorrer à utilização da garantia do fabricante do produto. Basta olhar o manual do produto, para saber o tempo de garantia. De acordo com o art. 50 do CDC: "A garantia contratual é complementar à legal e será conferida mediante termo escrito."

De acordo com o art. 50, parágrafo único do CDC: O termo de garantia ou equivalente deve ser padronizado e esclarecer, de maneira adequada em que consiste a mesma garantia, bem como a forma, o prazo e o lugar em que pode ser exercitada e os ônus a cargo do consumidor, devendo ser-lhe entregue, devidamente preenchido pelo fornecedor, no ato do fornecimento, acompanhado de manual de instrução, de instalação e uso do produto em linguagem didática, com ilustrações.

1.4. Quarta fase: Utilização do prazo estendido de garantia

Após passar o prazo da garantia que o fabricante oferecer, o consumidor poderá utilizar a garantia estendida. Porém, para se utilizar esta garantia estendida, deverá ter sido acordado isto, na compra do produto, pagando um valor a mais, para ter este serviço (garantia estendida). E ver em quanto tempo esta garantia se estendeu (quantos meses a mais).

A garantia estendida é um tipo de seguro, que é pago pelo consumidor que tem por objetivo ampliar a cobertura da garantia de um produto, após o vencimento da garantia legal (30 dias para produtos não duráveis e 90 dias para produtos duráveis) e contratual (prazo de garantia do fabricante do produto).

De acordo com a Superintendência de Seguros Privados (SUSEP):[3] "Para um perfeito enquadramento do seguro de Garantia Estendida, de acordo com as normas em vigor, é fundamental e necessário que este seja contratado enquanto o bem segurado ainda estiver sob a garantia do fabricante. Um seguro que não contenha essa característica não poderá, em hipótese alguma, denominar-se Garantia Estendida. Como dito anteriormente, o seguro Garantia Estendida tem como objetivo fornecer ao segurado a extensão e/ou complementação da garantia original de fábrica."

O art. 2º da minuta de resolução do CNSP[4], que trata das regras e dos critérios para operação do seguro de garantia estendida, quando da aquisição de bens ou durante a vigência da garantia do fornecedor vem informar que: O seguro de garantia estendida tem como objetivo propiciar ao segurado, facultativamente e mediante o pagamento de prêmio, a extensão temporal da garantia do fornecedor de um bem adquirido e, conforme o caso, sua complementação.

O art. 3º desta mesma minuta de resolução do CNSP ensina que: "A contratação do seguro de garantia estendida pelo segurado é facultativa e poderá ser efetuada, somente durante a vigência da garantia do fornecedor do bem, pelos seguintes meios:

I – diretamente, junto à sociedade seguradora ou aos seus agentes de seguros;

II – por intermédio de corretor de seguros devidamente habilitado.

A contratação do seguro de garantia estendida poderá ser realizada por meios remotos, na forma estabelecida em legislação específica (art. 3, parágrafo primeiro).

Quando o seguro de garantia estendida for contratado em momento diferente da aquisição do bem, a sua aceitação poderá estar condicionada à realização de vistoria prévia do bem (art. 3º, parágrafo segundo).

Quadro Esquematizado

Fases específicas para solução de defeitos encontrados no produto comprado:

---

3 http://www.susep.gov.br/menu/informacoes-ao-publico/planos-e-produtos/seguros/seguro-de-garantia-estendida-1

4 sincormg.com.br/site/susep/garantia_estendida.docx

Fase 1	Fase 2	Fase 3	Fase 4
Desistência do produto	Prazo legal de garantia	Prazo contratual de garantia	Prazo de garantia estendida
O consumidor pode desistir do contrato, no prazo de 7 dias a contar de sua assinatura ou do ato de recebimento do produto ou serviço	Período de cobertura de garantia legal. Garantia prevista em lei. 30 dias para produtos não duráveis. 90 dias para produtos duráveis	O consumidor recorre à utilização do prazo de garantia do fabricante do produto.	Ampliação da garantia do produto adquirido (após o vencimento da garantia contratual.)

2. O problema do vicio oculto nos produtos

Muitas vezes o consumidor pode ter comprado um produto que tem um vício oculto. Então, se não encontrar por si mesmo o defeito no produto, terá que esperar que o fabricante venha a informar através do *recall* se o seu produto apresenta riscos para o consumidor. Então, para resumir podemos entender que a iniciativa da identificação do defeito do produto pode ser iniciativa do consumidor ou do fabricante do produto (*recall*). Veja os dois exemplos, logo a seguir:

Depois de passar um tempo pode acontecer de o consumidor acabar encontrando este defeito do produto que parecia estar escondido a seus olhos. O art. 26, § 3º do CDC nos ajuda a compreender que quando se trata de vício oculto, o prazo decadencial (30 dias, tratando-se de fornecimento de serviço e de produtos não duráveis; 90 dias, tratando-se de fornecimento de serviço e de produtos duráveis.) começa a contar no momento em que ficar evidenciado o defeito.

O Ministério da Justiça[5] traz uma definição sobre o *Recall*:

> "O *Recall* é a forma pela qual um fornecedor vem a público informar que seu produto ou serviço apresenta riscos aos consumidores. Ao mesmo tempo, recolhe produtos, esclarece fatos e apresenta soluções. De acordo com a Lei n.º 8.078/90 (Código de Defesa do Consumidor – CDC), o fornecedor não pode colocar no mercado de consumo, produto ou serviço que apresente alto grau de risco à saúde ou segurança das pessoas. Caso o fornecedor venha a ter conhecimento da existência de defeito após a inserção desses produtos ou

---

5 http://portal.mj.gov.br

serviços no mercado, é sua obrigação comunicar o fato imediatamente às autoridades e aos consumidores. O fornecedor deve garantir que a expectativa do consumidor em relação à adequação e, principalmente, à segurança dos produtos ou serviços seja efetivamente correspondida. A regra, portanto, é de que os produtos ou serviços colocados no mercado de consumo não podem acarretar riscos à saúde e segurança dos consumidores, exceto aqueles considerados normais e previsíveis em razão da sua natureza e uso (objetos cortantes, combustível, medicamentos etc.)."

O fornecedor de produtos e serviços que, posteriormente à sua introdução no mercado de consumo, tiver conhecimento da nocividade ou periculosidade que apresentem, deverá comunicar o fato imediatamente:

I - ao Departamento de Proteção e Defesa do Consumidor – DPDC;
II - aos órgãos estaduais, do Distrito Federal e municipais de defesa do consumidor – PROCON; e
III - ao órgão normativo ou regulador competente. (Ver o art. 2º, da Portaria MJ 487/12)

3. Tipos de Garantia Estendida:[6]

O art. 4º da minuta de resolução do CNSP[7], que tratas regras e os critérios para operação do seguro de garantia estendida, quando da aquisição de bens ou durante a vigência da garantia do fornecedor vem informar que: "O plano de seguro de garantia estendida somente poderá ser contratado mediante emissão de apólice individual ou de bilhete, observadas as legislações específicas, não se admitindo, em nenhuma hipótese, contratação por meio de apólice coletiva." É vedada a inclusão na apólice individual ou no bilhete de coberturas pertencentes a outros ramos de seguro (Ver o art. 4º, parágrafo único, da minuta).

O seguro garantia estendida objetiva complementar a garantia original para que o produto possa ser ressarcido em prazo maior caso dê algum defeito.

3.1. Extensão de Garantia

De acordo com o art. 2º, inciso III da Resolução nº 122 de 2005, podemos entender melhor a definição do termo "extensão de garantia". Nesta resolução, diz que é o contrato cuja vigência inicia-se após o término da

---

[6] http://www.susep.gov.br/menu/informacoes-ao-publico/planos-e-produtos/seguros/seguro-de-garantia-estendida-1

[7] sincormg.com.br/site/susep/garantia_estendida.docx

garantia original de fábrica e que possui as mesmas coberturas previstas nessa garantia podendo, facultativamente, haver a inclusão de novas coberturas, desde que não enquadradas em outros ramos específicos de seguro.

A SUSEP[8] entende que a "extensão de garantia é o contrato cuja vigência inicia-se após o término da garantia original de fábrica e se subdivide ainda em:

a) Original: contempla, obrigatoriamente, as mesmas coberturas oferecidas pela garantia original de fábrica;

b) Original ampliada: contempla, obrigatoriamente, as mesmas coberturas oferecidas pela garantia original de fábrica, e apresenta, adicionalmente, a inclusão de novas coberturas, desde que não enquadradas em outros ramos específicos de seguro;

c) Diferenciada: contempla coberturas que não apresentam exata correspondência com todas as coberturas oferecidas pela garantia original de fábrica e que não são enquadradas em outros ramos específicos de seguro.

De acordo com a classificação disposta acima, na apólice, certificado e em todo o material publicitário relativo aos planos de "Extensão de Garantia" deverá constar explicitamente a que tipo de modalidade o seguro pertence. Ou seja, o nome fantasia do produto deverá conter uma das seguintes expressões: "Extensão de Garantia – Original" ou "Extensão de Garantia – Original Ampliada" ou "Extensão de Garantia – Diferenciada".

Além disso, os planos das modalidades "original" e "original ampliada" devem conter, nas condições gerais, cláusula que informe estarem cobertos pelo contrato de seguro todos os eventos cobertos pela garantia original do fabricante do bem objeto do seguro.

3.2. Complementação de Garantia

De acordo com o art. 2º, inciso III da Resolução nº 122 de 2005, inciso IV, entendemos que a complementação de garantia é o contrato cuja vigência inicia-se simultaneamente com a garantia original de fábrica e que possui, exclusivamente, aquelas coberturas não previstas ou excluídas por essa garantia, desde que não enquadradas em outros ramos específicos de seguro.

---

8   http://www.susep.gov.br/menu/informacoes-ao-publico/planos-e-produtos/seguros/seguro-de-garantia-estendida-1 (material modificado para facilitar entendimento)

É importante lembrar que a "Complementação de garantia"[9] "é o contrato cuja vigência inicia-se simultaneamente com a garantia original de fábrica e que possui, exclusivamente, aquelas coberturas não previstas ou excluídas por essa garantia, desde que não enquadradas em outros ramos específicos de seguro."

Quando o seguro referir-se à extensão de garantia, as sociedades seguradoras deverão constituir as seguintes provisões, com base em nota técnica atuarial específica, sujeita a análise e autorização da SUSEP:

I – Provisão de Prêmios Não Ganhos (PPNG);

II – "Outras Provisões Técnicas", nos termos do parágrafo único do artigo 1º da Resolução CNSP nº 120/2004, ou norma que vier a sucedê-la, que contemple o período a partir da datada contratação do seguro até o início efetivo do risco. (cf. art. 4º da Resolução nº 122 de 2005)

De acordo com a Superintendência de Seguros Privados (SUSEP):[10]

"O seguro de Garantia Estendida normalmente é um seguro não proporcional, ou seja, é contratado a Risco Absoluto. Para este tipo de seguro, a importância segurada máxima é igual ao valor da nota fiscal do produto. A indenização poderá ser feita através da reposição ou reparação do bem segurado ou através do pagamento em dinheiro, mediante acordo, sempre respeitando o valor da importância segurada. Portanto, em caso de defeito funcional irreparável, o bem segurado será reposto por produto igual ou similar; ou será feita indenização em dinheiro limitada ao valor da nota fiscal."

4. Tipos de indenizações referentes à garantia estendida

De acordo com a Superintendência de Seguros Privados (SUSEP):[11]

"O seguro de Garantia Estendida normalmente é um seguro não proporcional, ou seja, é contratado a Risco Absoluto. Para este tipo de seguro, a importância segurada máxima é igual ao valor da nota fiscal do produto. A indenização poderá ser feita através da reposição ou reparação do bem segurado ou através do pagamento em dinheiro, mediante acordo, sempre respeitando o valor da importância segurada. Portanto, em caso de defeito funcional

---

9   http://www.susep.gov.br/menu/informacoes-ao-publico/planos-e-produtos/seguros/seguro-de-garantia-estendida-1 (material modificado para facilitar entendimento)

10 http://www.susep.gov.br/menu/informacoes-ao-publico/planos-e-produtos/seguros/seguro-de-garantia-estendida-1

11 http://www.susep.gov.br/menu/informacoes-ao-publico/planos-e-produtos/seguros/seguro-de-garantia-estendida-1

irreparável, o bem segurado será reposto por produto igual ou similar; ou será feita indenização em dinheiro limitada ao valor da nota fiscal."

4.1. Pagamento em dinheiro

O contrato de seguro de garantia estendida poderá admitir o pagamento da indenização do seguro em dinheiro (cf. art. 3º da Resolução nº 122 de 2005).

4.2. Reposição do bem adquirido

O contrato de seguro de garantia estendida também poderá ter a alternativa de fazer a reposição do bem comprado (cf. art. 3º da Resolução nº 122 de 2005).

4.3. Reparo do bem adquirido

O contrato de seguro de garantia estendida também poderá ter a alternativa de fazer o reparo do bem adquirido. Colocando o produto para consertar, na assistência técnica e fazendo com que, após determinado prazo, possa ser devolvido ao proprietário, totalmente consertado (cf. art. 3º da Resolução nº 122 de 2005).

5. Passo a passo da Garantia Estendida

5.1 O consumidor decide fazer um de seguro de garantia estendida

Normalmente, o seguro de "garantia estendida" é ofertado pelas seguradoras através de lojas credenciadas (eletrodomésticos, concessionárias de automóveis...) que têm o costume de fazer à apresentação deste seguro, quando o consumidor acaba de fazer a compra de um produto na loja. A empresa comercial vende os bens e também busca fazer a negociação da garantia estendida através dos vendedores da loja, que estão capacitados a fazer este papel de informar ao consumidor sobre a possibilidade de estender a garantia de seu produto.

5.2 Ocorrência do sinistro do bem que estava coberto pela apólice de garantia estendida

O sinistro acontece quando compramos um produto na loja e só depois verificamos que estava com defeito. A garantia estendida poderá ser utilizada apenas depois de verificadas todas as condições de proteção do consumidor.

Primeira condição: descoberta do defeito em até sete dias. Neste caso o produto pode ser devolvido a loja. O consumidor tem direito de desistência do produto.

Segunda condição: descoberta do defeito do produto depois de sete dias da compra. Então, o consumidor não poderá fazer mais a desistência da compra do produto. Neste caso, o consumidor está no prazo que podemos chamar de "garantia legal", é aquela em que a loja tem que fornecer quando vende um produto.

- 30 dias para produtos não duráveis [alimentos, roupas...]

- 90 dias para produtos duráveis [eletrodomésticos, computadores...]; (conforme esta disposto no art. 26, inciso I e II do CDC) Lembrando que inicia-se a contagem do prazo "a partir da entrega efetiva do produto ou do término da execução dos serviços."[12]

Se o consumidor perceber que o defeito no produto não foi sanado neste prazo; eis que o mesmo poderá exigir, alternativamente e à sua escolha, conforme art. 18, parágrafo primeiro, incisos I, II e III do Código de Defesa do Consumidor:

I - a substituição do produto por outro da mesma espécie, em perfeitas condições de uso;

II - a restituição imediata da quantia paga, monetariamente atualizada, sem prejuízo de eventuais perdas e danos;

III - o abatimento proporcional do preço.

Terceira condição: descoberta do defeito depois do prazo de "garantia legal" do produto. Nesta condição, o consumidor deve avaliar qual é a garantia que o fabricante destinou ao produto. É o chamado prazo "contratual de garantia". Veja no manual de garantia que recebeu, quando fez a compra. Se estiver dentro do prazo, basta fazer a utilização deste direito.

Quarta condição: O seguro de Garantia Estendida só começa a funcionar após o termino do período de espera da garantia contratual (seguro de fábrica). Então, o motivo para que alguém contrate um seguro, que não tem início imediato, é simplesmente, porque estará aumentando o tempo em que o produto adquirido ficará protegido pela garantia. Por exemplo, ao comprar um carro que tem garantia de fabrica de um ano. Posso também adquirir uma garantia estendida de mais um ano, pagando um preço

---

12 Conforme art. 26, §1° do CDC.

a mais, por isso. E assim poderei estar com o carro, protegido por seguro por dois anos (um ano pela fábrica e 1 ano relativo a extensão da garantia). De acordo com a Superintendência de Seguros Privados (SUSEP):[13]

> "Uma forte característica que diferencia o seguro de Garantia Estendida dos demais seguros é que seu período de vigência e seu período de cobertura não são necessariamente coincidentes. Na modalidade Garantia Estendida/Extensão de Garantia, a cobertura não se inicia no momento em que o seguro é contratado. O período de vigência do contrato inicia-se no momento da recepção da proposta com o adiantamento do pagamento do prêmio (total ou parcelado), mas há um período de diferimento, em que a garantia do fabricante ainda está vigente. Já o período de cobertura, no qual a seguradora tem responsabilidade perante o segurado, inicia-se com o término da garantia do fabricante e termina junto com o período de vigência previsto no contrato. Portanto, para eventuais defeitos ocorridos no bem segurado durante o período de diferimento, isto é, enquanto vigorar a garantia de fábrica, o segurado deverá procurar a assistência técnica do fabricante."

A descoberta do defeito do produto depois do prazo "contratual de garantia". Neste momento, já pode ser utilizada a garantia estendida do produto. Basta que faça a apresentação da documentação necessária.

5.3 Apresentação de documentação

O consumidor[14] terá que fazer a entrega do bem na assistência técnica ou ponto de coleta, juntamente com os documentos básicos previstos na apólice ou bilhete, conforme orientação da sociedade seguradora.

O art. 18, §3º da minuta de resolução do CNSP[15] vem informar sobre a documentação a ser apresentada pelo consumidor:

a) documento fiscal de aquisição do bem;

b) bilhete ou apólice individual, conforme o caso; e

c) CPF ou outro documento de identificação do segurado.

5.4 Espera da resolução da situação

Este é o momento onde o consumidor aguarda uma resposta positiva da empresa responsável por assegurar o termo de garantia estendida:

---

13 http://www.susep.gov.br/menu/informacoes-ao-publico/planos-e-produtos/seguros/seguro-de-garantia-estendida-1

14 Texto feito tendo por base o conteúdo presente no art. 18 da minuta do CNSP.

15 www.sincormg.com.br/site/susep/garantia_estendida.docx

a) Houve a decisão de fazer o reparo do bem numa assistência técnica: a resposta positiva é aquela em que consumidor recebe o bem consertado e em plenas condições de utilização.
b) Tomou-se a decisão de fazer a reposição do bem: o consumidor terá que receber um novo bem, com as mesmas características do primeiro, porém, sem a existência de defeitos.
c) Ficou acordado de ocorrer a devolução do dinheiro pago pela aquisição do produto: o consumidor terá que receber o valor que lhe é devido.

De acordo com o art. 2º, § 3º da minuta de resolução do CNSP[16], "O seguro de garantia estendida poderá admitir, para fins de indenização e mediante acordo entre as partes, as hipóteses de reparo do bem, sua reposição ou pagamento em dinheiro."

6. Utilização do termo "seguro de garantia estendida"

O artigo 8º da Resolução nº 122/05 veda expressamente a denominação "seguro de garantia estendida", bem como a utilização de quaisquer outros termos técnicos especificamente relacionados a contratos de seguros, naquelas operações não realizadas por sociedades seguradoras, devidamente autorizadas a operar no ramo garantia estendida.

7. Proteção da Seguradora

É facultado às sociedades seguradoras a estruturação de seguro de limitação deperdas (*stop loss*), desde que observados os critérios mínimos estabelecidos em regulamentação específica, que tenha como objetivo garantir a estabilidade operacional do segurado em face dos compromissos por ele assumidos perante os seus clientes/consumidores, no que se refere à promessa de garantia em direitos ou à prestação de serviços.

O segurado é a pessoa jurídica responsável pela concessão de garantia de fábrica, quando da aquisição de bens, por parte de seus clientes/consumidores.

8. Características essenciais da garantia estendida

"a operação de garantia estendida possui os cinco elementos básicos do seguro que são:[17]

---

16 sincormg.com.br/site/susep/garantia_estendida.docx
17 http://www.susep.gov.br/menu/informacoes-ao-publico/planos-e-produtos/seguros/seguro-de-garantia-estendida-1 (material modificado para facilitar entendimento)

a) **O Risco:** é a possibilidade de o evento aleatório ocorrer acarretando prejuízo ao consumidor do produto;

b) **O Segurado:** é o dono da mercadoria – consumidor final – pessoa física ou jurídica que possui interesse econômico no bem exposto ao risco;

c) **O Segurador:** é a pessoa jurídica que assume o risco (empresa legalmente constituída para assumir e gerir conjuntos de riscos, obedecidos os critérios técnicos e administrativos específicos).

d) **O prêmio:** é o pagamento efetuado pelo segurado ao segurador.

e) **A indenização:** é a reparação do prejuízo pelo segurador ao segurado.

9. Fornecimento do Seguro de Garantia Estendida

A Resolução CNSP nº 122/2005, define como Estipulante "a empresa responsável pela comercialização ou fabricação dos bens"; portanto, se o lojista for o estipulante da apólice, este assumirá as obrigações gerais desta figura, conforme definido no artigo 3º da Resolução CNSP nº 107/2004.

A SUSEP[18] entende que:

> "Este tipo de seguro é ofertado pelas seguradoras através de lojas de departamentos, cadeias de lojas de eletrodomésticos, financeiras, concessionárias de fábricas, enfim, por empresas comerciais nas quais o consumidor adquire os produtos. Como a empresa comercial vende os bens e negocia a contratação da garantia estendida através de seus próprios vendedores, ela assume o papel de estipulante."

10. Considerações especiais

Nas apólices, certificados e em todo o material publicitário, relativos aos planos de "extensão de garantia", deverá constar informação clara e precisa sobre o nome fantasia do plano, sendo que este deverá conter uma das seguintes expressões: 'Extensão de Garantia – Original', ou 'Extensão de Garantia – Original Ampliada' ou 'Extensão de Garantia – Diferenciada', conforme o caso. Os planos com 'Extensão de Garantia – Original' ou com 'Extensão de Garantia – Original Ampliada' deverão, em suas condições gerais, conter cláusula que informe estarem cobertos pelo contrato de seguro todos os eventos cobertos pela 'Garantia Original do Fabricante' do bem objeto do seguro." (ver: Resolução CNSP Nº 146/2006)

---

[18] http://www.susep.gov.br/menu/informacoes-ao-publico/planos-e-produtos/seguros/seguro-de-garantia-estendida-1 (com algumas alterações para facilitar o entendimento)

11. Perguntas e respostas

Pergunta nº 1: O fabricante do produto responde, independente da existência de culpa, pela reparação dos danos causados aos consumidores por defeitos decorrentes de fabricação do produto?

Sim. O fabricante, o produtor, o construtor, nacional ou estrangeiro, e o importador respondem, independentemente da existência de culpa, pela reparação dos danos causados aos consumidores por defeitos decorrentes de projeto, fabricação, construção, montagem, fórmulas, manipulação, apresentação ou acondicionamento de seus produtos, bem como por informações insuficientes ou inadequadas sobre sua utilização e riscos (cf. art. 12 do Código de Defesa do Consumidor).

Pergunta nº 2: Os fornecedores de produtos de consumos duráveis ou não duráveis respondem solidariamente pelos vícios de qualidade que tornem inadequado o consumo do produto?

Sim. "Os fornecedores de produtos de consumo duráveis ou não duráveis respondem solidariamente pelos vícios de qualidade ou quantidade que os tornem impróprios ou inadequados ao consumo a que se destinam ou lhes diminuam o valor, assim como por aqueles decorrentes da disparidade, com a indicações constantes do recipiente, da embalagem, rotulagem ou mensagem publicitária, respeitadas as variações decorrentes de sua natureza, podendo o consumidor exigir a substituição das partes viciadas."(cf. art. 18 do Código de Defesa do Consumidor).

De acordo com o art. 19 do Código de Defesa do Consumidor: Os fornecedores respondem solidariamente pelos vícios de quantidade do produto sempre que, respeitadas as variações decorrentes de sua natureza, seu conteúdo líquido for inferior às indicações constantes do recipiente, da embalagem, rotulagem ou de mensagem publicitária, podendo o consumidor exigir, alternativamente e à sua escolha:

I - o abatimento proporcional do preço;

II - complementação do peso ou medida;

III - a substituição do produto por outro da mesma espécie, marca ou modelo, sem os aludidos vícios;

IV - a restituição imediata da quantia paga, monetariamente atualizada, sem prejuízo de eventuais perdas e danos.

O art. 20 do CDC nos informa: "O fornecedor de serviços responde pelos vícios de qualidade que os tornem impróprios ao consumo ou lhes diminuam o valor, assim como por aqueles decorrentes da disparidade com as indicações constantes da oferta ou mensagem publicitária, podendo o consumidor exigir, alternativamente e à sua escolha:

I - a reexecução dos serviços, sem custo adicional e quando cabível;

II - a restituição imediata da quantia paga, monetariamente atualizada, sem prejuízo de eventuais perdas e danos;

III - o abatimento proporcional do preço.

> "A ignorância do fornecedor sobre os vícios de qualidade por inadequação dos produtos e serviços não o exime de responsabilidade." (cf. art. 23, parágrafo único do CDC)

> "Aquele que efetivar o pagamento ao prejudicado poderá exercer o direito de regresso contra os demais responsáveis, segundo sua participação na causação do evento danoso." (cf. art. 13, parágrafo único do CDC)

Pergunta nº 3: O comerciante pode se tornar responsável pelos vícios de qualidade que tornem inadequado o consumo do produto?

Sim. Vale lembrar que o comerciante é igualmente responsável[19], se acontecer alguma das seguintes situações a seguir:

a) quando o fabricante não puder ser identificado;

b) o produto for fornecido sem identificação clara do seu fabricante;

c) não conservar adequadamente os produtos perecíveis.

Pergunta nº 4: Quem poderá ser responsabilizado no caso de fornecimento de produtos *in natura*?

O art. 18, § 5º do Código de Defesa do Consumidor (CDC) nos ensina que: "No caso de fornecimento de produtos *in natura*, será responsável perante o consumidor o fornecedor imediato, exceto quando identificado claramente seu produtor."

Pergunta nº 5: O produto pode ser considerado defeituoso pelo fato de ter outro de melhor qualidade no mercado?

Não. O produto não é considerado defeituoso pelo fato de outro de melhor qualidade ter sido colocado no mercado (cf. art. 12, § 2º do Código de Defesa do Consumidor).

Observação: O fabricante só não será responsabilizado quando provar:[20]

I - que não colocou o produto no mercado;

---

19 Este comentário tem por base o conteúdo presente no art. 13 do Código de Defesa do Consumidor.

20 Este comentário tem por base o conteúdo presente no art. 12, § 3º do Código de Defesa do Consumidor.

II - que, embora haja colocado o produto no mercado, o defeito inexiste;

III - a culpa exclusiva do consumidor ou de terceiro.

Pergunta n° 6: Quando podemos considerar que o produto é defeituoso?

O produto é defeituoso quando não oferece a segurança que dele legitimamente se espera, levando-se em consideração as circunstâncias relevantes, entre as quais:

I - sua apresentação;

II - o uso e os riscos que razoavelmente dele se esperam;

III - a época em que foi colocado em circulação.

(cf. art. 12, § 1º do Código de Defesa do Consumidor).

Pergunta n° 7: Se o vício do produto não for sanado no prazo de 30 dias, o consumidor poderá fazer alguma exigência?

Sim. De acordo com o art. 18, § 1º do CDC: "Não sendo o vício sanado no prazo máximo de 30 dias, pode o consumidor exigir, alternativamente e à sua escolha:

I - a substituição do produto por outro da mesma espécie, em perfeitas condições de uso;

II - a restituição imediata da quantia paga, monetariamente atualizada, sem prejuízo de eventuais perdas e danos;

III - o abatimento proporcional do preço.

Vale lembrar também[21] que o consumidor também poderá fazer uso imediato destas três alternativas acima, quando em razão da extensão do vício, a substituição das partes viciadas puder comprometer a qualidade ou características do produto, diminuir-lhe o valor ou se tratar de produto essencial. Se o consumidor optar por escolher a substituição do produto por outro da mesma espécie (em perfeitas condições de uso) e não sendo possível a substituição do bem, poderá haver substituição por outro de espécie, marca ou modelo diversos, mediante complementação ou restituição de eventual diferença de preço.

Observação[22]: Poderão as partes convencionar a redução ou ampliação do prazo previsto:

30 dias para produtos não duráveis [alimentos, roupas...]

---

21 Este comentário tem por base o conteúdo presente no art. 18, § 3º e 4º do CDC.
22 Este comentário tem por base o conteúdo presente no art. 18, § 2º do CDC.

90 dias para produtos duráveis [eletrodomésticos, computadores...]; conforme esta disposto no art. 26, inciso I e II do CDC)

Porém, esta redução do prazo não pode ser inferior a sete dias e a ampliação do prazo tem o limite máximo de 180 dias. Lembrando que nos contratos de adesão, a cláusula de prazo deverá ser convencionada em separado, por meio de manifestação expressa do consumidor.

Pergunta nº 8: Quando podemos considerar que o produto é impróprio ao uso e consumo?

De acordo com o art. 18, § 6º do CDC: "São impróprios ao uso e consumo:

I - os produtos cujos prazos de validade estejam vencidos;

II - os produtos deteriorados, alterados, adulterados, avariados, falsificados, corrompidos, fraudados, nocivos à vida ou à saúde, perigosos ou, ainda, aqueles em desacordo com as normas regulamentares de fabricação, distribuição ou apresentação;

III - os produtos que, por qualquer motivo, se revelem inadequados ao fim a que se destinam.

Pergunta nº 9: O fornecedor de produtos ou serviços pode colocar, no mercado de consumo, qualquer produto ou serviço em desacordo com as normas expedidas pelos órgãos oficiais competentes?

Não. Basta ver o art. 39, inciso VIII do CDC para compreendermos que: é vedado ao fornecedor de produtos ou serviços, dentre outras práticas abusivas:

VIII - colocar, no mercado de consumo, qualquer produto ou serviço em desacordo com as normas expedidas pelos órgãos oficiais competentes ou, se normas específicas não existirem, pela Associação Brasileira de Normas Técnicas ou outra entidade credenciada pelo Conselho Nacional de Metrologia, Normalização e Qualidade Industrial (Conmetro);

Pergunta nº 10: Têm mais exemplos de práticas cometidas pelos fornecedores (de produto ou serviço) que são consideradas abusivas?

Sim. De acordo com o art. 39 do CDC vamos verificar uma lista de práticas abusivas que não podem ser cometidas pelo fornecedor de produto ou serviço:

I - condicionar o fornecimento de produto ou de serviço ao fornecimento de outro produto ou serviço, bem como, sem justa causa, a limites quantitativos;

II - recusar atendimento às demandas dos consumidores, na exata medida de suas disponibilidades de estoque, e, ainda, de conformidade com os usos e costumes;

III - enviar ou entregar ao consumidor, sem solicitação prévia, qualquer produto, ou fornecer qualquer serviço;

IV - prevalecer-se da fraqueza ou ignorância do consumidor, tendo em vista sua idade, saúde, conhecimento ou condição social, para impingir-lhe seus produtos ou serviços;

V - exigir do consumidor vantagem manifestamente excessiva;

VI - executar serviços sem a prévia elaboração de orçamento e autorização expressa do consumidor, ressalvadas as decorrentes de práticas anteriores entre as partes;

VII - repassar informação depreciativa, referente a ato praticado pelo consumidor no exercício de seus direitos;

VIII - colocar, no mercado de consumo, qualquer produto ou serviço em desacordo com as normas expedidas pelos órgãos oficiais competentes ou, se normas específicas não existirem, pela Associação Brasileira de Normas Técnicas ou outra entidade credenciada pelo Conselho Nacional de Metrologia, Normalização e Qualidade Industrial (Conmetro);

IX - recusar a venda de bens ou a prestação de serviços, diretamente a quem se disponha a adquiri-los mediante pronto pagamento, ressalvados os casos de intermediação regulados em leis especiais;

X - elevar sem justa causa o preço de produtos ou serviços.

XII - deixar de estipular prazo para o cumprimento de sua obrigação ou deixar a fixação de seu termo inicial a seu exclusivo critério.

XIII - aplicar fórmula ou índice de reajuste diverso do legal ou contratualmente estabelecido.

De acordo com o art. 51 do CDC: São nulas de pleno direito, entre outras, as cláusulas contratuais relativas ao fornecimento de produtos e serviços que:

I - impossibilitem, exonerem ou atenuem a responsabilidade do fornecedor por vícios de qualquer natureza dos produtos e serviços ou impliquem renúncia ou disposição de direitos. Nas relações de consumo entre o fornecedor e o consumidor pessoa jurídica, a indenização poderá ser limitada, em situações justificáveis;

II - subtraiam ao consumidor a opção de reembolso da quantia já paga, nos casos previstos neste código;

III - transfiram responsabilidades a terceiros;

IV - estabeleçam obrigações consideradas iníquas, abusivas, que coloquem o consumidor em desvantagem exagerada, ou sejam incompatíveis com a boa-fé ou a equidade;

V - estabeleçam inversão do ônus da prova em prejuízo do consumidor;

VI- determinem a utilização compulsória de arbitragem;

VII - imponham representante para concluir ou realizar outro negócio jurídico pelo consumidor;

VIII -deixem ao fornecedor a opção de concluir ou não o contrato, embora obrigando o consumidor;

IX - permitam ao fornecedor, direta ou indiretamente, variação do preço de maneira unilateral;

X - autorizem o fornecedor a cancelar o contrato unilateralmente, sem que igual direito seja conferido ao consumidor;

XI- obriguem o consumidor a ressarcir os custos de cobrança de sua obrigação, sem que igual direito lhe seja conferido contra o fornecedor;

XII -autorizem o fornecedor a modificar unilateralmente o conteúdo ou a qualidade do contrato, após sua celebração;

XIII -infrinjam ou possibilitem a violação de normas ambientais;

XIV- estejam em desacordo com o sistema de proteção ao consumidor;

XV - possibilitem a renúncia do direito de indenização por benfeitorias necessárias.

Pergunta nº 11: O fornecedor que tiver conhecimento da nocividade ou periculosidade dos seus produtos, que já estão no mercado, deve comunicar este fato imediatamente ao Departamento de Proteção e Defesa do Consumidor?

Sim. De acordo com o art. 2º Portaria nº 487/12: O Fornecedor de produtos e serviços que, posteriormente à sua introdução no mercado de consumo, tiver conhecimento da nocividade ou periculosidade que apresentem, deverá comunicar o fato imediatamente:

I - ao Departamento de Proteção e Defesa do Consumidor -DPDC;

II - aos órgãos estaduais, do Distrito Federal e municipais de defesa do consumidor – PROCON; e

III - ao órgão normativo ou regulador competente.

A comunicação deverá ser por escrito, contendo as seguintes informações: (o art. 2°, § 1° da Portaria n° 487/12)

I - identificação do fornecedor do produto ou serviço:
a) razão social;
b) nome de fantasia;
c) atividades econômicas principal e secundárias;
d) número de inscrição no Cadastro Nacional da Pessoa Jurídica – CNPJ ou no Cadastro de Pessoas Físicas – CPF;
e) endereço do estabelecimento;
f) telefone, fax e endereço eletrônico; e
g) nome dos administradores responsáveis, com a respectiva qualificação.

II - descrição pormenorizada do produto ou serviço, contendo as informações necessárias à sua identificação, em especial:
a) marca;
b) modelo;
c) lote;
d) série;
e) chassi;
f) data inicial e final de fabricação; e
g) foto.

III - descrição pormenorizada do defeito, acompanhada de informações técnicas necessárias ao esclarecimento dos fatos, bem como data, com especificação do dia, mês e ano, e modo pelo qual a nocividade ou periculosidade foi detectada;

IV - descrição pormenorizada dos riscos e suas implicações;

V - quantidade de produtos ou serviços sujeitos ao defeito e número de consumidores atingidos;

VI - distribuição geográfica dos produtos e serviços sujeitos ao defeito, colocados no mercado, por Estados da Federação, e os países para os quais os produtos foram exportados ou os serviços prestados;

VII - indicação das providências já adotadas e medidas propostas para resolver o defeito e sanar o risco;

VIII - descrição dos acidentes relacionados ao defeito do produto ou serviço, quando cabível, com as seguintes informações:
a) local e data do acidente;
b) identificação das vítimas;
c) danos materiais e físicos causados;
d) dados dos processos judiciais relacionados ao acidente, especificando as ações interpostas, o nome dos autores e dos réus, as Comarcas e Varas em que tramitam e os números de cada um dos processos; e
e) providências adotadas em relação às vítimas.
IX - plano de mídia.
X - plano de atendimento ao consumidor.
XI - modelo do aviso de risco ao consumidor.

Pergunta nº 12: O que é o seguro de garantia estendida?[23]

O seguro de Garantia Estendida tem por objetivo fornecer ao segurado a extensão e/ou complementação da garantia original de fábrica, estabelecida no contrato de compra e venda de bens de consumo duráveis. Ou seja, ao contratar o seguro de Garantia Estendida, o segurado está aumentando o prazo de garantia concedido pelo fabricante, ou complementando as garantias oferecidas.

Pergunta nº 13: Quais são os direitos do consumidor em caso de rescisão do contrato de garantia estendida?[24]

Na modalidade Garantia Estendida/Extensão de Garantia, caso o segurado deseje rescindir o contrato, terá direito à devolução de parte do prêmio pago, observando-se o disposto em norma específica, a saber, a Circular SUSEP nº 366/2008, de 28/5/2008, que dispõe em seu artigo 7º:

> "No caso de rescisão total ou parcial do contrato, a qualquer tempo, por iniciativa de quaisquer das partes contratantes e com a concordância recíproca, deverão ser observadas as seguintes disposições:
>
> I – entre a data de início de vigência do contrato e a data de início da cobertura do risco:
>
> a) na hipótese de rescisão a pedido da sociedade seguradora, esta reterá do prêmio recebido, apenas os emolumentos; e

---

23 http://www.susep.gov.br/menu/informacoes-ao-publico/planos-e-produtos/seguros/seguro-de-garantia-estendida-1

24 http://www.susep.gov.br/menu/informacoes-ao-publico/planos-e-produtos/seguros/seguro-de-garantia-estendida-1

b) na hipótese de rescisão a pedido do segurado, a sociedade seguradora reterá, no máximo, além dos emolumentos, a parte proporcional ao tempo decorrido após a data de início de vigência do contrato.

II – após a data de início da cobertura do risco:

a) na hipótese de rescisão a pedido da sociedade seguradora, esta reterá do prêmio recebido, no máximo, além dos emolumentos, a parte proporcional ao tempo decorrido após o início de vigência do contrato; e

b) na hipótese de rescisão a pedido do segurado, a sociedade seguradora reterá, no máximo, além dos emolumentos, o prêmio calculado de acordo com a tabela de prazo curto, estabelecida em normativo específico, aplicada ao tempo decorrido após a data de início de vigência do contrato."

Já a modalidade Garantia Estendida/Complementação de Garantia segue a regra geral da Circular SUSEP nº 256/2004, de 16/6/2004, cujo artigo 46, Parágrafo único, estabelece que:

"No caso de rescisão total ou parcial do contrato, a qualquer tempo, por iniciativa de quaisquer das partes contratantes e com a concordância recíproca, deverão ser observadas as seguintes disposições:

a) Na hipótese de rescisão a pedido da sociedade seguradora, esta reterá do prêmio recebido, além dos emolumentos, a parte proporcional ao tempo decorrido;

b) Na hipótese de rescisão a pedido do segurado, a sociedade seguradora reterá, no máximo, além dos emolumentos, o prêmio calculado de acordo com a tabela de prazo curto."

Pergunta nº 14: Quem, normalmente, oferece o seguro de garantia estendida?[25]

Este tipo de seguro é ofertado pelas seguradoras através de lojas de departamentos, cadeias de lojas de eletrodomésticos, financeiras, concessionárias de fábricas, enfim, por empresas comerciais nas quais o consumidor adquire os produtos. Como a empresa comercial vende os bens e negocia a contratação da garantia estendida através de seus próprios vendedores, ela assume o papel de estipulante.

A Resolução CNSP nº 122/2005, define como Estipulante "a empresa responsável pela comercialização ou fabricação dos bens"; portanto, se o lojista for o estipulante da apólice, este assumirá as obrigações gerais desta figura, conforme definido no artigo 3º da Resolução CNSP nº 107/2004.

---

25 http://www.susep.gov.br/menu/informacoes-ao-publico/planos-e-produtos/seguros/seguro-de-garantia-estendida-1

Pergunta nº 15: Quais são as modalidades do Seguro de Garantia Estendida?[26]

Para um perfeito enquadramento do seguro de Garantia Estendida, de acordo com as normas em vigor, é fundamental e necessário que este seja contratado enquanto o bem segurado ainda estiver sob a garantia do fabricante. Um seguro que não contenha essa característica não poderá, em hipótese alguma, denominar-se Garantia Estendida. Como dito anteriormente, o seguro Garantia Estendida tem como objetivo fornecer ao segurado a extensão e/ou complementação da garantia original de fábrica. Assim, define-se:

a. Extensão de garantia: contrato cuja vigência inicia-se após o término da garantia original de fábrica, que se subdivide ainda em:

- Original: contempla, obrigatoriamente, as mesmas coberturas oferecidas pela garantia original de fábrica;

- Original ampliada: contempla, obrigatoriamente, as mesmas coberturas oferecidas pela garantia original de fábrica, e apresenta, adicionalmente, a inclusão de novas coberturas, desde que não enquadradas em outros ramos específicos de seguro;

- Diferenciada: contempla coberturas que não apresentam exata correspondência com todas as coberturas oferecidas pela garantia original de fábrica e que não são enquadradas em outros ramos específicos de seguro;

b. Complementação de garantia: contrato cuja vigência inicia-se simultaneamente com a garantia original de fábrica e que possui, exclusivamente, aquelas coberturas não previstas ou excluídas por essa garantia, desde que não enquadradas em outros ramos específicos de seguro;

De acordo com a classificação disposta acima, na apólice, certificado e em todo o material publicitário relativo aos planos de "Extensão de Garantia" deverá constar explicitamente a que tipo de modalidade o seguro pertence. Ou seja, o nome fantasia do produto deverá conter uma das seguintes expressões: "Extensão de Garantia – Original" ou "Extensão de Garantia – Original Ampliada" ou "Extensão de Garantia – Diferenciada".Além disso, os planos das modalidades "original" e "original ampliada" devem conter, nas condições gerais, cláusula que informe estarem cobertos pelo contrato de seguro todos os eventos cobertos pela garantia original do fabricante do bem objeto do seguro.

---

26 http://www.susep.gov.br/menu/informacoes-ao-publico/planos-e-produtos/seguros/seguro-de-garantia-estendida-1

12. Modelo de contrato de seguro

12.1. Contrato de Seguro de Garantia Estendida:

**Contrato de Seguro Garantia Estendida
(nome da empresa seguradora).**

Apólice nº_____
SEGURADORA:_____(Qualificação)
SEGURADO:_____(Qualificação)

I. GLOSSÁRIO:

Indicar neste item os principais conceitos relativos ao seguro de garantia estendida. Esta parte é essencial para dar clareza na relação segurado-seguradora.

II. OBJETIVO DO SEGURO

O presente seguro tem como objetivo fornecer ao segurado, após o término da garantia do fabricante um prazo adicional de dois anos para todas as coberturas oferecidas pela garantia de fábrica (original).

III. FORMA DE CONTRATAÇÃO

A seguradora responderá pelos prejuízos garantidos pela garantia principal após a decorrência do período previsto nela.

Estão segurados os seguintes bens:

(lista dos bens segurados)

A seguradora garantirá a cobertura de reparo e/ou substituição do bem segurado quando ocorrerem os eventos previstos no item IV e de acordo com a mesma cobertura da garantia original.

(adicionar outras regras relativas ao seguro de garantia estendida)

IV. CONDIÇÕES PARA EXERCÍCIO DA GARANTIA

Se ocorrer um sinistro que impossibilite o conserto do produto acontecerá que a seguradora realizará a reposição dele por produto similar ou a reposição do valor até o limite previsto na garantia, no item: Valor Máximo Indenizável.

A tentativa de reparo do produto garantido deve ocorrer em até 30 dias após a entrega na assistência técnica e após este prazo obriga-se a seguradora a devolver o valor previsto no limite máximo de indenização ou um produto novo similar, caso seja aprovado pelo segurado.

(adicionar outras condições no contrato)

V. LIMITE MÁXIMO DE INDENIZAÇÃO

O Limite Máximo de Indenização para o bem segurado será aquele atualizado com o preço de mercado e não pode ser menor do que o preço da nota fiscal de compra.

(podem ser adicionadas outras condições)

VI. EXCLUSÕES

O Contrato de seguro não abrangerá os seguintes itens:

(adicionar os bens ou situações que não compõem a garantia do seguro)

VII. CUSTOS

(adicionar regras sobre quem vai pagar os custos de transportes no caso de reposição).

VIII. VIGÊNCIA

A emissão da apólice pela seguradora, será feita em até 15 dias, a partir da data de aceitação da proposta e será entregue ao segurado. A aceitação será automática caso não haja manifestação em contrário no prazo estabelecido. O início de vigência da apólice para os efeitos legais, será às _____ horas do dia_____.

A renovação do seguro não é automática e precisa da assinatura das duas partes com aditivo contratual.

IX. PAGAMENTO DO PRÊMIO

O pagamento do prêmio relativo à contratação do seguro deverá ser feito pelo estipulante à seguradora até o dia____. A falta de pagamento até a data estipulada ocasionará a rescisão imediata do contrato.

X. DOCUMENTOS DO SEGURO

Os documentos do seguro são:

- proposta de adesão

- regras específicas estipuladas

(adicionar outros documentos que as partes convencionem)

XI. OBRIGAÇÃO DA SEGURADORA

A Seguradora se obriga a trocar o produto por outro similar e/ou pagar a quantia de R$_____ em face da indenização pelo defeito ou avaria do produto.

(Adicionar as obrigações da seguradora).

XII. PRESCRIÇÃO

Os prazos prescricionais são aqueles determinados em lei.

XIII. INFORMAÇÕES

A aceitação deste seguro estará sujeita à análise do risco. O risco. O registro deste plano na Superintendência de Seguros Privados (SUSEP) não implica, por parte da autarquia, incentivo ou recomendação à sua comercialização. A comercialização. O segurado poderá consultar a situação cadastral do seu corretor de seguros, no site www.susep.gov. br, por meio do número de seu registro na SUSEP, nome completo, CNPJ ou CPF.

Este seguro está fundamentado e tem sua prescrição regulada pelas normas do Código Civil brasileiro.

XIV. Disposições finais:

A seguradora está registrada na SUSEP regularmente podendo ser consultada a situação cadastral no site www.susep.gov.br.

(adicionar as obrigações do estipulante e do segurado)

(adicionar as regras de comunicação de óbito)

Qualquer questão judicial será decidida no foro da comarca de _____.

_____
Assinatura do Diretor da Empresa

_____
Assinatura do Estipulante (seguradora)

_____
Assinatura do beneficiário

_____
Assinatura do beneficiário

Testemunhas:

_____

_____

_____

13. Modelo de petição na área securitária:

13.1. Ação de cobrança de seguro garantia estendida

Excelentíssimo Senhor Doutor Juiz de Direito da _____ Vara Cível da Comarca de _____

_____(nome), _____(nacionalidade)_____ (emprego)_____, RG n°_____, CPF n°_____, residente e domiciliado à rua_____, vem por meio de seu advogado infra-assinado com fundamento nos artigos 757 e seguintes do Código Civil, propor a presente:

AÇÃO DE COBRANÇA

Em face de _____(nome da empresa), CNPJ n°_____, pessoa jurídica de direito privado com sede à rua_____, pelos motivos e fundamentos que passamos a expor:

DOS FATOS

O requerente, no dia _____ firmou contrato de seguro de garantia estendida com a requerida no valor de R$_____. Até a data de _____ o autor recolheu devidamente o prêmio previsto contratualmente de acordo com os documentos comprobatórios em anexo.

Ocorre que o produto objeto do seguro se deteriorou devido a corrosão das placas de metal. Após ter ido até a empresa para solucionar o problema foi lhe indicado um produto similar para a troca. No entanto, o requerente não quer a troca do produto, pois não está satisfeito com a sua durabilidade. Por isso pediu que a requerida lhe desse o valor integral da indenização acordada no contrato, mas a seguradora não o fez. É bom ressaltar que a cláusula_____ permite ao segurado escolher entre a troca do produto e o pagamento da indenização. Desta forma faz jus ao direito à indenização.

DOS DIREITOS:

O contrato de seguro de garantia estendida com a seguradora estipula na cláusula_____ o pagamento da indenização correspondente devido a deterioração do produto. Desta forma, não tem sentido a negativa da seguradora em pagar a indenização devida. O artigo 757 do Código Civil obriga ao pagamento da devida indenização. Veja:

"Art. 757. Pelo contrato de seguro, o segurador se obriga, mediante o pagamento do prêmio, a garantir interesse legítimo do segurado, relativo a pessoa ou a coisa, contra riscos predeterminados."

(adicionar outros argumentos sobre o tema)

DOS PEDIDOS:

Por todo o exposto requer seja:

a) A concessão da assistência judiciária devido a encontrar-se desempregado e não poder arcar com as custas processuais sem o prejuízo do sustento da sua família.

b) A citação da empresa-ré para contestar a presente ação sob pena de revelia.

c) A procedência da presente ação com a respectiva condenação da empresa-ré ao pagamento da indenização prevista no contrato no valor de R$_____ com as devidas correções monetárias.

d) a produção de todas as provas admitidas em direito.

Dá-se a causa o valor de R$_____.

Nestes termos

Pede deferimento

_____

Advogado OAB nº

14. Jurisprudência aplicada:

14.1. Garantia estendida

Trata-se de indenização movida em razão de negativa de assistência técnica de *notebook* adquirido com garantia contratualmente estendida. Explica o Min. Relator que os juros moratórios no caso dos autos, de ilícito contratual, são computados da citação de acordo com a jurisprudência deste Superior Tribunal, não incidindo na espécie a Súm. n. 54-STJ. Os demais pedidos ficaram prejudicados. Com esse entendimento, a Turma deu parcial provimento ao recurso. Precedentes citados: REsp 11.624-SP, DJ 1º/3/1993; REsp 131.376-RJ, DJ 1º/3/1999, e REsp 247.266-SP, DJ 23/10/2000. REsp 939.919-MS, Rel. Min. Aldir Passarinho Junior, julgado em 11/9/2007.

Bibliografia

Obras:

COLOMBO, Angelo. *Seguros e Resseguros*. Editora Saraiva. 2010.

MANICA, Laís. *O contrato de seguro de vida*. monografia. 2010.

RODRIGUES, Silvio. *Direito Civil*. 28ª ed. São Paulo: Saraiva, 2002. V.3. p. 492.

Informe DPVAT - Março de 2010 - Ano III - Edição 09

Leis:

- Lei nº 10.406/02
- Lei nº 5.869/73
- Decreto nº 73/66

Sites visitados:

www.dominiopublico.gov.br/download/teste/arqs/cp060135.pdf
www.ans.gov.br/leiaseucontrato/perguntas/index.htm
www.susep.gov.br
www.seguradoralider.com.br
www.bb.com.br
www.dpvatsegurodotransito.com.br
www.cnt.org.br
www.viverseguronotransito.com.br
www.portal.mj.gov.br